Elisabeth de Sotelo (Hrsg.)
Frauenweiterbildung

D1727613

Einführung in die pädagogische Frauenforschung

Band 4

Herausgegeben von
Margret Kraul, Juliane Jacobi, Hildegard Macha
und Anne Schlüter

Frauenweiterbildung

Innovative Bildungstheorien und
kritische Anwendungen

Herausgegeben von Elisabeth de Sotelo

DEUTSCHER
STUDIEN
VERLAG

Weinheim 2000

Über die Herausgeberin:
Prof. Dr. Elisabeth de Sotelo, Dipl.-Psych., ist Professorin an der
Universität Koblenz-Landau, Seminar Pädagogik, Koblenz.

Alle Rechte, insbesondere das Recht der Vervielfältigung und Verbreitung sowie der
Übersetzung, vorbehalten. Kein Teil des Werkes darf in irgendeiner Form (durch
Photokopie, Mikrofilm oder ein anderes Verfahren) ohne schriftliche Genehmigung des
Verlages reproduziert oder unter Verwendung elektronischer Systeme verarbeitet,
vervielfältigt und verbreitet werden.

© 2000 Deutscher Studien Verlag · Weinheim
Druck: Druck Partner Rübelmann, 69502 Hemsbach
Seriengestaltung des Umschlags: Federico Luci, 50674 Köln
Printed in Germany

ISBN 3 89271 908 X

Inhaltsverzeichnis

III. Beispielhafte Anwendungsbereiche

Vorwort

Die feministische Erwachsenenbildung und Weiterbildung hat in Deutschland zwar eine Tradition, sie ist aber bislang noch nicht ausreichend wissenschaftlich belegt und aufgearbeitet. Bildung von Frauen für Frauen hat im Zusammenhang mit den Frauenbewegungen deutlich den Blick für die gesellschaftliche Bedeutung und den Status von Frauen geschärft und die Kenntnisse um die Leistungen von Frauen in der Gesellschaft ergänzt.

In der Reihe „Einführung in die pädagogische Frauenforschung" wird hier eine Perspektive auf die feministische Erwachsenenbildung/Weiterbildung eingenommen, denn für die Frauenforschung ist diese außerordentlich relevant geworden, haben doch Frauen erst durch die im Zusammenhang mit der Frauenbewegung durchgeführte Frauenbildung an Selbstbewußtsein gewonnen, um neue Ziele und Forderungen in der Gesellschaft zu stellen. Mit diesem Band wird wieder der Weg wie schon in dem Band zur Sozialpädagogik beschritten, nur mit Originalbeiträgen die Entwicklung der Frauenweiterbildung zu dokumentieren.

Die Literaturlage läßt es noch nicht zu, eine ausreichende Anzahl von theoretischen, interpretierenden und resümierenden Beiträgen der Forschung zum Thema Frauenbildung zusammenzustellen. Andererseits ist eine wissenschaftliche Aufarbeitung von feministischer Weiterbildung dringend geboten, denn die vielfältige Arbeit in den Einrichtungen der Frauenweiterbildung ist auf einem hohen Niveau angelangt. Dieses Forschungsdesiderat wollen wir mit diesem Band angehen und zugleich Richtungen der Weiterbildung bündeln und definieren.

Im ersten Teil werden historische Beiträge zur Frauenweiterbildung im Zusammenhang mit der Frauenbewegung vorgelegt. Im zweiten Teil folgen innovative Ansätze zur Frauenbildung in unterschiedlichen Institutionen und mit verschiedenen Perspektiven, im dritten Teil werden Anwendungsbereiche thematisiert. Der Anspruch, daß Studierende und Lehrende sich anhand der Texte über Forschungsstand und Praxisfelder der Frauenbildung informieren können, bleibt bestehen.

Wir freuen uns, mit diesem Band, der von Elisabeth de Sotelo angeregt und betreut wurde, eine gründliche und profunde Darstellung und Analyse zur feministischen Weiterbildung vorlegen zu können, der die Reihe inhaltlich abrundet.

Für die Herausgeberinnen der Reihe

Augsburg, im Januar 2000   Hildegard Macha, Anne Schlüter

Einführung

Dieser Band behandelt Theorien und Modelle, innovative Ansätze und beispielhafte Anwendungsbereiche zu Forschungsfragen der Frauenweiterbildung mit dem Ziel, ein Handbuch anzubieten, das sowohl einen Rückblick auf geschichtliche Aspekte vermittelt als auch den heutigen Stand aktueller Themen der Frauenforschung und Weiterbildung vorstellt und diskutiert. Das Buch will Studierende der Sozial- und Erziehungswissenschaften sowie Professionelle in Weiterbildungseinrichtungen, in sozialpädagogischen Institutionen oder Zentren der Bildung und Beratung ansprechen und soll einerseits eine systematische Darstellung verschiedener Themenbereiche liefern als auch andererseits zu neuen Denkmöglichkeiten anregen. Eine stärkere theoretische Durchdringung der Frauenweiterbildung wurde auf etlichen Tagungen der wissenschaftlichen Weiterbildung für Frauen nachgefragt. Auffällig ist zum einen die bestehende Kluft zwischen den inzwischen zahlreichen Aktivitäten und Projekten in der Frauenbildung mit unterschiedlichster Klientel und dem Hintanstehen der theoretischen Dimension und wissenschaftlichen Durchdringung auftauchender Fragen sowie zum anderen der Mangel an einer systematischen Bearbeitung und Einbindung der Frauenweiterbildung in die Geschichte der Frauenbildung.

Die seit Mitte der 70er Jahre als Teil der Frauenbewegung wieder hervorgetretene emanzipatorische Frauenweiterbildungspraxis verlangt eine neue wissenschaftliche Reflexion. Das wurde bereits 1976 auf der „Ersten Sommeruniversität für Frauen" in Berlin formuliert und fand 1985 Eingang in die Arbeit der Deutschen Gesellschaft für Erziehungswissenschaft mit der Gründung der Arbeitsgemeinschaft „Frauenforschung in den Erziehungswissenschaften". Es bedarf einer kurzen Erläuterung, daß feministisches Engagement der Bildung und Weiterbildung einen so hohen Stellenwert einräumt. Bildung bedeutet, unter Erfassen der eigenen Situation fähiger zu werden zur aktiven Gestaltung der eigenen Entwicklung und Bewältigung der Anforderungen von Kultur und Gesellschaft. Bildung ist die Voraussetzung zum kritischen Umgang mit gegebenen Strukturen und Normen. Eine Standortgewinnung sich selbst und anderen gegenüber ist vielleicht das, was die Essenz von Bildung ausmacht; diese kann in der Weiterbildung vorzüglich zur Geltung kommen. Für traditionell auf das passive Übernehmen festgelegter Rollen und Funktionen ausgerichtete Frauen beinhalten Bildungserfahrungen etwa folgendes: Frauen werden freier von Normdiktaten, von Rollen, die man ihnen zuschreibt, sie gewinnen mehr Durchblick und ihnen werden Momente von verschleierter Ungleichheit deutlicher, das Mißverhältnis der modernen Gesellschaft zur Frau wird ihnen bewußter und sie lernen die gesellschaftliche Marginalisierung vieler ihrer Werte und Funktionen zu erfassen und dagegen zu steuern.

Frauenweiterbildung, und das haben die universitären Studiengänge der Frauenweiterbildung gezeigt, bezieht sich in der Regel auf folgende Schwerpunkte:

1. Die stärkere Reflexion der eigenen Biographie im Kontext eines mikro- und makrogesellschaftlichen Bezugs.
2. Eine genauere Definition von gesellschaftspolitischen und kulturellen Aspekten zum besseren Erfassen der aktuellen Lebenssituation.
3. Weitere Kenntnisse für bestimmte professionelle Tätigkeitsfelder.

Frauen erwarten von Weiterbildungsangeboten die Berücksichtigung dieser Dreifachorientierung, nämlich der gesellschaftsbezogenen, persönlichkeitsbezogenen und berufsbezogenen. Mittels der Förderung der Selbstreflexion werden Frauen unterstützt beim Abtragen einer aufgesetzten Identität und dem Aufbrechen der Erfahrung bedrohlich festgeschriebener Zukunft. Es wird den Frauen Mut gemacht, die Ideologisierung der weiblichen Realität zu durchbrechen, Bildungsbenachteiligungen aktiv anzugehen und Bildungslücken auszufüllen. Die bildenden Aufgaben umfassen das Verständnis für die eigene sozialkulturelle Lage und die spezifische Frauensituation, die Gewinnung einer Perspektive für Geschichte und für kulturelle Prägungen, das Erschließen von Bildungsbereichen aus der Sicht von Frauen und das Sich-Gemeintfühlen in gesellschaftlichen Angelegenheiten sowie die Entwicklung von Aufgeschlossenheit für sehr unterschiedliche Fragestellungen und von Lernbereitschaft zur Vertiefung des bereits vorhandenen Wissens. Das Hauptresultat des Bildungsprozesses liegt gewöhnlich neben der veränderten Selbstwahrnehmung und Neuorientierung gegenüber der Gesellschaft in einem wachsenden Interesse an einer beruflichen Dimension für die eigene Biographie.

Bereits die Bildungsmaßnahmen selbst bieten neue Handlungsspielräume an: Frauen werden ihrer Vereinzelung entrissen und erfahren zugleich im Kontakt mit Lerngruppen ein stärkeres Bezugnehmen auf Frauen und einen Toleranzgewinn gegenüber anderen Orientierungen. Das Abschwächen des normorientierten Denkens und das Zulassen von Heterogenität eröffnen Visionen differenzierter Lebensentwürfe und fördern Individualisierungsprozesse. Das positive Erleben in der Lerngruppe erweitert das eigene Wohlgefühl und verstärkt den Wunsch nach gesellschaftlicher Einflußnahme auf Geschehnisse jenseits der Familienbeziehungen. Was die berufliche Orientierung betrifft, so ist diese in den Kontext der Entwicklung von Lebensperspektiven und Individualisierungsprozessen zu stellen.

Von den Autorinnen der Veröffentlichung werden in facettenreicher Form Ziele, Inhalte, Orientierungen und Verortungen der Frauenweiterbildungsarbeit untersucht. Das Buch besteht aus drei Teilen. Unter dem Titel „Theorien und Modelle" wird die Thematik in ihrer geschichtlichen Wurzel, der wiedergewonnenen Aktualität mit den 70er Jahren und den Veränderungen in den 90er Jahren zur Sprache gebracht. Von Anfang an war eine Vielgestaltigkeit von Weiterbildung unter Einbeziehen unterschiedlichster Institutionen und der Gleichzeitigkeit verschiedener Zielorientierungen gegeben. Zwei Dimensionen haben die Diskussion immer wieder bestimmt: Erstens die Relation von Privatem und Politischem und zweitens die von Gleichheit und Differenz. Im zweiten Teil unter dem Titel „Innovative Ansätze" geht es um neue Orientierungen, Anforderungen und Institutionalisierungen. Hochschulpolitische Entwicklungen verändern die Weiterbildungslandschaft ebenso wie gesellschaftliche Interessenverschiebungen und neue Sensibilisierungen beispielsweise im Bereich der Ökologie oder hinsichtlich der Frauenberufstätigkeit in Abhängigkeit vom Sozialsystem. Neue Adressatengruppen definieren, heißt zugleich methodische Veränderungen entwickeln. Und schließlich kommen im dritten Teil unter dem Titel „Beispielhafte Anwendungsbereiche" Beiträge zur Geltung, die sich im engeren Sinne mit wissenschaftlicher Weiterbildung an Universitäten auseinandersetzen, die Frauenbildungsarbeit in Österreich diskutieren und spezielle Felder der Frauenweiterbildung ansprechen, wie Frauen und Gesundheitsverhalten oder die enge Verbindung von Lernen und Arbeit. Das Handbuch gibt somit ein lebendiges Zeugnis davon ab, daß sich in den letzten Jahrzehnten Frauenweiterbildung deutlich differenziert hat und es nicht an Wissenschaftlerinnen mangelt, die eine Analyse einzelner Bereiche vorzunehmen im Stande sind. In allen Abhandlungen wird sowohl die Transdisziplinarität von Weiterbildung deutlich als auch der Bezug der Ergebnisse auf vielfältige Anwendungsmöglichkeiten.

In diesem Zusammenhang muß allerdings betont werden, daß aufgrund unzureichender Finanzierung von Projekten der Frauenweiterbildung und dem Bestehen vieler Einrichtungen auf der Basis von Honorar- und Zeitverträgen für Mitarbeiterinnen in der Wissenschaft und Weiterbildung die zeitaufwendige wissenschaftliche Reflexion in vieler Hinsicht noch weitgehend aussteht. Doch nicht allein die wissenschaftliche Tätigkeit entbehrt einer ausreichenden Förderung, auch die Praxis der Weiterbildung kann sich aufgrund zu geringer Mittel nur langsam entwickeln. Es ist nicht zu übersehen, daß – trotz häufiger Betonung der gesellschaftlichen Reintegration von Frauen in sozialpolitischen Kreisen unterschiedlicher Couleur – viele Bildungsprojekte weiterhin auf unbezahlte Leistungen angewiesen sind. Der Akzeptanz spezifischer Bildungsangebote für Frauen und deren verstärkte Nachfrage steht eine unzureichende Bedarfsdeckung gegenüber. Probleme der Erreichbarkeit bestimmter Frauengruppen lassen sich daher, solange bestimmte Weiterbildung anfordernde Zielgruppen auf Wartelisten stehen, noch nicht einmal richtig aufwerfen, obgleich das Ausfindigmachen eines bestehenden Bildungsbedarfs eine Aufgabe der Weiterbildung wäre.

Nicht zuletzt soll daher politisches Bewußtsein dafür geweckt werden, daß Weiterbildung für Frauen sich zu einem Bereich in der Pädagogik entwickelt hat, der allerdings zu seinem theoretischen und praktischen Fortschreiten einer weiteren Förderung bedarf. Dieses Buch will die Aufmerksamkeit auf die bereits von vielen Frauen geleistete Arbeit lenken und so eine Aufgeschlossenheit dafür schaffen, daß gezieltere Maßnahmen zur Frauenweiterbildung notwendig sind, um die postulierte Gleichstellung gesellschaftlicher Partizipation von Frauen glaubhaft umzusetzen.

An dieser Stelle möchte ich allen Autorinnen meinen Dank aussprechen, daß sie trotz ihrer umfangreichen Verpflichtungen früher oder später die Zeit gefunden haben, einen Beitrag zu erstellen. Ganz besonders danke ich Irmhild Kettschau, die über eine gewisse Zeit die Rolle einer Mitherausgeberin übernommen hatte, sich dann aber aufgrund beruflicher Veränderungen auf ihre neuen Aufgabenbereiche konzentrieren mußte. Mein Dank geht an die Reihenherausgeberinnen für ihre Geduld, ihren Zuspruch und ihre aktive Teilnahme am Erstellen dieses Buchs. Insbesondere gilt mein Dank Hildegard Macha und Anne Schlüter. Hildegard stand uns jeder Zeit mit Rat und Tat zur Seite. Danke. Nicht zuletzt gehört mein Dank aber auch meinen Mitarbeiterinnen am Koblenzer Seminar Pädagogik, Monika Bourmer, Martina Püschel, Barbara Tenhofen und Diana Baumgarten, die mit großer Sorgfalt und Beständigkeit Arbeiten übernahmen, die unsichtbar bleiben bei der Erstellung von Büchern: die Durchsicht der Manuskripte und viele Stunden am Computer, aber auch immer wieder neue Mitüberlegungen.

Ich wünsche mir, daß dieser Sammelband allen Interessierten einen Einblick bietet in die vielfältigen Dimensionen von Frauenweiterbildung und in die bereits vorliegenden beachtlichen Forschungsansätze.

Koblenz, im November 1999   Elisabeth de Sotelo

I. Theorien und Modelle

Elisabeth de Sotelo

Feministische Impulse in der Frauenweiterbildung

Nach den tiefgreifenden Veränderungen des letzten Jahrzehnts, von denen Europa in markanter Form als Schnittstelle zwischen Ost und West betroffen ist, die aber auch Ausdruck sind von globalen wirtschaftlichen Konstellationen, einhergehend mit technologischem Fortschritt und einer rasanten Zunahme an Kommunikation und Information (Sauer 1998) sowie der Neudefinition von dem, was Europa heißt, stehen wir vor der Frage, wie die Teilhabe von Frauen am gesellschaftlichen Leben unter Berücksichtigung der Besonderheiten ihrer Biographien in Zukunft aussehen soll. Eine solch basale Diskussion erfordert nicht zuletzt eine grundsätzliche Reflexion der Weiterbildungskonzeptionen für Frauen, durch die in nicht unwesentlicher Weise die Weichen für deren gesellschaftliche Integration gestellt werden (Sünger 1996).

Die Frauenbewegung hat sich prinzipiell durch starke Bildungsforderungen ausgezeichnet; so gingen die entscheidenden Bildungseinrichtungen und Bildungszugänge für Frauen aus einem feministischen Kampf hervor und jede feministische Aufklärung war von einer Bildungsidee begleitet (Lange/Bäumer 1901). Die Bildungsziele der verschiedenen Etappen und Strömungen der Frauenbewegung ebenso wie die Aufmerksamkeit für eine bestimmte Adressaten- bzw. Klientelgruppe weisen allerdings unterschiedliche Richtungen und Schwerpunkte auf. Die folgenden Gedanken zur Entwicklung der Frauenbeteiligung wollen hilfreich sein bei der Konzeptionierung und Beurteilung heutiger Entwürfe von Frauenweiterbildungsprogrammen, die einen nicht unbedeutenden Sektor der Weiterbildungslandschaft ausmachen.

I

Unter dem Begriff der Weiterbildung, der sich in den letzten 30 Jahren zu einem Oberbegriff für fast alle berufsbegleitenden, nebenberuflichen sowie nachschulischen Bildungsmaßnahmen entwickelt hat, wurde zunächst verstanden, daß entgegen der staatlichen Beschulung zur Gewährleistung einer Grundbildung für Kinder und Jugendliche Weiterbildung eine frei gewählte Handlung eines mündigen Erwachsenen ist (Kade 1994). Da gewöhnlich in unserer Gesellschaft die ersten Bildungsphasen mit Schulabschluß und dem sich anschließenden Berufsschul- bzw. Hochschulabschluß enden, heißt Weiterbildung häufig Fortbildung in einem Sachgebiet, Transfer bestimmter Schlüsselqualifikationen auf einen neuen Gegenstand oder Umschulung für einen völlig anderen Bereich. Doch neben diesem großen Zweig der beruflichen Fortbildung hat sich ein breites Spektrum an Erwachsenenbildung auf kulturellem Gebiet etabliert. Und schließlich verstand sich Erwachsenenbildung von Anfang an auch immer als sozialpolitische Meinungsbildung und Handlungsorientierung, so in der frühen Arbeiterbildung und auch in der Reedukation nach 1945.

Die Volkshochschulen als altbekannte Vermittler von Erwachsenenbildung wurden mehr und mehr ergänzt durch viele andere Bildungseinrichtungen auf kommunaler Ebene, seitens kirchlicher Träger, der Gewerkschaften oder in Form von Stiftungen, Vereinen, Gesellschaften und anderes mehr; Träger, die häufig auf eine lange Geschichte zurückblicken, aber sich nicht unbedingt als Einrichtungen der Weiterbildung definierten, sondern eher von ihrem Problembereich oder der Klientel her ihr Selbstverständnis aufbauten. Weiterbildung von Frauen lief unter dem breiteren Begriff der Frauenbildung (Reicke 1921).

Aufgrund einer vereinheitlichenden Sicht auf Bildungsprozesse von Erwachsenen hat sich heute der Begriff der Weiterbildung durchgesetzt (Krug 1996). Es ist nicht zu leugnen, daß in unserer Gesellschaft nahezu alle einer systematischen Erziehung und Bildung unterzogen werden und man somit im Erwachsenenalter von Weiterbildung sprechen kann, doch auch ohne eine vorausgegangene Beschulung – wie etwa bei einigen hier lebenden AusländerInnen – ließe sich der Begriff der Weiterbildung in Bezug auf jedes bereits vorhandene Wissen und die immer gegebene systematische Aneignung auch nicht schulisch vermittelten Lernens anwenden.

Die aufblühende Erwachsenenbildung der 20er Jahre, die von dem Ziel der Verstärkung der Demokratisierung getragen war, lebte in den 50er Jahren wieder auf und institutionalisierte sich allmählich zu einer umfassenden Bildungseinrichtung mit flächendeckenden Angeboten als öffentliche Institution eines lebenslangen Lernens, wobei sich grob gesehen zwei Richtungen unterscheiden lassen: Erwachsenenbildung, die eine weitere Qualifizierung betont und eine solche, die von einem emanzipatorischen Erkenntnisinteresse ausgeht (Siebert 1991). Die Erarbeitung didaktischer Gesichtspunkte, der Lehr- und Lernprozesse, der Zielgruppenorientierung, des Situationsansatzes und des Emanzipationsbegriffes boten gute Einstiegsmöglichkeiten für die Weiterbildung von Frauen. Inzwischen machen Frauen seit langem die stärkste Adressatengruppe von Weiterbildungsmaßnahmen aus, insbesondere bei Trägern, die ihre Lebenswelt ansprechen (Ev. Bildungswerk Berlin, 1983). Hinsichtlich einer feministisch-emanzipatorischen Frauenbildung ist der Begriff der Weiterbildung jedoch auch immer wieder kritisch zu hinterfragen und das in mehrfacher Hinsicht:

1. Bildungszielbestimmung
Wenn wir im Blick auf Bildungsziele von den Lebensbereichen von Frauen ausgehen, werden wir u.U. geschlechtsspezifische Verhaltensweisen verstärken, was ja lange Zeit als explizites Ziel von Weiterbildung galt (Nave-Herz 1972), aber auch heute noch oftmals als solches betrachtet wird. Es läßt sich sogar eine neuere feministische Diskussion heranziehen und so wenden, daß bestimmte geschlechtsspezifische gesellschaftlich weiterhin erwünschte Verhaltensweisen bei Frauen zu fördern seien. Drei Beispiele: Es wird das differenztheoretische Modell zu Hilfe genommen, um Frauen auf ihre besonderen Qualitäten aufmerksam zu machen und sie damit in traditionellen

Rollen festzuhalten (Heintz/Nadai 1998); es wird aus öko-feministischer Sicht darauf hingewiesen, daß Frauen vorteilhaftere Einstellungen haben, derer die Gesellschaft bedarf, um zu überleben (Grossmass/Schmerl, 1989) und es wird gar die multikulturelle Perspektive bemüht, um traditionelle, patriarchalisch geprägte Verhaltensweisen als gruppentypische Eigenarten gelten zu lassen.

2. Diskussion des Bildungsbegriffs

Es gab in den feministischen Reihen Bemühungen, den Alltag von Frauen auf seinen Bildungswert hinsichtlich beruflicher Vorqualifizierungen abzufragen. Die Ergebnisse waren nicht eindeutig, vermitteln jedoch, daß einzelne Aufgabenstellungen Bildungsprozesse einleiten und das erworbene Wissen sich auf andere Aufgabenstrukturen transferieren läßt (Költzsch Ruch 1997), aber auch, daß von Frauen geforderte Verhaltensweisen wie Denken von anderen her, Zurückstecken eigener Interessen, fehlende Trennung von Beruf und Freizeit und anderes in vieler Hinsicht einer Erwerbsarbeitsanforderung entgegenlaufen und somit nicht unbedingt als Vorbereitung für berufliche Qualifikationen gelten können. In Zukunft allerdings wird Erwerbsarbeit nicht mehr die dominante Rolle einnehmen, sondern Berufstätigkeit wird ergänzt werden müssen durch andere Formen der Arbeit in der Gesellschaft oder in der Gemeinde (Kettschau 1998). Zur Bildung für zivile Aufgaben, humanitäre Zwecke und das Gemeinwohl läßt sich auf frauenspezifische Verhaltensweisen zurückgreifen und diese könnten als Zugangsvoraussetzungen für bestimmte Weiterbildungsangebote stärker gewichtet werden. Der Bildungsbegriff wäre somit insgesamt zu erweitern (Forst 1996) und zugleich auf verschiedene Bildungssektoren zu beziehen.

3. Weiterbildung versus Sozialpädagogik

Was die Institutionalisierung von Weiterbildung betrifft, so ist die wissenschaftliche und institutionelle Trennung zwischen Sozialpädagogik und Weiterbildung nicht unbedingt als sinnvoll zu betrachten. Weiterbildung für Frauen im feministischen Sinne impliziert letztlich eine Analyse bisheriger Einstellungen und eine Neuorientierung, insgesamt eine Rekonstruktion der eigenen Biographie. Häufig sind die Bildungsangebote mit Beratungseinheiten verbunden, sei es, daß Bildungseinrichtungen prozeß- oder krisenbegleitende Beratungen zur Verfügung stellen, die Betroffenengruppe Beratung übernimmt oder gar das Aufsuchen von Beratung eigentlich als Weiterbildung gemeint ist. Weiterbildungsmaßnahmen sind somit eng mit sozialpädagogischen verbunden (Fatke/Hornstein 1987) und werden alternierend oder gleichzeitig in Anspruch genommen.

Die Frauenbewegung selbst hat Richtlinien vorgegeben, was unter Weiterbildung zu verstehen sei und wie sie vonstatten gehen könne. Sie hat neue Orientierungen eingebracht, halbautonome Einrichtungen entwickelt, Mischformen von privaten und öffentlichen Trägern, hat ansetzend bei einer Problemstellung Hilfen für den Alltag und spezifische Lernangebote integriert sowie Kultur- und Lebensweltdimensionen neu gefaßt (Brückner 1996). Aufgrund dieser unübersehbaren feministischen Aktivitäten wurde seitens vieler Institutionen der Bildungsbegriff erweitert und die Bildungslandschaft ausgedehnt. Qualifizierungen verschiedenster Art, Rollenübernahmelernen und

Persönlichkeitsentwicklung haben sich als bedeutende Themen der Weiterbildung einen festen Platz erobert. Weiterbildung verfolgt nicht zuletzt das Ziel, neue Lernmöglichkeiten bereitzustellen und für gesellschaftliche Veränderungen fit zu machen (Kommission der Europäischen Union 1995). Diese scheinen in besonderer Weise das Frauenleben zu tangieren. Damit gerät Weiterbildung leicht in die Rolle einer nacherziehenden Institution. Eine alleinige Anpassung an einen gesellschaftlichen Wandel entspräche jedoch wiederum nicht einer feministischen Bestimmung (Stalker 1996). Wenn wir bei dem gängigen, eher bildungspolitischen Begriff „Weiterbildung" bleiben, im Zugeständnis, daß damit fast jegliche Art von Bildung im Erwachsenenalter abzudecken sei, dann müssen wir uns allerdings eng an die Frauenbewegung anlehnen, an ihre Ausprägung und Bildungsziele, um nicht kontraproduktiv zu werden und um uns nicht von Standardprogrammen einer inzwischen etablierten Weiterbildung vereinnahmen zu lassen.

II

Die europäische Frauenbewegung, die in den 70er Jahren erneut zum Durchbruch kam, könnte man mit einem Wort benennen als eine solche einer neuen Bewußtseinsbildung. Im Zuge der allgemeinen Demokratisierungstrends, einer besseren Ausbildung und der sich weiter auftuenden Schere zwischen den gesellschaftlichen Möglichkeiten von Männern der mittleren Schichten – insbesondere im Bildungsbürgertum – gegenüber denen der Frauen, wurden sich jene bewußt, daß sie marginalisiert sind. Aber auch relativ bald formulierten sie, daß sie selbst die dominierenden männlich geprägten Ideologien verinnerlicht hätten, und aufgrund eines falschen Selbstverständnisses als Akteurinnen ihrer ausgegrenzten Situation fungierten.

Dieses neue Bewußtsein setzt am unmittelbaren Alltag der Frauen an, zunächst an ihrem Leben in der Familie, das weiterhin in einer gewissen sexuellen Gefügigkeit und starken wirtschaftlichen Abhängigkeit verläuft. Anfängliche Themen der Frauenbewegung lauteten daher: Aufzeigen von Gewalt und sexuellem Mißbrauch in der Familie (Hagemann-White 1981), Einsatz für das Recht sexueller Selbstbestimmung und zwar hinsichtlich Partnerverhalten und Schwangerschaftsentscheidung, bessere Selbstwahrnehmung und Selbstkenntnis des eigenen Körpers (de Sotelo 1992). Mit der Gewinnung und Postulierung einer Berufsperspektive als Regelbezug zur Gesellschaft werden weitere Themen entdeckt und integriert, beispielsweise: Frauen im Beruf (Pross 1979), gleiche Bezahlung für gleiche Arbeit, Hausarbeit versus Erwerbsarbeit, Selbstsicherheits- und Rhetoriktrainings (Gruppe Berliner Dozentinnen 1977). Diese Themenfelder haben sich rasant in vielen Frauengruppen verbreitet und wurden vorwiegend von ihren sozialpsychologischen Aspekten und der eigenen Selbstbetroffenheit her aufgerollt.

Unter traditioneller Weiterbildung waren diese Bildungsprozesse nur schwerlich zu fassen, denn sie überschritten sowohl deren Maßnahmen als auch deren Ziele. Es handelte sich um Erweiterungen des Gesichtskreises auf gänzlich neue Bildungsaspekte hin. Den feministischen Frauen war die Kluft zwischen den bestehenden gesellschaftlichen Angeboten der Weiterbildung und ihrem eigenen Ansatz bewußt. Sie empfanden ein tiefes Mißtrauen hinsichtlich aller gesellschaftlicher Institutionen, aber auch in Bezug auf wissenschaftliche Ergebnisse sowie jedwede Form von Professionalität, aus der Angst heraus, erneut fehlgeleitet zu werden (Dokumentationsgruppe der Sommeruniversität 1981). Daher wurde völlige Autonomie der Frauengruppen gefordert. Schon mit Beginn der neuen Bewegung begriffen die Frauen, daß die gesamte Gesellschaft androzentrisch deformiert ist. Und somit schien ihnen nichts anderes übrig zu bleiben, als sich am eigenen Schopf aus dem Sumpf zu ziehen. Daß zu jener Zeit Weiterbildung eher sexistisch verlief und allein der Rollenfestigung galt, wurde von den ersten Feministinnen der 70er Jahre ohne Umschweife notiert.

Diese sich ihrer Marginalisierung bewußt gewordenen Frauen sahen sich zunächst vollkommen isoliert mit ihrer Analyse, ein Zustand, den sie einerseits mittels eines selbst gesetzten Rückzugs in kleine geschlossene Zirkel besser bewältigten und der sie andererseits zu einem politischen Aufbruch drängte. Nur in ihren Gruppen fanden sie zu sich selbst, konnten sie frei ihre Gefühle äußern, erstmals über ihren Alltag sprechen, über Erfahrungen des Sich-Erniedrigt-Fühlens, des Nicht-Akzeptiert-Werdens und des Funktionalisiertseins. Das Sich-Ernstnehmen wurde zum Markstein ihres Bildungsprozesses. Die Frauen lernten ihre Gefühle zu verbalisieren. Sie entdeckten, daß ihr persönliches Leben ein Gruppenschicksal ist und analysierten die gesellschaftspolitischen Dimensionen ihres privaten Bezugs.

Bei aller gefundenen Solidarität miteinander sehen sie zunächst noch keinen Zusammenhang zwischen ihrem Frauenleben und dem von Frauen anderer Generationen. Ein Vergleich ihrer Einstellung mit der ihrer Mütter bestätigt ihnen, daß sie keine Vorbilder haben, vielmehr noch wurden die Mütter in der Verkörperung von existentieller Abhängigkeit, ihrem Dasein für andere und fehlender Identität in gewisser Weise zu einem Feindbild (Thiersch 1984). Zu dieser Thematik entfaltet sich eine breite Literatur, die sich als hilfreich erweist, die Tradition abzubrechen und einen neuen Frauentyp zu kreieren. In der Tat hatte der Faschismus und Nationalsozialismus in Europa eine Zeit des theoretischen Stillstands und Rückschritts mit sich gebracht, die über einige Jahrzehnte andauerte, eine Zeit, in der die Rolle der Frau allein als Gattin und Mutter glorifiziert wurde.

Eine weiter sich differenzierende und fokussiertere Wahrnehmung der eigentlichen Lage von Frauen bringt die Beschäftigung mit ausländischen Frauen in der Bundesrepublik aufgrund der bei ihnen nicht selten vorgefundenen Verschärfung des sexistischen Gepräges und dessen Verschiebung in anderen gesellschaftlichen Kontexten. Im Entstehen vieler halbautonomer Frauenbildungsprojekte zur Integration und Emanzipation von Frauen einwanderungsstarker Nationen bzw. anderer ethnischer Gruppen, wie z.B. Beratungs- und Bildungszentren etwa für türkische oder lybische Frauen, entwickelt sich ein vermehrtes Interesse an Frauen der Dritten Welt, deren Position in Abhängigkeit von sozialwirtschaftlichen Faktoren deutlicher erfaßt werden kann (de Sotelo 1975). Bestimmte patriarchale Züge werden in anderen Nationen stärker pointiert und verweisen somit auf vielschichtige Strukturen androzentrischer Gesellschaften, was auch zu einer deutlicheren Wahrnehmung der selbsterfahrenen Ausprägungen führt.

Das vermehrte Zur-Kenntnis-Nehmen der wirtschaftlichen Bedingungen im Umgang mit Frauen aus anderen gesellschaftlichen Systemen belebte die Diskussion über den Arbeitsbegriff vor allem hinsichtlich der verbreiteten Klassifizierung von produktiver und reproduktiver Arbeit. Feministinnen stellten die Berechnungen des Bruttosozialproduktes in Frage, sahen, daß ihre Leistungen zwar gesellschaftlich wirksam, d.h. konsumiert, aber nicht mitkalkuliert und nicht gewürdigt wurden. Die Thematik „Frau und Hausarbeit" gewann ein neues Profil (Schiersmann 1990) und wurde unter verschiedenen Akzenten Gegenstand von Weiterbildungsschwerpunkten.

Mit dem Aufgeben einer ausschließlichen Konzentration auf Selbstbetroffenheit eröffnet sich eine Perspektive für eine vielschichtigere Erfassung der Frauensituation, was sich allein schon darin zeigt, daß Feministinnen anfangen, von Frauen im Plural zu sprechen. Auch der inzwischen angewachsene feministische Wissensbestand befreit von Berührungsängsten gegenüber der herrschenden Wissenschaft, vielmehr wird jene mit den 80er Jahren verstärkt zum Objekt der Untersuchung, es werden Rekonstruktionen wissenschaftlicher Gegenstände vorgenommen, beispielsweise in der Psychoanalyse (Schlesier 1981), der Familiensoziologie (Long Laws 1971; Metz-Göckel/ Müller 1987) und auf anderen Gebieten; Forschungsergebnisse kommen zu Tage, die in vielen Weiterbildungsveranstaltungen unterschiedlichster Art, wie Sommerkursen, Seminaren, Workshops, Tagungen u.a. einer breiteren Schicht vermittelt werden.

Während bei manchen Ansätzen der Weiterbildung von einer nachholenden Bildung ausgegangen wird, Teilnehmerinnen von ihren Defiziten her angesprochen werden, es darum geht, Bildungslücken in der Allgemeinbildung und der beruflichen Qualifizierung zu schließen, setzen Feministinnen bei einem politischen Bildungsbegriff an. Ihnen geht es darum, daß Frauen sich ihrer Leistungen bewußt werden, daß sie sich ihre Qualitäten selbst aneignen, daß sie eine bewußte Position beziehen.

In fast allen wissenschaftlichen Disziplinen entstehen nach und nach feministische Forschungsansätze und in den verschiedensten gesellschaftlichen Institutionen vertreten Frauen zunehmend mehr ihren feministischen Standpunkt, womit sie eine entscheidende Veränderung hinsichtlich der Aufmerksamkeit für Frauenfragen erzielen und mehr und mehr patriarchale Überdeckungen enthüllen. Andererseits hat sich auch mit der Zeit die Situation unter den Frauen verändert. Die Kluft zwischen unaufgeklärten und feministisch engagierten Frauen wurde größer, so daß sie thematisiert werden konnte und auch auf eine neue Weise zur Reflexion gelangte. Für die Weiterbildung hieß es beispielsweise, daß die bisher postulierte Gleichstellung von Leiterinnen und Teilnehmerinnen ein Stück weit aufgegeben und erneut der Unterschied zwischen ihnen markiert wurde. Standorte und Standpunkte werden bedeutsam zur Selbstdefinition.

Differenz und Gleichheit (Prengel 1990) sind Grundkategorien, mit denen sich der Feminismus der 80er Jahre verstärkt auseinandersetzt, und das in mehrfacher Hinsicht: Unter Differenz und Gleichheit kann verstanden werden, daß die Differenz von Frauen untereinander ebenso groß ist wie die zwischen Männern und Frauen, was die Konzeption der Geschlechterdifferenz in Frage stellen würde. Es kann damit auch gemeint sein, daß die Differenz zwischen Frauen zu fördern sei, da die Gleichheit nichts anderes bedeutet als die Erfüllung der Norm eines Geschlechtscharakters. Und schließlich wird darunter in einer Diskussion mit länderspezifischer Ausprägung und einem Nord-Süd-Gefälle erfaßt, daß Gleichheit im Sinne von Angleichung des Frauenlebens an vorgegebene männlich geprägte Normen und Gesellschaftsstrukturen, beispielsweise im Arbeitsbereich, auch eine Form der Unterdrückung beinhaltet und Frauen damit ihr Selbstsein, ihr Anderssein vernachlässigen. In der Konsequenz wird von den italienischen Feministinnen des Diotimakreises proklamiert, daß Frauen sich darum bemühen müssen, Weiblichkeit als genealogisches Prinzip zu setzen (Muraro 1993), um mehr über Frauen zu erfahren und fraueneigenes Verhalten überhaupt entwickeln zu können.

Eine solches Leben unter Frauen war lange Zeit den Frauen gesellschaftlich aufgedrückt worden, zum Beispiel in den reinen Mädchenschulen. Doch diesen Bezug bewußt anzustreben, beinhaltet eine völlig neue Bildungsausrichtung, eine Wende, die zunächst von den Amerikanerinnen vorgenommen wird (Teubner 1997). Ihnen gelingt es auch in einem zweiten Schritt, die althergebrachten privaten Bildungsinstitutionen für Frauen feministisch umzuwidmen. Die alleinige Bezugnahme auf Frauen entstand anfangs in der feministischen Bewegung, um sich vor der Dominanz der Männer zu schützen; inzwischen erleben Frauen, daß sie sich in Frauengruppen wohl fühlen und ungestörter zu sich selbst finden. Es ist Frauen wichtig geworden, sich mit anderen Frauen auseinanderzusetzen und deren Denken zum Anknüpfungspunkt zu nehmen, wobei manche soweit gehen, den Männern überhaupt den Zugang zu Frauen abzusprechen und somit auch ihr emotionales und kommunikatives Leben allein in einem Frauenzusammenhang als sinnvoll erfahren.

III

Die in den letzten Jahren verstärkt wahrgenommene geschichtliche Dimension, die in den Anfängen der Frauenbewegung der 70er Jahre relativ ausgeblendet blieb, gibt jener als der eigentlich dritten Welle (Reicke 1921) – in der Regel wird sie die zweite genannt – einen neuen, relativierten und spezifischen Stellenwert. In einem knappen geschichtlichen Rückblick lassen sich bestimmte Etappen und Strömungen der Frauenbewegung markieren, die kurz charakterisiert werden sollen, um die damit einhergehende Bildungsorientierung und Bildungsgeschichte zu verdeutlichen und die Frage heutiger relevanter Bildungsrichtungen stellen zu können.

Das Freiheits- und Gleichheitsideal des 18. Jahrhunderts führte zu einer Selbstbesinnung und Neupositionierung des Menschen in der Gesellschaft und damit auch zum Ursprung der Frauenbewegung. Mit der Französischen Revolution, die diese Prinzipien gesellschaftlich umzusetzen versuchte, aber die Frauenrechte übergangen hatte, kamen Frauenstimmen empor, die sich für die Gleichberechtigung von Frauen einsetzten und darauf aufmerksam machten, daß die mit der Französischen Revolution erklärten Menschenrechte nur Männerrechte beinhalteten (Hagengruber 1997). Sie betonten die Freiheit und Gleichstellung der Frau, empörten sich über die von Männern ausgeübte Unterdrückung und forderten den legitimen Anteil der Frauen an Souveränität und Macht. Statt der vielen Pflichten und Anstandsregeln, die Frauen auferlegt wurden, sollte Frauen das gleiche Recht und die volle Freiheit als Grundlage der Vernunftentwicklung zukommen. Die ausgeprägte Bildungsperspektive für Frauen heißt: Schulung des Verstandes auf der Basis freier Willensentscheidungen zu verantwortlichem Handeln. Auch die Beziehung zwischen den Geschlechtern wurde auf eine neue Ebene gestellt. Zuneigung und Liebe zueinander einhergehend mit gegenseitigem Respekt und dem Finden von Gemeinsamkeiten, die auf einem Aushandeln der Interessen beruhen, gewannen an Bedeutung für Verhaltensregulierungen.

In Deutschland sind es die Romantikerinnen, die auf eher unpolitische Weise Ideen der Französischen Revolution assimilieren, ihr vorgegebenes Frauenleben ablehnen, sich mit gesellschaftspolitischen Fragen auseinandersetzen, eine andere Bildung und Weiterbildung für Frauen anstreben und sich in ihren Salons Gehör verschaffen (de Sotelo 1988). Es sind schreibende Frauen, wie beispielsweise Rahel Levin Varnhagen von Ense, Bettina von Arnim, Caroline Schlegel-Schelling. Ausgesprochen feministische Orientierungen tauchen erst später auf, nämlich mit den Frauen des Vormärz: Mathilde Franziska Anneke, Louise Aston, Fanny Lewald u.a. (Möhrmann 1978). Es kam zur Gründung feministischer Frauenclubs und einem Fordern gleicher Rechte für Frauen sowie dem Aufbau von Frauenbildungs- und Frauenerwerbsvereinen, Aktivitäten, die von politischer Seite mit dem 1850 in Kraft tretenden Vereins- und Versammlungsverbot für Frauen bald gestoppt wurden.

Diese Gruppen gebildeter und auch feministischer Frauen gehen über in die Bewegung der Feministinnen um die Jahrhundertwende. Man sollte allerdings eine Zäsur machen und die Frauen der Romantik und des Vormärz parallel setzen zu den kämpferischen Frauen nach der Französischen Revolution, von der auch sie nicht unbeeinflußt waren. Zudem erleben die Feministinnen um die Jahrhundertwende sich selbst eher als einen Neuanfang hinsichtlich der Behandlung der Frauenfrage insofern, als sie nicht als einzelne aufbegehren, sondern sich der Frauensituation insgesamt bewußt werden (Brehmer 1983) und ihre Rebellion auf breiterer Ebene organisieren.

Mit der 1865 von Louise Otto-Peters einberufenen ersten Frauenkonferenz in Leipzig, auf der einige „Achtundvierzigerinnen" (Louise Otto-Peters, Lina Morgenstern, Henriette Goldschmidt, Auguste Schmidt) den Dachverband zur Wahrung der Interessen vieler Frauengesellschaften und Frauenvereine gründeten, den „Allgemeinen Deutschen Frauenverein" (ADF), eine Aktion, die nicht selten als Beginn der deutschen Frauenbewegung betrachtet wird, wird ein Programm aufgestellt, das vor allen Dingen Forderungen des Rechts der Frauen auf Bildung, Arbeit und freie Berufswahl enthält. Fragen der Stimmberechtigung und der sozialen Unterdrückungsverhältnisse sowie der familiären und industriellen Ausbeutung der Frauen wurden wegen ihrer Brisanz bewußt ausgespart. Es ging lediglich um die Dimension der Erwerbstätigkeit, die erreicht werden sollte durch Anhebung der Grundbildung und Ausbau der Weiterbildung, z.B. durch die Einrichtung von Lehrerinnenseminaren. Man sprach nicht mehr von Freiheit und Gleichheit, sondern von konkreten Zugangsberechtigungen der Frauen zu den Bildungseinrichtungen.

Daß Bildung und Erwerbstätigkeit für Frauen auch in Kreisen gefordert wurde, die nicht unbedingt feministisch geprägt waren, zeigt bereits der im gleichen Jahr von dem Berliner Ehepaar Lette gegründete Verein, der zur Linderung wirtschaftlicher Not vieler unverheirateter Frauen beitragen sollte. Die steigenden Lebenskosten und

-ansprüche führten im Zusammenhang mit der Schrumpfung der Familienverbände zu einer Unterversorgung der vielen unverheirateten Frauen. Jene sind mehr und mehr auf Selbstversorgung angewiesen. Der Lette-Verein förderte die fachliche Ausgestaltung etlicher gewerblicher Berufe für Frauen, wie Schneiderinnen, Photographinnen, Buchbinderinnen und andere (Lette Verein 1966). Er lieferte eine Art Berufsschulbildung, bei der nicht feministisches Gedankengut im Vordergrund stand, sondern die berufliche Integration von Frauen. Diese Linie der Frauenemanzipation, die auch heute wieder verstärkt ihre Gültigkeit hat, findet offensichtlich leichter gesellschaftliche Akzeptanz. Selbst heute erfreuen sich Bildungs- und Weiterbildungsinstitutionen für Frauen, bei denen die bloße Ausrichtung auf eine Erwerbstätigkeit im Vordergrund steht, besonderer Zustimmung. Es ist anzunehmen, daß mit dieser Form der gesellschaftlichen Integration von Frauen die patriarchale Gesellschaft relativ wenig in Frage gestellt wird, was sich deutlich in sozialistischen Gesellschaften zeigte, doch auch daran abzulesen ist, daß heutzutage Erwerbstätigkeit von Frauen weit verbreitet ist, und doch die androzentrische Gesellschaftsstruktur fast unbeschadet fortbestehen kann.

Als eine Verstärkung der männlichen Gesellschaft und unter Umständen auch als antifeministische Reaktion kann die gleichzeitige Gründung des „Vaterländischen Frauenvereins" 1866 betrachtet werden, der das Ziel verfolgte, Frauen für Pflegebedürfnisse und die wirtschaftliche und sittliche Not der Gesellschaft heranzubilden. Dieser Verein erfreute sich eines großen Zulaufs seitens der Frauen. Er griff deren Helfersyndrom auf und deren Einsatzfreude für eine große Idee. Hier zeigt sich, daß Frauen immer wieder ansprechbar sind von androzentrischen Theorien (Eckes/Six-Materna 1998). Solche im eigenen Zeitgeschehen ausfindig zu machen, ist sicherlich nicht ganz einfach.

Die frühe Frauenbewegung selbst erfuhr eine systematische Vertiefung durch den 1869 von Auguste Schmidt und Marie Calm gegründeten „Verein deutscher Lehrerinnen und Erzieherinnen", der seinen Schwerpunkt auf Bildungsfragen legte. In den Zentren der Frauenbildungsbewegung in Weimar und Berlin betonte man zunehmend den Wert der Erziehung von Mädchen und Frauen allein durch Frauen, was zu einer Forderung heranreifte, die 1887 Helene Lange in ihrer Petition an das Preußische Unterrichtsministerium in der „gelben Broschüre" aussprach. Die These, daß nur die Frau die geborene Erzieherin der Frau sein könne und ausschließlich Frauen über die Bestimmung von Frauen etwas zu sagen hätten, kann ebenso wie die Gründung eines „Krankenhauses weiblicher Ärzte" (1910) in Berlin als eine frühe Vorwegnahme der heutigen Forderung nach reinen Frauenschulen, Frauenweiterbildungsstätten und Frauenhochschulen betrachtet werden. Allein in der Erziehung und Bildung durch Frauen kann sich eine Identifizierung mit der Lehrerin/Dozentin vollziehen, ohne an Frauenidentität zu verlieren (Macha/Klinkhammer 1997). Frauen als Modell vermitteln und festigen eine Berufsperspektive und verankern den Generationenbezug. Erst so kann ein geschichtliches Bewußtsein entstehen, bei dem sich Frauen als Subjekte der Geschichte betrachten.

Die Frauenbewegung der Jahrhundertwende, die sich zusammensetzte aus Suffragetten und sozialistischen Frauengruppen, bürgerlichen und proletarischen Feministinnen kennzeichnete sich in Deutschland durch eine gleich starke Ausprägung von bürgerlichen und sozialistischen Frauengruppen, was eine Intensivierung der Frauenfrage bewirkte und unterschiedlichste Bildungsaspekte beleuchtete.

Der gemäßigte Flügel der bürgerlichen Feministinnen forderte nicht Gleichberechtigung und Gleichheit, sondern Gleichwertigkeit bei Anerkennung der Verschiedenheit der Geschlechter und stellte die These auf, daß nicht die Frauen die Integration in die Gesellschaft suchten, sondern die Gesellschaft der Qualitäten des Weiblichen zum eigenen Überleben bedürfte. Die Differenz zwischen Mann und Frau wurde herausgestrichen, Mütterlichkeit als geistige Qualität einer jeden Frau zugeschrieben und zum allgemeinen Bildungsziel erklärt. Die soziale Bedeutung der Mütterlichkeit als gesellschaftsverändernde Kraft sollte die anstehenden tiefen gesellschaftlichen Konflikte lösen. Mit diesem Theorem entwarf die bürgerliche Frauenbewegung ein Bildungsprogramm, das der emotionalen und sozialen Bildung den Vorrang gab (Salomon 1902). Dabei gelang es den Frauen, die ihnen zugeschriebene Schwäche und Begrenzung wegen ihrer Sensibilität und Herzensgüte in eine Stärke umzudefinieren und aus der Idee der geistigen Mütterlichkeit heraus eine Integration in die Gesellschaft einzufordern. Die traditionell der Frau unterschobene Andersartigkeit wurde in ihrer Bestätigung auf paradoxe Weise zu deren Überwindung.

Politisch links orientierte Frauen um Minna Cauer, Käthe Schirmacher und Anita Augspurg überschritten mit der Gründung des „Bundes fortschrittlicher Frauenvereine" 1899 hinsichtlich ihrer Bildungszielbestimmung Fragen der Beschulung und der Erwerbstätigkeit in Richtung auf solche der Gleichstellung, einmal hinsichtlich eines Frauenstimmrechts und zum anderen in bezug auf die gesellschaftliche Stellung. Diese feministische Strömung markierte das schreiende Unrecht, das Frauen täglich angetan wurde. Mina Cauer stellte sozialpolitische Themen in den Vordergrund und griff mit dem Verein „Frauenwohl" Zeitfragen der Frauen auf. Es galt, frauenentwürdigende Probleme in Ehe und Familie aufzudecken und zu lindern.

Der 1904 auf dem internationalen Frauenkongreß in Berlin gegründete „Internationale Bund für Frauenstimmrecht" verlieh der Stimmrechtsbewegung eine neue Stoßkraft und verstärkte auch die internationale Verankerung der Frauenbewegung, die bereits 1894 mit der Gründung des „Bundes Deutscher Frauenvereine", der sich als Teil des Frauenweltbundes verstand, begonnen hatte. Bis 1914 nahmen Neugründungen von Vereinen und Gesellschaften gewaltig zu, und es fand eine Vertiefung und weitere Verbreitung der Frauenbewegung statt. Weiterbildung mit politischen, sozialpolitischen und sexual-ethischen Zielen stand neben einer bildungspolitischen, fachberuflichen und konfessionellen Thematik im Vordergrund (Schlüter 1987 und 1992). Mit der 1908 gegebenen Zulassung von Frauen zu politischen Vereinen und Versammlungen verzeichnete die politische Frauenbildung einen zahlenmäßig steilen Anstieg. Gleichzeitig hatten Frauen auch die letzte Hürde beim Zugang zu den Universitäten genommen.

Die Frauen sahen deutlich, daß sie ihre Position letztlich nur mit Hilfe eines internationalen Netzwerkes und einer gemeinsamen Stoßkraft verändern konnten. Nach mehr als 100 Jahren internationaler Verbindung der feministischen Bewegung ist es allerdings erstaunlich, wie wenig wir trotz zahlreicher Vereinigungen und weltweiter

Kongresse, die sich um einen besseren Informationsfluß bemühen (WISE 1990), informiert sind über Belastungen und Bedrohungen von Frauen in anderen Ländern und wie schwach immer noch die gegenseitige Unterstützung ausgebaut ist.

IV

Unter Bezug auf eine Reihe von lebensbereichs- und problemorientierten Gründungen von Vereinen, Bünden und Gesellschaften der frühen Frauenbewegung und deren jeweils spezifischen Frauenbildungszielen lassen sich drei Richtungen bestimmen, die die gesellschaftliche Situation der Frauen verbesserten. Diese sollen im Kontext heutiger Forderungen noch einmal beleuchtet werden.

1. Der liberal-bürgerliche Flügel hat sich wenig um Fragen der politischen Partizipation gekümmert. Er stellte die bestehenden gesellschaftlichen Strukturen kaum in Frage, sondern wollte vielmehr daran anknüpfend versuchen, durch Fördermethoden Frauen zu integrieren. Auch heutige gemäßigtere Positionen lehnen sich an den liberal-bürgerlichen Feminismus der Jahrhundertwende an und fordern konkrete Maßnahmen zu spezifischen Fragen der Integration, wie beispielsweise gleicher Schulabschluß für Mädchen und Jungen, mehr Mädchen in technische Berufszweige, paritätische Besetzung von Stellen oder auch die Diskussion der Koedukationsfrage. Chancengleichheit durch Anhebung der Bildung von Mädchen und Frauen zu erzielen, kann auch heute als der Mainstream der aktuellen Diskussionen betrachtet werden, der entsprechend eine weitgehende Institutionalisierung seiner Forderungen gefunden hat.

Am Verlauf der Schulbildung für Frauen ist der gesellschaftliche Wandel besonders deutlich ablesbar. Schulbildung ist in Europa für Frauen inzwischen so angehoben worden, daß sie in bezug auf die Höhe zu der der Männer sich dieser annähernd, als äquivalent oder diese überschreitend angesehen werden kann (Eurostat News 1998). Damit haben wir eine Richtungsbestimmung erworben, nämlich die der auch inhaltlich gleichen Bildung für Männer und Frauen, was eine gleiche Lebenszielorientierung impliziert und zwar die individuelle Gestaltung der eigenen Biographie, eine eigenständige Verankerung von Frauen in der Gesellschaft. Von der Bildungskonzeption her ist die Diskussion der komplementären Lebensweise von Frauen zu einer berufsgesteuerten Lebensform von Männern ad acta gelegt.

Die auf vielen Ebenen laufenden Fördermaßnahmen haben aber noch nicht die Veränderungen gebracht, die man erwartet hätte. In der Weiterbildung zeigt sich, daß eine berufliche Integration nicht vorwiegend von der Bildungsmöglichkeit abhängig ist. Auch die bessere Ausbildung von Frauen hat bisher nicht zu einer nennenswerten Veränderung der Beteiligung von Frauen in Spitzenpositionen geführt (Hadler 1995), insofern ist die Frage zu stellen, inwieweit Fördermaßnahmen zugleich den männlichen Schulterschluß verschleiern und einen Mythos darstellen. Es werden zunächst einmal Aktivitäten blockiert, kleinere, nicht aufzuhaltende Erfolge gezeitigt, was die Hoffnung nicht schwinden läßt, daß in absehbarer Zeit die Marginalisierung von Frauen aufgehoben sein würde.

2. Die sozialistischen Frauen proklamierten ein neues, antikapitalistisches Gesellschaftssystem, bei dem die komplementären Geschlechterrollen aufgelöst seien. Bei diesem Modell wurden zunächst Verhältnisse verändert. Heute wissen wir, daß der Realsozialismus schließlich die Erwartungen nicht erfüllt hat, obgleich entscheidende Fragen der Voraussetzung zur Emanzipation durch die Betonung der Gleichheit der Geschlechter und des Gezwungenseins der Frauen zur Erwerbstätigkeit bei einer einhergehenden staatlich garantierten Kinderversorgung beantwortet waren. Diese Fragen stehen wieder an. Hinsichtlich vorschulischer und schulischer Betreuung sind immer noch Regelungen zu schaffen. Die Grundfrage nach der Hausarbeit jedoch, die auch in sozialistischen Konzeptionen nicht berührt wurde, stellt sich weiterhin für viele Frauen, die berufstätig sind und eine Familie haben. Die doppelte Vergesellschaftung heutiger Frauen – Familie und Beruf – verlangt von ihnen entweder eine zusätzliche Anstrengung und hat nicht selten zum Resultat, daß Frauen über wenig Freizeit und wenig Freiraum verfügen und sich extrem anwendungsorientiert verhalten, oder daß sie sich zunehmend dafür entscheiden kinderlos zu leben, um eine stärkere Selbstgestaltung des Lebens leisten zu können.

In der feministischen Diskussion, die mit Lohn für Hausarbeit begann und damit Frauenarbeit sichtbar machte, hat sich die Thematik der Doppelbelastung zu einer der Vereinbarkeit von Familienleben und Beruf gewandelt. Die Übernahme von Haushalts- und Familienaufgaben in paritätischer Aufteilung oder in Form einer Verhandlung zwischen den Partnern wird somit zu einer geschlechterübergreifenden Angelegenheit. In der Tat streben zunehmend mehr Frauen eine Erwerbstätigkeit an und die sogenannte Normalbiographie der Frau – Berufsausbildung und erste Phase der Erwerbstätigkeit; Hausfrau und Mutter; Wiedereinstieg in die Berufstätigkeit – hat ihre allgemeine Gültigkeit verloren. Damit erhält auch die Paarbeziehung eine Neustrukturierung.

Wenn die Vereinbarkeit zu einer Geschlechterfrage geworden ist, dann sind entsprechend die erforderlichen Bildungsmaßnahmen auf den Mann auszudehnen. In feministischen Kreisen wird die Frage, inwieweit Frauenbildung durch Männerbildung zu ergänzen und oftmals eine bewußte koedukative Weiterbildung anzustreben sei, um den Geschlechteraspekt besser zu erfassen und Veränderungen des männlichen Verhaltens zu ermöglichen, zunehmend stärker formuliert (Zander 1997). Paartherapie und Familienbildung aus feministischer Perspektive sind als eine Form der Weiterbildung zu betrachten, als ein Lernen aufgrund von gemeinsamen Lebensprozessen, die es zu reflektieren und gemeinsam anders zu gestalten gilt.

Hinsichtlich der Erwerbsarbeit ist allerdings auch eine herausragende Benachteiligung von Frauen auffällig. In einer Zeit, in der eine strukturelle Arbeitslosigkeit die soziale Landschaft Europas kennzeichnet, sind Frauen deutlich stärker von diesem Schicksal betroffen. Die Anstrengungen dem zu entgehen, führen nicht selten dazu, daß Frauen unter Bedingungen arbeiten, die ihrer Qualifikation nicht entsprechen oder sogar ihre Menschenwürde verletzen, und häufig ein Entgelt erhalten, das weit unter der Vergütung liegt, die Männern gewährt wird. Ebenfalls gehören dem sozial- und arbeitsrechtlich nicht gesicherten Niedrigarbeitslohnsektor vor allem Frauen an. Diese vom Arbeitsmarkt bestimmte Situation bremst die Individualisierungsmöglichkeiten von Frauen und gibt dem traditionellen komplementären Muster neuen Anschub. Ganz augenfällig zeigt sich dieser Wandel bei Frauen in den neuen Bundesländern. Aufgrund der früheren Nicht-Wählbarkeit einer weiblichen Biographie sehen heute manche Frauen eine Ausrichtung auf die Familie als erstrebenswert an, doch viele sind in die Arbeitslosigkeit gefallen. Insgesamt werden Frauen von der Gesellschaft auf den Familienbereich zurückgedrängt, was nicht ein Wiederaufleben des Familienmodells der 50er und 60er Jahre heißt, sondern was aufgrund der bereits erworbenen gesellschaftlichen Positionen eine völlig neue Problematik aufwirft.

3. Die links-radikalen Frauen der Jahrhundertwende beschäftigten sich mit Fragen der sexuellen Selbstbestimmung, der Abschaffung des Paragraphen 218, der Strafbarkeit des Schwangerschaftsabbruchs, mit Forderungen nach vermehrtem Schutz unverheirateter Mütter sowie dem Einsatz für freie Liebe und gegen Prostitution. Die Diskussion über freie Liebe, Geschlechtskrankheiten, doppelte Moral waren Problemfelder mit gesellschaftlicher Explosivkraft und galten als Verletzungen des sozialen Anstandes. Der Einsatz für freie Prostitution verkörperte den Kampf für die konsequente Gleichbehandlung von Mann und Frau. Die Abschaffung der polizeilichen Überwachung von Prostituierten, die in England 1886 erreicht wurde – in Deutschland kam es erst über 30 Jahre später (1919) durch die „Abolitionistische Förderation" zu entsprechenden Forderungen –, wurde in ihrer Bedeutung der Sklavenbefreiung gleichgesetzt.

Prostitution heute im Zusammenhang mit Menschenhandel ist ein Bereich, in dem vereinzelt Weiterbildungsprojekte gefördert werden, doch gerade an diesem Problembereich zeigt es sich, daß es nicht ausreicht, allein mit Frauen zu arbeiten, sondern daß auch Männer für ihr Verhalten verantwortlich gemacht werden müssen und sexualaggressives Verhalten ganz bestimmter Maßnahmen bedarf, die einer feministischen Orientierung entspringen. Daß Männer immer noch weitgehend geschont werden, ist bisher von der feministischen Wissenschaft wenig aufgearbeitet worden.

Neuere Forschungen zu Geschlechterfragen lassen erwarten, daß das Verhalten von Jungen und Männern stärker unter die Lupe genommen wird, beispielsweise hinsichtlich der Lern- und Verhaltensschwierigkeiten von Jungen in der Schule (Skelton 1998), des schwierigen Umgangs von Jungen mit Mädchen, des fortbestehenden Gebarens von Männern als seien sie Frauen gegenüber das führende Geschlecht. Es stimmt uns nachdenklich, daß Frauen an den neuralgischen Punkten der Gesellschaft trotz vieler Anstrengungen weiterhin absent sind (Neusel/Vogth 1992). Das Bewußtwerden der zementierten Situation läßt andere Ansatzpunkte in den Vordergrund treten, um eine Veränderung zu erreichen, nämlich das prinzipielle Verhältnis der Geschlechter und die Problematik der darin beschlossenen Unterschiedlichkeiten, die alles andere tangiert.

Heutige Feministinnen gehen von einer grundsätzlichen Deformation der Gesellschaft aufgrund des durchgängigen Androzentrismus aus, so daß eine Integration der Frauen in diese Gesellschaft nur zu einer weiteren Vermännlichung der Gesellschaft führen kann und in der Konsequenz zu einer Negation des Frauenspezifischen. Das Problem besteht jedoch darin, den Geschlechtscharakter von Frauen durchsetzen zu wollen, ohne in der Lage zu sein bestimmen zu können, was darunter konkret zu verstehen wäre. Die Gefahr des Abgleitens in traditionelle Vorstellungen von Frauenrollen und Frauenverhaltensweisen oder einem spezifischen Wesen von Frauen liegt nahe, und gerade das macht diese Theorie allgemein recht beliebt. Dieser großen Gefahr, dem Konventionellen aufzusitzen, kann man in gewisser Weise entkommen, indem man davon ausgeht, daß zunächst einmal der Schritt zu einer eigenen Entfaltung von Frauen zu machen ist, das impliziert konsequenterweise, männliches Verhalten in allen gesellschaftlichen Bereichen weiter einzudämmen.

Allein der seit den 80er Jahren verstärkte wissenschaftliche Zugang zu Frauenthemen und das zunehmende Eindringen von Frauengesichtspunkten in alle Disziplinen (Schlüter/Stahr 1990) führen zu einer Erweiterung des Horizonts, zu einem allmählichen Abstreifen noch vorhandener sexistischer Vorurteile und androzentrischer Hüllen unserer Gedankengänge. Studienabschlüsse in Frauenforschung, gender studies, als Erstausbildung oder Weiterbildung sind in England und anderen Ländern inzwischen an vielen Universitäten die Regel. In Deutschland tut man sich schwer damit. Eine systematische Integration von Frauenfragen in universitäre Angebote begann mit den Dortmunder Frauenstudien Anfang der 80er Jahre nach der Gründung einer Arbeitsgemeinschaft Nordrhein-Westfälischer Wissenschaftlerinnen. Inzwischen finden sich etablierte Ansätze in Bielefeld, Bremen, Oldenburg, Koblenz und seit kurzem an der Humboldt-Universität in Berlin. Es handelt sich um Abschlüsse im Bereich der Magisterstudien und um Studienschwerpukte oder Wahlpflichtfächer in Diplomstudiengängen oder auch um weiterbildende Studiengänge für Frauen, die unter Umständen nicht die Regelzugangsvoraussetzung für ein Universitätsstudium erfüllen. Die wissenschaftlichen Tätigkeiten in diesen Studiengängen setzen einen langen Atem voraus, können aber auch andererseits als ein Gewinn betrachtet werden hinsichtlich der Verbreitung und der Zuarbeit für die weiterhin bestehenden engagierten feministischen Gruppen, die leiser geworden sind, aber dennoch versuchen, die Dominanz der Männerquote in unserer Gesellschaft aufzudecken und sich in vielen Berufsständen und Netzwerken zusammengetan haben.

Die feministische Reflexion kann an den gesamtgesellschaftlichen Veränderungen des letzten Jahrzehnts nicht vorbeigehen. Die verschiedenen Strömungen des Feminismus und die Weiterentwicklung seiner Fragestellungen sind zum einen der Versuch einer Antwort auf die gewandelte Stellung der Frau in der Gesellschaft, zum anderen sind die feministischen Bewegungen auch Initiatoren von Wandel. Die komplexe Analyse der besonderen Situation von Frauen führt zu einer Reihe von Veränderungsansätzen, was die Einheitlichkeit der ersten Stunde in Frage stellt und an der programmatischen Solidarität rüttelt. Entsprechend kennzeichnen sich Bildungs- und Weiterbildungsangebote durch eine Richtungsfülle.

Die Frauenbewegung spielt heute einerseits nicht mehr die Rolle, die sie in den 60er und 70er Jahren inne hatte. Sie hat im Zuge des Rückgangs aller anderen Sozialbewegungen an Einfluß verloren. Hinzu kommt, daß diese soziale Schwächung eine Zersplitterung förderte, wodurch die Bewegung insgesamt an Kraft einbüßte. Doch die feministische Reflexion, die früher ausschließlich innerhalb der Frauenbewegung anzutreffen war, ist aus ihrer marginalen gesellschaftlichen Position aufgestiegen und zu einem festen Bestandteil in politischen, sozialen und wissenschaftlichen Institutionen als auch in der Weiterbildung geworden. Auf diesem Plateau lassen sich ganz neue Fragestellungen angehen, gibt es Anknüpfungsmöglichkeiten an bereits vorhandene institutionelle Einrichtungen, wie beispielsweise Frauen im Betrieb, Frauen in der Politik, Frauen in der Wissenschaft. Damit ist der Blick auch geöffnet für die Leistungen früherer Frauengenerationen in allen Bereichen, für eine Kontinuität der Frauenfrage, das heißt für eine Geschichte als Frauengeschichte und für eine Bildungsgeschichte von Frauen. Weiterbildung von Frauen ist letztlich nichts anderes als die überfällige Aneignung der eigenen Biographie und der Bildungsgeschichte der Frauen, um so zukunftsorientiert und aktiv mit dem eigenen Leben innerhalb eines gesellschaftlichen Kontextes umgehen zu können.

Literatur

Brehmer, Ilse et al. (Hrsg.) (1983): Frauen in der Geschichte IV. Düsseldorf: Schwann

Brückner, Margrit (1996): Frauen- und Mädchenprojekte. Von feministischen Gewißheiten zu neuen Suchbewegungen. Opladen: Leske + Budrich

Dokumentationsgruppe der Sommeruniversität der Frauen e.V. (Hrsg.) (1981): Autonomie oder Institution. Über die Leidenschaft und Macht von Frauen. Berlin

Eckes, Thomas; Six-Materna, Iris (1998): Leugnung von Diskriminierung: Eine Skala zur Erfassung des modernen Sexismus. Zeitschrift für Sozialpsychologie 29/3: 224–238

Eurostat News Release Nr.9/98. In: Neue Impulse 4: 20. Frauen haben in der Bildung die Nase vorn.

Evangelisches Bildungswerk Berlin (Hrsg.) (1983): Jahresbericht 1982. Berlin

Fatke, Reinhard; Hornstein, Walter (1987): Sozialpädagogik – Entwicklungen, Tendenzen und Probleme. Zeitschrift für Pädagogik 33/5: 589–593

Forst, Ursula (1996): Gegen einen Ausverkauf des Bildungsanspruchs. GdWZ 7/1: 26–28

Grossmass, Ruth; Schmerl, Christiane (Hrsg.) (1989): Feministischer Kompaß, patriarchalisches Gepäck. Kritik konservativer Anteile in neueren feministischen Theorien. Frankfurt/New York: Campus

Gruppe Berliner Dozentinnen (Hrsg.) (1977): Frauen und Wissenschaft. Beiträge zur Berliner Sommeruniversität für Frauen – Juli 1976. Berlin: Courage

Hadler, Antje (1995): Frauen und Führungspositionen: Prognosen bis zum Jahr 2000. Berlin u.a.: Peter Lang

Hagemann-White, Carol et al. (1981): Hilfen für mißhandelte Frauen. Stuttgart: Bundesminister für Jugend, Familie und Gesundheit.

Hagengruber, Ruth et al. (Hrsg.) (1997): Begegnungen mit Philosophinnen. Koblenz: Quast

Heintz, Bettina; Nadai, Eva (1998): Geschlecht und Kontext. Zeitschrift für Soziologie 27/2: 75–93

Kade, Jochen (1994): Einrichtungen der Erwachsenenbildung. In: Lenzen, Dieter (Hrsg.) Erziehungswissenschaft. Ein Grundkurs. Reinbek: Rowohlt 477–495

Kettschau, Irmhild: Patch-Work-Biographien – Modelle für lebenslanges Lernen? Beitrag zu der Fachtagung des Ministeriums für Kultur, Jugend und Frauen des Landes Rheinland-Pfalz „Kompetenzen für Frauen – Innovatives Kapital für eine lernende Gesellschaft" am 22.04.1998 in Mainz.

Költzsch Ruch, Kerstin (1997): Was bringt die Familien- und Hausarbeit für den Beruf. GdWZ 8/2: 66–69

Kommission der Europäischen Union (Hrsg.) (1995): Lehren und Lernen. Auf dem Weg zur kognitiven Gesellschaft. Weißbuch zur allgemeinen und beruflichen Bildung. Luxemburg: Amt für amtliche Veröffentlichungen der EG

Krug, Peter (1996): Gleichwertigkeit von allgemeiner und beruflicher Bildung. GdWZ 7/1: 40–43

Lange, Helene; Bäumer, Gertrud (Hrsg.) (1901): Handbuch der Frauenbewegung. I. Teil: Die Geschichte der Frauenbewegung in den Kulturländern. Berlin: Moeser, S. 3-75

Lette Verein (Hrsg) (1966); 100 Jahre Lette-Verein 1866 – 1966. Eine Chronik. Berlin

Long Laws, J. (1971): A Feminist Review of Marital Adjustment Literature. Journal of Marriage and the Family 33: 485–516

Macha, Hildegard; Klinkhammer, Monika (Hrsg.) (1997): Die andere Wissenschaft: Stimmen der Frauen an Hochschulen. Bielefeld: Kleine

Metz-Göckel, Sigrid; Müller, Ursula (1987): Partner oder Gegner? Überlebensweisen der Ideologie vom männlichen Familienernährer. Soziale Welt 38/1: 4-28

Möhrmann, Renate (Hrsg.) (1978): Frauenemanzipation im deutschen Vormärz. Stuttgart: Reclam

Muraro, Luisa (1993): Die symbolische Ordnung der Mutter. Frankfurt/Main: Campus (Original 1991)

Nave-Herz, Renate (1972): Das Dilemma der Frau in unserer Gesellschaft. Der Anachronismus in den Rollenerwartungen. Neuwied/Berlin

Neusel, Ayla; Voth, Helga (Hrsg.) (1992): Utopia ist (k)ein Ausweg. Zur Lage von Frauen in Wissenschaft, Technik und Kunst. Frankfurt/New York: Campus

Prengel, Annedore (1990): Annäherung an eine egalitäre Politik der Differenzgedanken gegen Sexismus und Rassismus. beiträge zur feministischen theorie und praxis 27: 127-134

Pross, Helge (1979): Geschlechtsrollen. Zur Situation der Frau in Beruf, Familie und Politik. Familiendynamik 4/3: 268-281

Reicke, Ilse (1921): Frauenbewegung und Erziehung. München: Rösl u. Cie

Salomon, Alice (1902): Soziale Frauenpflichten. Vorträge. Berlin

Sauer, Birgit (1998): Globalisierung oder das Ende des maskulinistischen Wohlfahrtskompromisses? beiträge zur feministischen theorie und praxis 47/48: 29-44

Schiersmann, Christiane (1990): Weiterbildung von Frauen im Spannungsfeld von Familien- und Erwerbsarbeit. GdWZ 1/4: 173-177

Schlesier, Renate (1981): Konstruktionen der Weiblichkeit bei Sigmund Freud. Frankfurt/M.

Schlüter, Anne (1987): Neue Hüte – alte Hüte? Gewerbliche Berufsbildung für Mädchen zu Beginn des 20. Jahrhunderts. Zur Geschichte ihrer Institutionalisierung. Düsseldorf: Schwann

Schlüter, Anne; Stahr, Ingeborg (Hrsg.) (1990): Wohin geht die Frauenforschung. Köln/Wien: Böhlau

Schlüter, Anne (1992): Pionierinnen, Feministinnen, Karrierefrauen? Zur Geschichte des Frauenstudiums in Deutschland. Pfaffenweiler: Centaurus

Siebert, Horst (1991): Erwachsenenbildung und Weiterbildung. In: Roth, Leo (Hrsg.): Pädagogik. München: Ehrenwirth 629–639

Skelton, Christine (1998): Feminism and Research into Masculinities and Schooling. Gender and Education 10/2: 217-227.

Sotelo, Elisabeth de (1975): Die Möglichkeiten der mexikanischen Frau zur Selbstverwirklichung im Rahmen raschen wirtschaftlichen Fortschritts. Internationale Entwicklung IV: 35–37

Sotelo, Elisabeth de (1988): Zum Selbstbewußtsein der Frau. In: Rita Porsch (Hrsg.): Kasseler Schriften zur Sozialen Therapie: 220–239

Sotelo, Elisabeth de (1992): Frauen fallen durch. Eine kritische Begründung sozialpädagogischer Frauenbildungsarbeit. Weinheim: Deutscher Studien Verlag.

Stalker, Joyce (1996): Women and adult education: Rethinking androcentric research. Adult Education Quarterly. 46/2: 98-113

Sünger, Therese (1996): Wie könnte eine feministische Bildungsreform aussehen? beiträge zur feministischen theorie und praxis 19/43 + 44: 59–68

Teubner, Ulrike (1997): Erfolg unter wechselnden Vorzeichen – einige Anmerkungen zur Geschichte der Frauencolleges der USA. In: Metz-Göckel, Sigrid; Steck, Felicitas (Hrsg.): (1997): Frauenuniversitäten. Opladen: Leske + Budrich

Thiersch, Renate (1984): Frauen. In: Eyferth, H., Otto, H. B., Thiersch, H. (Hrsg.): Handbuch zur Sozialarbeit/Sozialpädagogik, 388–405

WISE: Women's International Studies Europe (Utrecht, gegründet 1990)

Zander, Margherita (Hrsg.) (1997): Das Geschlechterverhältnis in Zeiten des sozialen Umbruchs. Bielefeld: Kleine

Maike Eggemann, Sabine Hering, Ingeborg Schüßler

Der Sonderweg der deutschen Frau – Die Bildungskonzepte der ersten deutschen Frauenbewegung und ihre Rahmenbedingungen

Zu allen Zeiten hat es gebildete Frauen gegeben, aber nur in Ausnahmefällen hatten die Frauen – betrachten wir die Bildungsgeschichte des Abendlandes – einen den Männern ebenbürtigen Zugang zu Wissen und Wissenschaft.[1] Der Umstand, daß der Zugang zum „Bildungsprivileg" durchgängig nicht nur schichtspezifisch, sondern auch geschlechtsspezifisch geregelt wurde, ist im Auge zu behalten, wenn wir uns nun der Frage der Geschichte und Beschaffenheit „Frauenbildung" zuwenden.

Daß Wissen Macht bedeutet (Wilhelm Liebknecht), ist eine Erkenntnis, die nicht immer die Gültigkeit hatte, die wir ihr heute zumessen, sondern die von ganz bestimmten gesellschaftlichen und politischen Rahmenbedingungen abhängig ist. Zu Beginn des Mittelalters z.B. galt Bildung noch als „weibisch und mönchisch", da der durchschnittliche Mann damals seine Angelegenheiten „zu Pferd" und mit der Waffe regelte und für die Durchsetzung seiner Interessen auf keinerlei Schrifttum angewiesen war. Erst als ein Staatswesen entstand, welches auf der (auch schriftlich niedergelegten) Verwaltung von Rechten und Pflichten basierte, wurde Bildung zu einem Machtinstrument. In Folge dieser Entwicklung lernten Männer nicht nur Lesen und Schreiben, sondern gründeten auch die ersten Universitäten – und schlossen die Frauen aus diesen aus.[2]

Der Kampf der Frauen um den gleichberechtigten Zugang zur Hochschulbildung endete in Deutschland erst im Jahre 1908, als erstmals offiziell auch weibliche Studierende an allen Universitäten zugelassen wurden. Die rund 500 Jahre, die dieser Kampf dauerte, wurden begleitet von vielerlei Sonder- und Ausnahmeregelungen[3], die sowohl die Studienberechtigung, als auch den Bereich betrafen, der uns im weiteren beschäftigen wird: die Erwachsenenbildung für Frauen auch außerhalb der Universitäten.

Diese Sonder- und Ausnahmeregelungen für Frauen lassen sich unter den Stichworten „Mitlernen" und „Autodidaktik" zusammenfassen: Ein großer Teil weiblicher Bildungsbiographien des 18. und 19. Jahrhunderts ist gekennzeichnet durch eine ge-

---

1 Vgl. u.a. Gertrud Bäumer: Geschichte und Stand der Frauenbildung in Deutschland, in: Lange/Bäumer (Hrsg.): Handbuch der Frauenbewegung, Bd. III, Berlin 1902, S. 1-128. Oder: Adelheid vom Benningsen: Die Stellung des Deutsch-Evangelischen Frauenbundes zur Bildungsfrage, in: Paula Müller (Hrsg.): Handbuch zur Frauenfrage, Berlin 1908, S. 61-82.
2 Die ersten Universitäten in Europa erstanden im 15. Jahrhundert.
3 Besondere Beachtung fanden einzelne studierte Frauen, die schon im 17. (z.B. Anna Maria Schürmann und Marianne Ziegler) und 18. Jahrhundert (z.B. Dorothea Erxleben und Dorothea Schlözer) akademische Examina mit Auszeichnung bestanden.

schwisterliche Mitlernsituation, in der Töchter liberal gesinnter Elternhäuser von den Bildungsangeboten der Hauslehrer ihrer Brüder profitieren konnten. Ein anderer Teil rührt aus der weitgehend eigenständigen Nutzung der elterlichen oder öffentlichen Bibliotheken und der individuellen Förderung etwa durch Lehrer und Pfarrer.

Weibliche Bildung entstand also weniger aufgrund geregelter und zuerkannter Ansprüche, sondern grundsätzlich aufgrund individuell zugestandener oder abgerungener Neigungen und Interessen. Gegenstand dieser Wissensbegierde waren zunächst die „klassischen Fächer" gymnasialer Bildung, die in deutlichem Kontrast zu den „typisch weiblichen" Unterrichtungen standen, die sich im großbürgerlichen und bürgerlichen Spektrum – bestenfalls – in Nadelarbeit, Klavierspiel, Kunst, Religion und etwas Fremdsprachen erschöpften.[4] Erst durch die Einflüsse der Volksbildungsbewegung kamen stärker politik- und problembezogene Themen hinzu.

Diese Einflüsse entfalteten ihre Wirksamkeit jedoch in ganzer Breite erst nach dem Ersten Weltkrieg. Bis zum Jahre 1918 stand die Frauenbildungsarbeit, die praktiziert wurde, unter dem Zeichen der „nachholenden" Allgemeinbildung bzw. unter dem Anspruch, die zunehmend nachdrücklich geforderte Partizipation der Frauen an Politik und Öffentlichkeit durch staatsbürgerliche Bildung zu rechtfertigen.

Es soll nun zunächst ein Überblick über die derzeitige Forschungssituation zur historischen Frauenbildung folgen. Daran anschließend werden wir die Zeiträume von 1890 – 1918 (Kaiserreich) und 1919 – 1933 (Weimarer Republik) ins Blickfeld rücken und die damaligen Bemühungen zur Institutionalisierung von Frauenbildung skizzieren.

Forschungsstand zur historischen Frauenbildung

Die erste deutsche Frauenbewegung war getragen von der Forderung nach Bildung für die Frauen und Töchter des Bürgertums. „Frauenbewegung und Frauenbildung" galten fast als Synonyme – so in den Schriften von Helene Lange, Gertrud Bäumer und Elisabeth Gnauck-Kühne (vgl. auch Metz-Göckel 1994, S. 84, Knab 1982, S. 141). Die Forschungsarbeiten zur Geschichte der Frauenbewegung sind damit zum großen Teil auch Bildungsforschung (gewesen). Betrachten wir die wichtigsten Quellen zur historischen Erwachsenenbildungsforschung[5], so wird jedoch an kaum einer Stelle Frauenbildung thematisiert. Eine frauenspezifische Orientierung existiert innerhalb der frühen Volksbildungsbewegung – so der erste Eindruck – nicht.

Auch die vorliegende Forschungsliteratur zur historischen Frauenbildung setzt sich zwar ausführlich mit der „Höheren Mädchenbildung"[6], der Lehrerinnenbildung[7] und

---

4 „Es gilt, dem Weibe eine der Geistesbildung des Mannes (...) ebenbürtige Bildung zu ermöglichen, damit der deutsche Mann nicht durch die geistige Kurzsichtigkeit und Engherzigkeit seiner Frau am heimischen Herd gelangweilt" werde. (Aus der Denkschrift einer Versammlung von Mädchenschullehrern in Weimar 1872, zit. in: Helene Lange: Kampfzeiten, Berlin 1928, S. l9)

5 z.B. Pöggeler 1975, Berg 1990, Wolgast 1996

6 z.B. Voss 1952, Blochmann 1966, Dauzenroth 1971, Knab 1970, Zinnecker 1973, Simmel 1980, Göllner 1986, Küpper 1987, Wahlfeldt/Willerding 1987, Kraul 1988, 1991,

der universitären Bildung[8] auseinander, spart den Bereich der Erwachsenenbildung mit Frauen aber ebenfalls weitgehend aus. Dies ist sicherlich nicht zuletzt auf die damaligen Prioritäten innerhalb der Frauenbewegung zurückzuführen: So galt bis zur Öffnung der Gymnasien für Schülerinnen zur Zeit der Jahrhundertwende das vorrangige Interesse der Höheren Mädchenbildung und den Töchterschulen. Und unabdingbares Äquivalent dazu war die Lehrerinnenbildung[9], deren Notwendigkeit Helene Lange in der „Gelben Broschüre" von 1887 dargelegt hat. Sie betont

„daß dem weiblichen Element eine größere Beteiligung an dem wissenschaftlichen Unterricht auf der Mittel- und Oberstufe der öffentlichen höheren Mädchenschulen gegeben und namentlich Deutsch und Religion in Frauenhand gelegt werde; II. daß von Staats wegen Anstalten zur Ausbildung wissenschaftlicher Lehrerinnen für die Oberklassen der höheren Mädchenschulen mögen errichtet werden" (Lange 1964, S. 33).

Das dritte immer wieder genannte und begründete Bildungsziel der Frauenbewegung war das Studium bzw. die Öffnung der Universitäten.[10] Alle drei Anliegen, die damals unter dem Begriff „Frauenbildung" zusammengefaßt werden, sind sinnvoll und notwendig, entsprechen aber nicht unserem heutigen Verständnis von Erwachsenenbildung.[11] Entsprechend liegt bisher keine umfassende historische Analyse der Frauenbildung und des (Ein-)Wirkens von Frauen auf die Entwicklung und Gestaltung von Erwachsenenbildung vor. Es ist zu vermuten, daß im Rahmen von Diplomarbeiten einzelne (z.T. auch regionale) Zugänge zur historischen Frauenbildung geschaffen

---

v. Hohenzollern, Liedtke 1990, Jacobi-Dittrich 1989, Kleinau 1991, Kubon 1991, Käthner 1994, Jacobi 1994, Hoffmann 1995

7 z.B. Brehmer 1985, Küpper 1985, Danz 1990, Brehmer 1990, Brehmer 1991, Kleinau 1993, Jacobi 1994

8 z.B. Schnelle 1965, 1971, von Soden/Zipfel 1979, Schlüter 1983, 1992, Benker/Störmer 1991, Glaser 1992, Koerner 1996

9 Als Weiterbildung können für eine kleine Gruppe von Frauen die Lehrerinnenseminare betrachtet werden, die meistens als Aufbauklassen der höheren Mädchenschulen angeschlossen waren.

10 Gelegentlich taucht daneben noch der Begriff der „Mädchen-Fortbildungsschule" auf, der jedoch auch nur bedingt unserem Verständnis der Erwachsenenbildung entspricht: „Fortbildungsschulen sind Veranstaltungen, in denen durch eine geeignete und geordnete, an die Schulzeit sich anschließende Unterweisung eine Hebung der Volksbildung, der Volksgesittung und der praktisch-beruflichen Tüchtigkeit des Volkes erstrebt wird." Margarete Henschke: Die Mädchen-Fortbildungsschulen, in: Lange/Bäumer, a.a.O., S. 143-152.

11 Erwachsenenbildung bezeichnet „die Bildung Erwachsener, d.h. die auf der interpersonalen Ebene stattfindenden organisierten Lernprozesse, durch die Erwachsenen Anleitung und Hilfen zur Bildung und Selbstentwicklung und damit auch zur Fortbildung und Umschulung gegeben werden" (Arnold 1996, S. 1). Erwachsenenbildung umschließt damit den Bereich der Weiterbildung, der nach der Definition des Deutschen Bildungsrates „die Fortsetzung oder Wiederaufnahme organisierten Lernens nach Abschluß einer unterschiedlich ausgedehnten ersten Bildungsphase" (1970, S. 197) kennzeichnet. Erwachsenenbildung unterscheidet sich u.a. von schulischen Lernprozessen dadurch, daß sie primär keinen Selektions-, Allokations- und Erziehungsauftrag ihrer Arbeit zugrundelegt und den Lernenden eine „didaktische Selbstwahl" erlaubt.

wurden (z.B. Stiefel 1987, Eggemann 1992), die aber keine breitere wissenschaftliche Rezeption gefunden haben.

Der weiße Fleck der „Frauenbildung" auf der Landkarte historischer Frauen- und Bildungsforschung ist aber nicht nur auf den Quellenbestand[12] zurückzuführen. Weitere Gründe liegen darin, daß Bildung für Frauen im 19. Jahrhundert nicht öffentlich organisiert wurde und damit weder einer Bestandsaufnahme unterlag, noch das öffentliche Interesse genoß, auf das die Bildungsforschung rekurriert. Frauenbildung wurde – das zeigt die Historiographie – im Bereich der Erwachsenenbildung selbst kaum thematisiert. Dies läßt sich z.B. daraus schließen, daß Herrad-Ulrike Bussemer in ihrer Arbeit „Frauenemanzipation und Bildungsbürgertum" (1985) zwar die soziale Situation von Frauen und die daraus resultierenden Konsequenzen u.a. für die Bildungsarbeit thematisiert, aber an keiner Stelle ihren Stellenwert in der Volksbildungsbewegung, dem Äquivalent der heutigen Erwachsenenbildung, beleuchtet. Auch Gerda Tornieporth blendet diesen Bereich in ihren umfangreichen „Studien zur Frauenbildung" (1977) aus.

Die mangelnde Erforschung der Frauenbildung während der Kaiserzeit und der Weimarer Republik läßt sich aber auch forschungsmethodologisch begründen. So sind, um den Beitrag von Frauen in der Volksbildungsbewegung zu rekonstruieren, Kenntnisse aus den Bereichen „bürgerlicher Frauenbewegung" und „proletarischer Frauenbewegung" einerseits und der Arbeiter- und Jugendbewegung andererseits zugrundezulegen. Der i.d.R. fehlende interdisziplinäre Blick mag ein Grund dafür sein, warum Volksbildung und Frauenbildung historiographisch „unvereinbar" erscheinen. Elke Kleinau sieht noch zwei weitere Gründe, warum Frauen in der traditionellen pädagogischen Geschichtsschreibung unsichtbar geblieben sind:

„Zum einen schienen ihre Vorstellungen, Aktivitäten, Erfahrungen und die Räume, in denen sie sich bewegten, des historischen Interesses nicht würdig zu sein. Zum anderen beruht fast alles, was wir über vergangene Erfahrungen von Frauen als Kinder, Jugendliche, Mütter, Erzieherinnen oder Lehrerinnen wissen, auf männlicher Reflexion und ist von einem Wertsystem geprägt, das Männer definiert haben" (Kleinau 1996, S. 14).

Nur der sekundäranalytische Zugriff also erlaubt es, die Anfänge und Bedingungen der historischen Frauenbildung nachzuzeichnen.

Entstehungsgeschichte und Bedingungen der Frauenbildung im Spiegel der vorliegenden Forschungsliteratur

Die „wirtschaftliche, politische und soziale Notwendigkeit von Frauenbildung" – so Monika Simmel in ihrem Buch „Erziehung zum Weibe" – ergab sich vor allem aus dem Umstand, daß Mitte des 19. Jahrhunderts in Deutschland von den Frauen zwischen 15 und 50 Jahren noch nicht einmal die Hälfte verheiratet" war (Möhrmann

---

12 Eine umfangreiche Quellensammlung zur Bildungs- und Berufsbildungsgeschichte von Mädchen und Frauen liefert die zweibändige Ausgabe von Kleinau und Mayer 1996.

1978, S. 10). Um sie nicht zur Last für ihre Familie werden zu lassen, mußte man den nichtverheirateten Frauen wohl oder übel eine außerhäusliche Beschäftigung zur Finanzierung ihrer Lebensverhältnisse zugestehen. Der Institutionalisierung von Frauenbildung wurde damit unter ökonomischen Gesichtspunkten stattgegebenen. Ein typisches Beispiel für diese Institutionalisierungen ist der 1876 in Berlin gegründete „Verein zur Förderung der Erwerbsfähigkeit des weiblichen Geschlechts", später Lette-Verein genannt. Ziel des Vereins war die Eröffnung neuer und die Verbesserung bisheriger Erwerbsquellen für das weibliche Geschlecht.

Ausgangspunkt sozialreformerischen Engagements in der Frauen-(berufs)bildung war also die „soziale Frage" und nicht die Emanzipation und Gleichberechtigung der Frau (Schiersmann 1993, S. 15). Ein anderes Beispiel dafür ist die Gründung von Haushaltsschulen für Arbeitertöchter. Drechsel und Reining (1990) zeigen am Beispiel des Hauswirtschaftsunterrichts und der Einführung des hauswirtschaftlichen Pflichtjahrs, wie Frauen in ihre traditionellen Bereiche zurückgedrängt werden sollten. Ihre Analyse des Hauswirtschaftsunterrichts führt sie zu dem Schluß, daß es dabei

„nicht um Frauenbildung und schon gar nicht um das Problem einer weiblichen Allgemeinbildung" ging, sondern „um die Frage, wie in Zukunft die private Haus- und Familienarbeit der städtischen Fabrikarbeiterinnen gewährleistet werden könnte" (Drechsel, Reining 1990, S. 60).

Diese „Frauenbildungsmaßnahmen" sollten sicherstellen, daß Frauen durch ihre Berufstätigkeit nicht den Haushalt vernachlässigen würden, eine Intention, die auch der 1871 gegründeten Gesellschaft für die Verbreitung von Volksbildung zugrundelag, die sich im Gegensatz zum Lette-Verein an proletarische Frauen mit dem Ziel wendete, sie vor der völligen „Verwahrlosung" zu retten.

Anne Schlüter, die sich mit der Berufsausbildung und Weiterbildung von Frauen beschäftigt hat (Schlüter 1987, 1990), konnte in ihren Untersuchungen herausarbeiten, daß die Institutionalisierung der Aus- und Weiterbildungsmöglichkeiten für Mädchen und Frauen zwar suggeriere, „daß die Möglichkeiten der beruflichen Emanzipation für Frauen zugenommen hätten, doch wurde gleichzeitig mit der formalrechtlich geregelten Ausbildung die Vereinbarkeit von Berufs- und Familienarbeit als Dauerkonflikt für die Frauen fixiert" (Schlüter 1987, S. 192). Für Frauen standen vorrangig solche Ausbildungsberufe zur Wahl, die sich mit den gesellschaftlich zugewiesenen Aufgaben der Frauen als Hausfrauen, Gattinnen und Mütter verbinden ließen: „Die Regelung der Ausbildungsfrage verlief in Übereinstimmung mit patriarchalen Werten und Normen der sozialen Lebenswelt" (ebd., S. 193).

Die Institutionalisierung von Berufen, die sich im Einklang mit den gängigen Weiblichkeitsklischees befanden, trug zwar nicht zur Veränderung der vorhandenen Rollenmuster bei, ermöglichte aber qualifizierte und sichere Frauenarbeitsplätze, die frei von männlicher Konkurrenz waren, was zum damaligen Zeitpunkt als Fortschritt gewertet wurde und nicht im Gegensatz zu den Forderungen der Frauenbewegung stand.

Die Akzeptanz der Frauen gegenüber einer geschlechtsspezifischen Zuweisung von Ausbildungsberufen ist – wie Bruchhagen resümiert – aus einer paradoxen Situation her zu begründen, in der sich die Frauen aufgrund der wirtschaftlichen und politischen Entwicklungen Ende des 19. und des beginnenden 20. Jahrhunderts befanden (Bruchhagen 1989, S. 85). Die Notwendigkeit zur Berufstätigkeit aufgrund ungesicherter Familienverhältnisse (Unverheiratetsein), materieller Notsituationen (notwendiger Zuverdienst zum geringen Einkommen des Mannes) und die Notwendigkeit der Frauenerwerbstätigkeit während des Ersten Weltkrieges konfligierte mit dem herrschenden ideologischen Frauenbild, das ihnen Heim und Familie als Inbegriff wesensmäßiger weiblicher Bestimmung zuwies. Diese Paradoxie versuchte die bürgerliche Frauenbewegung dadurch aufzulösen, daß sie für Frauen einen anerkannten Platz im bürgerlichen Gesellschaftssystem sowie ökonomische Unabhängigkeit (insbesondere für unverheiratete Frauen) forderte, ohne allerdings die weiblichkeitsideologischen Zuweisungen in Frage zu stellen.

Ganz im Gegenteil wurde mit dem Konzept der „geistigen Mütterlichkeit" (Henriette Schrader-Breymann) eine Anerkennung des spezifisch Weiblichen über den privaten Bereich der Familie hinaus für die gesamte Gesellschaft gefordert. Das spezifisch weibliche Erziehungs- und Bildungsziel trug den doppelten Charakter: „für den Beruf der Hausfrau, Gattin und Mutter – und für den Erwerb" (Twellmann 1976, S. 76).[13] In der bürgerlichen Frauenbewegung bestand damit eine grundsätzliche Akzeptanz der geschlechtstypischen Arbeitsteilung, die zwar zu einer Professionalisierung weiblicher Tätigkeiten und der Herausbildung von Tätigkeitsfeldern führte, die aber vorrangig den wesensmäßigen Bereichen der Fürsorge, des Sozialen, des Kulturellen und des Erzieherischen zuzurechnen waren.[14] Damit ist auch die begeisterte Rezeption der pädagogischen Theorien Pestalozzis und Fröbels seitens der bürgerlichen Frauenbewegung zu verstehen, da hier Frauen zum ersten Mal nicht über die Beziehung zu ihrem Mann definiert wurden, sondern als Trägerinnen einer kulturpolitischen Aufgabe gesehen wurden, die als Erzieherinnen für die Förderung der Kinder – und damit auch für die Förderung des Volkes – zuständig waren.

„Eine bessere Frauenbildung wird dementsprechend nicht als Voraussetzung für die berufliche ökonomische Selbständigkeit gefordert, sondern gilt als unerläßlich für die Vermittlung von bürgerlichen Ideen und Vorstellungen. Arbeit, insbesondere die Hausarbeit der bürgerlichen Frau, erscheint im Zuge zunehmender ‚Emotionalisierung', ‚Intimisierung' und ‚Ästhetisierung' der ‚weiblichen' Lebenswelt als Kulturleistung" (Bruchhagen 1989, S. 86).

Mit Bärbel Clemens (1985, S. 49) weist Bruchhagen darauf hin, daß in der bürgerlichen Frauenbewegung eine Trennung zwischen politischer Verantwortung und Bildung (als Kulturhandlung) vollzogen wurde. Da die staatlichen Bemühungen um die Frauenbildung ohnehin gering waren, setzten die Frauen auf „Selbsthilfe statt Staatshilfe", was in den zahlreichen Vereinsgründungen und privaten Initiativen zur Verbesserung der Bildungs- und Erwerbsmöglichkeiten deutlich zum Ausdruck kommt.

---

13 Doris Knab beschreibt diese Doppelorientierung folgendermaßen: „So schwankt die Mädchenbildung zwischen der Berücksichtigung ‚besonderer Bedürfnisse' der Frau und der Hilfe, ‚Ich zu werden'" (Knab 1992, S. 145).

14 Einige Frauen des radikalen Flügels der bürgerlichen Frauenbewegung – wie z.B. Hedwig Dohm – setzten sich von der Vorstellung einer gesonderten weiblichen Bildung und der Trennung des Schulwesens nach Geschlechtern ab. Sie strebten eine volle Gleichheit der Geschlechter an, die sie u.a. über die Koedukation zu verwirklichen sahen.

„...wenn die Frauen die Ziele des Fortschritts und (der) Selbständigkeit, die ihrem Geschlecht gesteckt, erreichen wollten: sie müßten zeigen, daß sie sich selbst helfen wollten und könnten..." (Otto-Peters 1872 zit. in Bussemer 1985, S. 123).

Neben der bürgerlichen Frauenbewegung standen die Bildungskonzepte der proletarischen (sozialistischen) Frauenbewegung, die sich vorrangig an der

„Bildung als Arbeiterin, an der Ausbildung der proletarischen Frau zur Hausfrau und Mutter, vor allem aber an der politischen klassenbewußten Kämpferin" orientierten (Friese 1990, S. 64, auch Tornieporth 1977, S. 221ff.).

Friese kennzeichnet die proletarische Frauenbildung im Gegensatz zur bürgerlichen Frauenbildung auch als politische Bildung:

„Während das bürgerliche Konzept die Privatisierung und Verhäuslichung auch der proletarischen Frau und vor allem die Entpolitisierung des Privaten anstrebte, setzte die proletarische Bildungsarbeit an der Realität der weiblichen Doppelarbeit an und versuchte, eine Politisierung der Arbeiterin und der Hausfrau voranzutreiben" (Friese 1990, S. 76).

Dennoch stellte auch die proletarische Frauenbildung die überkommenen Rollenvorstellungen der Geschlechter nicht grundsätzlich in Frage. Hausarbeit und Kindererziehung sowie die geschlechtsspezifische Arbeitsteilung wurden im Proletariat als Selbstverständlichkeit angesehen. Friese zieht denn auch das Resümee:

„So stellt sich das sozialistische Emanzipationsmodell als widersprüchlich und unzureichend dar: Wurde einerseits die ökonomische, soziale und rechtliche Gleichstellung gefordert, beinhaltete dies andererseits nicht ein umfassendes Emanzipationsmodell, das die Gleichheit der Geschlechter durch gerechte Arbeitsteilung und Bildung in allen gesellschaftlichen Bereichen einbezog. Halbe – Halbe, die Quotierung von Erwerbs- und Familienarbeit, aber auch die Quotierung der Bildung als Voraussetzung von Gleichheit und Emanzipation, diese Notwendigkeit wurde von der ArbeiterInnenbewegung des 19. Jahrhunderts nicht ausreichend erkannt" (ebd., S. 86).

Betrachten wir die Bildungsbemühungen der ersten deutschen Frauenbewegung, so zeigt sich, daß der Erfolg in der Bildungsfrage zwar durch die „eigenen" Organisationen möglich wurde, daß sich das Bild der Frau und die Gültigkeit der geschlechtsspezifischen Arbeitsteilung dadurch aber nicht verändert haben (Gieseke 1995, S. 25). Das von Schiersmann mit einem Zitat von Gertrud Bäumer gekennzeichnete Ziel der Frauenbildung im 19. Jahrhundert als Erziehung zur „Unschuld, Sanftmut und Bescheidenheit, Artigkeit, Schamhaftigkeit und ein freundliches aufgeheitertes Wesen"[15], stellt die Bildungsideen der Frauenbewegung allerdings sehr verkürzt dar. So hat Bäumer diese Erziehungsziele bereits zehn Jahre später relativiert, wenn sie sagt:

„Eine ‚stilgerechte', aus der Idee der Weiblichkeit entwickelte Form weiblicher Bildung kann der Natur der Sache nach nichts anderes sein als ein Schema, aufgebaut auf gewissen Eigentüm-

---

15 Bäumer 1901, S. 15, zit. n. Schiersmann 1993, S. 14f.

lichkeiten der weiblichen Normalseele und auf gewissen Erfordernissen der weiblichen Normalbestimmung. Wir sind gegen den Wert solcher Schemata ein wenig skeptisch geworden, aus der Erkenntnis heraus, daß die Verschiedenheit individueller Anlagen und Begabungen ungeheuer viel schwerer ins Gewicht fällt als die Übereinstimmung, die in der Zughörigkeit zum gleichen Geschlecht gegeben ist. (...)

Die Geschichte des Mädchenschulwesens zeigt uns, daß die Idee einer spezifischen weiblichen Bildung als Ausgangspunkt für die Aufstellung von Lehrplänen stets ein Hemmnis der Entwicklung gewesen ist. (...)

Von weiterem kulturpädagogischen Gesichtpunkte aus spricht gegen die Erziehung zur Weiblichkeit einmal die Tatsache, daß jedes Geschlecht seine Durchbildung, die Vergeistigung seiner Naturanlage zur Kultur nur durch solche Leitmotive vollziehen kann, deren Wert nicht relativ und auf das Geschlecht beschränkt, sondern absolut und übergeschlechtlich ist. Und ferner spricht gegen die Erziehung zur Weiblichkeit, als Kulturwert genommen, daß dieser Wert heute nicht mehr dasselbe ausdrückt wie gestern und morgen wiederum neu formuliert werden muß und daß darum die planmäßige Erziehung auf die ‚Bestimmung‘ hin häufig nur die Anpassungsfähigkeit an neue Inhalte dieser Bestimmung abstumpft und einschnürt" (Bäumer 1964 (1911), S. 75f.).

Frauenbildung in der Zeit von 1890 – 1918

Lösen wir uns von den vorgegebenen Begrifflichkeiten und den vertrauten Formen (Mädchenbildung, Lehrerinnenbildung etc.), so wird sichtbar, daß es in der Tat in der deutschen Frauenbewegung des Kaiserreichs Erwachsenenbildung gegeben hat – und zwar in mündlicher und schriftlicher Form, durch Vorträge und Artikel. Wir haben uns zu vergegenwärtigen, daß der organisatorische Aufbau der Frauenbewegung zwischen 1880 und 1910 einer Mission glich, die von dem Zentrum der jeweiligen Vereine aus in alle Teile des Reichs getragen werden sollte. Der 1894 gegründete Dachverband dieser Vereine (Bund Deutscher Frauenvereine – BDF) umfaßte im Durchschnitt fast 60 Organisationen und bis zu 1 Mio. Mitglieder.[16] Jede Organisation – so etwa die Hausfrauen-, die Landfrauen-, die Stimmrechts-, die Lehrerinnen-, die Sittlichkeits- oder die Berufsverbände – hatte ihre „Filialen" in allen größeren und mittleren Städten Deutschlands – ein für heutige Verhältnisse unvorstellbar dichtes Netz.

Um dieses Netz aufzubauen, gab es für die Aktivistinnen keinen anderen Weg, als von Stadt zu Stadt zu reisen, dort Vorträge zu halten und darauf zu hoffen, daß aus dieser Veranstaltung eine hinreichend stabile Gruppe entstand, die willens und in der Lage war, einen Ortsverein aufzubauen. Dafür mußten die Vorträge mehrere Bedingungen erfüllen: Sie mußten an den Problemen und Interessen der Zuhörerinnen anknüpfen, sie mußten ihnen Informationen und Ideen vermitteln, die neu und motivierend waren und sie mußten das Gefühl vermitteln, daß es notwendig und möglich sei, durch eigene Initiative gesellschaftliche Verhältnisse zu verändern.

Mit diesem Kriterienkatalog befinden wir uns in der Tat in weitgehender Übereinstimmung mit den heutigen Kriterien politischer Erwachsenenbildung. Eine wichtige Ergänzung dieser Vortrags-Bildungsarbeit war damals die Herausgabe eigener Vereinsblätter und das Abfassen aufklärerischer und programmatischer Artikel. Da die

16 Vgl.: Der „Bund" – Ein Blick auf 40 Jahre bürgerliche Frauenbewegung (1894-1933): Ariadne – Almanach des Archivs der deutschen Frauenbewegung, Heft 25, 1994.

personellen Kapazitäten nicht ausreichten, um die Mitglieder in den sich ständig erweiternden Netzen immer wieder aufzusuchen und weiterzubilden, mußten die Impulse, die durch den Vortrag ausgelöst worden waren, durch schriftliches Material verfestigt und vertieft werden.[17]

Die Erwachsenenbildung der deutschen Frauenbewegung bis 1918 ist deshalb gekennzeichnet durch eine Mischung aus Aufklärung und Agitation, welche typisch ist für den organisatorischen Aufbau aller sozialen Bewegungen. Gleichzeitig ist sie geprägt durch die Sonderbedingungen der Frauen in dieser Zeit: den weitgehenden Ausschluß aus Politik und Öffentlichkeit und eine erst in den Anfängen befindliche allgemeine und berufliche Ausbildung.

Daß die Frauen dennoch mit all ihren Vorhaben damals ganz selbstbewußt als Elite und nicht als Bittstellende aufgetreten sind, erklärt sich nicht nur aus dem Bewußtsein einer langen Tradition von berechtigten Kämpfen gegen männliche Anmaßung, sondern aus ihrem selbstformulierten „Kulturauftrag der Frau", der beinhaltete, durch die Beteiligung in allen gesellschaftlichen Bereichen das männliche Prinzip durch das weibliche zu ergänzen. Diese Denkfigur bestimmt bis zum Ende des Kaiserreichs den spezifischen Bildungsansatz der Frauenbewegung: es erfordert und ermöglicht Autonomie, ist aber letztlich der Idee der integrativen Ergänzung verpflichtet.

Frauenbildung 1919 – 1933

Nach dem Ende des Ersten Weltkrieges eröffneten sich im demokratisch verfaßten Deutschland den politisch engagierten Pädagoginnen Möglichkeiten der Arbeit im Weiterbildungsbereich. Denn: daß für die Demokratisierung der Gesellschaft auch die Frauen als endlich gleichberechtigte Staatsbürgerinnen[18] Grundlagenwissen über die gesellschaftspolitischen Zusammenhänge brauchten, wurde nicht in Frage gestellt.

Der Bund Deutscher Frauenvereine konzentrierte sich in der ersten Phase der Weimarer Republik mit seinen Bildungsbemühungen auf die staatsbürgerliche Bildung von Frauen. Dabei sollte es sich um eine „parteipolitisch neutrale staatsbürgerliche Aufklärung" der Frauen handeln (Essig 1919, S. 171). 1919 forderte Olga Essig in ihrem Artikel „Politische Schulung der Frau" dazu auf, sich dieser Aufgabe anzunehmen, denn diese Arbeit dürfe nicht allein den politischen Parteien überlassen werden (ebd.). Sie hielt die schnelle Einbindung der Frauen in das politische Leben grundsätzlich für wünschenswert, warnte aber vor deren Vereinnahmung:

„Nicht ganz so unbedenklich ist die rasche Eingliederung von Millionen Frauen, die politische Neulinge sind. Für sie ist die Gefahr des Eingefangenwerdens nicht von der Hand zu weisen. Es liegt die Vermutung nahe, daß nicht innerste Überzeugung, sondern die Parteirichtung des Gatten, Bruders, Vaters, Tradition, Sitte, die Wahl der Partei ausschlaggebend bestimmen. Daraus ergibt sich aber die weit größere Gefahr, daß die Zahlen der urteilslosen Mitläufer unheilvoll

---

17 Vgl. Ulla Wischermann: Die Blätter des Bundes. Zur Publikationstätigkeit des BDF, in: Ariadne, a.a.O., S. 46-51.

18 Zur politischen, rechtlichen und beruflichen Situation der Frau in der Zeit der Weimarer Republik vgl. Gerhard 1990, S. 326-381.

anwachsen, und daß die Frauen sich dem bisher ausschließlich männlich orientierten Parteileben sklavisch eingliedern und darauf verzichten, die Fragen der Politik als Frauen zu durchdenken, ihre besondere Mission als Frauen im öffentlichen Leben zu erfüllen, wie die Vorkämpferinnen für Frauenrechte sie vorgezeichnet und als Begründung für ihre Forderungen formuliert haben" (ebd., S. 172).

Als Bildungsinhalte für die von den überparteilichen Frauenvereinen initiierten Kurse wurde die Wissensvermittlung im wirtschafts- und finanzpolitischen Bereich und die Vorbereitung von Frauen auf kommunalpolitische Aufgaben empfohlen. Im oben genannten Artikel stellte Olga Essig detaillierte Lehrgangspläne für drei unterschiedliche Kurse vor, in denen die gesellschaftspolitischen Veränderungen durch die „Umwälzung" im Mittelpunkt standen (ebd., S. 171ff.). Für Vortragsreihen wurden folgende Themen vorgeschlagen:

„Kapitalistische und sozialistische Wirtschaftsordnung, Finanz- und Steuerpolitik im alten und neuen Deutschland, innere Kolonisation und Wohnungspolitik, Neue Probleme der Sozialpolitik, Unsere Bevölkerungspolitik vor und nach dem Kriege" (ebd. S. 172).

Natürlich blieben die politischen Parteien nicht untätig, denn die weibliche Bevölkerung war ein heftig umkämpftes WählerInnenpotential, das auch von den Parteien umworben wurde, die noch kurze Zeit zuvor den Frauen das Mitglieds- und Wahlrecht verweigert hatten. Die sozialistischen Parteien, in denen die Mitarbeit von Frauen Tradition hatte, entwickelten neue Aktivitäten. In der kommunistischen Partei Deutschland, der KPD-Berlin war es Ruth Fischer, die sich besonders für die politische Bildung von Frauen engagierte (Hering/Schilde 1995, S. 51f.). Sie wies darauf hin, wie schwer es sei, Arbeiterinnen politisch zu schulen, die, wenn sie zu Parteiveranstaltungen kommen „erschöpft sind von Arbeit, Hunger und Entbehrungen" (ebd., S. 52). „Wir müssen uns immer vor Augen halten, daß das Gelingen der Kurse in allererster Linie davon abhängt, das sie nicht langweilig sind" (ebd.). Das gelang ihr offensichtlich, denn „Die Rote Fahne" meldete am 25.11.1920:

„Die Beteiligung an dem Frauenkurs ist so stark angewachsen, daß eine Teilung des Kursus geboten erscheint und auch von den Kursteilnehmerinnen gewünscht wurde".

Dies scheint um so erstaunlicher, wenn die Themen, die dort behandelt wurden, berücksichtigt werden:

„1. Imperialismus als ökonomische und politische Erscheinung. 2. Die russische Revolution. 3. Die ökonomische und politische Lage Sowjetrußlands. 4. Der Stand der revolutionären Bewegung in allen Ländern. 5. Geschichte und Probleme dreier Internationalen. 6. Die deutsche Revolution. 7. Aktuelle Fragen der deutschen Revolution" (Die Rote Fahne, 25.11.1920).

Um auch mit solchen, doch sehr trockenen Themen, interessante Kurse zu veranstalten, empfahl Ruth Fischer:

„Sehr wichtig ist, daß dabei die Kunst der Polemik gepflegt wird. Der Leiter muß sich auf den Standpunkt des Gegners stellen und durch getreue und gute Wiedergabe der gegnerischen

Argumente die Arbeiterinnen aus ihrer Reserve locken" (Fischer 1920, zit. in Hering/Schilde 1995, S. 52).

Trotz dieser methodisch durchdachten Ansätze war die Weiterbildung von Frauen, so wurde sehr schnell deutlich, mit Problemen behaftet, die allein mit Engagement, pädagogischer und fachlicher Kompetenz nicht zu bewältigen waren. Schon 1921 wurde diese Problematik auch Gegenstand soziologischer Betrachtungen, z.B. in der von Leopold von Wiese herausgegebenen Studie zur „Soziologie des Volksbildungswesens". Anny Ohrnberger vertrat hierin die Auffassung, daß das Wesen der Bildung „weniger von den stofflichen Inhalten", „als vielmehr von einem Strukturprinzip" abhängig sei (Ohrnberger 1921, S. 331-350). Die Gemeinsamkeit der Gruppe der Frauen, nämlich das „Gebundensein an die Familie", stünde deren Organisierbarkeit auch in der Bildungsarbeit entgegen. Die mit der Geschlechtszugehörigkeit verbundene Arbeit fände ausschließlich im privaten Bereich statt und eigne sich darum nicht als Anknüpfungspunkt für öffentlich organisierte Bildung. Um diese strukturell bedingten Hindernisse zu überwinden, bedürfe es der Erkenntnis, daß Frauen keine homogene Gruppe seien, sondern sich in vielfältiger Weise unterschiedlichen Gruppen zuordnen ließen. Erst mit einer Bildungsarbeit, die bei dieser Unterschiedlichkeit anknüpfe, könnten Bildungsperspektiven entwickelt werden, die nicht „aus dem Eigennutz der Politik oder des Mannes" abgeleitet wären (ebd., S. 335).

Außer der schwierigen Organisierbarkeit seien es aber auch, so Ohrnberger, die materiellen Lebensbedingungen der Frau, die einer effektiven Bildungsarbeit entgegenstünden. Sollten Bildungsangebote von Frauen angenommen werden, gelte es die Frage zu beantworten, woher eine Frau, ob sie nun Familienmutter oder Erwerbstätige oder beides sei, das Geld, die Zeit und die Kraft für ihre individuelle Bildung nehmen solle. Große Flexibilität und Einfühlungsvermögen seitens der Bildungseinrichtung und der Lehrenden seien nötig, um Barrieren ganz unterschiedlicher Art zu erkennen und zu überwinden. Dieser Blick aus sozialwissenschaftlicher Perspektive auf die Möglichkeiten und Schwierigkeiten von Frauenbildung gibt deutliche Hinweise darauf, daß in der theoretischen Diskussion der Frauenbildungsarbeit eine Distanzierung von der bürgerlichen Weiblichkeitsideologie schon zu Beginn der Weimarer Zeit vollzogen wurde.

Einen Zugang zur Weiterbildung in diesem Sinne eröffneten unterschiedliche Einrichtungen und Organisationen: Schon bald nach Kriegsende boten Gewerkschaften, Kirchen und caritative Verbände Weiterbildungsangebote speziell für Frauen an, um auf diesem Wege Mitarbeiterinnen für ihre Organisationen zu gewinnen und zu schulen. Frauen wurden mit Bildungsangeboten als Erwerbstätige, Parteimitglieder, konfessionell gebundene Christinnen oder als sozial tätige Frauen angesprochen – und zwar unabhängig von den „typisch weiblichen" Lebensaufgaben in der Familie. Gleichwohl waren es zunächst die eher konservativen Landfrauenvereinigungen und die Hausfrauenbünde, die versuchten, auch die Allgemeinbildung der Frauen in die Konzeptionen ihrer Bildungsarbeit einzubeziehen (Wolff 1931, S. 121f.). [19]

---

19 Die bemerkenswerte Geschichte der „wandernden Haushaltungsschulen" ist leider bisher noch nicht aufgearbeitet worden.

Die exponiertesten Institutionen der Erwachsenenbildung jener Zeit waren die Volkshochschulen, die vor allem in den ersten vier Jahren nach Kriegsende in allen großen Städten gegründet wurden. In den Programmen vieler Volkshochschulen wurden ausdrücklich „Männer und Frauen" zur Teilnahme an den Kursen eingeladen.[20] Die Bildungsangebote, die sich explizit an Frauen richteten, wurden zunächst nicht ernst genommen. Dennoch konnten sie sich durchsetzen und wurden an immer mehr Abend- und Heimvolkshochschulen[21] mit Erfolg praktiziert. Die Zustimmung, die diese neue Bildungsarbeit im Laufe der Jahre auch bei den in der Volkshochschularbeit tätigen Männern fand, eröffnete den dort lehrenden Frauen zunehmend Freiräume, ihre Ideen in die Praxis umzusetzen (Eggemann 1997, S. 72ff.).

Die in der Frauenbewegung engagierten Frauen hatten – wie schon gezeigt wurde – bis zum Ersten Weltkrieg keine „Volksbildungskonzepte" entwickelt und waren auch jetzt nicht in der Lage, die für die Demokratisierung dringend notwendige gesellschaftliche Bildung möglichst vieler Frauen alleine zu bewerkstelligen. So bot sich eine Kooperation zwischen Frauenbewegung und Volksbildungsbewegung in der Praxis an.

Zudem zeigte sich bald, daß die Frauen, die schon in der Vorkriegszeit in sozialen Frauenschulen und in der Lehrerinnenausbildung Qualifikationen erworben hatten, als Dozentinnen in den Volkshochschulen einen sinnvollen und angemessenen Wirkungskreis finden konnten. Diese Chance war umso willkommener, als dadurch die Folgen von „Demobilisierung", „Lehrerinnenzölibat" und Frauenerwerbslosigkeit in Folge von Rezessionen gemildert werden konnten.

Diejenigen, die eine Ausbildung in den sozialen Frauenschulen absolviert hatten, waren dort in der Regel auch mit den Ideen der Frauenbewegung konfrontiert worden, die sie nun als Dozentinnen in die Arbeit an Volkshochschulen einbringen konnten. Die Entwicklung der Frauenbildungsarbeit in der Weimarer Republik war also von Beginn an, sowohl personell wie auch ideell, eng mit der Frauenbewegung verknüpft. Die offizielle Zusammenarbeit zwischen dem Bund deutscher Frauenvereine (BDF) und der Gesellschaft für freie Volksbildung am Ende der 20er Jahre war eine Entwicklung, die auf der engen personellen Verknüpfung beruhte und in gemeinsamen Tagungen und Schulungen fortgesetzt wurde (ebd., S. 94 ff.).

Den in den Volkshochschulen tätigen Pädagoginnen gelang es also, den institutionellen Rahmen der Volkshochschulen zu nutzen, um eine separate Frauenbildungsarbeit ins Leben zu rufen und auszubauen. Diese öffentlichen, das heißt auch mit

---

20 1928 betrug der Anteil der Hörerinnen an den Kursen in: Frankfurt a. M. 60%, Leipzig 45,8%, Düsseldorf 51%, Duisburg 38,2%, Dresden 49,8%, Dortmund 38,2%, Hamburg 48.8%, Essen 38,0%, Hamburg 48,8%. Hier wird das große Interesse von Frauen an Weiterbildung deutlich (vgl. Eggemann 1992, S. 76).

21 Heimvolkshochschulen waren internatsähnliche Einrichtungen, die vorwiegend in ländlichen Gegenden angesiedelt waren. Dort lebten und arbeiteten ca. 30-50 TeilnehmerInnen meist mehrere Monate mit den Lehrenden zusammen. 1927 existierten 52 solcher Heime, von denen fünf reine Frauenbildungseinrichtungen waren. In 28 Heimvolkshochschulen wurden Frauen- und Männerkurse in unregelmäßigem Wechsel angeboten und in acht wurden koedukative Kurse abgehalten. Die restlichen boten ausschließlich Kurse für Männer an (vgl. ebd., S. 79).

öffentlichen Mitteln geförderten Maßnahmen waren zweifellos ein wichtiger Schritt hin zur gesellschaftlichen Partizipation der Frauen.

Gleichwohl war diese Arbeit in den Volkshochschulen von Anfang an mit Widerständen und Widersprüchen konfrontiert und zwar in der theoretischen Grundlegung ebenso wie in der pädagogischen Praxis. Die Widersprüche ergaben sich vor allem aus den tradierten Vorstellungen zum Geschlechterverhältnis, von denen sich jedoch ein Teil der Pädagoginnen bewußt distanzieren wollte. In den verschiedenen Flügeln der Frauenbewegung entwickelten sich sehr unterschiedliche Strategien im Kampf um die Emanzipation, die in der Bildungsarbeit ihren Niederschlag fanden.

Die Grenzen zwischen der bürgerlichen und der sozialistischen Frauenbewegung waren besonders durch die gemeinsame Arbeit im „Nationalen Frauendienst" während des Ersten Weltkriegs nivelliert worden, so daß von relativ großen „gemäßigten Flügeln" in beiden Lagern ausgegangen werden kann. Die dort organisierten Pädagoginnen, die bürgerlichen wie die sozialistischen, waren sich in ihren Zielvorstellungen für eine Bildungsarbeit mit erwachsenen Frauen in vielen Punkten einig. Sie erkannten eine Verschiedenheit der Geschlechter grundsätzlich als Faktum an, zweifelten aber an der Wissenschaftlichkeit der Aussagen über die unterschiedlichen Geschlechtscharaktere.

Für die Konzeption der Frauenbildungsarbeit sollte nicht die biologische Verschiedenheit zwischen Frau und Mann ausschlaggebend sein, sondern die gesellschaftlichen Aufgaben, die der Frau traditionell übertragen wurden. Die angestrebte Gleichwertigkeit könne nur verwirklicht werden, wenn der Wert, der den „männlichen" bzw. „weiblichen" Aufgaben beigemessen wurde, der gleiche sei. Die weiblichen Aufgaben wie Kindererziehung, Haushaltsführung, Kranken- und Altenpflege sollten nicht nur in der Familie, sondern auch in dem gesamtgesellschaftlichen Bereich übernommen und aufgewertet werden. Unabhängig von diesen typisch weiblichen Aufgaben sollte jede Frau das Recht auf eine Berufsausbildung haben, um ihr die Möglichkeit zu ökonomischer Unabhängigkeit zu eröffnen. Die Partizipation an der Erwerbsarbeit wurde auch aus gesellschaftspolitischen Erwägungen für unverzichtbar gehalten, weil Frauen in alle Bereiche der Arbeitswelt ihre „geistige Mütterlichkeit" einbringen sollten. Die Gleichzeitigkeit von Erwerbs- und Familienarbeit wurde jedoch nicht gewünscht und wegen der daraus resultierenden Überforderung der Frau abgelehnt.

Diese Imaginationen von Weiblichkeit und Geschlechterverhältnis bestimmte in besonderer Weise die Bildungsarbeit, die in vielen Volkshochschulen praktiziert wurde. Der Frauenbildung sollte die Aufgabe zukommen, die grundsätzlich vorhandenen „weiblichen Kräfte" zu kultivieren. Parallel dazu müsse die Kompetenzerweiterung in den frauenspezifischen Arbeitsbereichen erreicht werden, um deren gesellschaftliche Anerkennung zu steigern. In Arbeitsgemeinschaften, an denen nur Frauen beteiligt waren, sollte das Selbstbewußtsein der Frauen gestärkt werden, in dem sie lernten, ihre „weiblichen Aufgaben" als gesellschaftlich relevant zu erkennen und diese kompetent und durchdacht wahrzunehmen.

Für die Arbeiterinnen waren diese Bildungsangebote attraktiv, konnten sie dabei doch Anregungen erhalten, wie sie der Doppelbelastung durch Familien- und Erwerbsarbeit und ihrer privaten finanziellen Notsituation etwas besser gerecht werden konnten.

Die gemeinsame Arbeit der Frauen, sei es in theoretischen oder in praktischen Kursen, ermöglichte aber auch die Erkenntnis, daß die Schwierigkeiten und Probleme, die sie tagtäglich zu bewältigen hatten, nicht ausschließlich individuell bedingt, sondern vielfach auf gesellschaftliche Bedingungen zurückzuführen waren.

Forschungsausblick zur historischen Frauenbildung

Frauenbildung, als Bildungsangebot von Frauen für Frauen, läßt sich aus der historischen Erwachsenenbildung nur schwer rekonstruieren. Würden wir uns nur auf die Standardliteratur historischer Bildungsforschung konzentrieren, so ließe sich mit Stiefel schlußfolgern:

„Bis zum Ersten Weltkrieg kann man von einer systematisch durchgeführten und ideologisch akzeptierten Frauenbildung, die sich an Frauen als passive Rezeptorinnen oder gar als handelnde Subjekte wendete, nicht guten Gewissens sprechen. Die vielzähligen vereinzelten Frauenbildungskurse sind nur aufgrund des beständigen Insistierens und der Arbeit von Frauen aus der bürgerlichen Frauenbewegung zustande gekommen" (Stiefel 1993, S. 45).

Die Aufgabe einer historischen Frauenbildungsforschung muß darin bestehen, bisheriges Quellenmaterial gewissermaßen gegen den Strich zu lesen, d.h. u.a. Volkshochschulen und andere der Erwachsenenbildung und Weiterbildung zugehörige Institutionen (z.B. Betriebe) hinsichtlich der Frage zu untersuchen, welche Frauenbildungsangebote bestanden (welche Angebote für Frauen angeboten oder ausschließlich von Frauen besucht wurden) und welches ideologische Bildungskonzept sich hinter dieser Arbeit verborgen hat. Dabei können lokal- oder regionalgeschichtliche Untersuchungen Puzzlesteine liefern, die eine Rekonstruktion und Generalisierung frauenbildungspolitischer Ansätze der damaligen Zeit möglich machen. Allerdings ist vor einer oberflächlichen Beurteilung frauenspezifischer Bildungsangebote aus unserem heutigen feministischen Bildungsverständnis heraus zu warnen:

„Zu schnell ist man ansonsten versucht, emanzipatorische Bestrebungen aus dem Blickwinkel aktueller Befindlichkeiten zu bewerten und unter Verurteilung einer jedweden ‚Hausfrauenbildung' die befreienden Elemente von Bildungsangeboten zu übersehen, die es damals den Frauen ermöglichte, sich gemeinsam mit ihren Schwestern und ohne Partizipation von Männern auf sich selbst zu besinnen" (Stiefel 1993, S. 45).

Neben der Rezeption zugänglicher Quellen (Volkshochschularchive, amtliche Korrespondenzen, Teilnehmerstatistiken, Festschriften etc.) bieten auch die Rezeption von Selbstzeugnissen von Frauen der damaligen Zeit (z.B. Autobiographien, Briefe, Tagebücher etc.) eine Quelle zur Rekonstruktion historischer Frauenbildung.

Literatur

Ariadne – Almanach des Archivs der deutschen Frauenbewegung, Heft 25, 1994.

Bäumer, Gertrud: Geschichte und Stand der Frauenbildung in Deutschland. In: Lange; Bäumer, a.a.O., S. 1-128

Benker, Gitta; Sörmer, Senta: Grenzüberschreitungen: Studentinnen in der Weimarer Republik. Pfaffenweiler 1991

Blochmann, Elisabeth: Das „Frauenzimmer" und die „Gelehrsamkeit". Eine Studie über die Anfänge des Mädchenschulwesens in Deutschland. Heidelberg 1966

Brehmer, Ilse (Hrsg.): Mütterlichkeit als Profession? Lebensläufe deutscher Pädagoginnen in der ersten Hälfte dieses Jahrhunderts. Pfaffenweiler 1990

Brehmer, Ilse: Lehrerinnen. Zur Geschichte eines Frauenberufs. Weinheim 1991

Brehmer, Ilse: Zur Geschichte weiblicher Bildung – ein Überblick. In: Valtin, Renate; Warm, Ute (Hrsg.): Frauen machen Schule. Frankfurt/M. 1985

Bruchhagen, Verena: Frauenbildung zwischen Emanzipation und Anpassung. Bildungskonzepte im historischen Vergleich. In: dies. (Hrsg.): Frauenstudien. Konzepte, Modelle und Praxis wissenschaftlicher Weiterbildung. Weinheim und München 1989, S. 81-97

Bussemer, Herrad-Ulrike: Frauenemanzipation und Bildungsbürgertum: Sozialgeschichte der Frauenbewegung in der Reichsgründerzeit (1865-1875). Berlin 1982.

Danz, Gisela: Berufsbiographien zwischen gestern und heute: Volksschullehrerinnen, geboren um die Jahrhundertwende, berichten. Eine qualitative Studie. Weinheim 1990

Dauzenroth, Erich: Kleine Geschichte der Mädchenbildung. Der verbotene Baum oder die Erziehung des anderen Geschlechts. Wuppertal u.a. 1971

Drechsel, Wiltrud Ulrike; Reining, Elke: Über den Versuch, Arbeitertöchter zu Hausfrauen zu erziehen. Hauswirtschaftliche Unterweisung in Bremen 1889-1938. In: Rabe-Kleberg, Ursula a.a.O., S. 35-62

Eggemann, Maike: Die Frau in der Volksbildung 1919-1933. Wege zur Emanzipation? Frankfurt a. M. 1997

Eggemann, Maike: Frauenbildung in der Weimarer Republik am Beispiel der Abendvolkshochschulen Stuttgart und Leipzig. Unveröffentlichte Diplomarbeit. Paderborn 1992

Essig, Olga: Politische Schulung der Frauen. In: Lange, Helene; Bäumer, Gertrud (Hrsg.): Die Frau. Monatsschrift für das gesamte Frauenleben. 1919, Jg. 26, S. 170-173

Friese, Marianne: Welchen Wert hat die Bildung für die Arbeiterin? Proletarische Frauenbildung im Spannungsfeld von Klasse und Geschlecht. In: Rabe-Kleberg, Ursula a.a.O., S. 63-92

Gerhard, Ute: Unerhört. Die Geschichte der Deutschen Frauenbewegung. Hamburg 1990

Glaser, Edith: Hindernisse, Umwege, Sackgassen: die Anfänge des Frauenstudiums in Tübingen (1904-1934). Weinheim 1992.

Göllner, Renate: Mädchenbildung um Neunzehnhundert. Eugenie Schwarzwald und ihre Schulen (Diss.), Wien 1986.

Hering, Sabine; Kurt Schilde: Kampfname Ruth Fischer. Wandlung einer deutschen Kommunistin. Frankfurt a. M. 1995

Hoffmann, Bonita: Mädchenbildung um 1900. Eine Regionalstudie zur Voraussetzung weiblicher Emanzipation an der Institution höhere Mädchenschule am Beispiel Aschaffenburg (Diss). Frankfurt 1995 (Mikrofiche)

Hohenzollern, Johann Georg Prinz von/Liedtke, Max (Hrsg.): Der weite Schulweg der Mädchen. Die Geschichte der Mädchenbildung als Beispiel der Geschichte anthropologischer Vorurteile. Bad Heilbrunn 1990

Jacobi, Juliane: Zwischen Erwerbsfleiß und Bildungsreligion: Mädchenbildung in Deutschland. In: Fraisse, Genevieve/ Perrot, Michelle (Hrsg.): Geschichte der Frauen. Bd. 4, Frankfurt a. M. 1994, S. 267-281

Jacobi-Dittrich, Juliane: Geschichte der Mädchenbildung – Erfolgsgeschichte oder Wiederholung der Chancenungleichheit? In: Friedrich Jahresheft (1989), 7, S. 59-65

Käthner, Martina: Der weite Weg zum Mädchenabitur. Strukturwandel der höheren Mädchenschulen in Bremen (1854-1916). Frankfurt a. M./New York 1994

Kleinau, Elke: Das Allgemeine und das Besondere. Beiträge historisch-pädagogischer Frauenforschung zur allgemeinen Bildungsgeschichte. Metis. Zeitschrift für historische Frauenforschung und feministische Praxis 5 (1996), 9, S. 9-21

Kleinau, Elke; Mayer, Christine: Erziehung und Bildung des weiblichen Geschlechts. Eine kommentierte Quellensammlung zur Bildungs- und Berufsbildungsgeschichte von Mädchen und Frauen. Band 1 und 2, Weinheim 1996

Kleinau, Elke: Nur ein Beruf für höhere Töchter? Lehrerinnen im 19. Jahrhundert. In: Glumpler, Edith (Hrsg.): Erträge der Frauenforschung für die Lehrerinnenbildung. Bad Heilbrunn 1993

Kleinau, Elke: Oberlehrer und Frauenbewegung im Kampf um die Mädchenbildung, dargestellt am Beispiel des Höheren Schulwesens Hamburg. Die deutsche Schule, 83 (1991), 2, S. 216-230

Knab, Doris: Mädchenbildung. In: Speck, J.; Wehle, G. (Hrsg.): Handbuch pädagogischer Grundbegriffe, Bd. 2, München 1970, S. 57-92

Koerner, Marianne: Erste Frauenorganisationen in der Männerinstitution Universität. Studentinnenvereine als Wege aus der Isolation. Beiträge zur feministischen theorie und praxis 19 (1996), 43/44, S. 77-86

Kraul, Margret: Gleichberechtigung im Spannungsfeld zwischen Emanzipation und Geschlechtscharakter: Höhere Mädchenbildung im 19. Jahrhundert. Recht und Jugend des Bildungswesens, (1988), 1, S. 36-46.

Kraul, Margret: Höhere Mädchenschulen. In: Berg, Christa (Hrsg.): Handbuch der deutschen Bildungsgeschichte, Bd. 4 1870-1918; von der Reichsgründung bis zum Ende des Ersten Weltkrieges. München 1991, S. 279-303

Kubon, Rubert: Weiterführende Mädchenschulen im 19. Jahrhundert am Beispiel des Großherzogtums Baden. Pfaffenweiler 1991

Küpper, Erika: Die höhere Mädchenschule. In: Jeismann, K.-E. (Hrsg.): Handbuch der deutschen Bildungsgeschichte 1987, S. 180-191

Küpper, Erika: Zur Geschichte des Lehrerinnenberufs. In: Block, Irene (Hrsg.): Feminismus in der Schule. Berlin 1985

Lange, Helene/Bäumer, Gertrud: Handbuch der Frauenbewegung. III. Teil: Der Stand der Frauenbildung in den Kulturländern, Berlin 1902

Metz-Göckel, Sigrid: Bildungsforschung. In: Sozialwissenschaftliche Frauenforschung in der Bundesrepublik Deutschland: Bestandsaufnahme und forschungspolitische Konsequenzen. Berlin 1994

Möhrmann, Renate: Frauenemanzipation im deutschen Vormärz. Stuttgart 1978

Ohrnberger, Anny: Das weibliche Geschlecht im Volksbildungswesen. In: Wiese von, Leopold: Soziologie des Volksbildungswesens. München und Leipzig 1921

Rabe-Kleberg, Ursula: Besser gebildet und doch nicht gleich!: Frauen und Bildung in der Arbeitsgesellschaft, Bielefeld 1990

Schiersmann, Christiane: Frauenbildung. Konzepte, Erfahrungen, Perspektiven, Weinheim/ München 1993

Schlüter, Anne (Hrsg.): Pionierinnen. Feminstinnen – Karrierefrauen? Zur Geschichte des Frauenstudiums in Deutschland. Pfaffenweiler 1992

Schlüter, Anne: Der Kampf um die Berufsausbildung von Arbeitertöchtern. In: Rabe-Kleberg a.a.O., S. 17-34

Schlüter, Anne: Neue Hüte – alte Hüte?: Gewerbliche Berufsausbildung für Mädchen zu Beginn des 20. Jh. – zur Geschichte ihrer Institutionalisierung. Düsseldorf 1987

Schnelle, Gertraude: Probleme der Entwicklung des Frauenstudiums in Deutschland. Leipzig 1965

Simmel, Monika: Erziehung zum Weibe, Frankfurt/Main 1980

Stiefel, Almut: Frauen als Thema und Gestalterinnen von Erwachsenenbildung. Eine historische Studie über Frauenbildungsmotive und Ansätze im Rahmen der Volksbildungsbewegung 1871-1933. Unveröffentlichte Diplomarbeit. Dortmund 1987

Stiefel, Almut: Der Beitrag der Frauen in der Geschichte der Erwachsenenbildung. In Literatur-
und Forschungsreport Weiterbildung. Thema: Geschichte der Erwachsenenbildung. Nr. 31
(1993), S. 40-46

Tornieporth, Gerda: Studien zur Frauenbildung. Ein Beitrag zur historischen Analyse lebens-
weltorientierter Bildungskonzeptionen. Weinheim und Basel 1977

Von Soden, Kristine; Zipfel, Gaby (Hrsg.): 70 Jahre Frauenstudium: Frauen in der Wissenschaft.
Köln 1979

Voss, Ludwig: Geschichte der Höheren Mädchenschule. Allgemeine Schulentwicklung in
Deutschland und Geschichte der höheren Mädchenschulen Kölns. Opladen 1952

Wahlfeldt, Andrea; Willerding, Rita: Mädchenbildung in Frauenhand. Der Casseler Frauenbil-
dungsverein 1869 – ein Projekt der bürgerlichen Frauenbewegung. Schriftenreihe des Archivs
der deutschen Frauenbewegung 3. Kassel 1987

Wollf, Emmy (Hrsg.): Jahrbuch des Bundes deutscher Frauenvereine 1927–1928, Mannheim
1928

Zinnecker, Jürgen: Sozialgeschichte der Mädchenbildung. Zur Kritik der Schulerziehung von
Mädchen im bürgerlichen Patriarchalismus. Weinheim und Basel 1973

Wiltrud Gieseke

Politische Frauenbildung

Im vorletzten Semester habe ich ein Seminar an der Humboldt-Universität in Berlin über Qualitätskriterien in der Frauenbildung veranstaltet. Von meiner Abteilung und von einzelnen Studentinnen sind Interviews bei verschiedenen Bildungsinstitutionen durchgeführt worden, die – relativ gesehen – sehr viel Frauenbildung anbieten. Alle Leiterinnen der Institutionen waren sehr interessiert an diesem Vorhaben und haben sich kooperativ beteiligt. Das Ergebnis verwundert allerdings: Das Wesentliche von Frauenbildung, ihre Begründungen und Fragen nach frauenspezifischen Methoden – alles dies bleibt im Grunde unbeantwortet. Für viele Kursleiterinnen wird es zunehmend fraglich, ob es überhaupt frauenspezifische Kurse geben sollte, ob gemischtgeschlechtliche Angebote nicht sinnvoller wären. Auch unser Seminar erbrachte bei der Erarbeitung von spezifischen Qualitätsstandards vor allem Hinweise darauf, daß bestimmte Sozialformen für Frauen eine höhere, weil offenere, gruppenbezogenere Lernqualität sichern.

Meines Erachtens weist das Ergebnis dieser Expertise nun keineswegs darauf hin, daß Frauenbildung sich überlebt hat, wohl aber zeigt sich, daß wir an einer Zäsur stehen. Worin ich die zukünftige Entwicklung sehe, habe ich in den letzten Jahren häufiger wiederholt: Es bedarf vor allem mehr „Frauenstärke", die hoffentlich bei der jüngeren Generation vorhanden ist. Ich will es noch einmal als These meines historischen Rückblicks voranstellen: Die Frauen haben sich ihre Gleichheit erkämpft, besonders eindrucksvoll dort, wo sie sich durch ihre Leistung (z.B. im Bildungswesen) ausweisen konnten. Dort aber, wo gesellschaftliche Macht und Geld eine Rolle spielen und paradoxerweise Leistung als Legitimationsfolie dient, kommen als Entscheidungskriterien noch nicht aufgelöste, dekonstruierte Muster im Geschlechterverhältnis ins Spiel, die zeigen, wie weit wir immer noch von einem demokratisierten Geschlechterverhältnis entfernt sind. Die Differenzen im Ausagieren dieser Beziehungen und ihrer gesellschaftlichen Gestaltungsmöglichkeiten speisen sich dabei aus traditionellen Mustern, die auch die erotische Beziehung mit einschließt. Störend für Demokratisierungsprozesse sind aber nicht nur die Macht- und Ausgrenzungsansprüche männlicher Netzwerke – Schwarz (1997) spricht sogar von „Gangs" –, sondern auch die fehlende oder sich erst langsam entwickelnde Anerkennungs- und Stützungskultur unter Frauen (Frauennetzwerke). Hier sind für mich bisher am weiterführendsten psychoanalytische Texte (Rohde-Dachser 1991). Mir scheint, die Gender-Diskussion führt genau in diese Fragen hinein. Sie unterstellt die Gleichheit als gesellschaftlichen Anspruch, nutzt aber die Differenzbeobachtungen, um die Spiele der Geschlechter untereinander zu analysieren. Überholt – besser: von den Verhältnissen eingeholt worden – ist dabei die Diskussion, ob die Frauen dieses und jenes genau so gut können. Dies mag für einzelne noch eine Rolle spielen. Eher ist die Frage, wie die Zweigeschlechtlichkeit in einen sich demokratisierenden Diskurs hinein gebracht wird und gesellschaftliche Verhältnisse so gestaltet werden, daß der Gleichheitsdiskurs sich nicht gegen Frauen wendet und ihnen damit ihre Nicht-Männlichkeit, daß heißt ihre Gebärfähigkeit, als scheinbar unstabiler Faktor im Lebenslauf vorgehalten wird. An diesem Punkt stehen wir unter den Bedingungen des Arbeitsplatzmangels allemal.

Wenn diese Situation defensiv behandelt wird, indem man im Sinne des Gerechtigkeitsdiskurses die Differenz leugnet, anstatt sie offensiver gesellschaftlich zu leben, bekommt der Gleichheitsdiskurs eine konservierende Rolle. Sie wird nicht dazu führen, daß Frauen mehr gesellschaftlichen Einfluß gewinnen. Ihre gesellschaftlichen Anforderungen und ihre Vorstellungen von Arbeiten und Lernen bekommen dann keine gestaltende Kraft. Es kann aus weiblicher Perspektive nicht angehen, daß Kinder eine Behinderung für Berufstätigkeit sind und umgekehrt. Auch wenn wir alle Geschlechterstereotypen auflösen und neue Maskeraden initiieren, gibt es eine Geschlechterdifferenz, die implizit als Ausgangspunkt für gesellschaftliche Strukturen genommen wird. Wir kommen nicht daran vorbei, uns als weibliche Individuen im gesellschaftlichen Alltag zu betrachten. Es kommt nur darauf an, ob Frauen zu „Männern" werden wollen oder ob sie eine demokratische zweigeschlechtliche Struktur auf egalitärer Basis wollen.

Frauen benötigen nicht mehr die Bestätigung, daß sie die gleichen Leistungen erbringen wie Männer, das ist geklärt. Sie benötigen den basalen Stolz, daß sie Frauen sind. Nur wer im eigenen Körper zu Hause ist und sich mit seinem Geschlecht identifiziert, kann im Tun die historischen Reste einer gelebten Geschlechterhierarchie übersteigen. Denn in der individualisierten Gesellschaft kann sich keine Frau mehr ungestraft aus der Verantwortung für den eigenen Lebenslauf stehlen. Darin liegt die Verschärfung des Problems. Eine mögliche Antwort auf eingeschlechtlich strukturierte gesellschaftliche Bedingungen ist der Entschluß zur Kinderlosigkeit. Wo sich gesellschaftliche Entwicklung nicht selbstverständlich, eben um alle Leistungspotentiale zu nutzen, unter einer zweigeschlechtlichen Perspektive entfaltet, gibt es keine konstruktive Entwicklung für Männer und Frauen. Auch das ist die Gender-Perspektive. Nicht nur die Männer haben das zu begreifen (dies ist kein biologisches Argument). Es geht um eine dynamischere Betrachtung von Strukturen, Abhängigkeiten und Entwicklungen. Vielleicht ebnet ja gerade die Auflösung der bisherigen Frauenförderstrukturen hin zur umfassenderen Frauenvernetzung dafür neue Wege. Ich weiß es nicht.

In Bildungsprozessen und besonders in der Erwachsenenbildung sind wir mit Entwicklungsverläufen und Bedürfnissen von Frauen auf verschiedenen Niveaus und mit sehr differenzierten Bewußtseinsstrukturen konfrontiert, die durch das jeweilige Milieu und die Biographie bestimmt sind. Bildungangebote haben gerade hier für Anschlüsse zu sorgen, und sie folgen einer Nachfrageentwicklung, die diese Bildungsbedürfnisse transparent macht. Bildungstheorien müssen zwar, wenn sie ihrem Anspruch entsprechen wollen, different sein von soziologischen, analytischen gesellschaftlichen Theorien, sie kommen aber nicht ohne diese aus. Gleichzeitig gilt aber: Die gesellschaftlichen Problemlagen, in diesem Fall im Geschlechterverhältnis, sind an diesem Nachfrageverhalten am deutlichsten zu erkennen.

Vor welchem Hintergrund argumentieren wir heute, wenn wir die zukünftigen Aufgaben politischer Frauenbildung begründen wollen? Die neue Frauenbildung und ihre Ausläufer, die unsere Argumentation auch heute noch bestimmen, werden als Folge und im Kontext der Studentenbewegung gesehen. Frauenbildung war nur ein Nebenprodukt, weil die Frauen in der Studentenbewegung sich nicht so beteiligten konnten, wie die Studentinnen es unterstellt hatten. Ihre Reaktion auf diese Ausgrenzung war der Beginn einer eigenen Frauenbewegung und Frauenbildung. „Das Private ist politisch!" Mit diesem Slogan traten die jungen Frauen aus der privaten Sphäre heraus, in die sie sich verbannt sahen. Man strebte die Vergesellschaftung von Familie und Erziehung an. Hier sind mittlerweile Ernüchterungen eingetreten, doch z.B. in den Rechtswissenschaften, in der Abschaffung alter und der Formulierung neuer Gesetze, lassen sich bis heute Entwicklungen erkennen, die ohne eine feministische Perspektive nie angestoßen worden wären. Die jüngste Analyse von Berghahn (Berghahn 1996) zeigt jedoch, mit wieviel Widerständen es der Prozeß der angemessenen Berücksichtigung beider Geschlechter in der Rechtsprechung immer noch zu tun hat.

„Das Private ist politisch!" Dieser Slogan setzte aber auch freie Initiativen von Frauengruppen in Gang. Es wurden Buchläden, Kinderkrippen, Zeitungen, Selbstlerngruppen gegründet, in Weiterbildungsinstitutionen wurde Raum für Gesprächskreise und Selbsterfahrungsgruppen geschaffen. Frauen beschäftigten sich nicht ausschließlich mit ihrem Frau-Sein, mit ihrer eigenen Lebenswelt, wie häufig angenommen, im Gegenteil: Sie veröffentlichten sich, sie gingen in die Öffentlichkeit. Sie schafften eigene – wenn auch fragile – Institutionen, und von hier aus wirkten sie auf die Gesellschaft ein. Aufmerksamkeit und Wirkung erzielten sie in den politischen Raum hinein, und aus der Suche nach neuen, angemessenen und von ihnen gewollten Lernformen entstanden politische Aktionen, eigene Institutionalisierungsformen. Selbsterfahrung, biographisches Lernen, freie Gesprächskreise trugen dazu bei, „bei sich selbst anzukommen", sich selbst zu achten und zu verstehen, um neu handlungsfähig zu sein. Die Subjektivierung stand noch unter dem Anspruch, Selbsterkenntnis und gesellschaftliche Analyse aneinander zu binden. Allerdings gab es bald Ausdifferenzierungen, auch in Richtung auf Entpolitisierung und Psychologisierung. Viele junge Frauen grenzten sich davon ab und zählten sich in der Folge der Studentenbewegung eher zu einer sozialistisch orientierten Frauenbewegung. Diese Frauengruppen suchten den Anschluß an gewerkschaftliche Arbeit oder gründeten neue Institutionen. Es war aber vor allem das Eigenleben von Frauen, das hohe Bedeutung und öffentliche Wirksamkeit erlangte. Der gesellschaftliche Einfluß kam durch Eigentätigkeit und Selbstorganisation zustande, jedoch nicht individuell, sondern vorwiegend in Gruppen. Die gesellschaftlichen Institutionen, auch die Parteien, reagierten erst später und verzögert, sie zogen nach. Sie wurden allenfalls zu Transformatoren im gesellschaftlichen Gleichberechtigungs- und Chancengleichheitsdiskurs.

Die Erfahrungen in diesen Initiativen waren Erfahrungen unter Frauen. Die Auseinandersetzung über die Schwesterlichkeit und über die Aggressionsprobleme im gemeinsamen Handeln beschäftigten die Bildungsarbeit in vielen autonomen Frauenbildungszentren. Man war mit der Selbstverachtung des eigenen Geschlechts konfrontiert. Das Interesse an großen Frauenpersönlichkeiten der Vergangenheit nahm zu, die Forschungen über die gesellschaftliche Situation von Frauen wurden verstärkt. Mehr Rechte, bessere Ausbildung und Beachtung der spezifischen Bedingungen für ein Leben zwischen Beruf und Familie – diese Themen bestimmten die öffentliche Diskussion in den 80er Jahren. Die Bildungsangebote für Frauen in allen Fachgebieten der Bildungsinstitutionen und in breiteren beruflichen Feldern dehnten sich aus. Frauenbildung begann sich zu differenzieren. Die Parteien, Frauenorganisationen und eine breit initiierte Frauenforschung bemühten sich darum, den Frauen zu besseren Chancen bzw. zu Chancengleichheit in Bildung, Ausbildung und Weiterbildung zu verhelfen. Die 80er Jahre waren die Jahre der Modellversuche, Konzepte, Initiativen, um den Frauen durch öffentlich finanzierte Unterstützung ein autonomes Leben, Berufstätigkeit und die Vereinbarung von Beruf und Familie zu ermöglichen (Schiersmann 1993). Es war das Jahrzehnt der beruflichen Weiterbildung für Frauen. Die Aktivitäten als politische Initiative zeigten denn auch im öffentlichen oder institutionellen Raum Wirkung, aber die Einstellungspolitik der Unternehmen blieb vorurteilsorientiert, hier werden Frauen weiterhin von den entscheidenden Machtzentren ferngehalten. Zwar wird nach außen dargestellt, wie notwendig es ist, daß Frauen anwesend sind, diese Form der Berücksichtigung wird aber andererseits durch sog. „Alibifrauen" diskreditiert. Die Quotendiskussion in diesem Sinne hält bis heute an, für deren sinnvolle Nutzung sind autonome, selbstbewußte Frauen nötig. Deutlicher als durch die „Frauenbeauftragten", die seit etwa einem Jahrzehnt arbeiten, kann nicht dokumentiert werden, daß die Institutionen im Grunde nicht für Frauen mitgedacht und -gemacht wurden. Es haben sich zwar alle Legitimationsmuster, die gegen die Frauen genutzt wurden, in den letzten Jahrhunderten verbraucht, es gibt aber nach wie vor eine unsichtbare Undurchlässigkeit. Frauen werden rausgedrückt, übersehen, unsichtbar gemacht. Es wird in manchen Arbeitszusammenhängen zu einer neuen Machtfrage, warum so viele Frauen anwesend sind.

Frauenbildung ist, das zeigen nicht nur die letzten Jahrzehnte, ohne ein aktives politisches frauenbewegtes Klima zwar möglich, von ihr geht aber keine bewertende, verändernde Kraft aus. Wenn die angebotene Frauenbildung nicht mehr die wunden Punkte im gesellschaftlichen Geschlechterverhältnis berührt und nicht zügig den Veränderungen folgt, bestätigt sie Bestehendes und wird dadurch überflüssig. Zur Zeit gibt es eine solche Stagnation und zwar kurz vor dem entscheidenden Schritt: Die Aufteilung der Familienaufgaben als neuer Ansatz zur gesellschaftlichen Organisation von Arbeit. In der ersten Phase der Frauenbewegung brachte die Gründung neuer Institutionen Veränderungen hervor; für die 80er Jahre kann die breitere öffentliche Unterstützung, die Verallgemeinerung des Themas Chancengleichheit für Frauen als Politikum angesehen werden. Die entscheidenden Veränderungen, nämlich die Demokratisierung der familiären Erziehungsaufgaben zwischen den Ehepartnern und die Erlangung von Machtpositionen durch Frauen, sind nicht realisiert, im Gegenteil: Frauen werden eher zurückgedrängt, und zwar nicht mit offenen Abwertungsstrategien, sondern eher im Sich-Wehren gegen ihre mögliche Übermacht, ihre ungeahnte Stärke, die sie trotz allen Behinderungen entfalten. War der Gleichheitsdiskurs nötig, um überhaupt als gleich akzeptiert zu werden, so machte der Differenzdiskurs deutlich, daß es nicht um blinde Anpassung und um Verleugnung weiblicher Eigenwege und Neugestaltungsansprüche geht. Gesellschaftliche Institutionen sind nicht neutral. Sie brauchen eine Neustrukturierung aus der Perspektive der Zweigeschlechtlichkeit. Dafür empfiehlt sich, daß der weibliche und männliche Mensch mit seinem potentiellen Handlungsspektrum zum Ausgangspunkt genommen wird. Wenn wir die Gender-Perspektive für die Frauenbildung fruchtbar machen wollen, kommt in diesem Zusammenhang der Reformierung der Familienbildung eine entscheidende Bedeutung zu. Familienbildung im Sinne der community education des Kommunitarismus könnte diesen Modernitätsschub unterstützen helfen, wenn sie nicht weiterhin allein als Ersatzöffentlichkeit für Familienfrauen dienen will. In der vermeintlich kritischen deutschen Rezeption der Kommunitarismus-Diskussion wird unterstellt, als ginge es u.a. auch darum, Frauen zurück in die Familie zu führen und sie auf ehrenamtliche Tätigkeiten zu orientieren. Diese Position wird aber von dem so sehr kritisierten Kommunitarismusvertreter Etzioni (1995) gar nicht vertreten. Eher wird von ihm indirekt die zweigeschlechtliche Perspektive aufgenommen, die Frauen und Männer auf die gemeinsame Familienarbeit und nachbarschaftliche Arbeit orientiert und dafür selbstverständliche Arbeitzeitflexibilität bei den Unternehmern voraussetzt, aber auch einfordert. Frauen haben in dieser zumindest amerikanischen Diskussion ein selbstverständliches Recht zu arbeiten und Kinder zu haben. Die männliche Sicht, die als Regel das Entweder-Oder bevorzugt, hat in dieser Diskussion keine Gültigkeit mehr. Aber auch diese Perspektive fehlt in den konzeptionellen Überlegungen zur Frauenbildung. Ich denke hier nicht an radikale Alternativen, sondern an sich sukzessiv ergänzende Bildungsangebote.

Bei der Verzahnung von Beruf und Familie, auch bei der Bearbeitung von Lebenskrisen stehen wir vor der Herausforderung, politischer Bildung nicht ihre Aufklärungsdimension zu nehmen, aber auch eine autonome weibliche Lebensführung zu unterstützen, die sich auf selbständige weibliche Lebensentwürfe konzentriert. Die Verantwortung für Kinder muß als gemeinsame gesellschaftliche Aufgabe von Frau und Mann neu begriffen werden. Voraussetzung dafür ist neben der Aufklärungsarbeit für Frauen ein strategisches Lernen, um die eigenen Lebensentwürfe zu realisieren und die verschiedenen Entwicklungsphasen in der weiblichen Biographie zu berücksichtigen. Mein Idealbild wäre: Frauen können sich in ihrem Fachgebiet auf dem laufenden halten, Konflikte in der Zusammenarbeit mit anderen Frauen konstruktiv austragen, sie kennen die männlich bestimmten Institutionen und können sich darin bewegen, sie klagen Reformen ein, ohne sich und anderen Frauen zu schaden, sie sind in der Lage, sich durch Selbststabilisierung aufzufangen, sie besitzen gruppendynamische Fähigkeiten in der Gender-Situation, können mit dem Partner eine akzeptable Arbeitsteilung in der Familienarbeit vereinbaren und haben generell ein Interesse an gesellschaftlichen Entwicklungen und wollen diese auch mitgestalten. Gerechterweise muß man sagen, daß es sich hier nicht um eine reine Idealisierung handelt, es ist häufiger Realität, als angenommen wird. Aber wir wissen auch, daß besonders die allgemeine Weiterbildung, die Erwachsenenbildung verschiedener Träger bei diesen Prozessen Unterstützung gibt. Die Weiterbildungsinstitutionen bieten Wissen und Qualifikationen für Frauengruppen an, sie machen viele von Frauen stark nachgefragte Angebote, auch wenn diese von anderen als unnötig angesehen werden. Dabei hat sich seit den 90er Jahren besonders der Trend durchgesetzt, Angebote in der Gesundheitsbildung zu nutzen. Auf Alltagsstreß, Zurückweisungen, mangelnde berufliche Bestätigung reagieren Frauen häufig mit Krankheitssymptomen. Diese Belastungen sind nicht öffentlich sichtbar, aber sehr wirksam, und führen – welche Ironie – wieder dazu, daß Weiblichkeit nicht akzeptiert, daß „das schwache Geschlecht" nach wie vor diskriminiert wird.

Die Zäsur liegt nun darin, daß beiden Geschlechtern die Begründungen für ihre jeweilige Andersartigkeit und ihre besondere Aufgabe ausgegangen sind, daß aber die Frauen trotz allem als Unterlegene dastehen, wenn auch die alten Rollenzuschreibungen nicht mehr uneingeschränkt gelten. D.h., die Individualisierungsanforderung ist für Frauen besonders stark. Sie brauchen neue Unterstützungen, neue Institutionalisierungen, die der zukünftigen Zeit angemessen sind und den Zustand des Sich-Begnügens und Sich-Einrichtens beenden.

Politische Bildung muß diese Individualisierungsbedingungen zum Ausgangspunkt nehmen. Frauen können die Gefühle des Stolzes, des Verletzt-Seins, des Enttäuscht-Seins und der Reue und das Bedürfnis nach Nicht-gejagt-werden nicht unterdrücken. Sie müssen Wege finden, die aus der Perspektive der Gleichgültigkeit zur Verantwortungsübernahme führen, die aber als wesentliches Fundament eine frauenspezifische Perspektive haben. Nur so kann es in Zukunft zur Demokratisierung des Geschlechterverhältnisses kommen. Dieses ist aber aus politischer Perspektive eingebunden in internationale Veränderungen, auf subjektiver Ebene in emotionale Veränderungen, was das Geschlechterverhältnis betrifft. Um es deutlich zu sagen: Langfristig können Frauen ohne Frauenrückhalt in einer individualisierten Gesellschaft ihren Gestaltungsanspruch nicht durchsetzen.

Es geht also um organisierte Kooperationsfähigkeit der verschiedensten Frauengruppen. Hier muß experimentiert und aus Fehlern gelernt werden. Es geht weiter um öffentlich wirksame Demonstration von Frauenansprüchen, um das Betonen ihrer Leistungen und Besonderheiten, und dieses muß zum Anlaß genommen werden für die Einführung neuer Symbole. Es geht in der jetzigen Zeit um Marketingstrategien, um die Botschaft einer zweigeschlechtlichen Perspektive, um gleiche Rechte und Pflichten in Familie und Beruf und im öffentlichen Leben.

Es geht um nicht weniger als um die aktive Nutzung der Institutionen aus Frauenperspektive. Subjektiv muß demonstrativ und selbstverständlicher der weibliche Lebenslauf mit der Bedeutung von Kindern und Berufstätigkeit in den Mittelpunkt gestellt werden. Hier müssen die Frauen sehr genau wissen, was die Vielfalt ihrer Leitbilder ist, was sie gesellschaftlich und damit auch individuell für einen neuen Handlungsrahmen wollen.

Aktiv gelebte Weiblichkeit aus der Gender-Sicht setzt dabei voraus:

- Spezialwissen als berufliches Wissen,
- kommunikatives, gruppendynamisches Wissen besonders für Leitungsaufgaben und in gemischtgeschlechtlichen Situationen,
- politisch-administratives Wissen,

- internationales Wissen zur Frauensituation, extensive Nutzung des Internet,
- Kompetenzen in pragmatischer Kooperationsfähigkeit unter Frauen,
- Selbstmanagement, Profilbildung.

Politische Frauenbildung setzt auf die Verbesserung des Gestaltungs- und Aktionsrahmens der Frauen in der Gesellschaft. Das heißt, Frauenbildung muß ihre Perspektive nicht weiter partikularisieren, sondern muß aus ihrer Mitte gesamtgesellschaftliche Konzepte anmelden. Politische Frauenbildung hat dabei die praktischen, strategischen Alltagsinteressen aufzugreifen, die an Bildungsinstitutionen herangetragen werden.

Literatur

Berghahn, Sabine: Die Verrechtlichung des Privaten – allgemeines Verhängnis oder Chance für bessere Geschlechterverhältnisse? Leviathan (1996), S. 241-271
Etzioni, Amitai: Die Entdeckung des Gemeinwesens. Stuttgart: Schäffer-Poeschel Verl., 1995
Herzinger, Richard: In der Gemeinschaftsfalle. Ohne Individualismus keine Verantwortung – Wider die konservative Klage vom Untergang der Werte. Die Zeit Nr. 15 vom 4.4.1997, S. 45/46
Hoffmann, Dieter: Gemeinschaft in der deutschen Erwachsenenbildung. Frankfurt/M.u.a. 1995
Martin, Ian: Community education and popular education: Reflections and projections. (Vortragsmanuskript für die Internationale Konferenz in Taipei am 12. Dezember 1996)
Probst, Lothar: Kommunitarismus – eine US-Droge? die tageszeitung vom 2.1.1997, S. 10
Reese-Schäfer, Walter: Was ist Kommunitarismus? Frankfurt/M., New York 1995
Rohde-Dachser, Christa: Expedition in den dunklen Kontinent. Berlin u.a.: Springer-Verl., 1991
Schiersmann, Christiane: Frauenbildung. Konzepte, Erfahrungen, Perspektiven. Weinheim und München: Juventa, 1993
Schwarz , Gerhard: Zum Verhältnis der Geschlechter in der Gruppendynamik. Gruppendynamik, 28. Jg. (1997) 1, S. 54-58

Heike Kahlert

Gleichheit und Differenz. – Emanzipationsstrategien in ihrer Bedeutung für die Frauen(weiter)bildung

Die Entwicklung von Subjektivität und Emanzipation sind zentrale Bildungsziele des aufklärerischen Denkens. Auch die feministische Pädagogik verortet sich reflexiv in dieser Tradition der Aufklärung, deren androzentrischen Gehalt sie zugleich kritisiert. In ihrer Aufklärungskritik trifft sie sich partiell mit dem postmodernen Denken. Die postmoderne Kritik am humanistischen Subjektverständnis und an den damit verbundenen großen Erzählungen (Lyotard 1994) hat im pädagogischen Diskurs zu einigen Verunsicherungen im Emanzipationsgedanken geführt, nicht aber zu dessen genereller Verabschiedung. Für die Frauenbewegung(en) spielt Emanzipation auch angesichts feministischer Begegnungen mit der Postmoderne nach wie vor eine große Rolle: Sie meint die Befreiung von paternalistischer Dominanz (Lerner 1991, S. 293), dies beinhaltet auch die Freiheit der Frauen, selbst über sich und ihr Leben zu bestimmen (Liberia 1988).

Im feministischen Diskurs finden sich für die Emanzipation von Frauen zwei verschiedene Argumentationsweisen, die mit den Etiketten Gleichheit und Differenz beschrieben werden können. Die Diskussion über Gleichheit und/oder Differenz bewegt sich auf zwei verschiedenen Ebenen: Auf der Theorieebene wird diskutiert, ob Frauen und Männer hinsichtlich ihres „Wesens" und ihrer Fähigkeiten gleich oder verschieden sind, auf der Praxisebene wird diskutiert, welche politisch-pädagogischen Konsequenzen aus der Gleichheit bzw. Differenz der Geschlechter zu ziehen sind. Der Streit um die „richtige" Emanzipationsstrategie hat im Feminismus Tradition und reicht bis ins 19. Jahrhundert zurück. Bereits in der alten Frauenbewegung wurde um Gleichheit und/oder Differenz gestritten (z.B. Clemens 1988; Wobbe 1989). „Déjà-vu" – so hat Cornelia Klinger (1986) ihren Blick auf diese im Rahmen der neuen Frauenbewegung wieder belebte Kontroverse um die „richtige" feministische Emanzipationsstrategie beschrieben. In meinem Beitrag werde ich diesen Streit als eine Scheinkontroverse entlarven und dafür plädieren, die Opposition von Gleichheit und Differenz zu dekonstruieren.

Den Begriff der Dekonstruktion verwende ich in Anlehnung an den französischen Philosophen Jacques Derrida (1990). Bei Derrida ist Dekonstruktion ein philosophisches Verfahren, das hierarchisch-oppositionelle Strukturen in Texten erschüttern und zeigen kann, wie die Ungleichheit (différance) der Begriffspaare in diese Oppositionen eingeschlossen ist. „Dekonstruktion" (Wartenpfuhl 1996, S. 195) ermöglicht nicht nur in ihrer ersten Phase, sprachliche Herrschaftsverhältnisse aufzulösen und zu zerstören (Destruktion), sondern auch in ihrer zweiten Phase, neue Beziehungen zwischen den Begriffen herzustellen (Konstruktion). Die Dekonstruktion ist eine reflexive Bewegung und Strategie der Macht- und Bedeutungsverschiebung, in der Destruktion und Konstruktion einander kontinuierlich abwechseln und vermeintlich sichere Hierarchien zwischen den Begriffen beständig umgestürzt werden. Ihre Anwendung etabliert eine neue Art zu denken und zu wissen, nämlich ein Denken in dynamischen Relationen (Flax 1987).

Die Dekonstruktion von Gleichheit und Differenz ermöglicht, beide Strategien als untrennbar aufeinander verwiesen zu begreifen und in diesem Zusammenspiel reflexiv gegeneinander zu verschieben. Der von Feministinnen formulierte Anspruch auf Gleichheit verknüpft sich so mit der ebenfalls von Feministinnen vertretenen Betonung der Differenz. Ich werde zunächst beide Strategien diskutieren und zeigen, wie ihre Opposition dekonstruiert werden kann. In meiner weiteren Argumentation beziehe ich mich auf die von italienischen Philosophinnen aus der Libreria Delle Donne Di Milano und der Veroneser Gemeinschaft Diotima entwickelte Theorie und Praxis der Geschlechterdifferenz, die den Streit um die Differenz dekonstruktiv wenden. Schließlich frage ich nach Impulsen dieses Denkens für die Frauen(weiter)bildung.

Emanzipation als Anspruch auf Gleichheit

Gleichheit ist ein zentraler demokratischer Grundwert der Moderne. Gemäß der politischen Philosophie der Aufklärung sind alle Individuen von Natur aus gleich: Alle Individuen haben nach dieser Idee die gleiche Macht und die gleichen Rechte. Dieses Paradigma der absoluten Gleichheit qua Natur geht von einem bei allen Menschen gleichen Wesen der menschlichen Natur aus, das niemandem qua Natur oder Geburt das Recht gibt, über andere zu herrschen. Gesellschaft ist in dieser Vision egalitär organisiert. Feministinnen berufen sich in ihrem Anspruch auf Gleichheit zwischen den Geschlechtern auf die Einlösung dieses aufklärerischen Postulats. Zur Begründung verweisen sie auf die inzwischen vielfältig erarbeitete Patriarchatskritik, die die reale Ungleichheit der Geschlechter in Familie, Gesellschaft und Politik theoretisch und empirisch belegt.

Theoretisch gehen Anhängerinnen des Gleichheitsdiskurses davon aus, daß die Geschlechter grundsätzlich, von Geburt an, in ihren Fähigkeiten gleich sind. Ihre Subjektpotentiale würden allerdings im Sozialisationsprozeß geschlechtsspezifisch unterschiedlich ausgeprägt und (re-)produziert. Jenseits dieser gesellschaftlichen Einflüsse gäbe es keine Differenz zwischen den Geschlechtern. Als (Haupt-)Ursache der vorhandenen Geschlechterdifferenz bestimmen Gleichheitsfeministinnen die gesellschaftlich produzierte geschlechtshierarchische Arbeitsteilung, in der sich eine Zweiteilung der Welt in privat und öffentlich ausdrückt und die den beiden Geschlechtern stereotypisierend und polarisierend je spezifische Handlungs- und Erfahrungsräume zuschreibt.

Politisch-praktisch fordern Anhängerinnen des Gleichheitsdiskurses die Gleichstellung von Frauen mit Männern. Sie setzen sich für Möglichkeiten der gleichberechtigten Teilhabe von Frauen an den gesellschaftlichen Ressourcen und der politischen

Macht ein. Historisch betrachtet waren die Erlangung des Wahlrechts, die Einführung von Koedukation in der höheren Bildung sowie die Zulassung von Frauen zum Hochschulstudium und zur Wissenschaft als Beruf wichtige frauenemanzipatorische Meilensteine, die mit dem Anspruch von Frauen auf Gleichheit in den Geschlechterverhältnissen begründet wurden. In den vergangenen drei Jahrzehnten zeigte sich aber immer deutlicher, daß Frauen zwar „besser gebildet und doch nicht gleich" (Rabe-Kleberg 1990) sind. Formale Gleichheit der Geschlechter im Zugang zu Bildungsmöglichkeiten, zu Erwerbsbeteiligung und zu politischen Ämtern allein reichen nicht aus, um eine faktische Gleichheit zu erreichen und die Hierarchie in den Geschlechterverhältnissen dauerhaft abzubauen. Das Ringen um Gleichheit verrechtlicht sich daher in wachsendem Ausmaß z.B. in Gleichstellungsgesetzen und Quotierungsregelungen, die auch unter Feministinnen nicht unumstritten sind. Machtverschiebung in den Geschlechterverhältnissen durch Gleichstellung meint also, die Macht von Männern abzubauen und Frauen Zugangsmöglichkeiten zu gesellschaftlichen Machtpositionen, z.B. in Bildung, Wirtschaft, Wissenschaft und Politik, zu eröffnen.

Die Emanzipationsstrategie der Gleichheit ist im feministischen Diskurs nicht unumstritten. Aus dem Spektrum der Kritik an dieser Strategie möchte ich drei Aspekte herausgreifen. Nach Karen Offen (1993, S. 108) geht es Gleichheitsfeministinnen darum, das vom Geschlecht unabhängige Individuum als entscheidende Grundlage von Gesellschaft hervorzuheben. Problematisch an dieser an Simone de Beauvoir (1968) angelehnten Position ist zum einen ihre Gegenüberstellung von Individuum und Gesellschaft: Die Geschlechterdifferenz ist eine gesellschaftlich konstruierte Strukturkategorie, die Vergesellschaftungsprozesse von Individuen entscheidend bestimmt und soziale Chancen und Grenzen geschlechtsspezifisch unterschiedlich zuschreibt. Individuen existieren nicht vor bzw. jenseits von Gesellschaft, sondern werden durch diese konstituiert und konstituieren sie.

Hier schließt sich der zweite Kritikpunkt an: Die Gleichheitsstrategie gerät, genau wie bei Simone de Beauvoir, der Körper aus dem (feministischen) Blick. Das von dieser Strategie angenommene ungeschlechtliche und damit entkörperte Individuum ist lediglich ein theoretisches Konstrukt. In der Realität und in unserem Vorstellungsvermögen sind Individuen aber immer verkörpert und damit geschlechtliche Subjekte. Gesellschaftliche Positionierungen von Individuen sind untrennbar mit der Geschlechterdifferenz verknüpft. In diesen Zuschreibungsprozessen spielt der Körper als Zeichen der Geschlechterdifferenz eine entscheidende Rolle. Durch gleichstellungspolitische Maßnahmen läßt sich zwar (weitgehend) eine Gleichheit der Geschlechter in Zugangsmöglichkeiten und -chancen zu gesellschaftlichen Ressourcen und Machtpositionen herstellen. Die geschlechtliche Verschiedenheiten der Körper können diese politischen Regelungen aber nicht generell abschaffen.

Der dritte Kritikpunkt bezieht sich auf das dieser Emanzipationsstrategie zugrundegelegte Gleichheitsverständnis. Dieses ist in seiner bisherigen Konstruktion nicht unproblematisch, da es sich zum Teil implizit an Lebens-, Denk- und Verhaltensweisen von Männern anpaßt und sich männlich geprägten Maßstäben unterordnet. Indem Gleichberechtigung am männlichen Modell des Individuums gemessen würde, würden Frauen Männern angeglichen, so lautet die Kritik. Wenn wir über Gleichheit

diskutieren, so müssen wir uns verdeutlichen, daß es etwas Drittes braucht, einen über-
geordneten und unabhängigen Vergleichsmaßstab, an dem Gleichheit gemessen werden kann. Historisch betrachtet war dieser Maßstab bisher männlich geprägt. Wird die
feministische Kritik am androzentrischen Bias von Gleichheit ernst genommen, so
kann dieser Maßstab nicht ungebrochen auf Frauen übertragen werden. Außerdem
setzt die Annahme der Gleichheit zwischen den Geschlechtern logisch eine existierende Verschiedenheit voraus, bezüglich derer Gleichheit angenommen bzw. hergestellt wird. Gleichheit ist also ohne ein Denken der Differenz nicht möglich.

Emanzipation als Betonung der Differenz

Anhängerinnen der Differenz führen theoretische, historische, kulturelle, gesellschaftliche und zum Teil auch biologische Unterschiede zwischen den Geschlechtern an. Für
die Annahme der Geschlechterdifferenz spricht zunächst einmal die gesellschaftlich
existierende Zweigeschlechtlichkeit und der „kleine" biologische Unterschied, daß
Frauen Mütter werden können. Differenztheoretikerinnen wenden sich entschieden
gegen die aufgezwungenen, männlich-geprägten Definitionen von Weiblichkeit. Jedes
Geschlecht solle sich selbst „autonom" und „mit gleichem Recht" definieren. Wie
Frauen „wirklich" sind und was Weiblichkeit bedeutet, müssen Frauen demnach erst
in einem mühsamen Prozeß (wieder-)entdecken und neu erfahren, indem sie sich von
männlichen Zuschreibungen befreien und ihre Differenz selbst zu bestimmen beginnen. Die Annahme der Differenz impliziert also, theoretisch neue Weiblichkeitsdefinitionen zu erarbeiten. Dies wiederum hat im kulturellen Symbolsystem der
Zweigeschlechtlichkeit, in dem Geschlechterdefinitionen nicht unabhängig voneinander existieren, auch zur Folge, ein neues Männlichkeitsverständnis zu erarbeiten.

Für die politische und pädagogische Praxis bedeutet die Annahme der Differenz,
sich für das Recht auf Selbstverwirklichung beider Geschlechter einzusetzen und die
Geschlechterdifferenz anzuerkennen. Wichtige Strategien sind die Politik der Beziehungen und die Politik der Frauenrechte. Beispiele für die differenzfeministische Be-
ziehungspolitik aus der Differenzperspektive sind die zahlreich sich bildenden
Netzwerke und Seilschaften von Frauen, die inzwischen in vielen gesellschaftlichen
und politischen Bereichen regional, national und international bestehen. Diese politischen Zusammenschlüsse von Frauen ahmen männliche Bündnisstrukturen kritisch
nach, die in ihren politischen Wirkungen noch immer überaus erfolgreich funktionieren. Viele Differenzfeministinnen arbeiten an der Etablierung von Frauenrechten
(z.B. Irigaray 1990), die mit einer „Bisexualisierung" (Cavarero 1990, S. 109) des
Rechts einhergeht, das die Geschlechterdifferenz als demokratische Differenz anerkennt und ins Recht einschreibt. Machtverschiebung in den Geschlechterverhältnissen
durch die Betonung der Differenz meint, Frauen als Frauen zu stärken und Frauenrechte zu etablieren.

Auch die differenzfeministische Emanzipationsstrategie kann nicht unreflektiert
bleiben. Aus dem Kritikspektrum an Differenzpositionen möchte ich ebenfalls drei
Aspekte herausgreifen. Ein wesentlicher Ansatzpunkt der Kritik an Differenzansätzen

ist ihr immanenter Separatismus, der Gesellschaft in zwei (Geschlechter-)Welten aufzuteilen und eine weibliche Gegenwelt jenseits der androzentrischen Realität zu entwickeln scheint. Die damit verbundene Geschlechtertrennung erweist sich insofern als problematisch, als sie – zumindest auf den ersten Blick – keine oder nur geringfügige transformatorische Effekte auf die Gesellschaft als Ganzes hat. Vertreterinnen der Differenzposition entgegnen, daß die von ihnen verfolgte partielle Geschlechtertrennung nicht das Ziel ihres Denkens und Handelns, sondern ein subversives Mittel zum Zweck darstellt, um die symbolische und gesellschaftliche Ordnung in bezug auf ihren traditionell problematischen Umgang mit der Geschlechterdifferenz zu transformieren. Erst in eigenen, „autonomen" Räumen könnte die Geschlechterdifferenz jenseits androzentrischer Maßstäbe herausgearbeitet werden.

An diese Argumentation schließt der zweite Kritikpunkt an. Die Arbeit an „neuen" Weiblichkeitsdefinitionen erweist sich als nicht unproblematisch und verfängt sich zum Teil in patriarchalen Weiblichkeitsbildern, die komplementär zum männlichen Maßstab konstruiert sind, z.B. wenn feministische Differenzansätze Frauen als emotional und „mütterlich" charakterisieren und diese Eigenschaften zur Begründung heranziehen, um die „weibliche" Differenz höher zu bewerten. Diese Attribute bewegen sich innerhalb der seit Beginn der Moderne tradierten Geschlechterpolarität mit ihren komplementären Eigenschaftszuschreibungen und affirmieren das patriarchale Geschlechtersystem. An diesen Beispielen zeigt sich die Paradoxie der Absicht, aus feministischer Perspektive „neue" Weiblichkeitsdefinitionen zu erarbeiten, denn Frauen stehen nicht außerhalb von gesellschaftlichen und geschlechtshierarchischen Zuschreibungen, die sie zugleich verändern wollen und müssen. Gegenentwürfe zu den reduktionistischen Geschlechterstereotypen müssen daher ihre Verhaftung innerhalb der bestehenden Begriffssysteme kontinuierlich reflektieren und gegenüber der identitätslogischen Falle wachsam bleiben.

Drittens muß in Differenzansätzen das Verhältnis von Differenz und Hierarchie kritisch reflektiert werden, denn historisch betrachtet war die weibliche Differenz allzu oft Anlaß zum Ausschluß bzw. zur Unterdrückung von Frauen. Impliziert die Betonung der Differenz nicht automatisch auch ihre Hierarchisierung und damit möglicherweise eine – wenn auch ungewollte – Affirmation der bestehenden hierarchischen Geschlechterverhältnisse? Vielen Differenzfeministinnen geht es um die Anerkennung von Differenz in einem nicht-hierarchischen Geschlechterverhältnis. Sie arbeiten daran, die Hierarchie in den Geschlechterverhältnissen aufzulösen und die tradierte Geschlechterdifferenz unter Einbezug ihrer sprachlichen und körperlichen Dimensionen neu zu bestimmen. Das Markieren von Unterschieden müsse, so argumentieren sie, keineswegs eine Hierarchisierung zwischen Überlegenheit und Unterlegenheit implizieren, auch wenn dies im abendländischen Denken bisher meistens der Fall gewesen ist. Vertreterinnen der Differenzposition haben eine egalitäre Vision der Organisation von Gesellschaft und betonen die Notwendigkeit von „Gleichheit in Verschiedenheit" (Offen 1993, S. 110). Differenzfeministinnen verabschieden den in den Menschenrechten verankerten Anspruch auf Gleichheit also nicht, sondern entwickeln ihn weiter.

Der Streit um die Geschlechterdifferenz – eine Scheinkontroverse

Die Debatte um die „richtige" Emanzipationsstrategie wird im feministischen Diskurs immer wieder entfacht (z.B. Gerhard u.a. 1990; Bernardonu 1995; Kahlert 1995; Rosenberger 1996). Gleichheit und Differenz werden in der gegenwärtigen Debatte zum Teil als polare, sich ausschließende, vor allem aber als integrierte Konzepte gedacht. Beim Streit um Gleichheit oder Differenz handelt es sich um eine Scheinkontroverse. Sowohl in der Gleichheits- als auch in der Differenzströmung steht die Geschlechterdifferenz im Zentrum. Beide Strömungen kritisieren die real existierende Geschlechterhierarchie und entwickeln Strategien zu ihrem Abbau. Beide Strömungen setzen also am hierarchisierenden Umgang der gesellschaftlichen, politischen und symbolischen Ordnung mit der Geschlechterdifferenz an. Beide Strömungen haben die Vision einer egalitären Gesellschaft. Beide Emanzipationsstrategien tragen zugunsten von Frauen zur Machtverschiebung in den Geschlechterverhältnissen und damit zur Demokratisierung der Geschlechterverhältnisse bei. Gleichheit und Differenz sind untrennbar aufeinander bezogen, so daß ich eine dekonstruktive Lesart des Streits um Gleichheit und Differenz vorschlagen möchte.

Die US-amerikanische Historikerin Joan Scott (1988) führt aus, daß die bisherige Debatte um Gleichheit und Differenz das „Differenzdilemma" (Martha Minow, in: Scott 1988, S. 39) reproduziert: Die Differenz zu ignorieren oder zumindest zu minimieren, wie Gleichheitstheoretikerinnen vorschlagen, stabilisiere letztlich eine falsche (Geschlechts-)Neutralität, die (weibliche) Differenz zu betonen und zu positivieren, wie Differenztheoretikerinnen vorschlagen, könne die „Abweichung" des Weiblichen von der männlichen Norm bestätigen. Feministinnen könnten das Denken der Differenz nicht aufgeben, da Geschlecht unsere kreativste analytische Kategorie sei. Aber auch Gleichheit könnten wir nicht aufgeben, zumindest so lange nicht, wie wir zu den Prinzipien und Werten unseres politischen Systems sprechen wollten. Scott schlägt vor, einen neuen Weg zu entwickeln, um Differenz jenseits der tradierten binären Opposition von Hierarchie (des Männlichen) und Unterordnung (des Weiblichen) zu denken.

Die dekonstruktive Lesart der Opposition von Gleichheit und Differenz ermöglicht einen doppelten Blick auf die Geschlechterdifferenz: Von den Gleichheitstheoretikerinnen können wir die Betonung von Geschlecht als Kategorie von Herrschafts- und Machtkritik übernehmen, von den Differenztheoretikerinnen den gegenmächtigen Charakter von Geschlecht, d.h. Versuche, neue Sichtweisen von Weiblichkeit (und Männlichkeit) zu entwickeln. Meine These ist, daß das von den Frauen aus der Libreria delle Donne di Milano (1988; 1996) und der Veroneser Philosophinnengemeinschaft Diotima (1989) entwickelte Denken der Geschlechterdifferenz diese beiden Perspektiven konstruktiv zusammenführt (Kahlert 1996). Diese italienische feministische Theorie gibt wichtige Impulse für die Pädagogik, von denen ich einige skizzieren möchte.

Dekonstruktion der Geschlechterdifferenz

Die Frauen von Diotima haben es sich zur Aufgabe gemacht, die Differenz der Menschheit von ihrer weiblichen Seite her zu denken, als Denken, das aus einer unweigerlich vom Geschlecht der Denkenden gezeichneten Erfahrung entspringt. Dekonstruktiver Programmatik zufolge spielt der Körper in diesem Ansatz eine entscheidende Rolle: er wird gleichzeitig als physisch, psychisch und diskursiv aufgefaßt, als gelebte Realität der geschlechtlichen Subjekte. Das Körpererleben wiederum ist gesellschaftlich, kulturell und historisch geprägt, wie beispielsweise die ethnologischen Studien von Maya Nadig oder die körperhistorischen Arbeiten von Barbara Duden belegen. Die Unterscheidung der geschlechtlichen Körper resultiert bei den italienischen Theoretikerinnen nicht aus der Biologie, sondern aus der Morphologie (= Gestalt- und Formgebung), deren Bezeichnungspraxen selbst auch gesellschaftlich, kulturell und historisch geprägt sind.

Ein derartiges Körperverständnis dekonstruiert den herkömmlichen hierarchischen Dualismus zwischen der essentialistischen Kategorie des biologischen Geschlechts und des sozialen Geschlechts als einer gesellschaftlich konstruierten Kategorie. Geschlechtlichkeit wird in diesem Ansatz nicht auf Körperlichkeit reduziert: Körper und Sprache sind in diesem dekonstruktiven Verständnis gleich-ursprüngliche Unterscheidungen der (phal)logozentrischen symbolischen Ordnung. Die Erkenntnis der materiell-semiotischen Gleich-Ursprünglichkeit von Körper und Sprache mündet bei Luisa Muraro (1993) in die Figur des „fleischlichen Kreises", in dem Körper und Sprache als produktive „Erzeugungsknoten" (Haraway 1995, S. 96), gewissermaßen als sich in der Verdichtung materialisierende Energiefelder, untrennbar miteinander verbunden sind. In diesem Sinn ist der Körper immer bereits ein sprachliches Zeichen, ohne dessen Materialität zu leugnen. Der Körper ist das Zeichen der Geschlechterdifferenz: Er ist zugleich Materie und Sprache, Signifikat und Signifikant der Geschlechterdifferenz. Der Körper ist Ort der Zeichenproduktion, Ort von Sinn- und Bedeutungsgebung (Kristeva 1978), Ort des Subjekts. Es gibt kein Subjekt ohne Körper.

In ihrer Kritik am traditionellen Subjektverständnis arbeiten diese italienischen Theoretikerinnen heraus, daß die Existenz und die Erfahrungen der bzw. des einzelnen nicht ohne den Körper bzw. jenseits des Körpers gedacht werden können. Erfahrungen und Existenz wiederum sind immer sprachlich vermittelt. Da die herrschende Sprache bzw. die symbolische Ordnung ihrer Ansicht nach vor allem auf männlich-geprägten Begrifflichkeiten und Symbolen basiert, sind weibliche Erfahrungen und weibliches Begehren häufig nicht oder nur unzureichend sprechbar, d.h. einer sprachlosen Innerlichkeit überlassen. Daher arbeiten die Veroneser Philosophinnen theoretisch und praktisch an einer symbolischen Ordnung, die es ermöglicht, weibliche Erfahrungen und weibliches Begehren auch aus der Perspektive von Frauen zur Sprache zu bringen. Die Vertreterinnen dieser Theorie der Geschlechterdifferenz suchen nicht nach (neuen) Antworten darauf, wer oder was eine Frau oder ein Mann ist. Sie fragen nicht, ob die Geschlechter in ihren Eigenschaften und ihrem Wesen gleich oder verschieden sind, sondern übernehmen die Geschlechterdifferenz als eine Qualität des Unterschieds in der symbolischen Ordnung. Dieses Prinzip der Unterscheidung im Sinne der différance ist strukturell, nicht aber inhaltlich, so daß der Unterschied selbst offen bleibt und nicht inhaltlich gefüllt wird. Die Theoretikerinnen von Diotima und aus der Libreria fassen Geschlechtlichkeit als offene Potentialität auf und sprechen von der „freien Interpretation des Frauseins/des Mannseins" (Libreria 1996, S. 66). Die „freie

Interpretation der weiblichen Differenz" (Libreria 1996, S. 18 und S. 32) sei Schritt für Schritt im Feminismus erreicht worden, auch Männer fingen langsam an, die männliche Differenz frei zu interpretieren (Libreria 1996, S. 31). Längst ist nicht mehr nur noch Weiblichkeit (neu) zu entdecken, sondern auch Männlichkeit.

Drei Differenzebenen können in diesem Denken herausgearbeitet werden, das ermöglicht, neben der Geschlechterdifferenz auch andere Herrschaftskategorien einzubeziehen. Auf der ersten Ebene stellen die italienischen Theoretikerinnen die Lücke zwischen einem in der traditionellen symbolischen Ordnung formulierten Weiblichkeitsverständnis und den eigenen Erfahrungen von Frauen fest, die nicht bzw. nicht nur mit den traditionellen Weiblichkeitszuschreibungen übereinstimmen. Dies kennzeichnet die Differenz zwischen den Geschlechtern. Dieser heterosexuelle Rahmen ist nicht erschöpfend für das Differenzdenken, auf dessen zweiter Ebene Differenzen zwischen Frauen sichtbar werden können: Differenzen von z.B. Klasse, ethnischer Zugehörigkeit, sexueller Orientierung, die im traditionellen Begriff „Frau" nicht bzw. zu wenig mitgedacht werden und häufig auch in feministischen Ansätzen nicht genügend Beachtung finden. Auf einer dritten Ebene können Differenzen innerhalb jeder einzelnen Frau sichtbar werden. Hier zeigt sich der Charakter des gespaltenen Subjekts mit verschiedenen, möglicherweise widersprüchlichen Erfahrungs- und Reflexionsdimensionen, die jegliche Fixierung von Identität als feststehendem Faktum negieren. Diese Trennung in drei Ebenen will keine (neue) Hierarchie zwischen den verschiedenen Differenzen aufbauen, sondern dient ausschließlich der theoretischen Analyse; in der sozialen Wirklichkeit vermischen sich diese Ebenen innerhalb einzelner Individuen, Situationen und Handlungskontexte. Mit diesem mehrdimensionalen Denken der Differenz stellt dieser Ansatz eine Erweiterung der traditionellen Strukturkategorie Geschlecht dar, die häufig nur die geschlechtliche Herrschaft in den Blick nimmt und andere Differenzen vernachlässigt.

Das Denken der Geschlechterdifferenz dieser italienischen Philosophinnen ist in der alltagsweltlichen Annahme von der Zweigeschlechtlichkeit verankert. Es affirmiert die Idee der sozialen Konstruiertheit von Geschlecht und betätigt sich mit den Bedeutungsverschiebungen aktiv an der Dekonstruktion der Geschlechterdifferenz. Seine Vertreterinnen begreifen Frauen nicht nur als Konstrukte, sondern auch als Konstrukteurinnen ihrer eigenen epistemologischen, politischen und sozialen Wirklichkeit, die hier und jetzt geschlechtlich geprägt ist. Diese Erkenntnis impliziert, feministische Wissenschaft nicht nur als Analyse und Kritik des Bestehenden zu praktizieren, sondern darüber hinaus, Gestaltungsmöglichkeiten und -spielräume von Frauen auszuloten und zu zeigen, wo und wie diese sich als konstuktionsmächtig erwiesen haben bzw. erweisen (können).

Eva Breitenbach und Carol Hagemann-White (1994) schreiben, daß wir angesichts der Debatte um die soziale Konstruktion von Zweigeschlechtlichkeit zu verstehen gelernt hätten, wie sehr wir alle in das Geschlechterverhältnis verstrickt und selbst an der Fortschreibung der Zweigeschlechtlichkeit beteiligt seien. Gerade angesichts dieser Verstrickung stelle sich die Frage nach einem vertretbaren pädagogischen Handeln neu. Ähnliche Überlegungen formuliert Annedore Prengel (1994), die schlußfolgert, daß feministische Pädagogik letztlich nicht an der Kategorie der Differenz vorbeikäme und klären müsse, wie mit der sich nach wie vor ausbildenden, geschlechtlich geprägten, Differenz der Subjekte in Erziehungs- und Bildungsprozessen umgegangen und ein Klima geschaffen werden könnte, in dem intersubjektive Achtung und Anerkennung der Verschiedenen möglich sei. Meines Erachtens ermöglicht der italienische Ansatz, die Konstruktionsthese mit der ethisch-politischen Perspektive zu verknüpfen und in die pädagogische Praxis umzusetzen.

Wissen, Subjektivität und Beziehungen

Bildung hat zwei eng miteinander verknüpfte Zieldimensionen: die Vermittlung von Wissen und die Entwicklung von Subjektivität. Ziel feministisch-dekonstruktiver Pädagogik ist, eine eigene, weibliche Tradition des Wissens und eine weibliche Genealogie der Bildung und Erziehung zu formen, in der Frauen nach ihrem individuellen Begehren ihren je eigenen Ort finden können.

Seit den siebziger Jahren kritisieren Feministinnen den Androzentrismus des wissenschaftlichen Wissens und erarbeiten neues Wissen, das die Perspektive der Geschlechterdifferenz berücksichtigt. Sie wollen Frauen sichtbar machen, ihr Anders-Sein gegenüber dem herrschenden Universalismus betonen und diesen sukzessiv durch die Einschreibung der Geschlechterdifferenz verändern. Die Suche nach weiblichen Vorbildern in der Geschichte, der Literatur, der Politik, der Religion und in anderen kulturellen Symbolsystemen sowie die Etablierung einer weiblichen Tradition des Wissens sind genealogisch. Die Arbeit an der weiblichen Genealogie vermittelt Frauen einen Sinn ihres Werts und trägt maßgeblich zur Entwicklung von weiblicher Subjektivität bei, indem sie Frauen Worte und Bilder gibt, um sich selbst finden, spiegeln und ausdrücken zu können. Diese Worte und Bilder entspringen aus den an den Körper gebundenen Erfahrungen, die ausgesprochen, d.h. in Sprache übersetzt werden. Denken und Wissen sind in dieser Ordnung „situiert" (Haraway 1995), d.h. durch ihre untrennbare Verknüpfung mit dem verkörperten Subjekt immer nur partial, lokal und positioniert.

Nach Anna Maria Piussi (1990) liegt die wirkliche Herausforderung der Bildungsarbeit mit Frauen darin, diese zu Subjekten der Kultur zu machen, die von ihrem eigenen Symbolismus gebildet würden, der glaubwürdig und konsistent für ihr eigenes Geschlecht ist. Das Fehlen von weiblichen Vorbildern im Lehr-Lernstoff und die gleichzeitige Behauptung der Bedeutungslosigkeit der Geschlechtszugehörigkeit bewirkten in den lehrenden und lernenden Frauen eine Desorientierung bezüglich ihrer Identität und ihrer tatsächlichen Wünsche, die dann häufig zur Folge hätte, daß in der Mutterrolle die einzige Möglichkeit zur Bestätigung der eigenen Identität als Frau gesehen werden könne (Mariaux 1993). Was in der „symbolischen Armut des weiblichen Geschlechts" (Piussi 1990, S. 83) noch immer fehle, seien vielfältige und untraditionelle weibliche Modelle und Vorbilder sowie Maßstäbe, an denen die weiblichen Bildungsprozesse und -wege gemessen werden könnten, so daß diese formenden Prozesse in Freiheit stattfinden könnten, statt in Unterordnung unter eine männlich-geprägte symbolische Ordnung.

(Weiter-)Bildung hat in diesem Zusammenhang die Aufgabe, Frauen darin zu unterstützen, ein neues Verständnis der Geschlechterdifferenz zu entwickeln und weibliche Vor-Bilder entdecken zu können. Eine partielle Geschlechtertrennung kann in diesem Zusammenhang wichtig sein für die Entdeckung der Unterschiede innerhalb des eigenen Geschlechts, jenseits der physischen Anwesenheit des anderen Geschlechts (Kahlert/Müller-Balhorn 1992). Geschlechtshomogene Lehr- und Lernzusammenhänge von Frauen für Frauen setzen die Kategorie Geschlecht auf der Erscheinungsebene außer Kraft: Erst die Geschlechtshomogenität des „Unter Frauen" gibt den Blick auf die Differenz zwischen Frauen frei und eröffnet Räume, in denen z.B. weibliche Identitätsbildung und Selbstbestimmung ohne Abgrenzung vom männlichen Geschlecht und ohne Bezugnahme auf andere Personen (Männer und Kinder) erfolgen sowie andere Kommunikations- und Umgangsweisen unter Frauen entwickelt werden können. Keineswegs wird in Bezügen unter Frauen per se die Geschlechtlichkeit aufgehoben und die damit verbundenen Zuschreibungen gänzlich außer Kraft gesetzt, denn die Gleichgeschlechtlichkeit bestätigt bereits das Geschlecht als unabänderlich trennendes Prinzip, als Schicksal (Hagemann-White 1988).

In geschlechtshomogenen Räumen können Frauen sich auf sich konzentrieren, die eigene(n) Stimme(n) entfalten sowie produktive Umgangsformen mit der Unterschiedlichkeit untereinander entwickeln. Indem Frauen sich bewußt ansehen, sich symbolisch an- und wiedererkennen, miteinander sprechen, einander zuhören und aufeinander hören, können sie entdecken, was Frauen „sind" und tun, auch und vor allem jenseits der traditionellen Geschlechterbilder. Was dann zu sehen ist, ist häufig mehr und anderes, als die tradierten Stereotypen „vorschreiben". Frauen können im Bezug aufeinander selbst bestimmen, was das jeweilige Frau-Sein ausmacht und wie eine eigenständige weibliche Subjektivität aussehen kann, die sich nicht von einer wie auch immer bestimmten männlichen Subjektivität abgrenzt. Unbewußt bleiben die in den herrschenden Geschlechterverhältnissen erworbenen patriarchalen Imperative mit ihren Ab- und Entwertungen von Frauen allerdings auch im geschlechtshomogenen Kontext häufig enthalten, sofern sie nicht selbst bewußter Lehr- und Lerngegenstand sind.

Die Entwicklung von (weiblicher) Subjektivität vollzieht sich in Beziehungen, die sich in der Bildungsarbeit in drei verschiedenen Dimensionen konstituieren: 1. Beziehungen zwischen Lehrenden und Lernenden, 2. Beziehungen zwischen Lehrenden und Lehrenden und 3. Beziehungen zwischen Lernenden und Lernenden. Erfahrungen von feministischen Pädagoginnen zeigen, daß der demokratische Umgang mit Gleichheit und Differenz zwischen Frauen, die Balance zwischen Individualität und Kollektivität, auch in der Frauenbildungsarbeit schwerfällt. Die Anerkennung von unterschiedlichen Erfahrungen, Interessen und Kompetenzen und der praktische Umgang mit diesen Differenzen können sich als problematisch erweisen. Für einen angemessenen, produktiven Umgang mit weiblicher Autorität und Macht fehlen weitgehend die Muster. Diese auszuarbeiten ist ein wesentlicher Aspekt der politisch-pädagogischen Praxis der Italienerinnen, die vor allem die vertikale Beziehungsebene zwischen Frauen betonen.

Diese Vertikalität ist in allen Lehr- und Lernsituationen enthalten, zum Teil bereits institutionell vorgegeben durch traditionelle Rollen wie z.B. Lehrende und Lernende, aber auch in vermeintlich egalitären Frauenlerngruppen finden sich vertikale Differenzierungen, die zumeist negiert werden und damit die zum Teil diffusen Strukturen in Frauenlerngruppen begünstigen. So gibt es hier z.B. Wissens- und Erfahrungsunterschiede, individuelle Stärken und Schwächen, die in der Gruppe sichtbar werden könnten, häufig aber unter dem Deckmantel der Gleichheit verschleiert werden. Die italienischen Philosophinnen versuchen, diese zwischen Frauen vorhandenen Differenzierungen in gegenseitigen Austauschverhältnissen produktiv zu nutzen, das Mehr der einen als Bereicherung für die andere oder die anderen zu verstehen. Frauen können sich so gegenseitig symbolische Mütter und Vorbilder sein, denn gelernt wird am weiblichen Vor-Bild, und zwar nicht nur in der Imitation oder gar Identifikation, sondern ebenso in der Abgrenzung, in der Unterscheidung von der anderen Frau, zum Teil auch im Dissens mit ihr. Diese wechselseitigen Autoritätsverhältnisse können auch quer zu traditionellen Hierarchien bestehen. Gemeinsam ist diesen Lernformen das Ernstnehmen der anderen Frau, ihre Wertschätzung und die sprachliche Vermittlung dieser Wertschätzung. Den partiellen Erfahrungs- und/oder Wissensvorsprung der anderen Frau anzuerkennen trägt zur Potenzierung beider bei, denn in der Relation zwischen den beiden Beteiligten entsteht etwas Neues. Gelernt wird in der Anerkennung des (partiellen!) Mehr der anderen Frau, ausgehend vom eigenen Begehren, das Mehr der anderen auch selbst erreichen zu wollen. Das Mehr der einen ist nicht das Weniger der anderen, es muß nicht unbedingt an die Rolle der Lehrenden oder Dozentin gekoppelt sein. Im Prozeß des sich gegenseitig Autorisierens, des sich Wert-Verleihens und sich gegenseitig-in-der-Differenz-Anerkennens dynamisieren sich die traditionellen Rollenzuschreibungen von Lehrenden und Lernenden: Lehrende sind in diesem Modell auch Lernende und vice versa. Die italienischen Philosophinnen kritisieren damit die klassische Pädagogik, die zwischen Lehrenden und Lernenden differenziert und diese Rollen hierarchisiert.

Wissensvermittlung und -produktion vollziehen sich nach diesem Ansatz in politischen Beziehungen zwischen denkenden und handelnden Frauen. In diesen Beziehungen ist sowohl die politische als auch die ethische Dimension bedeutsam: Weibliche Autorität sowie die Anerkennung und Wertschätzung der anderen Frau(en) sind wesentliche Elemente dieser in Italien entwickelten politisch-pädagogischen Praxis. Voraussetzungen für die gegenseitige Anerkennung und zugleich ihr Produkt sind Selbst-Bewußtsein, Souveränität, die (gelassene) Wahrnehmung der eigenen Entwicklungsmöglichkeiten, eine Selbst-Betrachtung als prozessierendes Subjekt (und nicht als statische Persönlichkeit) sowie die Fähigkeit und Bereitschaft zur Selbst-Reflexion. Die Vertreterinnen dieses Ansatzes halten eine (partielle) Geschlechtertrennung in der Bildungsarbeit nicht für unbedingt notwendig, denn ihre politisch-pädagogische Praxis ermöglicht, sich auch in geschlechtsgemischten Kontexten gezielt auf andere Frauen zu beziehen und diese so (symbolisch) zu stärken.

Gleichheit und Differenz wirken in dieser Philosophie dekonstruktiv zusammen: Frauen (und Männer) beginnen die Geschlechterdifferenz aus ihrer jeweiligen durch das Geschlecht begrenzten Perspektive zu denken und eine entsprechende Ethik und Politik zu entwickeln. Bildungsarbeit kann sie in ihren damit verbundenen Suchbewegungen begleiten und unterstützen. Die italienischen Philosophinnen erkennen die

Geschlechterdifferenz als nicht-hierarchische Differenz an, ohne Differenz unter und innerhalb von Frauen zu vernachlässigen. Ihre Theorie, Ethik und politisch-pädagogische Praxis trägt wesentlich zur Demokratisierung der Geschlechterverhältnisse bei.

Feministische Bildung zwischen Gleichheit und Differenz

Feministische Bildung bewegt sich im Spannungsfeld von Gleichheit und Differenz – zwischen den Geschlechtern und zwischen Frauen. Sie unterstützt Frauen in ihren Emanzipationsprozessen und in der Entwicklung ihrer Subjektivität. Damit Bewußtseinsbildungsprozesse von Frauen aus einer Position der weiblichen Stärke und Freiheit heraus erfolgen können, ist es notwendig, auch „positive Aussagen" (Muraro 1993, S. 28) über Frauen zu (v)ermitteln und feministisches Wissen zu tradieren. Sich an Frauen orientieren, positivieren und negieren zu können, statt sich wie bisher vor allem an Männern zu orientieren bzw. sich von diesen abzugrenzen, verleiht Frauen eine Position der individuellen und kollektiven Stärke. Frauen Autorität zuzusprechen, fällt nicht immer leicht: Frauen hatten historisch betrachtet bisher wenig Gelegenheit, sich in einer weiblichen Wissenstradition zu verorten und in der politischen Öffentlichkeit den Umgang mit Macht und Autorität untereinander zu üben. Umso notwendiger sind Orte, an denen Frauen sich auf sich und ihr Geschlecht konzentrieren sowie die eigene(n) Stimme(n) entwickeln und entfalten können.

Eine eigene Stimme zu finden meint einen Weg zu finden, Subjekt zu werden bzw. zu sein, die Erfahrungen auszudrücken und vom demokratischen Recht auf freie Meinungsäußerung und damit dem Recht auf politische Partizipation Gebrauch zu machen. Indem Frauen ihre Stimmen entfalten und ihre Erfahrungen sowohl individuell als auch kollektiv zu repräsentieren beginnen, verändern sie die symbolische und gesellschaftliche Ordnung. Zur Sprache zu kommen ist für alle aus dem herrschenden Universalismus ausgeschlossenen bzw. in diesen marginalisierten Gruppierungen von zentraler Bedeutung. Feministische Bildungsarbeit fördert diesen Emanzipations- und Demokratisierungsprozeß.

Literatur

Beauvoir, Simone de: Das andere Geschlecht. Sitte und Sexus der Frau. Reinbek 1968.
Bernardoni, Claudia: Differenz statt Gleichheit – Sind die Menschenrechte überflüssig? Frauenpolitik in postmodernen und kommunitaristischen Konzepten. In: Zeitschrift für Frauenforschung 13 (1995), H. 1/2, S. 83-93.
Breitenbach, Eva; Hagemann-White, Carol: Von der Sozialisation zur Erziehung. Der Umgang mit geschlechtsdifferenter Subjektivität in der feministischen Forschung. In: Bracht, Ulla; Keiner, Dieter (Hrsg.): Jahrbuch für Pädagogik 1994. Geschlechterverhältnisse und die Pädagogik. Frankfurt am Main/Berlin/Bern/New York/Paris/Wien 1994, S. 249-264.
Cavarero, Adriana: Die Perspektive der Geschlechterdifferenz. In: Gerhard, Ute; Jansen, Mechtild; Maihofer, Andrea; Schmid, Pia; Schultz, Irmgard (Hrsg.): Differenz und Gleichheit. Menschenrechte haben (k)ein Geschlecht. Frankfurt am Main 1990, S. 95-111.

Clemens, Bärbel: „Menschenrechte haben kein Geschlecht!" Zum Politikverständnis der bürgerlichen Frauenbewegung. Pfaffenweiler 1988.

Derrida, Jacques: Die différance. In: Engelmann, Peter (Hrsg.): Postmoderne und Dekonstruktion. Texte französischer Philosophen der Gegenwart. Stuttgart 1990, S. 76-113.

Diotima: Der Mensch ist Zwei. Das Denken der Geschlechterdifferenz. Wien 1989.

Flax, Jane: Postmodernism and Gender Relations in Feminist Theory. In: Signs 12 (1987), H. 4, S. 621-643.

Gerhard, Ute; Jansen, Mechtild; Maihofer, Andrea; Schmid, Pia; Schultz, Irmgard (Hrsg.): Differenz und Gleichheit. Menschenrechte haben (k)ein Geschlecht. Frankfurt am Main 1990.

Hagemann-White, Carol: Geschlecht und Erziehung – Versuch einer theoretischen Orientierung im Problemfeld der Koedukationsdebatte. In: Pfister, Gertrud (Hrsg.): Zurück zur Mädchenschule? Beiträge zur Koedukation. Pfaffenweiler 1988, S. 41-60.

Haraway, Donna: Die Neuerfindung der Natur. Primaten, Cyborgs und Frauen. Frankfurt am Main/New York 1995.

Irigaray, Luce: Über die Notwendigkeit geschlechtsdifferenzierter Rechte. In: Gerhard, Ute; Jansen, Mechtild; Maihofer, Andrea; Schmid, Pia; Schultz, Irmgard (Hrsg.): Differenz und Gleichheit. Menschenrechte haben (k)ein Geschlecht. Frankfurt am Main 1990, S. 338-350.

Kahlert, Heike: Demokratisierung des Gesellschafts- und Geschlechtervertrags. Noch einmal: Differenz und Gleichheit. In: Zeitschrift für Frauenforschung 13 (1995), H. 4, S. 5-17.

Kahlert, Heike: Weibliche Subjektivität. Geschlechterdifferenz und Demokratie in der Diskussion. Frankfurt am Main/New York 1996.

Kahlert, Heike; Müller-Balhorn, Sigrid: Geschlechtertrennung in der Bildung – Eine Chance zur Emanzipation! In: Luca, Renate; Kahlert, Heike; Müller-Balhorn, Sigrid (Hrsg.): Frauen bilden – Zukunft planen. Dokumentation des 8. Fachkongresses Frauen und Schule. Bielefeld 1992, S. 128-143.

Klinger, Cornelia: Déjà-vu oder die Frage nach den Emanzipationsstrategien im Vergleich zwischen der ersten und zweiten Frauenbewegung. In: Kommune (1986), H. 12, S. 57-72.

Kristeva, Julia: Die Revolution der poetischen Sprache. Frankfurt am Main 1978.

Lerner, Gerda: Die Entstehung des Patriarchats. Frankfurt am Main/New York 1991.

Libreria Delle Donne Di Milano: Wie weibliche Freiheit entsteht. Eine neue politische Praxis. Berlin 1988.

Libreria Delle Donne Di Milano: Das Patriarchat ist zu Ende. Es ist passiert – nicht aus Zufall. Rüsselsheim 1996.

Lyotard, Jean-Francois: Das postmoderne Wissen. Ein Bericht. Wien 1994[3].

Mariaux, Veronika: Mädchenerziehung. Für eine weibliche Genealogie in der Schule. Verona/Hamburg 1993 (unveröff. Ms.).

Muraro, Luisa: Die symbolische Ordnung der Mutter. Frankfurt am Main/New York 1993.

Offen, Karen: Feminismus in den Vereinigten Staaten und in Europa. Ein historischer Vergleich. In: Schissler, Hanna (Hrsg.): Geschlechterverhältnisse im historischen Wandel. Frankfurt am Main/New York 1993, S. 97-138.

Piussi, Anna Maria: Towards a Pedagogy of Sexual Difference: Education and Female Genealogy. In: Gender and Education 2 (1990), H. 1, S. 81-90.

Prengel, Annedore: Universalität – Kollektivität – Individualität. Dimensionen demokratischer Differenz in der Bildung. In: Bracht, Ulla; Keiner, Dieter (Hrsg.): Jahrbuch für Pädagogik 1994. Geschlechterverhältnisse und die Pädagogik. Frankfurt am Main/Berlin/Bern/New York/Paris/Wien 1994, S. 139-151.

Rabe-Kleberg, Ursula (Hrsg.): Besser gebildet und doch nicht gleich! Frauen und Bildung in der Arbeitsgesellschaft. Bielefeld 1990.

Rosenberger, Sieglinde: Geschlechter – Gleichheiten – Differenzen. Eine Denk- und Politikbeziehung. Wien 1996.

Scott, Joan W.: Deconstructing Equality-Versus-Difference: Or, the Uses of Post-structuralist Theory for Feminism. In: Feminist Studies 14 (1988), H. 1, S. 33-50.

Wartenpfuhl, Birgit: Destruktion – Konstruktion – Dekonstruktion. Perspektiven für die feministische Theorieentwicklung. In: Fischer, Ute Luise; Kampshoff, Marita; Keil, Susanne;

Schmitt, Mathilde (Hrsg.): Kategorie Geschlecht? Empirische Analysen und feministische Theorien. Opladen 1996, S. 191-209.

Wobbe, Theresa: Gleichheit und Differenz. Politische Strategien von Frauenrechtlerinnen um die Jahrhundertwende. Frankfurt am Main/New York 1989.

Karin Derichs-Kunstmann

Frauenbildungsarbeit in der Weiterbildung

1. Mein Bauch gehört mir – mein Kopf auch.
Zum Zusammenhang von neuer Frauenbewegung und Frauenbildungsarbeit

1.1 Zu den Anfängen der neuen Frauenbewegung in Westdeutschland

„Die Frauen sind die Neger aller Völker und der kollektiven Geschichte. Für die Neger wie für die Frauen geht es jetzt darum, die Geschichte der Gewaltanwendungen zu erkennen und die Gewalt, deren Produkt sie sind, gegen die Unterdrücker selbst zurückzuwenden, sich vom Status des Opfers und Objekts in den des Subjekts und Handelnden zu versetzen" (Schrader-Klebert 1969, S. 1 f.).

Die Autorin forderte Frauen zur „bedingungslosen Solidarität" untereinander auf (Schrader-Klebert 1969, S. 44). Luc Jochimsen analysierte aus sozial-psychologischer Perspektive die Situation der Frauen und empfahl u.a. folgende Strategien:

„Mehrheitsverhalten lernen. Mehrheitsverhältnisse für sich in Anspruch nehmen. Den demokratisch-rechtsstaatlichen Sprachgebrauch wörtlich nehmen" (Jochimsen 1969, S. 96).

Diese Forderungen von Jochimsen und Schrader-Klebert „Sich vom Status des Opfers und Objekts in den des Subjekts und Handelnden zu versetzen" (Schrader-Klebert 1969, S. 1 f.) klingen wie Lernzielbestimmungen von politischer Frauenbildungsarbeit, wie sie sich in der weiteren Entwicklung der Frauenbewegung in Westdeutschland in den 70er Jahren entwickeln sollte.

Der Band 17 des Kursbuchs mit dem Titel „Frau, Familie, Gesellschaft" eröffnete eine Diskussion, die in die neue Frauenbewegung mündete, ohne daß in den folgenden Jahren explizit auf die Beiträge dieses Bandes Bezug genommen wurde. Damit wurde eine Diskussion öffentlich, die in anderen Ländern schon früher einsetzte. In den USA erschien Betty Friedans Buch „Der Weiblichkeitswahn oder die Selbstbefreiung der Frau – ein Emanzipationskonzept" bereits 1963 (auf deutsch 1966). Auch manche Artikel von Alice Schwarzer in der Zeitschrift „Pardon" oder von Ulrike Meinhof in der Zeitschrift „Konkret" in den 60er Jahren können als Wegbereiter der Gedanken der neuen Frauenbewegung gelesen werden.

Als ein Anstoß für das Entstehen der neuen Frauenbewegung in Westdeutschland gilt die Delegiertenkonferenz des Sozialistischen Deutschen Studentenbundes (SDS) 1968[1].

---

1 Spektakulär waren 1968 die Tomaten, die bei der SDS-Delegiertenkonferenz von Sigrid Rüger

Auf dieser Delegiertenkonferenz lag eine Resolution „Zur Emanzipation der Frauen" vor, in der es u.a. hieß:

„Es gilt, die Unterdrückung im Privatleben nicht als private zu begreifen, sondern als politisch-ökonomisch bedingte. Es gilt, Privatleben qualitativ zu verändern und diese Veränderung als politische Aktion zu verstehen" (Helke Sander, zitiert nach Schrader-Klebert 1969, S. 43).

Diese Aussage sollte zur Parole der neuen Frauenbewegung in Westdeutschland werden: „Das Private ist politisch."[2] Familie und Beziehung wurden als politisch begriffen und die anderen Frauen wurden dazu aufgefordert, gegen die als Unterdrückungsinstrument identifizierte „bürgerliche Ehe" politisch handelnd tätig zu werden. In der Folgezeit wurde dieses Schlagwort zu einem Kampfbegriff der neuen Frauenbewegung ebenso wie die Parole „Mein Bauch gehört mir!", die insbesondere den Kampf gegen den § 218 prägen sollte.

1.2 Zur Entstehung der Frauenbildungsarbeit in den 70er Jahren

Für die Entwicklung in den 70er Jahren ist die enge Beziehung zwischen neuer Frauenbewegung und der Entstehung einer eigenständigen Frauenbildungsarbeit charakteristisch.[3] „Das Private ist politisch" und „Mein Bauch gehört mir" waren zugleich auch Parolen in der Entwicklung der neuen politischen Frauenbildungsarbeit in Westdeutschland. Als erstes entstanden zu Beginn der 70er Jahre auf dieser Basis, – anfangs in Universitätsstädten, aber auch sehr bald in der sogenannten „Provinz" – selbstorganisierte Frauengruppen. Vor allem die Selbstbezichtigungsaktion „Ich habe abgetrieben" in der Zeitschrift STERN im Juni 1971, wie die gesamte Diskussion um die Neuordnung des § 218 haben dazu geführt, daß sich in vielen Städten Gruppen bildeten, in denen Frauen gemeinsam ihre Forderungen zur Reform des Abtreibungsparagraphen diskutierten. Die selbstorganisierten Frauengruppen bildeten die Basis der Frauenzentrumsbewegung, mit deren Weiterentwicklung die Selbsterfahrungsgruppen und Frauengesprächskreise in den 70er Jahren eng verbunden waren.

Die Reklamierung des Politischen für bis dahin als Privatsache verstandene und dem öffentlichen Diskurs entzogene Lebensbereiche implizierte einen veränderten

---

auf Hans-Jürgen Krahl geworfen wurden. Ich halte es für müßig zu entscheiden, ob nun diese Tomaten 1968 oder die Selbstbezichtigungsaktion von 300 prominenten Frauen ,Ich habe abgetrieben' im STERN im Juni 1971 den Beginn der neuen Frauenbewegung in der Bundesrepublik darstellen. Mit der von Alice Schwarzer initiierten Selbstbezichtigungsaktion und den nachfolgenden Unterschriftsaktionen und sich spontan bildenden Frauengruppen ist die Frauenbewegung zumindest aus den studentischen Zirkeln herausgetreten.

2 Damit griffen die Frauen ein Postulat der Studentenbewegung auf, das diese vor allen Dingen auf die „bürgerliche Familie" anwendete, ohne dabei die geschlechtshierarchische Arbeitsteilung zu thematisieren und die eigene Privatheit mit einzubeziehen. Die Frauen wendeten diesen Kampfbegriff auch gegen die Männer innerhalb der Studentenbewegung.

3 Für die nachfolgenden Jahrzehnte müßte die Wechselbeziehung zwischen den unterschiedlichen Entwicklungsphasen der Frauenbewegung (vgl. Knafla/Kulke 1987, Nave-Herz 1998) noch sehr viel genauer untersucht werden, als es die derzeitige Literaturlage hergibt.

Politikbegriff und war ein wesentliches Movens der von Beck für die 70er Jahre festgestellten „Entgrenzung des Politischen" (Beck 1986, S. 304). Dieser veränderte Politikbegriff hatte – neben der Etablierung der neuen Frauenbildungsarbeit – erhebliche Auswirkungen auf die Gegenstandsbestimmung von politischer Bildung insgesamt.

Vor allem im Zusammenhang mit der Diskussion um die Selbstbestimmung der Frauen über ihren Körper wurden auch in der Erwachsenenbildung diese Themen aufgegriffen. Der erste Frauengesprächskreis an einer Volkshochschule wurde 1970 in der VHS Frankfurt gegründet. Diese neuen Inhalte politischer Frauenbildungsarbeit stießen insofern in der etablierten Erwachsenenbildung auf Resonanz, als durch die Emanzipationsforderungen der Studentenbewegung in Teilen der Erwachsenenbildung eine neue Orientierung stattgefunden hatte. Die Diskussionen um die Möglichkeiten einer emanzipatorischen Erwachsenenbildung sind eine Grundlage dafür, daß Ansätze emanzipatorischer Frauenbildungsarbeit in den Einrichtungen der Erwachsenenbildung Fuß fassen können[4]. Allerdings standen die Angebote der Frauenbildungsarbeit unter einem erheblichen Legitimationsdruck. Anke Wolf-Graaf begründet in ihrer Untersuchung über Frauenarbeit an Volkshochschulen, warum die Arbeit der Frauengesprächskreise zur politischen Bildung zu rechnen sei:

„Auseinandersetzung über Fragen und Probleme von Frauen sind grundsätzlich politischer Natur. Selbsterfahrung von Frauen hat eine politische Dimension, weil sie das Erkennen der gleichen Betroffenheit mit anderen Frauen ermöglicht, persönliche Probleme und Gefühle des Versagens als gesellschaftliche deutlich werden läßt... Veränderungen in diesen Bereichen sind nicht nur individuelle, persönliche Schritte, sondern Änderungen gesellschaftlich vorgeprägter und ökonomisch bestimmter Beziehungen" (Wolf-Graaf 1979, S. 32).

Mitte der 70er Jahre bereits waren in vielen – vor allem großstädtischen – Volkshochschulen Frauengesprächskreise ein normaler Bestandteil des Angebots. Diese wurden oft von Frauen geleitet, die zuvor in der autonomen Frauenbewegung in selbstorganisierten Frauengruppen Erfahrungen mit dieser Arbeitsweise gesammelt hatten. Damit leisteten die selbstorganisierten Frauengruppen einen Beitrag zur Entwicklung eines völlig neuen Typus politischer Bildung: der Selbsterfahrungsgruppe bzw. des Frauengesprächskreises. Emanzipatorisches Ziel dieser Bildungsarbeit war die bewußte Auseinandersetzung mit „bis dahin unbegriffenen Abhängigkeiten" (Kade 1991, S. 25), um sich von ihnen befreien zu können. Diese Frauenbildungsarbeit fand zuerst in selbstorganisierten Frauengruppen statt, bevor sie Einzug in die Institutionen der Erwachsenenbildung fand.

Wichtiger noch als die Frauengesprächskreise in der Erwachsenenbildung waren für die Weiterentwicklung der neuen Frauenbewegung die autonomen Frauengruppen. Es wurden Frauenzentren gegründet, in denen Selbsterfahrungsgruppen für Frauen statt-

---

4 Ende der 60er/Anfang der 70er Jahre – angestoßen durch die Studentenbewegung – gewinnen emanzipatorische Konzepte – nicht nur bezogen auf die politische Erwachsenenbildung – in allen Bereichen der Erwachsenenbildung zunehmend an Bedeutung. Kunstmann bezeichnet dieses als die „emanzipatorische Wende" in der Erwachsenenbildung (Kunstmann 1982, S. 501). Hufer spricht allerdings eher von einem „emanzipatorischen Intermezzo", das nur kurzen Bestand hat (Hufer 1992).

fanden, es entwickelten sich Angebote der politischen Frauenbildung und der politischen Erwachsenenbildung außerhalb etablierter Institutionen. Später entstanden autonome Bildungsinitiativen und Bildungseinrichtungen aus der politischen Frauenbildung heraus.[5]

1.3 Zu den Konzeptionen der Frauenbildungsarbeit in den 70er Jahren

Der emanzipatorische Anspruch der neu entstandenen Frauenbildungsarbeit zielte darauf ab, die Partizipationschancen der Frauen in allen gesellschaftlichen Bereichen zu erhöhen. Zentrale Begriffe in der damaligen Diskussion waren die „gemeinsame Betroffenheit" von Frauen, sowie die „Parteilichkeit" für Frauen. Die gemeinsame Betroffenheit knüpfte an dem bereits bei Schrader-Klebert (1969) festgestellten Opferstatus der Frauen an und setzte diesen gegen die in der Studentenbewegung vor allen Dingen immer wieder hervorgehobene Bedeutung der Klassenlage für die gesellschaftliche Benachteiligung von Individuen. Frauen waren – so die Ausgangsthese – unabhängig von ihrer Klassenlage gemeinsam von der patriarchalen Unterdrückung betroffen. Ein Weg zur „bedingungslosen Solidarität" unter Frauen sollte die uneingeschränkte Parteilichkeit für Frauen sein. Der Emanzipationsbegriff der Frauenbildungsarbeit hatte in erster Linie zum Ziel, daß die Teilnehmerinnen befähigt werden sollten (bzw. sich gegenseitig befähigen sollten), sich gegen die vielfältigen geschlechtsspezifischen Benachteiligungen zu wehren, denen sie in der Familie, im Beruf und in anderen gesellschaftlichen Bereichen ausgesetzt waren.

Wichtigste Zielvorstellungen für das Leben von Frauen und damit auch wichtigste Themen der Frauenbildungsarbeit waren:

- die Selbstbestimmung über den eigenen Körper, bezogen ebenso auf die Auseinandersetzung mit dem § 218 wie auf die Gewalt in Beziehungen,
- eine eigenständige Existenzsicherung für alle Frauen verbunden mit der Anerkennung des gesellschaftlichen Wertes von Haus- und Familienarbeit,
- die Aufhebung der geschlechtsspezifischen Arbeitsteilung auf allen Ebenen der Gesellschaft und
- solidarische Aktionen von Frauen zur Durchsetzung der gemeinsamen Ziele.

Ansatzpunkte der emanzipatorischen Frauenbildungsarbeit waren die gemeinsame Betroffenheit, d.h. die Erfahrung der Frauen mit der Benachteiligung in dieser Gesellschaft. Darauf bauten die Ziele emanzipatorischer Frauenbildungsarbeit auf:

- Stärkung des Selbstbewußtseins der Frauen,
- Durchbrechen traditioneller Rollenmuster,
- Unterstützung der Identitätsfindung der Frauen und

---

5 Trotz einiger verstreuter Aufsätze und Diplom- bzw. Doktorarbeiten (vgl. u.a. Kolk 1994) ist die autonome Frauenbildungsarbeit noch weitgehend unaufgearbeitet.

– Erweiterung ihrer Fähigkeiten, um die Neugestaltung der eigenen Lebenssituation in die Hand zu nehmen.

Auf der methodischen Ebene wurden folgende Arbeitsschritte entwickelt, die in vielen Veranstaltungen der emanzipatorischen Frauenbildungsarbeit zur Anwendung kamen:

– Selbsterfahrung und Selbstreflektion,
– Analyse der Benachteiligungen von Frauen,
– Analyse des herrschenden Patriarchats auf allen Ebenen der Gesellschaft bis in die Familie,
– gemeinsame Erarbeitung von Handlungsmöglichkeiten und Durchsetzungsstrategien und
– Eroberung neuer Handlungsfelder.

Büchsenschütz u.a. bezeichneten dieses Vorgehen mit den drei Schritten: „Betroffenheit – Distanz – Aktion" (Büchsenschütz u.a. 1982, S. 154). Die gemeinsame „Betroffenheit" von Frauen bedeutete das Erkennen der eigenen Lage als Frau, „Distanz" war nötig zur Bearbeitung des Problems, einschließlich der Erarbeitung von Kenntnissen und Erkenntnissen und der Suche nach Wegen zur Veränderung. Diese beiden Schritte wurden verbunden mit Aktionen zur Durchsetzung von Interessen. Die Selbsterfahrungsgruppen und Gesprächskreise wollten nicht im Versichern der gemeinsamen Betroffenheit stehen bleiben. Diese sollte Ausgangspunkt, aber nicht Ziel der Frauenbildungsarbeit sein.

Auch in der Rückschau ist es wichtig, diesen politischen Anspruch der Frauenbildungsarbeit zu betonen. Nicht nur, weil von seiten der Erwachsenenbildungs-Institutionen, wie von seiten der fördernden Instanzen der Frauenbildungsarbeit mit dem Verweis auf den „Betroffenheits-Diskurs" oftmals der Anspruch, als politische Bildung anerkannt und gefördert zu werden, streitig gemacht wurde. Auch aus der Perspektive der 90er Jahre wird gelegentlich der politische Anspruch der Frauengesprächskreise und Selbsterfahrungsgruppen in Frage gestellt. Der Schritt von der Selbsterfahrung zur Analyse mußte allerdings immer wieder neu gegangen werden:

„In der Bildungspraxis geht es immer wieder neu darum, die Verbindung von Individuellem und Gesellschaftlichem, von Subjektivem und Objektivem herzustellen. Es ist eine Gratwanderung, die persönlichen Erfahrungen ernstzunehmen, aber sich nicht in ihnen zu verlieren" (Wurms 1992, S. 35).

1.4 Emanzipatorische Frauenbildung versus feministische Bildungsarbeit

Die Entstehungsgeschichte der neuen Frauenbildungsarbeit war wie die Entstehungsgeschichte der neuen Frauenbewegung von Widersprüchen, Fraktionskämpfen, Auseinandersetzungen um die „richtige" Analyse, das „richtige" Bewußtsein und den „richtigen" Weg gekennzeichnet. Es gab Auseinandersetzungen um die Zusammenarbeit mit Männern und darum, ob lesbische oder heterosexuelle Frauen die besseren

Feministinnen seien. Wie widersprüchlich die öffentliche Meinung auf die Feministinnen reagierte und wie widersprüchlich auch das Verhalten untereinander war, ist in der Rückschau kaum noch zu rekonstruieren.[6]

In der Frauenbildungsarbeit fanden diese Richtungskämpfe auf zwei verschiedenen Ebenen ihren Ausdruck. Es gab vor allem in den 70er Jahren bis zum Beginn der 80er Jahre eine Debatte um die „richtige" Konzeption von Frauenbildungsarbeit: emanzipatorische oder feministische Bildungsarbeit für Frauen waren die Alternativen. Die Grenzziehungen erfolgten zum einen auf der analytischen Ebene. Der Begriff der emanzipatorischen Frauenbildungsarbeit wurde von denjenigen Frauen benutzt, die eher sozialistischen Konzepten zuneigten, wohingegen den Begriff der feministischen Bildungsarbeit vor allem diejenigen Frauen für ihre Arbeit in Anspruch nahmen, die sich der autonomen Frauenbewegung zuordneten. Es ging dabei auch darum, welches der „richtige Weg" bei der Emanzipation der Frauen sei. U.a. wurde der an feministischen Konzepten orientierten Frauenbildungsarbeit vorgeworfen, in erster Linie Bildungsarbeit für Mittelschichtfrauen zu sein, so daß für Frauen aus anderen sozialen Schichten andere Konzepte und Vorgehensweisen entwickelt werden müßten (Cremer 1984, zur Aufarbeitung der unterschiedlichen Diskussionen vgl. Kolk 1994). Der umgekehrte Vorwurf lautete, daß die Vertreterinnen der emanzipatorischen Bildungsarbeit, zumal sie in der Regel in gemischten Zusammenhängen arbeiteten, durch die „Kumpanei mit den Unterdrückern" (den Männern) nicht wirklich die Befreiung der Frauen erreichen wollten und könnten. Eine andere Konfliktlinie verlief zwischen autonomen (feministischen) Bildungsarbeiterinnen und denjenigen, die versuchten, Frauenbildungsarbeit in institutionellen Kontexten zu etablieren. Gerade die Frauen in den Institutionen vermieden in den 70er Jahren in der Regel den Begriff des Feminismus, um Konflikten aus dem Weg zu gehen. Bei einer intensiven Auseinandersetzung mit beiden Ansätzen stellte Renate Wurms allerdings fest, daß „sie in der Bildungspraxis selten voneinander getrennt werden" könnten (Wurms 1992, S. 29-34).

Im Laufe der 80er Jahre sind die Diskussionen um diese Unterscheidungen verstummt. Es hat ein Ausdifferenzierungsprozeß stattgefunden. Am Ende der 90er Jahre liegen die Unterschiede innerhalb der Frauenbildungsarbeit eher darin, in welchem organisatorischen Zusammenhang diese stattfindet und welchem Konzept die als Pädagogin tätige Frau sich zugehörig fühlt. Handelt es sich um selbstorganisierte Frauenprojekte, wie Frauenbildungs- und Frauenferienhäuser bzw. autonome Frauenbildungseinrichtungen, wie z.B. die Frankfurter Frauenschule, oder findet Frauenbildungsarbeit mehr oder weniger in Abteilungen bzw. Frauenfachbereichen, vielleicht nur in einzelnen Veranstaltungen im Rahmen der allgemeinen oder der politischen Erwachsenenbildung statt. Je nach organisatorischem Kontext unterscheiden sich die

---

6 Einen Eindruck von der Entwicklung erhält frau beim Lesen beider Biographien von Alice Schwarzer. Zum einen gibt der öffentliche Streit um diese beiden Biographien einen Eindruck von den heute immer noch schwelenden Auseinandersetzungen, zum anderen bekommt frau beim parallelen Lesen beider Biographien – trotz mancher Passagen bei Mika, die ich sehr zu kritisieren finde, einen Einblick in die damalige Entwicklung. Vgl. Dünnebier/Paczensky 1998, Mika 1998.

Spielräume, wie die Durchsetzungsbedingungen, aber auch die konzeptionellen Ansätze bzw. die Legitimationszwänge von Frauenbildungsarbeit.

Die autonomen Frauenbildungseinrichtungen haben ihre Programme z.T. in ganz andere Richtungen entwickelt als die politische Frauenbildung der öffentlichen Weiterbildungsträger oder der Parteien und Gewerkschaften. Manche der alternativen (sprich: selbstorganisierten) Frauenprojekte haben sich in eine stark esoterische Richtung entwickelt. Andere sind eher der Ökologie-Bewegung zuzurechnen und in den Veranstaltungen weiterer Frauenbildungseinrichtungen[7] findet die Auseinandersetzung mit der aktuellen Frauenforschung und feministischen Theoriebildung statt.

Bei den übrigen Trägern der Weiterbildung, die Frauenbildungsarbeit anbieten, hängen die unterschiedlichen Entwicklungen sehr stark von den beteiligten Pädagoginnen und Dozentinnen ab. So ist es inzwischen keine Seltenheit mehr, daß explizit feministische Positionen in Frauenbildungsangeboten bei Volkshochschulen oder Einrichtungen der politischen Bildung vertreten werden.

2. Konsolidierung und Ausdifferenzierung der Frauenbildungsarbeit in den 80er Jahren

Für die Entwicklung der Frauenbildungsarbeit in den 80er Jahren sind zwei Dinge charakteristisch: die Ausdifferenzierung der politischen Frauenbildungsarbeit und die Neuentwicklung der beruflichen Bildungsarbeit für Frauen. Beide zusammen haben die Etablierung der Frauenbildungsarbeit innerhalb der Erwachsenenbildung in Westdeutschland vorangetrieben.

2.1 Zur Ausdifferenzierung der politischen Frauenbildungsarbeit

Am Ende der 80er Jahre bilden die Selbsterfahrungsgruppen und Frauengesprächskreise nur noch einen kleinen Teil der politischen Frauenbildungsarbeit. Es hat in dieser Dekade eine erhebliche Ausdifferenzierung der Angebotsstruktur und des Themenspektrums der politischen Frauenbildungsarbeit stattgefunden. Außerdem gab es unterschiedliche Entwicklungen bei den verschiedenen Trägern der Erwachsenenbildung bzw. der politischen Bildung.[8] Die Ausdifferenzierung der Angebote politischer Frauenbildungsarbeit fand auf der Ebene der Arbeitsformen, der Methodik, der Zielgruppen wie der thematischen Perspektiven statt.

Das Anknüpfen an den Erfahrungen von Frauen, d.h. die Teilnehmerinnenorientierung, ist nach wie vor ein wichtiges Prinzip politischer Frauenbildungsarbeit; es rückten aber immer häufiger Themen in den Mittelpunkt, die sich der unmittelbaren Erfahrung der Frauen entzogen. Dabei handelte es sich Anfang der 80er Jahre z.B. um

---

7 Wie z.B. in der Frankfurter Frauenschule, nachzulesen in den von ihr herausgegebenen Materialienbänden; vgl. Frankfurter Frauenschule 1987-1997

8 Auf diese unterschiedlichen Entwicklungen kann an dieser Stelle nur in Ansätzen eingegangen werden. Zu einer genaueren Darstellung vgl. Derichs-Kunstmann 1993, S. 111ff.

Themen wie Frauen und Frieden, Frauen und Bundeswehr, Frauen in der Dritten Welt, aber auch um ökologische Themen und um einen ganz vielfältigen Themenkanon im Bereich Frauen und Gesundheit. Auf der Suche nach weiblichen Vorbildern wurden die „verborgenen Frauen" in der Geschichte ans Licht gebracht, z.B. in Stadtteilprojekten (Stadt Gelsenkirchen 1992) oder bei der Aufarbeitung der Frauengeschichte in den Gewerkschaften (Derichs-Kunstmann 1995c). Frauen machten sich auf die Suche nach Frauen in der Geschichte der Naturwissenschaften ebenso wie der Politik. Die Geschichte der Frauen, wie die der Frauenarbeit und der Frauenbewegung wurden zum Thema der Frauenbildungsarbeit.

Viele Ungleichzeitigkeiten sind in der Entwicklung zu verzeichnen. Die Frauen in den Gewerkschaften entdeckten überhaupt erst in den 80er Jahren das Persönliche als Thema ihrer Bildungsarbeit (Derichs-Kunstmann/Rehbock 1995). Das private Geschlechterverhältnis wurde von ihnen Ende der 70er/Anfang der 80er Jahre erstmalig in Seminaren wie „Die Frau in Beruf, Familie und Gesellschaft" zum Thema gemacht. Festzustellen ist auf der anderen Seite, daß die eher arbeitsplatzbezogenen Themen der politischen Frauenbildung, wie z.B. Frauen und neue Technologien, Arbeitsrecht für Frauen oder die Auseinandersetzung mit der Arbeitszeitverkürzung immer noch in erster Linie in der gewerkschaftlichen bzw. der gewerkschaftsnahen (z.B. bei „Arbeit und Leben") Frauenbildungsarbeit diskutiert werden (Derichs-Kunstmann/Rehbock 1995).[9]

Ein wichtiges Thema der Frauenpolitik in der zweiten Hälfte der 80er Jahre, die Sicherung der politischen Partizipation der Frauen, insbesondere durch das Instrument der Quotierung, ist fast nur in der Frauenbildungsarbeit von Parteien und Gewerkschaften – evtl. noch in Volkshochschulen – diskutiert worden.

Gerade auch unter handlungsorientierten Aspekten wurden Selbstbehauptungstrainings und Rhetorik-Kurse für Frauen in das Angebot der Frauenbildungsarbeit aufgenommen. Die Erkenntnis des Zusammenhangs von Redehemmungen und weiblicher Sozialisation führte zur Entwicklung von frauenspezifischen Angeboten in diesem Bereich. Die Aufarbeitung der Lern- und Sprechgeschichte von Frauen wurde als Voraussetzung für ein anderes Auftreten in der Öffentlichkeit und für die Durchsetzung der eigenen Interessen sowie der Interessen aller Frauen erkannt.

Die Methodik der Frauenbildungsarbeit wurde durch die Integration von körperorientierten Ansätzen und den Einsatz von Entspannungsübungen und Meditationen (eher therapienahe Methoden) erweitert. Die biographische Methode ist als eine Weiterführung des Selbsterfahrungsansatzes zu betrachten. Frauenspezifische Zukunftswerkstätten ermöglichen durch ihre Methodik, Kreativität und Phantasie von Frauen freizusetzen. Zielgruppenangebote richteten sich z.B. an „Frauen in der Lebensmitte", erwerbstätige Mütter oder Bergarbeiterfrauen.

---

9 Die Rede ist hier von der politischen Bildung zu diesem Thema. Die berufliche Bildung fast aller Träger hat die Frauen als Zielgruppe bei der Aneignung von Handhabungswissen zum Umgang mit neuen Technologien entdeckt.

2.2 Zum Perspektivenwechsel der politischen Frauenbildung

Die geschilderten Veränderungen und Ausdifferenzierungen der politischen Frauenbildungsarbeit sind nicht im luftleeren Raum entstanden. Vielmehr haben Diskussionen aus der Frauenbewegung und der seit den 70er Jahren beginnenden Frauenforschung die Entwicklungen innerhalb der politischen Frauenbildungsarbeit beeinflußt. Meiner Auffassung nach hat in der Frauenbildungsarbeit in den 80er Jahren ein Perspektivenwechsel stattgefunden (Derichs-Kunstmann 1993, S. 112f.), in dessen Folge immer stärker das Geschlechterverhältnis in den Blickpunkt gerät. Dieser Perspektivenwechsel geht in mehreren Schritten vor sich.

Wie bereits dargestellt, gingen die Begründungen für die Notwendigkeit von Frauenbildungsarbeit in ihrer ersten Dekade von der gesellschaftlichen Benachteiligung der Frauen aus und verbanden damit einen emanzipatorischen Anspruch der Frauen mit dem Ziel, die Partizipationschancen der Frauen in allen gesellschaftlichen Bereichen zu erhöhen. Der Beginn des Perspektivenwechsels wird nach meiner Auffassung mit der „Opfer/Täter-Debatte" (Haug 1981, Thürmer-Rohr 1987) markiert. Damit wird die Frage, welche Rolle die Frauen selber bei ihrer Unterdrückung bzw. der Herstellung ihrer eigenen Zweitrangigkeit spielen, in die Diskussion eingeführt. Es geht nicht mehr nur darum, die Unterdrückung durch die Männer zu beklagen, sondern den eigenen Anteil, die Mittäterinnenschaft, zu erkennen und von da aus die Ansatzpunkte für Veränderungen auch bei sich selber zu suchen.

Spätestens seit dem Beitrag des Mailänder Buchladens (Libreria delle donne di Milano 1988) spielte in den Debatten der Frauenbewegung wie der Frauenbildungsarbeit der Begriff der „Geschlechterdifferenz" eine wichtige Rolle. Dieses bedeutete keineswegs, daß die „Parteilichkeit" von Frauen für Frauen damit ad acta gelegt wurde; der hinter der „gemeinsamen Betroffenheit aller Frauen" verborgene Unterdrückungs- und Benachteiligungsansatz wurde allerdings nicht mehr als die wichtigste Voraussetzung einer feministischen Perspektive diskutiert. Das Spannungsverhältnis von Gleichheitsforderungen und Anerkennung der Geschlechterdifferenz sollte auf weiten Strecken die Diskussion bestimmen. Ein weiterer Begriff der Mailänderinnen, der des „Affidamento"[10] (vgl. ebd.), hat dazu beigetragen, daß in Frauengruppen und -projekten ebenso wie in der Frauenbildungsarbeit das Unbehagen an dem Postulat der „Schwesterlichkeit" und die Differenzen unter Frauen anders thematisiert werden konnten.

Die Forderung nach solidarischem Verhalten der Frauen untereinander („Schwesterlichkeit") verdeckte in den 70er Jahren viele Konkurrenzen und Differenzen unter den Frauen. Daß die schwesterliche Solidarität oftmals nicht lebbar war, wurde ignoriert. Cramon-Daiber u.a. hatten unter dem Titel „Schwesternstreit" bereits in der ersten Hälfte der 80er Jahre über die „heimlichen und unheimlichen Auseinandersetzungen zwischen Frauen" (Cramon-Daiber u.a. 1983) geschrieben. Aber erst zum

---

10 Der Begriff des „Affidamento" bedeutet im Italienischen Empathie, Bezugnahme. Im Zusammenhang des Konzeptes der Mailänderinnen wurde Affidamento benutzt für die Bezugnahme auf Frauen, die erfahrener waren oder innerhalb einer Gruppe von Frauen als Vorbilder bzw. Sprecherinnen fungierten.

Ende der 80er Jahre machten sich Frauen daran, mit dem „Mythos" der prinzipiellen Gleichheit von Frauen aufzuräumen und damit Differenzen zwischen Frauen produktiv bearbeitbar zu machen (Sichtermann 1992).

Der Perspektivenwechsel in der Frauenbildungsarbeit hat meiner Auffassung nach zwei Richtungen. Zum einen ist zur grundsätzlichen Blickrichtung auf Frauenprobleme und Fraueninteressen die Geschlechterperspektive hinzugekommen. Zum anderen kommen auch die Differenzen unter Frauen in den Blick. Beide Aspekte haben zur Folge, daß neue Themenstellungen in die politische Frauenbildungsarbeit Einzug halten. Im Zusammenhang mit den Handlungsperspektiven im politischen Raum wird der Griff der Frauen nach der Macht unter der Perspektive des Geschlechterverhältnisses neu diskutiert. Geschlechterverhältnisse in den Institutionen, in den Parteien, in den Gewerkschaften werden damit überhaupt erst einer Thematisierung zugeführt. Die Quotierungsdiskussion ist ohne die Diskussion des Geschlechterverhältnisses so gut wie undenkbar. Mit der Anerkennung der Unterschiedlichkeiten unter Frauen, aber auch im Blick auf „Affidamento"-Beziehungen unter Frauen können auch die Konkurrenzen unter Frauen um Machtpositionen und die eigenen Ängste gegenüber der Ausübung von Macht überhaupt erst thematisiert werden.

2.3 Die Frauenbildungsarbeit erobert neue Felder: Berufliche Bildung von Frauen für Frauen

Die neu entwickelte Frauenbildungsarbeit war mit einem politischen Anspruch angetreten und führte zu den geschilderten umfangreichen Entwicklungen von politischer Frauenbildungsarbeit innerhalb und außerhalb etablierter Institutionen. Seit dem Beginn der 80er Jahre wurde intensiver über die berufliche Benachteiligung von Frauen diskutiert und es wurden Konsequenzen in Form frauenspezifischer Qualifizierungsangebote gefordert (Weg/Jurinek-Stinner 1982). War es in der politischen Frauenbildung vor allem darum gegangen, daß Frauen die sie interessierenden Themen überhaupt erst als politische reklamieren und als Themen von Bildungsarbeit etablieren wollten, so wurden berufliche Bildungsangebote für Frauen vor allen Dingen mit der geschlechtsspezifischen Segmentierung des Erwerbsarbeitsmarktes und der familienbedingten Unterbrechung der Erwerbsarbeit begründet. Es ging zwar auch in diesen Angeboten darum, daß Frauen sich ungestört von männlicher Definitionsmacht mit den sie interessierenden Fragen auseinandersetzen wollten, aber viel stärker in den Blick gerieten pädagogische Begründungen für eigenständige Frauenbildungsangebote im Bereich der beruflichen Bildung, die an den unterschiedlichen Erfahrungskontexten von Frauen und Männern in dieser Gesellschaft ansetzten, um diese zum Ausgangspunkt von beruflichen Qualifizierungsprozessen zu machen (Johannson/Lorentz 1990). Die Auseinandersetzung um die neuen Informations- und Kommunikations-Technologien seit Anfang bis Mitte der 80er Jahre hat bei dieser Entwicklung eine entscheidende Rolle gespielt (Derichs-Kunstmann 1990, Schiersmann 1987a, 1987b, 1988).

Noch in einem weiteren Aspekt hat die neue Frauenbildungsarbeit verändernd gewirkt. Suchten die Frauen in den autonomen Gesprächskreisen die Gemeinsamkeit von Frauen, da ihre Themen in der klassischen politischen Bildung nicht vorkamen, so war damit auch ein Rückzug aus der – in der öffentlichen Erwachsenenbildung vorherrschenden – Koedukation verbunden. Aber erst die Untersuchungen zu Frauen in Naturwissenschaft und Technik haben zu Beginn der 80er Jahre die Koedukationsdebatte in der Erziehungswissenschaft ausgelöst. Vor allem in der Debatte in bezug auf Technik wurden daraus Konsequenzen für die berufliche Bildung gezogen. Heute ist es selbstverständlich, daß in vielen Bereichen der beruflichen Bildung spezifische Angebote nur für Frauen gemacht werden. Es gab in den 80er Jahren umfangreiche Angebotsentwicklungen für erwerbslose Frauen, für Frauen in technischen Berufen, für Mädchen und junge Frauen ohne berufliche Qualifikationen und für Wiedereinsteigerinnen. Diese sind die Zielgruppe von frauenspezifischer Weiterbildung, für die seitdem die umfangreichsten und vielfältigsten Modellprogramme und Seminarkonzepte entwickelt worden sind (Institut für Entwicklungsplanung und Strukturforschung 1988, 1996). Auf der thematischen Ebene ist das Angebot der beruflichen Bildung von Frauen für Frauen im Bereich der EDV-Qualifizierung am breitesten. Aber auch Seminare aus dem Bereich der Rhetorik und Gesprächsführung haben sich seitdem etabliert (Arnold/Müller 1997). Bei dem Feld der EDV-Seminare handelt es sich um dasjenige Angebot, das am differenziertesten und kontinuierlichsten weiterentwickelt wurde. Mit der Entwicklung der beruflichen Weiterbildung für Frauen drang die Frauenbildungsarbeit in Bereiche vor, die ihr bis dahin verschlossen waren. Spezifische Angebote ausschließlich für Frauen gibt es seitdem bei fast allen Trägern der beruflichen Weiterbildung, aber auch bei den Kammern und in der innerbetrieblichen Bildungsarbeit. Auch die berufliche Frauenbildungsarbeit hat in vielen ihrer Konzepte für sich in Anspruch genommen, politische Frauenbildungsarbeit zu sein. Sie knüpfte damit an eine Diskussion in der Erwachsenenbildung um die Integration von beruflicher und politischer Bildung an und zumindest manche AutorInnen gehen davon aus, daß diese Integration z.T. auch tatsächlich gelungen ist.

2.4 Veränderungen in der Erwachsenenbildung aufgrund der Impulse durch die Frauenbildungsarbeit

Die aus der neuen Frauenbewegung entstandene Frauenbildungsarbeit in den westlichen Bundesländern hat die Erwachsenenbildungsarbeit nachhaltig verändert.[11] Die neue Frauenbildungsarbeit hat

– neue Themenstellungen zum Gegenstand der politischen Bildung gemacht („Das Private ist politisch"),

---

11 Dies stelle ich gerade deshalb fest, weil die Theoriebildung der Erwachsenenbildung, insbesondere der politischen Bildung, dieses nach wie vor ignoriert. Eine präzise Analyse der „politischen Bildung als Männerdiskurs und Männerdomäne" leistet Helga Kutz-Bauer in ihrem Aufsatz „Was heißt frauenspezifisches Lernen und Handeln?" (Kutz-Bauer 1992, S. 19-31).

– neue Veranstaltungsformen der politischen Bildung entwickelt (Frauengesprächskreise und Selbsterfahrungsgruppen und deren Weiterentwicklungen) und damit
  auch
– ein verändertes methodisches Vorgehen (ganzheitliche Ansätze) initiiert.

Hinzuzufügen ist, daß durch Frauen überhaupt erst bestimmte Rahmenbedingungen
von Bildungsarbeit thematisiert wurden, wie vor allem die Frage der Kinderbetreuung
bei der Teilnahme an Bildungsveranstaltungen.

In der Theorie der politischen Bildung hat der Beitrag der Frauenbildungsarbeit bislang keineswegs seinen Niederschlag gefunden. Christiane Schiersmann hatte 1987
festgestellt, es ginge „langfristig nicht um die Entwicklung eines Konzepts politischer
Bildung für Frauen, sondern um eine Theorie politischer Bildung, die die Beziehung
der Geschlechter untereinander als zentrales Moment ihres Begründungszusammen-
hangs berücksichtigt" (Schiersmann 1987c, S. 9). Diese Theorie steht nach wie vor
aus.

Wie auch männliche Autoren konstatieren, hat seit den 70er Jahren eine Erweiterung (oder Entgrenzung) des Politikbegriffs der politischen Bildung stattgefunden. In
der politischen Erwachsenenbildung sind „die früheren ‚klassischen‘ Dimensionen des
‚Politischen‘ wie Institutionen und Organisationen einerseits und Konflikte, Interes-
sen, Akteure, Strategien und Macht andererseits bei der Behandlung und Bearbeitung"
(Hufer 1992, S. 99) in den Hintergrund getreten. Zielgruppenarbeit wurde in den 80er
Jahren als politische Bildung etabliert, an dieser Stelle kommt dann die politische
Frauenbildungsarbeit in den Blick.

Drei Leit- und Schlüsselideen kennzeichnen nach Hufer das neue Erscheinungsbild
politischer Bildung in den 80er Jahren (Hufer 1992, S. 110ff.). Es sind diese:

– Ganzheitlichkeit: der oder die „einzelne Lernende soll nicht als rationales Ver-
  nunftwesen, sondern als fühlende, tätige und denkende ganze Person betrachtet
  werden" (Nuissl 1985, S. 87f.).
– Alltagsorientierung/Lebensweltorientierung: Bildungsimpulse, Themen und Erfahrungen kommen aus dem Alltag, beziehen sich auf ihn und sollen dort in Handlungen umgesetzt werden. „Dabei spielen ... die affektive Komponente und
  kommunikative Kompetenz eine besonders große Rolle" (Hufer ebd.).
– Entgrenzung: Im Zuge der komplexen, modernen und ausdifferenzierten Gesellschaft (ist) die Trennung von Politik und Nicht-Politik „brüchig" geworden (Beck
  1986, S. 311). Das bedeutet, „daß gesellschaftliche Teilbereiche, die im klassischen
  Sinne nicht als ‚politische‘ definiert und verstanden wurden, nun von höchster politischer Relevanz sind: Technik, Umwelt, Gesundheit, Familie" etc. (Hufer ebd.).

Die Nähe zu den Ansätzen der emanzipatorischen Frauenbildungsarbeit ist m.E. überdeutlich, wird allerdings selten benannt. In der Theorie der politischen Bildung kommen die frauenspezifischen Ansätze höchstens als ein Teil von politischer Bildung vor,
der durch die neuen sozialen Bewegungen (die Frauenbewegung wird dann in Klam-
mern erwähnt) angestoßen worden ist.

2.5 Konsolidierung und Etablierung der Frauenbildungsarbeit am Ende der 80er Jahre

In der Geschichte der neuen Frauenbewegung wird spätestens ab Mitte der 80er Jahre die dritte Phase, die der Institutionalisierung ausgewiesen (Knafla-Kulke 1987). Gemeint ist damit, daß die Bedeutung der autonomen Frauenbewegung zurücktritt und die „frauenbewegten Frauen" den „Marsch durch die Institutionen" angetreten haben. Sie finden sich in fast allen etablierten Institutionen wieder, in den Kirchen, den Parteien und den Gewerkschaften. Kennzeichen für die Institutionalisierung der Frauenbewegung sind sowohl die Einrichtung von Gleichstellungsstellen, Frauenministerien und Frauenbeauftragten als auch die Durchsetzung der Quotierung von Ämtern, Mandaten, Ausbildungsstellen und Aufstiegspositionen.

Die Frauenbildungsarbeit macht eine parallele Entwicklung durch. Am Ende der 80er Jahre ist festzustellen, daß es kaum noch Institutionen der Erwachsenenbildung gibt, die keine eigenständigen Angebote für Frauen ausweisen. Bei manchen Trägern gibt es sogar eigene Fachbereiche für Frauenbildungsarbeit. Auch der Legitimationszwang scheint sich umgekehrt zu haben. Er liegt jetzt eher auf der Seite derjenigen Einrichtungen, die keine Frauenbildungsarbeit anbieten. Die Entwicklung der beruflichen Bildungsangebote für Frauen hat einen wichtigen Beitrag zu dieser Konsolidierung geleistet.

3. Frauenbildungsarbeit in den 90er Jahren

3.1 Die deutsch-deutsche „Wende" und die Frauenbildung

Politisch ist der Beginn der 90er Jahre vor allem durch die Vereinigung der beiden deutschen Staaten gekennzeichnet. Diese Entwicklung hat auch Konsequenzen für die Frauenbildungsarbeit gehabt. Nicht nur, daß die Frauen in den neuen Bundesländern mit einem für sie bis dahin unvertrauten Schul- und Berufsbildungssystem konfrontiert wurden, die Formen politischer Bildungsarbeit, wie sie von der neuen Frauenbewegung entwickelt worden waren, waren für sie ebenso neu und unvertraut. Es hat mehrere Versuche der Etablierung von politischer Frauenbildungsarbeit in den neuen Bundesländern gegeben (Arbeit und Leben 1994, Derichs-Kunstmann 1994b, Krug/Osang 1995). Sehr viel umfangreicher waren die Angebote der beruflichen Bildung für Frauen, da fast alle formalen Qualifikationen der Entwertung anheim fielen. Hier konnte es z.T. gelingen, die Prinzipien der beruflichen Bildung von Frauen für Frauen auch in den neuen Bundesländern zu praktizieren (Ambos/Schiersmann 1996).

Politische Frauenbildungsarbeit war auch der Ort, an dem der Dialog der Frauen aus Ost und West in den ersten Jahren aufgenommen wurde (Landeszentrale für politische Bildung Nordrhein-Westfalen 1990). Politische Frauenbildungsarbeit in dem in Westdeutschland entwickelten Sinne konnte sich vor allem aufgrund der unterschiedlichen historischen und politischen Voraussetzungen in den neuen Bundesländern kaum etablieren (Derichs-Kunstmann 1994b, S. 27f.). Inwieweit sich eigene Formen der Frauenbildung entwickelt und erhalten haben, müßte noch einer genauen Untersuchung unterzogen werden.

3.2 Entwicklungen der Frauenbildungsarbeit in den 90er Jahren

In Westdeutschland war am Ende der 80er Jahre in den meisten Institutionen der Erwachsenenbildung die Etablierung der Angebote der Frauenbildungsarbeit abgeschlossen. Auch in der autonomen Frauenbildungsarbeit ist es in den 90er Jahren zu keinen Neugründungen gekommen. Diese haben vor allen Dingen in den 80er Jahren stattgefunden. Die Entwicklungen bis Mitte der 90er Jahre bestand vor allen Dingen in der Entwicklung neuer thematischer Angebote und dem Vordringen der Frauenbildungsangebote in weitere Fachbereiche. Vor allem innerhalb der gewerkschaftlichen Frauenbildung kam es bis zur Mitte der 90er Jahre zu einer noch weiteren Ausdifferenzierung der Bildungsarbeit (Derichs-Kunstmann/Rehbock 1995). Es gibt Themen, die erst in den 90er Jahren verstärkt in der politischen Frauenbildungsarbeit aufgegriffen worden sind. Dazu gehört das Thema „Macht und Konkurrenz unter Frauen" (Löw 1993, Rehbock/Schwarz 1995, Morét 1996), ebenso wie die Formen feministischer Bündnispolitik (Verein niedersächsischer Bildungsinitiativen 1996). Die Qualifizierung von Frauen für politische Ämter wird zum Gegenstand von Frauenbildungsarbeit (Bundesministerium für Bildung und Wissenschaft 1995). In Niedersachsen wie in Baden-Württemberg gab es von der Landeszentrale für politische Bildung initiierte Projekte zum Thema „Frauen und Politik", die von unterschiedlichen Trägern, bis hin zu den Familienbildungsstätten aufgegriffen wurden (Cornelißen/Voigt 1995).

Zumindest in der ersten Hälfte der 90er Jahre schritt der Ausdifferenzierungsprozeß des Frauenbildungsarbeit weiter voran. Europa wurde zu Beginn der 90er Jahre zum Thema in der Erwachsenenbildung. Unter Frauengesichtspunkten setzten sich Volkshochschulen, Gewerkschaften und gewerkschaftsnahe Bildungseinrichtungen damit auseinander. Die deutsch-deutsche Vereinigung wurde in vielen Veranstaltungen mit dem Blick auf ihre Auswirkungen für die Frauen in Ost und West diskutiert. Auch das 500jährige Jubiläum der Entdeckung Amerikas wurde unter frauenpolitischen Gesichtspunkten zu einer kritischen Auseinandersetzung genutzt. Neue Arbeitsformen der Frauenbildungsarbeit entstanden mit den Bildungsurlauben per Fahrrad „Frauen auf Touren", die in unterschiedlichen Regionen auf den Spuren der Frauen durchgeführt wurden. Zur Aneignung journalistischer und technischer Kompetenzen mit dem Ziel, sich bei der Gestaltung von Lokalradios einzumischen, wurden Radioseminare für Frauen angeboten. Die Angebote der beruflichen Bildung für Frauen differenzierten sich weiter aus, jetzt auch in Zusammenhang mit der Multimedia-Entwicklung und den Möglichkeiten der weltweiten Kommunikation per Internet.

3.3 Verändertes Nachfrageverhalten von Teilnehmerinnen in den 90er Jahren

Mehr als 25 Jahre nach dem Beginn der neuen Frauenbewegung und der Frauenbildungsarbeit hat sich manches verändert. Die Legitimationszwänge der Anfangszeiten gibt es nicht mehr, aber auch die Adressatinnen der Bildungsarbeit sind nicht mehr dieselben. Aufgrund der zunehmenden Ressourcenknappheit in allen Einrichtungen der Weiterbildung kommen anders geartete Legitimationszwänge auf die Frauenbildungsarbeit zu, die durch ein verändertes Nachfrageverhalten der Teilnehmerinnen noch erschwert werden.

Die Teilhabe von Frauen am Bildungssystem hat sich in den letzten Jahrzehnten erheblich ausgeweitet, und damit ist das Qualifikationsniveau von Frauen insgesamt gestiegen, die Arbeitsmarktchancen der Frauen haben sich allerdings nicht im gleichen Maße verbessert. Für viele Frauen haben sich die Möglichkeiten, ihr Leben zu gestalten, verändert und erweitert, das „Drei-Phasen-Modell: Ausbildung, Familienarbeit, erneute Berufstätigkeit" ist nicht mehr das durchgängige Lebensmodell für Frauen. Betrachtet man die Lebensrealität von Frauen in den 90er Jahren, so hat sich dennoch an der geschlechtshierarchischen Arbeitsteilung auf den verschiedenen Ebenen der Gesellschaft nur wenig geändert. Das scheint allerdings aktuell kein Politisierungs- oder Bildungsanlaß mehr zu sein.

Frauenbildungsarbeit in der zweiten Hälfte der 90er Jahre muß sich mit der Frage auseinandersetzen, an wen sich ihre Angebote richten. Es verdichtet sich der Eindruck, daß die von Frauenbildungsarbeit angesprochenen Frauen nicht mehr in dem Maße die Angebote nachfragen wie noch in früheren Jahren. Nicht mehr die Identitätssuche in einer Gruppe Gleichgesinnter und Gleichbetroffener scheint das Ziel vieler Teilnehmerinnen zu sein. Eher macht es den Eindruck, als sei die viel beschworene „Individualisierung" mit Verzögerung jetzt auch bei den Zielgruppen politischer Frauenbildungsarbeit angekommen. In der Auseinandersetzung um spezifische Angebote der Technikbildung für Frauen in den 80er Jahren wurde mit den Begriffen der „Gebrauchswert- und der Anwendungsorientierung" der teilnehmenden Frauen operiert. Diese Gebrauchswertorientierung scheint bei der Auswahl der Bildungsangebote durch Frauen auf der einen Seite immer stärker eine Rolle zu spielen. Auf der anderen Seite berichten AnbieterInnen vor allem von politischer Jugendbildung, daß der Freizeitwert von Angeboten zunehmend an Bedeutung gewinnt und Werbung für Bildungsarbeit sich stärker auf diesen Aspekt orientieren sollte als auf die inhaltliche Seite von Bildungsarbeit. Das scheinen widersprüchliche Anforderungen zu sein, die für die AnbieterInnen von Frauenbildungsarbeit kaum erfüllbar sind. Aus ihnen wird deutlich, daß vor allem neu darüber nachgedacht werden muß, wer die Teilnehmerinnen von Frauenbildungsarbeit sind und welche Erwartungen sie an die Bildungsarbeit haben.

3.4 „Entgrenzung" von Frauenbildungsarbeit

Frauenbildungsarbeit befindet sich in den 90er Jahren in einem Prozeß der Entgrenzung[12], der hier nur skizzenhaft gekennzeichnet werden kann und dessen Konsequenzen einer sorgfältigen Analyse und Diskussion bedürfen.

---

12 Jochen Kade benutzt die Begriffe der Entgrenzung und Entstrukturierung für Tendenzen innerhalb der Erwachsenenbildung in den 90er Jahren (vgl. Kade 1997). Frauenbildungsarbeit

Für die 80er Jahre war festgestellt worden, daß es zu einer Ausweitung und Ausdifferenzierung von Frauenbildungsarbeit gekommen war, indem vor allen Dingen der Bereich der beruflichen Bildung für auf die Zielgruppe Frauen zugeschnittene Angebote geöffnet wurde. Ein nicht unbeträchtlicher Teil dieser Angebote wurde von den Initiatorinnen als eine Weiterentwicklung der politischen Frauenbildungsarbeit der 70er Jahre verstanden. Im Laufe der Weiterentwicklung der beruflichen Frauenbildung sind mehrere z.T. widersprüchliche Tendenzen zu verzeichnen. In den Begründungen für die Angebote beruflicher Frauenbildung verschwinden zunehmend die (frauen-)politischen Argumente. Vielmehr vermittelt sich der Eindruck, daß die Ansprache der „Zielgruppe Frauen" eher ein marktgerechtes Verhalten der anbietenden Institutionen ist als eine frauenpolitische Strategie. Eine andere Tendenz ist, daß berufliche Fort- und Weiterbildung, die sich ausschließlich an Frauen richtet, in die Bereiche der Unternehmensberatung, Organisations- und Personalentwicklung vorgedrungen ist, z.T. getragen von Protagonistinnen, die aus der Frauenbewegung und/oder der Frauenbildungsarbeit gekommen sind. Dieses bezeichne ich als ein Moment der (erneuten) Entgrenzung von Frauenbildungsarbeit, sie findet damit nicht nur in Weiterbildungsinstitutionen[13] statt.

Ein weiteres Moment von Entgrenzung der Frauenbildungsarbeit sehe ich in der Zunahme der Frauenbildungsarbeit in der Gesundheitsbildung. In diesem Sektor gibt es sowohl intentionale als auch faktische Frauenbildungsarbeit[14], es gibt spezifische Angebote der Gesundheitsbildung für Frauen innerhalb von Weiterbildungsinstitutionen, aber auch in Sportvereinen und Fitnessstudios. Auch in diesem Bereich scheint vielfach die Zielgruppendefinition „Frauen" vor allem unter Marktgesichtspunkten gewählt zu werden.

Indiz für die „institutionelle Entgrenzung" (Kade 1997, S. 19) von Frauenbildungsarbeit ist die Tatsache, daß die vom Umweltgipfel in Rio angestoßenen lokalen „Agenda 21"-Prozesse an vielen Orten von Frauen getragen werden. Diese Prozesse politischer Beteiligung sind gleichzeitig auch Prozesse politischer Bildung, ohne daß sie im institutionellen Rahmen von Erwachsenenbildungsinstitutionen stattfinden.

---

als Teil der institutionalisierten Erwachsenenbildung ist sowohl in diese Tendenzen eingebunden als auch durch ihre besondere Affinität zu außerinstitutionellen Strukturen doppelt davon betroffen.

13 Nach der fast vollständigen Auflösung der autonomen Frauenzentren in Westdeutschland spätestens Mitte der 80er Jahre hat ein großer Teil der ehemals autonomen Frauenbildungseinrichtungen die Chancen der in den jeweiligen Bundesländern existierenden Weiterbildungsgesetze genutzt und ist zu anerkannten (und damit abrechnungsberechtigten) Trägern der Weiterbildung geworden. Insofern fand in den 80er Jahren eine (Re)-Institutionalisierung der Frauenbildungsarbeit statt, der in den 90er Jahren eine erneute Entgrenzung und De-Institutionalisierung folgt.

14 Unter „intentionaler Frauenbildungsarbeit" verstehe ich eine Bildungsarbeit, die sich bewußt an Frauen richtet und die von ihren Intentionen her emanzipatorische Frauenbildungsarbeit ist. Im Gegensatz dazu steht „faktische Frauenbildungsarbeit" als eine Bildungsarbeit, bei der es trägerspezifischen Besonderheiten oder der Tatsache, daß keine Männer gekommen sind, zuzuschreiben ist, daß an ihr ausschließlich Frauen teilnehmen.

Als ein Teil einer inhaltlichen Entgrenzung von Frauenbildung bzw. der Entgrenzung der Adressatendefinition könnte man die Diskussion um die „Geschlechterbildung", bzw. das „Geschlechter"-Training bezeichnen. So wichtig diese Angebote sind, dürfen sie doch nicht als Alternativen zu eigenständiger Frauenbildungsarbeit aufgefaßt werden. Weiterhin aktuell bleibt die Entwicklung einer eigenständigen Frauenperspektive und eine dem entsprechende Aufarbeitung in der Bildungsarbeit.

Frauenbildungsarbeit befindet sich in den 90er Jahren aber auch mitten in den durch fortschreitende Ökonomisierung hervorgerufenen Prozessen der Umstrukturierung von Erwachsenenbildung insgesamt. Qualitätssicherung, Budgetierung, Kostendeckung, Bedarfsorientierung stellen auch an Frauenbildungsarbeit neue Anforderungen, auf die z.T. die Antworten noch ausstehen.

3.5 Perspektiven der Frauenbildungsarbeit am Ende der 90er Jahre

Bei all den skizzierten Entwicklungen, vor allem der Ausweitung der Frauenbildung in den Bereichen der beruflichen und der Gesundheitsbildung am Anfang der 90er Jahre, wurde bisher vielfach übersehen (oder ignoriert), daß die politische Frauenbildungsarbeit, aus der diese ganze Arbeit hervorgegangen war, einem zunehmenden Bedeutungsverlust unterlag. Inwieweit das, was als „Entgrenzung des Politischen und der politischen Bildung" bezeichnet worden war, inzwischen eher als eine „Auflösung der politischen Bildung" bezeichnet werden müßte, sollte realistisch diskutiert werden. Bereits bei der deutsch-deutschen Wende war die objektive Notwendigkeit politischer Bildung allenthalben konstatiert, selten eingelöst worden (Derichs-Kunstmann 1994b, S. 19f.). Am Ende der 90er Jahre gibt es viele Begründungen für die objektive Notwendigkeit politischer Bildung, auch politischer Frauenbildung, wie das Erstarken rechtsradikaler Parteien, die öffentliche Diskussion um sexuelle Gewalt, wirtschaftliche Umstrukturierung durch Globalisierung, zunehmende Prekarisierung der Erwerbsarbeit insbesondere von Frauen, Ökonomisierung vieler Lebensbereiche u.v.m., denen keine Nachfrage nach politischer (Frauen-)Bildung in der bisher etablierten Form entspricht.

Frauenbildungsarbeit am Ende der 90er Jahre bedarf einer Selbstreflektion nicht nur darüber, wer ihre Adressatinnen sind, sondern auch darüber, welches ihre Ziele, ihre gesellschaftliche Funktion und ihr Selbstverständnis in Zukunft sein könnte. Sie kann und darf sich nicht auf ihren Erfolgen der Vergangenheit ausruhen, sondern muß aktiv ihre Gegenstands- und Zielbestimmung selbst in die Hand nehmen und sich dabei in einem anderen Sinne von „Entgrenzung" mit Frauen in anderen Arbeits- und Politikfeldern vernetzen.

Literatur

Ambos, Ingrid; Schiersmann, Christiane: Weiterbildung von Frauen in den neuen Bundesländern. Ergebnisse einer empirischen Untersuchung. Opladen 1996

Arbeit und Leben – DGB/VHS, Arbeitsgemeinschaft für politische und soziale Bildung im Land
NW e.V. Landesarbeitsgemeinschaft (Hrsg.): „Es braucht langen Atem" Politische Frauenbildung im Land Brandenburg. Dokumentation eines Frauenbildungsprojektes. Düsseldorf o.J.
(1994)

Arnold, Heidemarie; Müller, Antje: Reden – Argumentieren – Diskutieren. Ein Seminarkonzept,
Bielefeld 1997

Beck, Ulrich: Risikogesellschaft. Frankfurt/Main 1986

Büchsenschütz, Iris; Janssen, Edda; Metz-Göckel, Sigrid: Weiterbildungsangebote für frauen-
forschende Bildungsarbeit von Frauen. In: Jurinek-Stinner, Angelika; Weg, Marianne (Hrsg.):
Frauen lernen ihre Situation verändern. München 1982, S. 149-162

Bundesministerium für Bildung und Wissenschaft (Hrsg.): Einmischung erwünscht – Politische
Weiterbildung von Frauen. Werkstattgespräch vom 10. bis 12. Oktober 1994 in Bonn. Kon-
zertierte Aktion Weiterbildung. Bonn Juni 1995

Cornelißen, Waltraud; Voigt, Christine (Hrsg.): Wege von Frauen in die Politik. Möglichkeiten
und Grenzen von Kursen zur Qualifizierung für politische Aufgaben. Eine empirische Untersuchung. Bielefeld 1995

Cramon-Daiber, Birgit; Jaeckel, Monika; Köster, Barbara; Menge, Hildegard; Wolf-Graaf, Anke:
Schwesternstreit. Von den heimlichen und unheimlichen Auseinandersetzungen zwischen
Frauen. Reinbek bei Hamburg 1983

Cremer, Christa: Frau ist noch lange nicht gleich Frau – Zur Frauenarbeit in einem Arbeiter-
stadtteil. In: Derichs-Kunstmann, Karin (Hrsg.): Frauenbildungsarbeit – Lernen und Arbeiten
im Schatten. Bielefeld 1984, S. 30-42

Derichs-Kunstmann, Karin (Hrsg.): Frauenbildungsarbeit. Lernen und Arbeiten im Schatten.
Bielefeld 1984

Derichs-Kunstmann, Karin: Frauen und neue Informations- und Kommunikationstechnologien.
Bilanz einer Debatte. In: Beiträge, Informationen, Kommentare, hrsg. vom Forschungsinstitut für Arbeiterbildung, Nr. 9/1990. Recklinghausen 1990, S. 11-27

Derichs-Kunstmann, Karin: Frauenbildungsarbeit am Ende des Schattendaseins. Zur Weiterentwicklung der neuen Frauenbildungsarbeit in den letzten 10 Jahren. In: Zeitschrift für Frauenforschung Heft 1+2/1993, S. 111-132

Derichs-Kunstmann, Karin 1994a: Plädoyer für eine Feminisierung der gewerkschaftlichen Bildungsarbeit. In: Jochen Richert (Hrsg.): Subjekt und Organisation. Neuorientierung gewerkschaftlicher Bildungsarbeit. Münster 1994. S. 156-168

Derichs-Kunstmann, Karin 1994b: Politische Bildung für Frauen in den Neuen Bundesländern –
Zur Übertragbarkeit des Konzeptes emanzipatorischer Frauenbildungsarbeit. In: Arbeit und
Leben NW e.V. Landesarbeitsgemeinschaft (Hrsg.): „Es braucht langen Atem" Politische
Frauenbildung im Land Brandenburg. Düsseldorf o.J. (1994), S. 19-30

Derichs-Kunstmann, Karin 1995a: Jenseits patriarchaler Lei(d)tbilder. Entwicklung und Perspektiven der gewerkschaftlichen Frauenbildungsarbeit. In: Derichs-Kunstmann; Rehbock
(Hrsg.): Jenseits patriarchaler Lei(d)tbilder. Bielefeld 1995, S. 9-31

Derichs-Kunstmann, Karin 1995b: Von der Politisierung des Privaten zur gleichberechtigten Partizipation an Politik. Zur Entwicklung der politischen Frauenbildungsarbeit in den letzten 20
Jahren. In: Cornelißen, Waltraud; Voigt, Christine (Hrsg.): Wege von Frauen in die Politik.
Möglichkeiten und Grenzen von Kursen zur Qualifizierung für politische Aufgaben. Bielefeld
1995, S. 11-23

Derichs-Kunstmann, Karin 1995c: Auf den Spuren der Frauen in der Geschichte der Gewerkschaften. Zur Arbeit in Geschichtsseminaren für Frauen. In: Derichs-Kunstmann, Karin; Rehbock, Annette (Hrsg.): Jenseits patriarchaler Lei(d)tbilder. Bielefeld 1995, S. 99ff.

Derichs-Kunstmann, Karin: Frauenbildungsarbeit in der zweiten Hälfte der 90er Jahre. Praxis Politische Bildung. Materialien, Analysen, Diskussionen. Heft 1/97, S. 11-17

Derichs-Kunstmann, Karin; Müthing, Brigitte (Hrsg.): Frauen lernen anders. Theorie und Praxis der Weiterbildung für Frauen. Bielefeld 1993

Derichs-Kunstmann, Karin; Rehbock, Annette (Hrsg.): Jenseits patriarchaler Lei(d)tbilder. Zur Theorie und Praxis gewerkschaftlicher Frauenbildungsarbeit. Bielefeld 1995

Deutsches Institut für Fernstudien an der Universität Tübingen (DIFF), Arbeitskreis „Frauen in der Weiterbildung" (Hrsg.): Frauen in der Weiterbildung – Lernen und Lehren. Dokumentation der Arbeitstagung vom 26.2. bis 27.2.1993 in Tübingen. Tübingen 1993

Dünnebier, Anna & Gert von Paczensky: Das bewegte Leben der Alice Schwarzer. Die Biografie. Köln 1988

Eberhardt, Ursula; Weiher, Katarina (Hrsg.): Differenz und Gleichheit von Frauen. Rahmenplan Frauenbildung. Deutsches Institut für Erwachsenenbildung, Frankfurt a.M. 1994

Engel, Monika; Menke, Barbara (Hrsg.): Weiblicher Lebenswelten – gewaltlos?. Analysen und Praxisbeiträge für die Mädchen- und Frauenarbeit im Bereich Rechtsextremismus, Rassismus, Gewalt. Münster 1995

Faulstich-Wieland, Hannelore: Informationstechnische Bildung für Frauen. In: Gieseke, Wiltrud; Meueler, Erhard; Nuissl, Ekkehard (Hrsg.): Empirische Forschung zur Bildung Erwachsener. Dokumentation der Jahrestagung 1991 der Kommission Erwachsenenbildung der Deutschen Gesellschaft für Erziehungswissenschaft. Frankfurt 1992, S. 99-105

Faulstich-Wieland, Hannelore: Gleichheit und Differenz in der Frauenbildung. Erwachsenenbildung. Vierteljahresschrift für Theorie und Praxis, 43, H. 1, 1997, S. 14–17

Frankfurter Frauenschule (Hrsg.): Facetten feministischer Theoriebildung. Materialienbände 1 bis 18. Frankfurt 1987 bis 1997

Friedan, Betty: Der Weiblichkeitswahn oder die Selbstbefreiung der Frau. Ein Emanzipationskonzept. Reinbek bei Hamburg 1966

Führenberg, Dietlinde: Grundprinzipien der politischen Frauenbildungsarbeit. In: Arbeitsgruppe Frauenbildung und Politik: Von Frauen für Frauen. Dortmund 1992. S. 75-76

Gensior, Sabine; Hagemann-White, Carol; Hohenberger, Lydia; Schicke, Hildegard: Frauen in der Lebensmitte. Weiterbildung zwischen Familie und Beruf. Forschungsberichte. Bd. 1, Pfaffenweiler 1990

Gerber, Pia: Wann ist eine Fort- und Weiterbildung feministisch? beiträge zur feministischen theorie und praxis, Heft 43/44, Köln 1996, S. 185-191

Gieseke, Wiltrud (Hrsg.): Feministische Bildung – Frauenbildung. Pfaffenweiler 1993

Gieseke, Wiltrud u.a.: Erwachsenenbildung als Frauenbildung. Deutsches Institut für Erwachsenenbildung (Hrsg.). Bad Heilbrunn 1995

Glücks, Elisabeth: Weltbilder im Widerstreit – über die Sinnkrise im Selbstverständnis politischer Bildner. Ein Beitrag der Praxis aus weiblicher Sicht. In: Landesinstitut für Schule und Weiterbildung (Hrsg.): Weiterbildung in Nordrhein-Westfalen. Soest 1991, S. 157- 167

Griechen-Hepp, Karin: Emanzipatorische Frauenbildungsarbeit als Aufgabengebiet der Volkshochschule, Bad Honneff 1979

Haug, Frigga (Hrsg.): Frauen – Opfer oder Täter? Diskussion. (Argument-Studienhefte. SH 46), Berlin/Hamburg 1988, Erstveröffentlichung: Opfer oder Täter? Über das Verhalten von Frauen. Berlin 1981

Hufer, Klaus-Peter: Politische Erwachsenenbildung. Strukturen, Probleme, didaktische Ansätze – Eine Einführung. Schwalbach/Ts. 1992

Institut für Entwicklungsplanung und Strukturforschung 1988 (Hrsg.): Modellkurse zur Orientierung und beruflichen Qualifizierung für Frauen in Niedersachsen. Eine Zwischenbilanz. Hannover 1988

Institut für Entwicklungsplanung und Strukturforschung (Hrsg.): Frauenbildung ist politische Bildung? Politischer Anspruch von Bildungsangeboten für Frauen. Dokumentation des Workshops vom 21. Nov. 1995. Hannover 1996

Jochimsen, Luc: Frauen in der Bundesrepublik: die Mehrheit, die sich wie eine Minderheit verhält. Kursbuch 17. 1969, S. 90-97

88

Johannson, Kurt; Lorentz, Ellen: Berufliche und politische Bildung zugunsten von Frauen. Das Projekt „Arbeitsorientierte Technikqualifikation unter besonderer Berücksichtigung der Frauen". Beiträge, Informationen, Kommentare, hrsg. vom Forschungsinstitut für Arbeiterbildung, Heft 9/1990, S. 84-93

Jurinek-Stinner, Angela; Weg, Marianne (Hrsg.): Frauen lernen ihre Situation verändern. Was kann Bildungsarbeit dazu beitragen? München 1982

Kade, Jochen: Entgrenzung und Entstrukturierung. Zum Wandel der Erwachsenenbildung in der Moderne. In: Karin Derichs-Kunstmann u.a. (Hrsg.): Enttraditionalisierung der Erwachsenenbildung. Dokumentation der Jahrestagung 1996 der Kommission Erwachsenenbildung der Deutschen Gesellschaft für Erziehungswissenschaft. Beiheft zum REPORT, Frankfurt/Main 1997, S. 13-31

Kade, Sylvia: Frauenbildung. Eine themenorientierte Dokumentation. Frankfurt a.M. 1991

Kaplan, Karin; Derichs-Kunstmann, Karin: Zwischen Ablehnung und Annäherung. Die widersprüchlichen Reaktionen von Frauen auf das Vordringen der neuen IuK-Technologien in den Alltag – Ergebnisse einer Befragung. Hrsg.: Ministerium für Arbeit, Gesundheit und Soziales des Landes Nordrhein-Westfalen, Werkstattbericht Nr. 94, Düsseldorf 1991

Kaschuba, Gerrit; Reich, Wulfhild: „Fähigkeiten täten in mir schon stecken..." Lebensentwürfe und Bildungsinteressen von Frauen in ländlichen Regionen. Frankfurt/Main 1994

Kejz, Yvonne; Nuissl, Ekkehard; Paarsch, Hans Ulrich; Schenk, Peter: Lernen an Erfahrungen? Eine Fallstudie über Bildungsarbeit mit Industriearbeiterinnen. Hrsg.: PAS/DVV, Bonn 1979

Knafla, Leonore; Kulke, Christine: 15 Jahre Frauenbewegung. In: Roth, Roland/Rucht, Dieter (Hrsg.): Neue soziale Bewegungen in der Bundesrepublik Deutschland. Bonn 1987, S. 89-108

Kolk, Sylvia: Von der Selbsterfahrung über die Selbsterkenntnis zur Einsicht. Ein Befreiungsweg im Kontext feminstischer Bildungsarbeit. Bielefeld 1994

Krug, Gerda; Menke, Barbara: Von der Beharrlichkeit männlicher Muster – Erfahrungen aus der politischen Bildung. In: Arbeit und Leben DGB/VHS Landesarbeitsgemeinschaft NW (Hrsg.): Die Rückkehr der sozialen Frage. Zur Aktualität politischer Bildung. Schwalbach/Ts. 1998, S. 167-184

Krug, Gerda; Osang, Ulrike: „Es braucht langen Atem": Politische Bildung im Land Brandenburg. In: Bundesministerium für Bildung und Wissenschaft (Hrsg.): Einmischung erwünscht – Politische Weiterbildung von Frauen. Bonn 1995, S. 48-55

Küchler, Fee von: Frauenbildung und Frauenpolitik im vereinten Deutschland. Hessische Blätter für Volksbildung Heft 4/1991, S. 300-314

Kunstmann, Wilfried: Gemeinwohl und Emanzipation. Untersuchung der konzeptionellen Entwicklung der politischen Erwachsenenbildung an Volkshochschulen in der Bundesrepublik von 1945/49 bis 1980. Göttingen 1982. Unveröff. Man.

Kutz-Bauer, Helga: Was heißt frauenspezifisches Lernen und Handeln? Politische Bildung als Männerdiskurs und Männerdomäne. Aus Politik und Zeitgeschichte. Beilage zur Wochenzeitung das Parlament. B 25-26/1992. S. 19-31

Landeszentrale für politische Bildung Nordrhein-Westfalen (Hrsg.): Tagungsdokumentation „Deutschland einig Mutterland?" Düsseldorf/Recklinghausen Dez. 1990

Libreria delle donne di Milano: Wie weibliche Freiheit entsteht. Eine neue politische Praxis. Berlin 1988

Löw, Martina: Konkurrenz. Ein Bestandteil des Lernverhaltens von Mädchen und Frauen. In: Derichs-Kunstmann; Müthing (Hrsg.): Frauen lernen anders. Bielefeld 1993, S. 73-78

Mika, Bascha: Alice Schwarzer. Eine kritische Biografie. Reinbek bei Hamburg 1998

Morét, Esther: Konkurrenz im Diskurs der Neuen Frauenbewegung und Frauenforschung. In: Verein Niedersächsischer Bildungsinitiativen, Büro für Frauenbildungsarbeit (Hrsg.): Handlungsfähig, trotz wenn und aber. Frauen als Gleiche, Frauen als Verschiedene. Perspektiven feministischer Bündnispolitik. Osnabrück o.J. (1996), S. 49-59

Nave-Herz, Rosemarie: Die Geschichte der Frauenbewegung in Deutschland. Niedersächsische Landeszentrale für politische Bildung (Hrsg.), überarbeitete Aufl., Hannover 1998

Nuissl, Ekkehard: Mehr Weiterbildung, aber weniger politisch? Thesen zur Bedeutung der „Krise" der Arbeitsgesellschaft für die Zukunft der politischen Bildung. In: Landesinstitut für Schule und Weiterbildung (Hrsg.): Standort und Perspektiven der politischen Bildung. Soest 1985, S. 64-96

Rehbock, Annette; Schwarz, Ingrid: Wie Krabben im Topf – Konkurrenz unter Frauen. Bericht über einen Workshop zu einem zukunftsträchtigen Thema. In: Derichs-Kunstmann; Rehbock (Hrsg.): Jenseits patriarchaler Lei(d)tbilder. Bielefeld 1995, S. 130-145

Schiersmann, Christiane 1987a: Computerkultur und weiblicher Lebenszusammenhang. Bonn 1987

Schiersmann, Christiane 1987b: Zugangsweisen von Mädchen und Frauen zu den neuen Technologien – Eine Bilanz vorliegender Untersuchungsergebnisse. In: Frauenforschung Heft 1+2/1987, S. 5-24

Schiersmann, Christiane 1987c: Politische Bildung von Frauen für Frauen. Konzepte, Erfahrungen, Perspektiven. In: Materialien zur politischen Bildung. 2/1987. S. 5-9

Schiersmann, Christiane 1988 (Hrsg.): Mehr Risiken als Chancen? Frauen und neue Technologien. Bielefeld 1988

Schiersmann, Christiane: Frauenbildung. Konzepte, Erfahrungen, Perspektiven. München 1993

Schrader-Klebert, Karin: Die kulturelle Revolution der Frau. Kursbuch 17. 1969, S. 1-46

Sichtermann, Marie: Brot und Rosen: Die Suche nach dem Glück in Frauenprojekten. In: KOFRA 56. Feb./März 1992. S. 4-11

Stadt Gelsenkirchen, Frauenbüro (Hrsg.): Keine Geschichte ohne Frauen. Eine Auswahl von Materialien zur Geschichte der Frauen in Gelsenkirchen. Gelsenkirchen 1992

Thürmer-Rohr, Christina: Vagabundinnen – Feministische Essays. Berlin 1987

Verein Niedersächsischer Bildungsinitiativen, Büro für Frauenbildungsarbeit (Hrsg.): Handlungsfähig, trotz wenn und aber. Frauen als Gleiche, Frauen als Verschiedene. Perspektiven feministischer Bündnispolitik. Osnabrück o.J. (1996)

Wagner, Angelika: Autonome Frauenbildung oder: Knoten beim Sich-Emanzipieren? In: Jurinek-Stinner; Weg: Frauen lernen ihre Situation verändern, München 1982, S. 65-82

Weg, Marianne; Jurinek-Stinner, Angelika (Hrsg.): Frauenemanzipation und berufliche Bildung. Programme, Bildungskonzepte, Erfahrungsberichte. München 1982

Wolf-Graaf, Anke: Frauenbewegung an Volkshochschulen – Einige grundsätzliche Gedanken zur Erwachsenenbildung mit Frauen. In: Arbeitsgruppe Elternarbeit (Hrsg.). Frauenarbeit im Rahmen von Erwachsenenbildung, DJI-Materialien für die Elternarbeit, Band 2, München 1979, S. 7-37

Wurms, Renate: „Von heute an gibt's mein Programm" – Zur Entwicklung der politischen Frauenbildungsarbeit. In: Arbeitsgruppe Frauenbildung und Politik: Von Frauen für Frauen. Ein Handbuch zur politischen Frauenbildungsarbeit. Dortmund 1992. S. 11-40

II. Innovative Ansätze

Marianne Friese

Feministische Studien auf dem Weg zur Profession: Neuerungen der Frauenforschung durch Institutionalisierung

In der Hochschullandschaft der neunziger Jahre zeigt sich ein bemerkenswertes Phänomen: Fast hundert Jahre nach dem Beginn des Frauenstudiums an deutschen Universitäten, dreißig Jahre nach dem „historischen Tomatenwurf", der den Beginn der neuen akademischen Frauenbewegung markiert, und zwanzig Jahre nach der „Berliner Sommeruniversität für Frauen", die als Weichenstellung für die Frauenforschung gelten kann, erhält die Frage der Etablierung von Frauenstudien eine beachtliche Akzeptanz. Zu dieser Annahme berechtigt zum einen der hochschulpolitische Diskurs um die Institutionalisierung von Frauen- und Geschlechterstudien, die gegenwärtig als Innovationsfaktor einer zukunftsweisenden Hochschulplanung gilt. Zum anderen gibt die Einrichtung einer ansehnlichen Anzahl von wissenschaftlichen Studiengängen, Forschungszentren und Graduiertenkollegs[1] Anlaß zu der Prognose, daß sich tatsächlich ein feministischer Paradigmenwechsel vollzieht, der die Hochschullandschaft nachhaltig verändern kann. Ich werde diese These im folgenden in historisch vergleichender Perspektive begründen und im Kontext gegenwärtiger Entwicklungen am Beispiel der Gründung des Zentrums für Feministische Studien an der Universität Bremen entfalten.

Wie das „Berufsprivileg" Wissenschaft entstand: Ein historischer Rückblick

Die These einer nachhaltigen Bildung im Zuge feministischer Professionalisierung ist zunächst vor der historischen Folie der „longue-durée"-Strukturierung geschlechtlicher Ungleichheit im Wissenschaftssystem zu reflektieren. Historisch entstand die Schließung für Frauen bereits in der frühen Neuzeit, als sich die Universität im Kampf zwischen Tradition und Moderne, zwischen antiker Philosophie, mittelalterlicher Scholastik und neuzeitlicher Wissenschaft im Zuge der Rekrutierung des Priester-

---

1 Einen Überblick über den Stand der Institutionalisierung der Frauen- und Geschlechterstudien an BRD-Hochschulen geben Dröge-Modelmog, Ilse/Flaake, Karin, Frauen- und Geschlechterstudien an BRD-Hochschulen. Produktive Potentiale und Problembereiche, in: IFG. Zeitschrift für Frauenforschung, 4/97, S. 7-19; vgl. auch Tagungsbericht: Studiengänge zur Geschlechterforschung an deutschen Universitäten, Berlin, 8.11.1997, in: Neue Impulse. Wissenschaftliche Beiträge und Mitteilungen der Gesellschaft Deutscher Akademikerinnen e.V., 1/1998; zum internationalen Stand vgl. Metz-Göckel, Sigrid/Steck, Felicitas (Hrsg.), Frauenuniversitäten. Initiativen und Reformprojekte im internationalen Vergleich, Opladen 1997

nachwuches etablierte.[2] Die Universität als „Männerbund" war damit etabliert und zugleich das erste „Berufsverbot" für Frauen.[3] Diese Struktur charakterisiert die eine Seite eines Modernisierungsprozesses, der immer auch das Potential seiner Veränderung hervorbringt. Eine erste feministische Utopie formulierte die erst in neuerer Zeit von der Frauenforschung rezipierte Christine de Pizan im Jahre 1399 in Frankreich. Dem mysogenen Frauenbild ihrer Zeit und dem durch die antike Philosophie geprägten abendländischen Dualismus hielt sie einen Entwurf von der „Stadt der Frauen" entgegen, in dem sie einen weiblichen Raum im Sinne einer kollektiven Bildungs- und Solidargemeinschaft von Frauen konzipierte, einen kulturellen Ort, an dem weibliche Identität und Selbstbestimmung unter Bezug auf weibliche Bildungserfahrungen autonom und explizit unter Ausschluß von Männern ermöglicht werden sollte. Es sind zwei Argumente, die in der von Pizan in Gang gesetzten „querelle de femme" und in der Folge von den Streiterinnen für die intellektuelle Verteidigung der Frauen im Zuge der Renaissance und Frühaufklärung ins Feld geführt werden. Das erste Argument bezieht sich auf den Nachweis der Fähigkeit der Frau zu Bildung und Vernunft: Schon Pizan analysierte den Ausschluß der Mädchen und Frauen aus dem Bildungssystem als Verhinderung:

„Wenn es üblich wäre, die kleinen Mädchen eine Schule besuchen und sie im Anschluß daran, genau wie die Söhne die Wissenschaften erlernen zu lassen, dann würden sie genau so gut lernen und die letzten Feinheiten aller Künste und Wissenschaften mühelos begreifen wie jene."[4]

Das zweite Argument berührt die ebenfalls bis heute brisant gebliebene Frage des Verhältnisses von Haushalt, Studium und wissenschaftlichem Beruf. Darauf antwortete schon Christiane Marianne von Ziegler (1695-1760) in „ihrer Abhandlung, ob es den Frauen erlaubt sei, sich an den Wissenschaften zu beteiligen" (1739) mit dem Argument:

„Eine vernünftige Frau kann ihrer Haushalt und Kinderzucht wohl vorstehen und dennoch dabey einige Stunden auf Lesung guter Bücher wenden. Vor meinen Theil glaube ich, daß ihre erlangte Erkenntniß sie noch geschickter machen werde, den Pflichten einer vernünftigen Frau nachzuleben."[5]

---

2 vgl. Lundt, Bea, Zur Entstehung der Universität als Männerwelt, in: Kleinau, Elke/Opitz, Claudia (Hrsg.), Geschichte der Mädchen- und Frauenbildung, Bd. 1, Frankfurt/New York 1996, S. 103-118

3 Diese Interpretation in Friese, Marianne, Frauen studieren grenzenlos – wer machte den ersten Schritt? Vom Weg der Frauen, sich die Welt zurückzuerobern, in: Dokumentation der Tagung der Hans-Böckler-Stiftung zum Thema „Frauen studieren grenzenlos" – von der Überwindung räumlicher, zeitlicher, gesellschaftlicher und persönlicher Grenzen am 18.10.1996, Bonn 1997

4 de Pizan, Christine, Das Buch von der Stadt der Frauen (Le Livre de la Cité des Dames. Paris 1405). Aus dem Mittelfranzösischen übersetzt, mit einem Kommentar und einer Einleitung versehen von Zimmermann, Margarete, Berlin 1986, S. 183; auszugsweise abgedruckt und kommentiert von Friese, Marianne, in: Kleinau, Elke/Mayer, Christine (Hrsg.), Erziehung und Bildung des weiblichen Geschlechts. Eine kommentierte Quellensammlung zur Bildungs- und Berufsbildungsgeschichte von Mädchen und Frauen, Bd. 1, Weinheim 1996, S. 17-22.

5 Ziegler, Marianne, Vermischte Schriften in gebundener und ungebundener Rede, Leipzig 1739

Noch pointierter argumentierte Dorothea Christine Leporin, verh. Erxleben (1715-1762), der es als erster Frau in Deutschland gelang, an der Universität Halle die medizinische Doktorwürde zu erwerben. In ihrer Dissertation „Gründliche Untersuchung der Ursachen, die das weibliche Geschlecht vom Studieren abhalten" (1742) ging es Leporin nicht lediglich um den Nachweis der weiblichen Vernunft, sondern auch um die Widerlegung der Behauptung, daß diese Vernunft nur eine halbe sei. Scharfsinnig analysierte sie den Widerspruch einer beginnenden Aufklärung, die gegen ihren Universalitätsanspruch das weibliche Geschlecht von der Teilhabe an Bildung und Wissen ausschließt. Auch sie hielt Haushalt und Studium erstens für vereinbar und verwies zweitens darüber hinaus auf die produktive Wechselwirkung von theoretischer Erkenntnis und praktischer Erfahrung:

„Würde man hingegen erst den Verstand (der Frau) verbessern, so würde sich zeigen, daß dadurch der Haushaltsführung nichts abginge, sondern diese nur um so besser begriffen würde."

Konsequent argumentierte sie als Medizinerin für die wissenschaftliche Profession:

„Warum sollte man Bedenken tragen, seine Gesundheit einem Frauenzimmer anzuvertrauen, wenn sie genugsam dargetahn, daß ihre Wissenschaft gründlich sey."[6]

Mit diesen frühen Erkenntnissen sind bis heute brisant gebliebene Fragen der wissenschaftlichen Professionalisierung von Frauen vorweggenommen. Bemerkenswert ist, welche Energie, Scharfsinnigkeit und Klugheit aufzubieten war, um den androzentrischen Vorurteilen zu begegnen. Eine Folge war, daß zwar einzelne Frauen, die als „Wunderthier" der Wissenschaft galten, in das System eintreten durften, jedoch erstens unter demütigenden Auflagen: Die Frauen, wie z.B. Maria Anna v. Schurmann, mußten während der Vorlesungen in einem im Hörsaal aufgestellten Holzkasten verschwinden, sich hinter einem Vorhang verbergen, in einer vergitterten, undurchsichtigen Loge oder hinter der angelehnten Tür oder sie traten in Männerkleidung auf.[7] Zweitens repräsentieren die wenigen Beispiele keineswegs die historische Gesamttendenz: Tatsächlich waren es nur wenige privilegierte Frauen, die am System der Wissenschaften partizipierten.

Vor diesem historischen Hintergrund entstand die Erste Frauenbewegung im 19. Jahrhundert, die den Kampf um das Frauenstudium erneut aufnahm. Dies geschah einerseits in Auseinandersetzung mit den Gegnern der akademischen Ausbildung für Frauen,[8] andererseits im durchaus konkurrierenden Streit innerhalb der Frauenbewegung, in dem sich die noch heute aktuelle Kontroverse um Gleichheit und Differenz

---

6 Erxleben, Dorothea, Gründliche Untersuchung der Ursachen, die das weibliche Geschlecht vom Studieren abhalten (Berlin 1742), bearbeitet und mit einem Vorwort von Gudrun Gründken, Zürich/Dortmund 1993
7 Vgl. Gössmann, Elisabeth, Archiv für philosophie- und theologiegeschichtliche Frauenforschung. Bd. 1, Das Wohlgelahrte Frauenzimmer, München 1984; Bd. 2, Eva, Gottes Meisterwerk, München 1985
8 Historisch aufschlußreich ist die Studie von Arthur Kirchhoff, Die Akademische Frau. Gutachten hevorragender Universitätsprofessoren, Frauenlehrer und Schriftsteller über die Befähigung der Frau zum wissenschaftlichen Studium und Berufe, Berlin 1897

auch auf die Frage der wissenschaftlichen Bildung ausdehnte. Hedwig Dohm nahm diese Frage in ihrer Abhandlung über die „wissenschaftliche Emancipation der Frau" (1874) auf und antwortete radikal:

„Völlige Gleichberechtigung der Geschlechter auf dem Gebiet der Wissenschaft – nicht mehr kann ich fordern und mich mit weniger nicht begnügen."[9]

Die Erinnerung an das Bildungsprojekt der Frauenbewegung zielt auf zwei Wurzeln des historischen Erbes: nämlich erstens auf das Verhältnis zwischen Frauenbewegung und Frauenstudium und zweitens auf den Charakter der Frauenforschung als Wissenschafts- und Gesellschaftskritik. Diese Option schließt immer auch ein Bemühen um ein demokratisches Geschlechterverhältnis ein.

Historisch gilt die Zulassung der Frauen zum akademischen Studium um die Jahrhundertwende und zuletzt in Preußen 1908 als ein Ergebnis der Bildungsbemühungen der Ersten Frauenbewegungen. Es ist bekannt, daß sich dieser Erfolg durchaus als janusköpfig erwies: Frauen durften zwar mit der Zulassung zum Studium endlich das „gelobte Land" der Wissenschaft (Dohm) betreten; der höchst begehrte Platz der Definitions- und Entscheidungsmacht jedoch blieb exklusiv den Männern vorbehalten. Die Chance zur Professionalisierung und fachlichen Etablierung über Promotionen, Habilitationen und Professuren erhielten Akademikerinnen seit Öffnung der Universitäten nur selten. Das bitterste Lehrstück dieser Geschichte schrieb der Nationalsozialismus, der mit der Vernichtung von jüdischen Akademikerinnen und dem weitgehenden Ausschluß von Frauen aus der Wissenschaft einen tiefen Riß in der Geschichte der akademischen Professionalisierung von Frauen hinterließ.[10] Ein eindrucksvolles Beispiel bietet die Biographie der in Auschwitz ermordeten jüdischen Philosphin und christlich konvertierten Edith Stein, die ihr in den Weg gelegten Hürden und ihr gleichzeitiger Kampf für die Habilitation.[11] Aus der Gesamtsicht liest sich auch die Geschichte der Wissenschaft des 20. Jahrhunderts als eindrucksvolles Beispiel zur Sicherung des männlichen Berufsprivilegs.

Feministische Studien als Paradigmenwechsel: Innovationen und Risiken

Soweit zur historischen Nachhaltigkeit der geschlechtlichen Strukturierung im Berufsfeld Wissenschaft. Vor diesem Hintergrund erscheint es ratsam, die gegenwärtigen Neuerungen im Feld feministischer Studien gründlich zu überprüfen und zu messen an

---

9 Dohm, Hedwig, Die wissenschaftliche Emancipation der Frau, Berlin 1874
10 Wobbe, Theresa, Die Hürde der Habilitation und die Hochschullehrerinnenlaufbahn, in: Kleinau, Elke/Opitz, Claudia (Hrsg.), Geschichte der Mädchen- und Frauenbildung, Bd. 2, Frankfurt/New York 1996, S. 342-353; Huerkamp, Claudia, Jüdische Akademikerinnen in Deutschland 1900-1938, in: Wobbe, Theresa/Lindemann, Gesa, Denkachsen. Zur theoretischen Rede vom Geschlecht, Frankfurt am Main 1994, S. 86-112.
11 Vgl. Wobbe, Theresa, Wahlverwandtschaften. Die Soziologie und die Frauen auf dem Weg zur Wissenschaft, Frankfurt 1997

den inhaltlichen Zielen, konzeptionellen Entwürfen und hochschulpolitischen Strate-gien. Sollte es wirklich gelingen, innerhalb des gegenwärtig viel zitierten „Generatio-nenwechsels" zugleich einen „Geschlechtswechsel" zu vollziehen, besteht sehr wohl die Chance, das historisch langfristig institutionalisierte Berufsprivileg Wissenschaft abzulösen zugunsten einer geschlechterdemokratischen Öffnung. Wird zugleich das gegenwärtig noch bestehende Spannungsverhältnis der „rhetorischen Präsenz und fak-tischen Marginalität"[12] von Frauen und deren Forschungen überwunden, ist der Weg geöffnet für eine neue Kartographie des Systems Wissenschaft und der systematischen Etablierung feministischer Wissensfelder im Kanon der Disziplinen sowie ihre inter-disziplinäre Verankerung. Gelingt es den beteiligten Wissenschaftlerinnen zudem, im Prozeß der eigenen Institutionalisierung und Professionalisierung eine kritische wis-senschaftliche Selbstreflexivität und den Bezug zu gesellschaftskritischen und sozia-len Handlungspraxen, wie der Frauenbewegung,[13] herzustellen, wäre an der Schwelle zum 21. Jahrhundert tatsächlich eine Utopie auf den Weg gebracht, die historisch lang-fristig vorbereitet ist und zugleich allen Reden vom „Tod des Subjekts" zum Trotz in-novative Neuerungen einleitet.

Zweifellos birgt dieser Prozeß auch Risiken. Ich will einige aus meiner Sicht klärungsbedürftige Fragen benennen, und zwar aus theoretisch-methodologischer, for-schungsstrategischer wie aus hochschulpolitischer Perspektive.

Eine erste Anmerkung gilt dem gegenwärtigen „Richtungsstreit" um die Termino-logie „Frauenforschung" oder „gender studies"[14], der sich zugleich mit dem Abschied des Begriffs „Feminismus" zu verbinden scheint. Auffällig ist die Tendenz, Feminis-mus erneut mit dem Ideologie- und Politikverdikt zu belegen und Frauenforschung als methodologisch überholten Ansatz der siebziger Jahre gegenüber einer zukunftswei-senden gender-Forschung zu definieren[15]. Hier steht erstens eine wissenschaftstheore-tische Klärung von Begriffen, Gegenständen und Methodologien an. Zweifellos ist es sinnvoll, zur Erforschung der diskursiven Konstruktionen und sozialen Praxen von Geschlecht nicht allein Frauenwelten sondern das Geschlechterverhältnis als Gegen-stand zugrunde zu legen, kurz: Geschlecht als soziale Strukturkategorie zu analysie-

---

12 Wetterer, Angelika, Rhetorische Präsenz – faktische Marginalität. Zur Situation von Wissen-schaftlerinnen in Zeiten der Frauenförderung, in: IFG. Zeitschrift für Frauenforschung, 12. Jg., H. 1+2, 1992, S. 93-109

13 Hark, Sabine, Zur Institutionalisierung neuer Wissensfelder – Reflexivität als Programm, in: Neue Impulse, Wissenschaftliche Beiträge und Mitteilungen der Gesellschaft Deutscher Akademikerinnen e.V., 1/1998, S. 6-9 und Dröge-Modelmog, Ilse/Flaake, Karin, Frauen und Geschlechterstudien an BRD-Hochschulen. Produktive Potentiale und Problembereiche, in: IFG. Zeitschrift für Frauenforschung, 4/97, S. 7-19

14 Eingeleitet als öffentlicher Diskurs wurde diese Frage auf der Tagung der Sektion Frauen-forschung in der Deutschen Gesellschaft für Soziologie 1993 in Sonneberg. Die Aktualität spiegelte sich auch wider auf der Tagung der Humbold-Universität zum Stand der Studi-engänge zur Geschlechterforschung an deutschen Universitäten in Berlin 1997; vgl. den Ta-gungsbericht in Neue Impulse, 1/1998, darin insbes. Kriszio, Marianne, Zur Frage der Terminologie Frauenstudien bzw. Geschlechterstudien, S. 4-5

15 Eine solche explizite Interpretation findet sich z. B. bei Hof, Renate, Die Entwicklung der Gender Studies, in: Bußmann, Hadumod/Hof, Renate (Hrsg.) Genus. Zur Geschlechterdiffe-renz in den Kulturwissenschaften, Stuttgart 1995, S. 2-33

ren. Aus meiner Sicht ist aber genau dieses Paradigma der originäre Ansatz der Frauenforschung, der sich im Anschluß an die ersten Forschungen „von Frauen über Frauen" und als wissenschaftstheoretische Differenzierung in den achtziger Jahren entwickelte. Es besteht methodologisch also kein Grund, einen Dualismus von Frauenstudien und gender zu konstruieren.

Neben diesem Aspekt eröffnet sich ein hochschulpolitisches und forschungsstrategisches Argument. Unübersehbar ist die Attraktivität von gender studies, dessen Label sich zum einen günstig auf die Ausstattung mit Stellen und Forschungsmitteln und zum anderen im Hinblick auf die Akzeptanz im mainstream der Wissenschaften auswirken kann. Zweifellos sind Ressourcen, Stellen und Definitionsmacht unverzichtbare Voraussetzungen für eine wirkungsvolle Institutionalisierung, und die Verortung gender wird zur legitimen Strategie. Jedoch besteht auch die Gefahr der heimlichen Reproduktion von Schließungsmechanismen, die sich gleichsam „hinter dem Rücken" der Wissenschaftlerinnen erneut vollzieht. Die thematische Beschäftigung von männlichen Wissenschaftlern mit dem Geschlechterverhältnis kann sinnvoll sein, wenn dabei die kritische Reflexion von Macht, Herrschaft und sozialer Ungleichheit im Geschlechterkontext nicht aus dem Blick gerät. Problematisch wird es, wenn eine erneute Konkurrenz um Ressourcen und Stellen Wissenschaftlerinnen und ihre Gegenstände erneut an den Rand drängt.

Auffällig in diesem Zusammenhang ist drittens auch die relativ zügige Gründung von Studiengängen gegenüber dem äußerst zähen Prozeß der Institutionalisierung von Forschungseinrichtungen. Hier geht es um zweierlei: Zum einen um die akademische Arbeitsteilung zwischen der weniger beachteten Lehre, die eher an Frauen delegiert wird, gegenüber der hoch angesehenen Forschung. Berührt ist zum anderen die Frage einer gesicherten Ausstattung für langfristige Forschungsprojekte, ohne die eine nachhaltige Etablierung feministischer Wissensbestände nicht stattfinden kann.

Ein vierter Aspekt richtet sich auf das Verhältnis von institutioneller Integration und Domestizierung radikaler Ansprüche, die den wissenschafts- und gesellschaftskritischen Impetus des feministischen Selbstverständnisses berührt. Hier mag sich eine „Akzentverschiebung" andeuten, die sich darin ausdrückt, daß in offiziellen Stellungnahmen Begriffe wie Patriarchatskritik, Frauendiskriminierung und Frauenemanzipation nicht mehr auftauchen. Ist es die Selbstverständlichkeit von Themen, die nicht mehr explizit zu benennen sind, oder handelt es sich um inhaltliche Folgen einer allzu weitgehenden Ausrichtung an den Kriterien akademischer Seriosität?[16]

Soweit zu einigen Risiken und Fragen einer neuen Feminismusdebatte. Im folgenden will ich am Beispiel des Bremer Modells einen Ansatz feministischer Studien vorstellen, in dem erstens statt neuer Konkurrenzen produktive Kooperationen zwischen Frauenforschung und gender studies vorgesehen sind. Dieser Ansatz beruht zweitens auf einer expliziten Verknüpfung zwischen Frauenforschung und Frauenförderung.[17]

---

16 Diesen Komplex behandelt Kriszio, Marianne, Zur Frage der Terminologie Frauenstudien bzw. Geschlechterstudien, in: Neue Impulse, Wissenschaftliche Beiträge und Mitteilungen der Gesellschaft Deutscher Akademikerinnen e.V., 1/1998, S. 4-5

17 Dieser Zusammenhang wird ebenfalls betont von Babendererde, Cornell/Kahlert, Heike, in: Profilbildung in der Wissenschaftslandschaft Mecklenburg-Vorpommerns. Das Interdis-

Diese interpretiere ich als ein Resultat der Entwicklungen seit den siebziger Jahren und als Charakteristikum für die Phase der neunziger Jahre. Systematisch läßt sich festhalten: Frauenforschung und Frauenförderung repräsentieren zwei Seiten eines emanzipatorischen Bildungsprozesses mit je spezifischen Aufgaben, die nicht ineinander aufgehen, sich wohl aber wechselseitig bedingen und produktiv vernetzen. Schließlich ist es die Erkenntnis, daß trotz mehr als zwei Jahrzehnten Frauenförderung, trotz der Fülle von Forschungsergebnissen, feministischen Seminaren, Abschluß- und Qualifikationsarbeiten erstens die personale Ungleichheit zwischen Männern und Frauen keineswegs strukturell aufgehoben ist und zweitens ebenfalls keine grundständige Etablierung feministischer Themen im „male-stream" der Wissenschaften stattgefunden hat. Diese Analyse von Frauenforschung und Frauenförderung kann als Ausgangspunkt für die Institutionalisierung und Professionalisierung von Frauen- und Geschlechterforschung in den neunziger Jahren gelten.

Vor diesem Hintergrund ist auch die Entwicklung an der Universität Bremen zu verstehen. Ich werde im folgenden den Gründungsprozeß, konzeptionelle Grundideen und thematische Fragen des „Zentrums für Feministische Studien. Frauenstudien/Gender studies" in Verknüpfung mit meinen eigenen Positionen und Forschungsansätzen skizzieren.[18]

Ein feministisches Haus der Wissenschaft am Ort Universität.
Am Beispiel des Zentrums für „Feministische Studien. Frauenstudien/gender studies" an der Universität Bremen

Die Gründung: ein feministischer Bildungsprozeß

An der Universität Bremen wurde im März 1998 im Akademischen Senat und drei Monate später durch den Senat des Landes Bremen die Gründung eines „Zentrums für Feministische Studien. Frauenstudien/gender studies" als Zentrale Wissenschaftliche Einrichtung beschlossen. Vorausgegangen war ein langwieriger und steiniger Weg im patriarchalen Gefüge der Institution, der sich jedoch zugleich als kreativer feministischer Bildungsprozeß herausstellte. Ein Anfangspunkt wurde im Jahre 1992 gesetzt, als die Universität im Rahmen der Hochschulentwicklungsplanung und Frauengleichstellungspolitik einen Schwerpunkt im Bereich der Frauenforschung beschloß mit dem Ziel, neben der Förderung der quantitativen Steigerung des Frauenanteils am wissenschaftlichen Personal auch qualitative Veränderungen zur Verankerung feministischer Studien in Forschung und Lehre in Gang zu setzen. Zugrunde lag die Bestandsauf-

---

ziplinäre Zentrum für Frauen- und Geschlechterstudien der Ernst-Moritz-Universität Greifswald, in Hochschule Ost, H. 1/1998
18 Da ich als damalige Zentrale Frauenbeauftragte das Memorandum der „AG Women studies" und später als Sprecherin der Gründungskommission die Forschungskonzeption „Feministische Studien" federführend betreut habe, ist es mir nicht möglich, eine strikte Trennung zwischen Zentrumskonzeption und eigenen Positionen und Forschungsansätzen herzustellen.

nahme, die vom Sachgebiet „Frauen"[19] und der Arbeitsgruppe „Women Studies"[20] erhoben wurde, daß die auf der Basis der Gleichstellungsrichtlinie zustande gekommenen Maßnahmen zwar zu punktuellen Fortschritten in Lehre und Forschung, z.B. feministische Lehraufträge, Verankerung von frauenspezifischen Inhalten in einzelnen Prüfungs- und Studienordnungen, Promotions- und Habilitationsförderung, geführt hatten. Die strukturelle Dimension der Ungleichheit zwischen Männern und Frauen blieb jedoch auch an der Universität Bremen weitgehend unberührt. Die Einzelmaßnahmen vermochten es nicht, die entscheidenden Voraussetzungen für einen hochschulpolitischen Strukturwandel zu schaffen: Die bestehende Schere zwischen steigendem Studentinnenanteil und der gravierenden professoralen Unterrepräsentanz von Frauen konnte nicht spürbar geschlossen werden. Der damit verbundene Charakter der Diskontinuität und Zufälligkeit feministischer Forschung und Lehre existierte nach wie vor. Eine gezielte Institutionalisierung und Professionalisierung von Frauen- und Geschlechterstudien – so das Fazit – fand keineswegs statt. Auch für die Universität Bremen galt, was für die Erziehungswissenschaften festgestellt wurde: Die Frauenforschung befindet sich immer noch auf Nebengleisen.[21] Wie könnten veränderte Weichenstellungen aussehen, die auf die Hauptstrecke führen?

An dieser Frage setzte die Idee des „Zentrums für Feministische Studien" an. In einem ersten Schritt wurde im Juni 1995 auf Vorschlag der Arbeitsgruppe „Women Studies" durch den Akademischen Senat ein Memorandum[22] zur „Institutionalisierung eines Zentrums für Feministische Studien an der Universität Bremen" in Form einer Zentralen Wissenschaftlichen Einrichtung beschlossen. Unter der Überschrift „Feministische Forschung als Paradigmenwechsel" wurden die grundlegenden inhaltlichen, personellen und organisationspolitischen Ideen formuliert und zugleich als fester Bestandteil der allgemeinen Hochschulentwicklungsplanung integriert. Ein zweiter Schritt bestand in der Einrichtung einer Gründungskommission „Zentrum für Feministische Studien". Diese wurde mit einer Geschäftsstelle ausgestattet und vom Akademischen Senat mit der Aufgabe beauftragt, die im Memorandum skizzierten Konzepte für Forschung, Lehre, Nachwuchsförderung, Organisations- und Personalplanung auszuarbeiten.

---

19 Das Sachgebiet „Frauen" ist als Stabsstelle der Universitätsleitung zugeordnet und besteht aus: der Arbeitsstelle zur Durchsetzung der Gleichberechtigung von Frauen in der Wissenschaft (Frauenbüro) und der Arbeitsstelle gegen sexuelle Diskriminierung und Gewalt am Ausbildungs- und Erwerbsarbeitsplatz (ADE) sowie der Geschäftsstelle der Gründungskommission „Zentrum für feministische Studien".

20 Die AG „Women Studies" wurde vom Sachgebiet „Frauen" und der „Zentralen Kommission für Frauenfragen" initiiert. Interessierte Wissenschaftlerinnen und Studentinnen erarbeiteten die ersten Gründungsideen zur Institutionalisierung von Frauenforschung.

21 Heintzel, Friederike/Jacobi, Juliane/Prengel, Annedore: Wie lange noch auf Nebengleisen? Zur Institutionalisierung der Erziehungswissenschaftlichen Frauenforschung, in: Erziehungswissenschaft, hg. vom Vorstand der Deutschen Gesellschaft für Erziehungswissenschaft, 5. Jg., H. 9, 1994, S. 113-129

22 Memorandum Institutionalisierung eines Zentrums für Feministische Studien an der Universität Bremen, Bremen 1995

Die Planungsarbeiten der Gründungskommission waren schwierig und zugleich produktiv. Ein Grundsatz bestand in der Kooperation vieler: Personen und Institutionen, Studentinnen, wissenschaftliche Mitarbeiterinnen, Professorinnen, Frauenbeauftragte, Mitarbeiterinnnen des Frauenbüros, auswärtige Expertinnen, Wissenschaftlerinnen aus dem breiten Spektrum der Natur-/Technik- sowie Gesellschafts-/Kulturwissenschaften. So konnten von Anfang an fachliche und interdisziplinäre Perspektiven und die in den akademischen Statusgruppen vertretenen hochschulpolitischen Interessen berücksichtigt werden. Die Beratung durch auswärtige Expertinnen der Universitäten Lüneburg und Oldenburg knüpfte zugleich die Kooperationen für den „Nordverbund". Unverzichtbar war die Zuweisung von Ressourcen für eine Geschäftsstelle. Ebenso bedeutsam war die Strategie, feministische Studien von Anfang an nicht in die Ecke der „besonderen Frauenforschung" zu drängen, sondern als Bestandteil allgemeiner Hochschul- und Wissenschaftsentwicklung zu verhandeln. Für das zukünftige Zentrum wurden folgende Grundsteine gelegt.[23]

Die Bausteine: Konzeptionelle Grundlagen

– Der Titel „Feministische Studien" repräsentiert die Verknüpfung von Frauen- und Geschlechterstudien.

Diese Absicht war auch an der Universität Bremen äußerst umstritten. Nicht nur im Gefüge der Gremien, auch innerhalb der Frauenforschung fand eine heftige Debatte um die Terminologie statt, die den oben skizzierten Richtungsstreit zwischen Frauenforschung/gender studies und feministischen Studien repräsentiert. Jedoch bot dieser Prozeß zugleich die Chance, das Thema nachhaltig in die wissenschaftliche und hochschulpolitische Öffentlichkeit zu bringen und begrifflich neu zu bearbeiten. Mit der getroffenen Entscheidung, das Bremer Zentrum unter dem Titel „Feministische Studien" zu etablieren, ist die Absicht verbunden, gegenüber der Abwertung des Feminismus als ideologischen Begriff erstens eine neue Verteidigung des „Erkenntnisprojekts Feminismus"[24] einzuleiten und zweitens statt Konkurrenz eine produktive Kooperation von Frauen- und Geschlechterforschung zu befördern. Ich erinnere: Schon im 19. Jahrhundert wurde der Begriff des Feminismus analog zum Kampf gegen das Frauenstudium mit dem Verdacht des Politischen und Ideologischen behaftet und über viele Jahrzehnte von der wissenschaftlichen Landkarte ausradiert. Erst die neue Frauenforschung der siebziger Jahre hat den Begriff wieder aufgenommen und wissenschaftlich ausdifferenziert. In diesem Verständnis schließt Feminismus unterschiedliche theoretische und methodologische Ansätze ein. In der Bremer Programmatik verbinden sich mit dem Namen „Feministische Studien" zwei nicht zu trennende Elemente der Frauen- und Geschlechterforschung: In der Tradition des

---

23 Forschungskonzeption „Zentrum für Feministische Studien. Frauenstudien/gender studies". Entwurf der Gründungskommisson, Universität Bremen 1997
24 Karsten, Maria-Eleonora, Was heißt Feminismus/feministisch heute in der Praxis der Hochschulpolitik. Gastvortrag in Vorbereitung der Schwerpunktes „Frauenforschung" im Akademischen Senat an der Universität Bremen am 15.2.1995.

Feminismus als Wissenschafts- und Gesellschaftskritik geht es zum einen darum, den androzentrischen Bias aller Fachrichtungen zu revidieren und dies aus einer parteilichen Perspektive für Frauen mit dem Ziel der Veränderung bestehender Verhältnisse. Hier aufgehoben ist auch der Ansatz, Frauen als Subjekte und Objekte der Wissenschaft „sichtbar" zu machen und zugleich Geschlecht als analytische Kategorie in den Fächerkanon einzuführen. In diesem Sinne versteht sich Feminismus als grundlegender Paradigmenwechsel, der auf theoretische Revision, empirische Begründung und hochschulpolitische Demokratisierung des Geschlechterverhältnisses zielt. Aus dieser Perspektive bietet der Feminismus das theoretische und methodologische Dach für ein Gebäude der Frauen- und Geschlechterforschung, das viele Räume für fachliche Pluralität, wissenschaftlichen Streit und feministische Kooperationen vereint.

– Die Gleichzeitigkeit von Disziplinarität und Interdisziplinarität sichert fachliche
  Kompetenz und disziplinübergreifende Vernetzung
Interdisziplinarität ist ein methodischer Grundsatz, ohne den die neue Frauenforschung nicht zu denken ist. Die disziplinären Grenzüberschreitungen zwischen den Geistes-/Kultur- und Sozialwissenschaften haben neue methodische und theoretische Perspektiven ermöglicht. Die im Bremischen Modell zudem hergestellte interdisziplinäre Perspektive zwischen zwei traditionell getrennten Großbereichen der Wissenschaft, nämlich die Natur-/Technik- und Geistes-/Gesellschaftswissenschaften soll dazu beitragen, weitere unausgesprochene Wechselwirkungen zu bearbeiten und neue Zusammenhänge für Theorie und Wissenschaftspraxis herzustellen. Diese Perspektive wird im Forschungsprogramm durch zwei miteinander kooperierende Forschungsschwerpunkte hergestellt. In den Naturwissenschaften/Technik geht es darum, die Genese und Verwendung naturwissenschaftlich-technischen Wissens mit Fragen der Umweltforschung zu verknüpfen. Der Forschungsbereich „Gesundheit" bietet die Möglichkeit, diese Perspektive mit gesellschaftswissenschaftlichen Fragestellungen zu verbinden und stellt somit eine produktive Schnittstelle zwischen den Großbereichen dar. Der Schwerpunkt „Kultur und Bildung" zielt darauf, in den Geistes- und Gesellschaftswissenschaften kulturwissenschaftliche Geschlechterstudien mit bildungs-, arbeits- und sprachwissenschaftlichen Gegenständen zu vermitteln. Die Bereiche „Recht der Geschlechterbeziehungen" und „Soziologie des Geschlechterverhältnisses" stellen wichtige Kooperationen dar. Auch in den Lehrkonzepten geht es darum, die fachliche Vertiefung feministischer Inhalte zu erweitern und die Gleichzeitigkeit von disziplinären Perspektiven und fachübergreifenden Vernetzungen herzustellen. Mit den feministischen Studien soll einerseits sowohl den Studierenden als auch den Lehrenden eine organisatorische und inhaltliche Struktur zur Verfügung stehen, die es ermöglicht, die bisherigen Aktivitäten und Ergebnisse im Bereich der feministischen Forschung zu bündeln, disziplinär und interdisziplinär weiterzuentwickeln und zu vernetzen, fachlich zu professionalisieren und fächerübergreifend zu institutionalisieren. Dieser Grundsatz impliziert andererseits, daß Studiengänge, Fachbereiche und Forschungseinrichtungen ebensowenig aus der Verantwortung entlassen werden sollen, den Frauenanteil zu erhöhen wie auch die feministischen Fragestellungen für ihr Fach zu reflektieren und in die Studien- und Prüfungsordnungen zu integrieren. Umgekehrt soll die Intensivierung und disziplinübergreifende Vernetzung von Frauenstudien/gen-

der studies am institutionellen Ort „Zentrum für Feministischer Studien" gewährleistet sein. Um diesen Anspruch zu realisieren, wurden umfassende thematische und curriculare Neuerungen vorgeschlagen, die im Organisationsmodell „Doppelstruktur" umgesetzt werden sollen.

– „Doppelstruktur" in Forschung und Lehre
Als Organisationsmodell wurde eine fachliche und personelle „Doppelstruktur" konstruiert. Forschungsvorhaben, Lehrende, Studierende und Veranstaltungen sollen zugleich im Zentrum und in den Fächern wirken. Von dieser Struktur wird in mehrfacher Hinsicht eine innovative Entwicklung erwartet: Forschungsstrategisch besteht die Chance, feministische Wissenschaft sowohl inhaltlich wie personell von der Reduktion des „Besonderen" zu befreien, Separierung zu vermeiden, ohne auf die notwendige Intensivierung feministischer Forschung zu verzichten. Die disziplinäre Integration bietet umgekehrt die Chance, die Desiderate der Disziplinen aufzugreifen und den Fächerkanon grundlegend durch die Einführung der Kategorie Geschlecht zu erweitern. Die Doppelstruktur bildet auch die Grundlage für Lehre und Nachwuchsförderung und die Entwicklung neuer Curricula. In den feministischen Studien geht es um neue Inhalte und Formen, um die Integration feministischer Lehrinhalte, um die Intensivierung des Transfers von Forschung und Lehre, um die Einbeziehung der Studierenden in interdisziplinäre und kritische Wissenschaftsdebatten. Diese Perspektive erscheint gerade vor dem historischen Hintergrund des beharrlichen Ausschlusses von Frauen und feministischen Inhalten aus dem Wissenschaftssystem längst überfällig zu sein. Insofern können die inzwischen gegründeten Studiengänge im Bereich der Frauen- und Geschlechterforschung an BRD-Hochschulen als „qualitativer Sprung"[25] bewertet werden.

Das Lehrkonzept an der Universität Bremen wird im besonderen in Kooperation mit dem im Wintersemester 1997/98 eingerichteten Studiengang Magister-Nebenfach „Frauen- und Geschlechterstudien" an der Universität Oldenburg geplant. Entscheidend ist, gegenüber der Diskontinuität der bisherigen feministischen Lehrpraxis ein kontinuierliches, curricular abgestimmtes Lehrangebot sicherzustellen. Da die disziplinorientierte Fächerstruktur feministischen Fragestellungen nicht vollständig gerecht werden kann, ist es erforderlich, das Curriculum „Feministische Studien" interdisziplinär auszurichten. Gleichzeitig soll die Einführung der Kategorie Geschlecht in die einzelnen Fächer diese befähigen, das Geschlechterverhältnis als grundlegende Dimension zu begreifen.

An der Universität Bremen sind drei ineinandergreifende Elemente geplant: erstens die Einrichtung eines Magister-Nebenfachs „Feministische Studien" auf der Basis eines speziellen Curriculums; zweitens die Einrichtung eines anwendungsbezogenen Kursangebotes im Bereich der wissenschaftlichen Weiterbildung;[26] drittens die

---

25 Modelmog, Ilse, Neuer Studiengang. Ein qualitativer Sprung, in: Neue Impulse, Wissenschaftliche Beiträge und Mitteilungen der Gesellschaft Deutscher Akademikerinnen e.V., 1/1998, S. 9-11

26 Die Planungen orientieren sich an den Entwicklungen im Feld der wissenschaftlichen Weiterbildung (vgl. Bruchhagen, Verena, Frauenstudien. Konzepte, Modelle und Praxis wissenschaftlicher Weiterbildung, Weinheim/München 1989) und speziell am Koblenzer Modell

parallele Verankerung feministischer Lehrinhalte in vorhandene Studien- und Prüfungsordnungen.

Durch die verbindliche Einführung feministischer Lehrinhalte in die Studien- und Prüfungsordnungen der Fächer und die gleichzeitige Vertiefung feministischer Studien in einem interdisziplinär ausgerichteten Zentrum besteht die Chance für Studierende wie für Lehrende, Fragen der Geschlechterverhältnisse gleichzeitig als grundlegende wie auch fachlich spezialisierte Studieninhalte zu begreifen. Ein Beispiel ist die Neustrukturierung der Erziehungswissenschaften an der Universität Bremen, in deren Zuge grundlegende feministische Bildungsbereiche integriert wurden.

– Neue Wege zur Professionalisierung durch Nachwuchsförderung
Vor dem Hintergrund der professionspolitischen Geschichte scheint eine nachhaltige Qualifizierung für das Berufsfeld Wissenschaft von besonderer Relevanz. Die an der Universität Bremen schwerpunktmäßig durchgesetzte Förderungsstruktur zur Promotion und speziell zur Habilitation hat sich als unverzichtbare Zukunftsstrategie erwiesen. Die Kooperation mit dem als Promotionsförderung eingerichteten Aufbaustudiengang „Kulturwissenschaftliche Geschlechterstudien" an der Universität Oldenburg wurde bereits begonnen. Integriert in den Kontext des Zentrums wurden ebenfalls Forschungsprojekte und Qualifizierungsarbeiten, die durch Stellen oder Stipendien abgesichert sind. Ein Beispiel dieser disziplin- und universitätsübergreifenden Aktivitäten ist die Einrichtung einer Theorie-Arbeitsgruppe, in der Studentinnen und Wissenschaftlerinnen gegenwärtig mit der Planung einer feministischen Winterakademie befaßt sind. Neu geplant ist die Einrichtung eines interdisziplinären Graduiertenkollegs zum Themenkomplex „Diskursive Konstruktion und soziale Handlungspraxen von Körper/Geschlecht. Leitbilder, Selbstbilder, Optionen". Beteiligt sind Wissenschaftlerinnen aus dem Bereich der Erziehungs-, Kultur-, Kunst-, Sozial-, Musik-, Politikwissenschaften, aus der Ethnologie wie aus der Didaktik der Physik, eine Kooperation, die das Prinzip der Interdisziplinarität und vor allem die Grenzüberschreitung zwischen Natur-/Technik- und Geistes/Kulturwissenschaften auf den Bereich der Nachwuchsförderung ausdehnt. Das Projekt wird zudem universitätsübergreifend im „Nordverbund" von den Universitäten Bremen, Oldenburg und Lüneburg gemeinsam geplant und betreut. Erwartet werden von dieser Konstruktion verstärkende Effekte, die auf die einzelnen Projekte wie auch auf den Gesamtschwerpunkt zurückstrahlen. Den Doktorandinnen soll die Möglichkeit gegeben werden, die jeweiligen Fragestellungen einerseits in überschaubaren Komplexen und fachlicher Intensivierung zu bearbeiten, andererseits in interdisziplinären Gesamtzusammenhängen zu reflektieren.

(vgl. de Sotelo, Elisabeth (Hrsg.), Neue Frauenbildung. Dokumentation der Fachtagung zum Modellprojekt „Koblenzer Frauenstudien". Curriculare und institutionelle Aspekte, 1993 Universität in Koblenz, Obertshausen 1995; de Sotelo, Elisabeth (Hrsg.), Wissenschaftliche Weiterbildung für Frauen. Dokumentation der Fachtagung zum Modellprojekt „Koblenzer Frauenstudien". Frauen in Öffentlichkeit, Beruf und Familie. 3./4.Nov. 1995 Universität Koblenz-Landau, Münster 1997); ebenfalls Freund, Martina, „Und was hab' ich davon?" Frauenstudien an der Universität – Weiterbildung für Frauen in und nach der Familienphase, Bielefeld 1997.

– Planungssicherheit durch institutionelle Absicherung und Autonomie zugleich

Die Gesamtperspektive erfordert ein Organisationsmodell, das institutionelle Einbindung und Autonomie zugleich ermöglicht. Das „Zentrum für Feministische Studien" ist eine fachbereichsübergreifende Zentrale Wissenschaftliche Einrichtung mit finanzieller Ausstattung und Entscheidungsautonomie. Eine solche Einrichtung kann keineswegs kostenneutral sein. Eine Grundlage sind Stellenzuweisungen im Rahmen der allgemeinen Hochschulentwicklungsplanung. Im Stellentableau der Universität Bremen sind sieben Frauenforschungsprofessuren und zwei Dozenturen für die Bereiche der Natur-/Technik- sowie Gesellschafts-/Kulturwissenschaften vorgesehen. Darüber hinaus erfolgt die Einrichtung auf der Grundlage von Kooperationen und vorhandenen Kapazitäten im Bereich der Frauenforschung an der Universität Bremen.

Das Dach: Forschungsverständnis und theoretische Bezüge

Vorgesehen ist, zum Rahmenkomplex Geschlechterverhältnisse und Modernisierung historische, theoretische und empirische Studien zur regionalen und internationalen Frauen- und Geschlechterforschung durchzuführen. Erkenntnistheoretisch und methodologisch werden folgende Optionen zugrundegelegt:

– Die Forschungen orientieren sich erstens an dem von der feministischen Forschung entwickelten Paradigma, Geschlecht als historische und soziale Kategorie zu entfalten und damit grundlegende erkenntnistheoretische Revisionen einzuleiten.
– Zweitens soll der kategoriale Status von Geschlecht mit einer theoriegeleiteten und empirisch fundierten Analyse eines „doing-gender"-Prozesses verknüpft werden, indem die unterschiedlichen individuellen und gesellschaftlichen Ausformungen von Geschlechterverhältnissen konkret-historisch und gegenstandsbezogen untersucht werden.
– Diese Perspektive der Geschlechterverhältnisse schließt drittens die Verschränkung von Struktur und Handlung ein.
– Es wird viertens gleichzeitig eine Erweiterung der Perspektive von der Geschlechterdifferenz auf die sozialen Unterschiede zwischen Frauen vorgenommen. In der Gesamtperspektive geht es darum, die Komplexität der individuellen wie gesellschaftlichen Verschränkung der Dimensionen Geschlecht, Klasse, Ethnizität, Generation, Sexualität in ihrer jeweiligen konkreten Ausformung empirisch zu untersuchen, analytisch zu systematisieren und an der Schnittstelle von Grundlagenforschung und konkret angewandter Forschung zu vermitteln.
– Methodisch wird auf der Grundlage der vorhandenen und von der Gründungskommission evaluierten Forschungskapazitäten der Universität Bremen sowie der im Rahmen der Hochschulentwicklungsplanung vorgesehenen Professuren und Dozenturen ein fächerübergreifender, interdisziplinärer Ansatz vorausgesetzt. Gleichzeitig werden im Rahmen der Auswertung des internationalen Forschungsstandes diejenigen Forschungsbedarfe aufgegriffen, die innovative Ergebnisse für regionale und internationale Perspektiven erwarten lassen.

Da die Fülle der Fragestellungen, theoretischen Ansätze und methodischen Verknüpfungen nicht hier entfaltet werden kann, werde ich im folgenden einige Bereiche an Gegenständen der Erziehungswissenschaften und Weiterbildung sowie am eigenen Forschungsprogramm ausführen.

Die Ausgestaltung der Räume:
Thematische Bereiche, curriculare und didaktische Aspekte

Erkenntnistheorie, Wissenschafts- und Begriffskritik: Die durch die feministische Forschung unterschiedlicher Disziplinen hervorgebrachte Kritik anthropologischer und naturalistischer Geschlechterdualismen ist für die Theorie- und Begriffsgeschichte der Pädagogik von besonderer Relevanz. Wissenschaftstheoretisch wird parallel zu dem für die Pädagogik konstitutiven Projekt der Individualität auf der Basis naturalistischer und differenztheoretischer Ansätze eine dualistische Geschlechterpädagogik konstituiert, die weibliche Bildung als das „Besondere" aus dem Prinzip des männlich konstruierten „Allgemeinen" ausschließt. Theoretisch und sozialhistorisch entsteht gleichzeitig die moderne Trennung von Öffentlichkeit und Privatheit, Haushalt und Beruf, die sich für Frauen bis in die Gegenwart als entscheidende Strukturfalle der Moderne erweist. In einer feministischen Perspektive geht es darum, die theoretische und sozialgeschichtliche Konstruktion dieses Prozesses zu untersuchen und durch die kritische Einführung der Kategorie Geschlecht zu einer theoretischen Neubegründung des „Allgemeinen" im Pädagogischen beizutragen. Hier eingeschlossen ist auch die Rezeption traditionell vernachlässigter pädagogischer Gegenentwürfe von weiblichen Theoretikerinnen, die es vermag, die Theorie- und Begriffsgeschichte der Pädagogik auch als eine der Pädagoginnen sichtbar macht.

Eine solche erkenntnistheoretische und begriffskritische Perspektive des Verhältnisses von Bildung und Geschlecht ist ebenso im regulären Angebot im Fach Erziehungswissenschaften unverzichtbar wie in den Feministischen Studien. Sie eröffnet die Perspektive, daß alle Studierenden ebenso wie die Lehrenden Geschlecht als grundlegende Kategorie der Erziehungswissenschaften reflektieren. Umgekehrt wird in der interdisziplinären Vernetzung gleichzeitig die bildungswissenschaftliche Perspektive weiterentwickelt.

Darüber hinaus besteht disziplinüberschreitender Revisionsbedarf. Das Konstrukt der „Mütterlichkeit zwischen Natur und Kultur" wird von den Naturwissenschaften ebenso wie von den Kultur- und Sozialwissenschaften vorausgesetzt. Interdisziplinäre feministische Forschungen können diese Grundlegung erkenntniskritisch reflektieren und Gegenentwürfe begründen. Die Paradigmen der neuen Frauenforschung wie die Feststellung des sozialen Charakters von Geschlecht, die Konstruktion von Zweigeschlechtlichkeit und geschlechtlicher Sozialisation, die Struktur der geschlechtlichen Arbeitsteilung, der Dominanz- und Machtverhältnisse im gesellschaftlichen Raum, die Unterscheidung von Sex als biologischem und gender als sozialem Geschlecht repräsentieren Ergebnisse der Frauenforschung, die im interdisziplinären Diskurs zustande kamen. Soll diese Erkenntnis nicht nur im Wissen von Expertinnen verankert bleiben, sondern umgekehrt auch in die Fächer zurückgegeben werden, bieten sich auch neue

Möglichkeiten für Fächer und deren Studierende, in denen z.B. aufgrund des Numerus Clausus keine Öffnung für andere Fächer vorgesehen ist. Eine solche Möglichkeit des interdisziplinären Studiums eröffnet auch über die bisher besser etablierten feministischen Hochburgen im Bereich der Sozial- und Erziehungswissenschaften hinaus neue Perspektiven.

Berufliche Bildung und geschlechtliche Arbeitsteilung: Das Konstrukt der Geschlechtscharaktere stellt sich in besonderer Weise in der Entwicklung der beruflichen Bildung als Strukturprinzip sozialer Ungleichheit heraus. Die Herausbildung spezifischer Mädchenbildung, nicht-akademischer Lehrerinnenbildung und reproduktionsnaher Frauenberufe, die unter expliziter Berufung auf das anthropologische Differenzkonzept nicht zuletzt als Bildungsprojekt der Ersten Frauenbewegung im 19. Jahrhundert durchgesetzt wird, steht im engen Zusammenhang mit der Begründung des gegenwärtig zwar umstrittenen, jedoch durchaus gültigen „Dualen Berufsbildungssystems" zu Beginn des 20. Jahrhunderts und der Entwicklung schulischer Ausbildungsgänge, die bis heute äußerst wirksam für die Krise der „Frauenberufe" sorgen.

In diesem Kontext steht auch der theoretisch und empirisch bisher unzureichend entwickelte Arbeitsbegriff. Bemerkenswert ist, daß die Reproduktionssphäre und im besonderen die Arbeit im Privathaushalt trotz einer Fülle feministischer Ergebnisse in den Wissenschaften nach wie vor weitgehend unberücksichtigt geblieben sind. Aus dem Begriff des Berufs, der Qualifizierung, aus den Debatten über die Zukunft der Arbeitsgesellschaft fällt die Frage trotz tiefgreifender Veränderungen der Dienstleistungsgesellschaft, der Arbeitsteilungen zwischen Männern und Frauen und zwischen Frauen, trotz der zunehmenden Entgrenzung von öffentlicher und privater Lebenswelt, nach wie vor heraus. Eine feministische Perspektive bietet die Chance, Reproduktionsarbeit im Gesamtsystem gesellschaftlicher und individueller Entwicklungen zu verorten, und zwar interdisziplinär aus ökonomischer, sozial-, kultur- und politikwissenschaftlicher Perspektive. Zugleich können veränderte Zukunftsmodelle entwickelt und an der Schnittstelle von Grundlagen- und angewandter Forschung vermittelt werden.

Bildungsprozesse im sozialen Wandel der Dienstleistungsgesellschaft: Vor dem Hintergrund einer veränderten Arbeits- und Bildungsgesellschaft findet gegenwärtig ebenfalls ein Wandel der Arbeit im Privaten statt. Dieser drückt sich darin aus, daß die zunehmende Erwerbs- und Bildungsbeteiligung von Frauen nicht nur aufgrund der doppelten Verfügbarkeit in Produktion und Reproduktion zustande kommt, sondern vor allem durch eine Umverteilung der Reproduktionsarbeit zwischen Frauen. Mit der vornehmlichen Rekrutierung von Migrantinnen für bezahlte, jedoch „ungeschützte" Arbeit im Privathaushalt entsteht ein neues soziales Gebilde, das bei mehr Gleichheit zwischen Frauen und Männern der gleichen Schicht zu neuen Ungleichheitslagen zwischen Frauen führt, die entlang schicht-, generationen- und ethnizitätsspezifischer Differenzen verlaufen. Darüber hinaus zeichnet sich eine neue internationale Arbeitsteilung zwischen Frauen ab, die zugleich kritisch reflektierend und in der Perspektive neuer pädagogischer Handlungsbedarfe zu bearbeiten sowie im Transfer von Theorie und Bildungspraxis zu verknüpfen ist.

Bildungsprozesse in der Migrationsgesellschaft und interkulturelle feministische Bildung: Die Feminisierung der Migration, d.h. die quantitativ wachsende Beteiligung von Frauen an der Migration und die damit verbundenen neuen qualitativen Lernprozesse in der Migration, ein Prozeß der durch den sozialen Wandel in Europa, durch das Nord-Süd-Gefälle und vor allem im Zuge der wachsenden Ost-West-Migration beschleunigt wird, erfordert einen veränderten pädagogischen Forschungs- und Handlungsbedarf auf mindestens drei Ebenen: Auf einer ersten Ebene kann es darum gehen, gegenüber einer traditionellen Migrationsforschung, die vornehmlich auf männliche Arbeitsmigranten und auf Modernitäts/Traditionalitäts-Dualismen orientiert ist, den gender-Aspekt sichtbar zu machen. Ein solcher Ansatz schließt gegenüber gängigen Opfer- und Defizittheorien eine Subjektperspektive ein. Eine zweite Perspektive kann die theoretische Verstrickung der Pädagogik und des Feminismus in die Geschichte des Rassismus kritisch bearbeiten und zugleich Ansätze interkultureller Bildung entwickeln, die die wechselseitige Durchdringung der Dimensionen „class-race-gender" zureichend reflektieren. Auf einer dritten Ebene können die theoretischen und empirischen Ergebnisse mit bildungspraktischen Bezügen und konkreten berufsqualifizierenden Maßnahmen vermittelt werden.

Bereiche für ein feministisches Curriculum: Die genannten Themen repräsentieren nur einige Beispiele für mögliche Inhalte. Mit dem Ziel des Transfers sollen die in der Forschung relevanten Schwerpunkte in ein umfassendes Lehrangebot integriert werden, und zwar im Grundstudium wie im Hauptstudium. Vermittelt werden sollen Grundlagenkenntnisse der Geschichte und des sozialen Wandels von Geschlechterverhältnissen, Theorien und Methoden der feministischen Forschung, ihrer empirischen Arbeiten und ihres Handlungsbezugs sowie ihrer Interdisziplinarität. Darüber hinaus sollen disziplinorientierte Kenntnisse und geschlechtliche Problemfelder reflektiert werden, z. B. Geschlecht und Moderne, gesellschaftliche Modernisierung und Frauenarbeit, geschlechtliche Arbeitsteilung, Frauenbewegungen, Frauenbildung, berufliche Bildung, soziokulturelle Reproduktion und Geschlechterverhältnisse, feministische Naturwissenschaftsanalyse und -kritik sowie Umweltforschung, Geschlecht und Technik, feministische Kulturtheorien.

Qualifizierung für neue Berufsprofile: Neben der interdisziplinären Ausweitung des Curriculums in den vertiefenden Grundlagen ist es zugleich erforderlich, den Studierenden eine breite Ausbildung zu sichern, wie sie gegenwärtig in den neuen Praxisfeldern gefordert wird. In der beruflichen Entwicklung besteht die Tendenz, daß sich feste und beständige Berufsbilder auflösen. Der Begriff des „lebenslangen Lernens" charakterisiert einen Wandel, auf den sich auch die wissenschaftliche Ausbildung einstellen muß. Im Studium sind profunde Qualifikationen zu vermitteln, die auf neue Arbeitsfelder ausgerichtet sind. Die Veränderung des deutschen Berufsbildungssystems, in dem Frauen historisch bis heute benachteiligt sind, wird speziell durch den europäischen Wandel befördert. In diesem Zusammenhang stellt sich zum Beispiel die Frage, ob die mögliche Anpassung an europäische Entwicklungen und Öffnungen des vormals starren Berufsbildungssystems in Deutschland den bisher benachteiligten Frauen neue Chancen bietet. Oder werden Männer die von Frauen vorgelebten „Patchworkbiographien" nachvollziehen? Werden sie mit der Professionalisierung und Verwissenschaftlichung weiblicher Berufsfelder, wie z.B. im Bereich der Pflege und Sozialberufe, verstärkt in diese Felder eindringen, möglicherweise neue Führungspositionen besetzen und damit einen „Geschlechtswechsel" von Berufen vollziehen, der historisch keineswegs neu ist?

In den Feministischen Studien soll es darum gehen, Frauen für neue Berufsprofile und in der Konkurrenz des Geschlechterverhältnisses zu qualifizieren, und zwar sowohl für Karrieren in sogenannten männlich dominierten Bereichen als auch im Hinblick auf spezifische Felder der Frauenarbeit und Frauenpolitik. Ein Beispiel für die Entwicklung neuer Berufsprofile bietet die Institution der Frauenbeauftragten, die selbst ein Ergebnis der Frauenpolitik der achtziger Jahre repräsentiert. Obwohl die Qualifikationsanforderungen durch ein außerordentlich breites Spektrum an unterschiedlichem Fachwissen, Organisations- und Verwaltungswissen, rechtlicher Kompetenzen, Managementaufgaben etc. geprägt sind, existiert bisher keine systematische Qualifizierung und Spezialisierung, die sich in der Ausdifferenzierung eines neuen Berufsprofils niederschlägt.

Didaktische Neuerungen: Hier eröffnet sich ein neues Feld wissenschaftlicher Weiterbildung für Frauen, das veränderte curriculare Bedarfe im Hinblick auf eine geschlechterdifferenzierte Weiterbildung zu entwickeln hätte. Im Gesamtkontext der beruflichen und politischen Bildung erscheint es sinnvoll, anwendungsbezogene Angebote wissenschaftlicher Weiterbildung anzubieten, wie z.B. innerhalb der Aus- und Fortbildung für Lehrer/innen. Hier haben die Koblenzer Frauenstudien mit den Konzepten einer feministischen Didaktik[27] eine Innovation geleistet, die das beharrliche und zugleich reduktionistische didaktische Prinzip „Zielgruppe Frauen" zugunsten einer ausdifferenzierten feministischen Didaktik ablösen kann.

Ein Ausblick

Soweit zu den Ansätzen und theoretischen wie historischen Kontexten auf dem Weg der Frauen zur akademischen Profession. Ob es gelingen wird, das Projekt der Institutionalisierung und Professionalisierung als zugleich gestaltenden und selbstreflexiven Prozeß umzusetzen, wird die Zukunft zeigen. Schließlich ist von Frauen der heutigen Generation der schwierige Balanceakt zu bewerkstelligen, in historisch gewachsenen Strukturen patriarchaler Institutionen nicht nur das von Virginia Woolf als Bildungskapital definierte „Zimmer für sich allein"[28] zu erstreiten, sondern – um im Bild von Woolf zu bleiben – im Haus der Wissenschaften „Räume zu möblieren, auszugestalten, mit anderen zu teilen".[29] Wenn Frauen heute nach vielen Jahrhunderten von Ausschluß und begrenzter Partizipation endlich die Möglichkeit haben, „selbst zu entscheiden, wie die Antworten lauten sollen"[30], gilt es umsichtig zu handeln. Ob die vielfältig geplanten Initiativen zur Institutionalisierung der Frauen- und Geschlechterstudien tatsächlich nachhaltige akademische Bildung und demokratische Strukturen etablieren werden, mag nicht zuletzt auch davon abhängen, ob Frauen

27 Vgl. de Sotelo, Elisabeth, Feministische Hochschuldidaktik, Münster 1998
28 Woolf, Virginia, Ein Zimmer für sich allein, Frankfurt 1981
29 Woolf, Virginia, Frauen und Literatur. Essays, Frankfurt 1989, S. 37
30 ebd.

auch dann, wenn sie wissenschaftliche, soziale und hochschulpolitische Verantwortung übernehmen, Karriere machen, Einfluß gewinnen, Macht ausüben, weiterhin bereit sind, in kritisch-feministischer Absicht zu reflektieren und Frauenräume demokratisch zu gestalten.

Literatur

Babendererde, Cornell; Kahlert, Heike (1998): Profilbildung in der Wissenschaftslandschaft Mecklenburg-Vorpommerns. Das Interdisziplinäre Zentrum für Frauen- und Geschlechterstudien der Ernst-Moritz-Universität Greifswald, in Hochschule Ost, H. 1/1998

Bruchhagen, Verena (1989): Frauenstudien. Konzepte, Modelle und Praxis wissenschaftlicher Weiterbildung, Weinheim/München.

Dohm, Hedwig (1874): Die wissenschaftliche Emancipation der Frau, Berlin

Dröge-Modelmog, Ilse/Flaake, Karin (1997): Frauen- und Geschlechterstudien an BRD-Hochschulen. Produktive Potentiale und Problembereiche, in: IFG. Zeitschrift für Frauenforschung, 4/97, 7-19

Erxleben, Dorothea (1742): Gründliche Untersuchung der Ursachen, die das weibliche Geschlecht vom Studieren abhalten (Berlin), bearbeitet und mit einem Vorwort von Gudrun Gründken, Zürich/Dortmund 1993

Freund, Martina (1997): „Und was hab' ich davon?" Frauenstudien an der Universität – Weiterbildung für Frauen in und nach der Familienphase, Bielefeld

Friese, Marianne(1997): Frauen studieren grenzenlos – wer machte den ersten Schritt? Vom Weg der Frauen, sich die Welt zurückzuerobern, in: Dokumentation der Tagung der Hans-Böckler-Stiftung zum Thema „Frauen studieren grenzenlos" – von der Überwindung räumlicher, zeitlicher, gesellschaftlicher und persönlicher Grenzen am 18.10.1996, Bonn

Gesellschaft Deutscher Akademikerinnen e.V. (Hrsg.) (1998): Studiengänge zur Geschlechterforschung an deutschen Universitäten Berlin, 8.11.1997 (Tagungsbericht), in: Neue Impulse. Wissenschaftliche Beiträge und Mitteilungen der Gesellschaft Deutscher Akademikerinnen e.V, H.1/1998

Gössmann, Elisabeth (1984 u. 1995): Archiv für philosophie- und theologiegeschichtliche Frauenforschung. Bd. 1, Das Wohlgelahrte Frauenzimmer, München; Bd. 2, Eva, Gottes Meisterwerk, München

Gründungskommission des „Zentrums für Feministische Studien" (1997): Forschungskonzeption „Zentrum für Feministische Studien. Frauenstudien/gender studies". Entwurf der Gründungskommisson, Universität Bremen

Hark, Sabine (1998): Zur Insititutionalisierung neuer Wissensfelder – Reflexivität als Programm, in: Neue Impulse, Wissenschaftliche Beiträge und Mitteilungen der Gesellschaft Deutscher Akademikerinnen e.V., 1/1998, 6-9

Heintzel, Friederike/Jacobi, Juliane/Prengel, Annedore (1994): Wie lange noch auf Nebengleisen? Zur Institutionalisierung der Erziehungswissenschaftlichen Frauenforschung, in: Erziehungswissenschaft, hg. vom Vorstand der Deutschen Gesellschaft für Erziehungswissenschaft, 5. Jg., H. 9, 113-129

Hof, Renate (1995): Die Entwicklung der Gender Studies, in: Bußmann, Hadumod/Hof, Renate (Hrsg.), Genus. Zur Geschlechterdifferenz in den Kulturwissenschaften, Stuttgart, 2-33

Huerkamp, Claudia (1994): Jüdische Akademikerinnen in Deutschland 1900-1938, in: Wobbe, Theresa; Lindemann, Gesa, Denkachsen. Zur theoretischen Rede vom Geschlecht, Frankfurt am Main, 86-112.

Karsten, Maria-Eleonora (1995): Was heißt Feminismus/feministisch heute in der Praxis der Hochschulpolitik. Gastvortrag in Vorbereitung der Schwerpunktes „Frauenforschung" im Akademischen Senat an der Universität Bremen am 15.2.1995.

Kirchhoff, Arthur (1987): Die Akademische Frau. Gutachten hevorragender Universitätsprofessoren, Frauenlehrer und Schriftsteller über die Befähigung der Frau zum wissenschaftlichen Studium und Berufe, Berlin

Kriszio, Marianne (1998): Zur Frage der Terminologie Frauenstudien bzw. Geschlechterstudien, in: Neue Impulse, 4-5

Lundt, Bea (1996): Zur Entstehung der Universität als Männerwelt, in: Elke Kleinau; Claudia Opitz (Hrsg.), Geschichte der Mädchen- und Frauenbildung, Bd. 1, Frankfurt/New York, 103-118

Memorandum Institutionalisierung eines Zentrums für Feministische Studien an der Universität Bremen, Bremen 1995

Metz-Göckel, Sigrid/Steck, Felicitas (Hrsg.) (1997): Frauenuniversitäten. Initiativen und Reformprojekte im internationalen Vergleich, Opladen

Modelmog, Ilse (1998): Neuer Studiengang. Ein qualitativer Sprung, in: Neue Impulse, Wissenschaftliche Beiträge und Mitteilungen der Gesellschaft Deutscher Akademikerinnen e.V., 1/1998, 9-11

Pizan de, Christine (1986): Das Buch von der Stadt der Frauen (Le Livre de la Cité des Dames. Paris 1405). Aus dem Mittelfranzösischen übersetzt, mit einem Kommentar und einer Einleitung versehen von Margarete Zimmermann, Berlin 1986, 183

de Sotelo, Elisabeth (Hrsg.) (1995): Neue Frauenbildung. Dokumentation der Fachtagung zum Modellprojekt „Koblenzer Frauenstudien". Curriculare und institutionelle Aspekte, Universität in Koblenz 1993, Obertshausen

de Sotelo, Elisabeth (1998): Feministische Hochschuldidaktik, Münster

de Sotelo, Elisabeth (Hrsg.) (1997): Wissenschaftliche Weiterbildung für Frauen. Dokumentation der Fachtagung zum Modellprojekt „Koblenzer Frauenstudien". Frauen in Öffentlichkeit, Beruf und Familie. 3./4. Nov. 1995 Universität Koblenz-Landau, Münster

Wetterer, Angelika (1992): Rhetorische Präsenz – faktische Marginalität. Zur Situation von Wissenschaftlerinnen in Zeiten der Frauenförderung, in: IFG. Zeitschrift für Frauenforschung, 12. Jg., H. 1+2, 93-109

Wobbe, Theresa (1997): Wahlverwandtschaften. Die Soziologie und die Frauen auf dem Weg zur Wissenschaft, Frankfurt

Wobbe, Theresa (1996): Die Hürde der Habilitation und die Hochschullehrerinnenlaufbahn, in: Kleinau, Elke/Opitz, Claudia (Hrsg.), Geschichte der Mädchen- und Frauenbildung, Bd. 2, Frankfurt/New York, 342-353

Woolf, Virginia (1989): Frauen und Literatur. Essays, Frankfurt, 37

Woolf, Virginia (1981): Ein Zimmer für sich allein, Frankfurt

Ziegler, Marianne (1739): Vermischte Schriften in gebundener und ungebundener Rede, Leipzig

Karin Derichs-Kunstmann

Vom Geschlechterverhältnis in der Weiterbildung zum „Gender-Training". Entwicklungen der Geschlechterthematik

„Ich verstehe nicht, warum du soviel Wind machst... Die ganze Geschlechterdiskriminierung ist aufgehoben. Männer können genau die gleichen Dinge tun wie Frauen, wenn sie sich nur bemühen."... Welches seien denn die Rechte, die Männern angeblich nicht zugestanden würden, wenn sie mal fragen dürfe? Ein Mann könne doch werden, was er wolle, wenn er nur Einsatzbereitschaft zeige. Und eben daran mangele es... „Die Männer wollen am liebsten zu Hause sein. Laß sie doch"[1] (Brantenberg 1992, S. 172-173).

1. „Geschlecht" als Forschungskategorie in der Erwachsenenbildungsforschung

„Geschlecht" als Forschungskategorie hat in der sozialwissenschaftlichen Forschung in den vergangenen Jahren eine grundlegende Bedeutung gewonnen:

„Die Kategorie ‚Geschlecht' in den Sozialwissenschaften erfährt eine Bedeutungserweiterung, so daß sie, vergleichbar mit theoretischen Konzepten von ‚Klasse' und ‚Schicht', als grundlegende Dimension sozialer Organisation verstanden werden muß" (Dietzen 1993, S. 11).

Die „Gender"-Perspektive in der Frauenforschung bzw. die verstärkte Inblicknahme des Geschlechterverhältnisses stellt einen Perspektivenwechsel der Frauenforschung dar. Das bedeutet in den 80er Jahren eine Abkehr vom Benachteiligungsansatz. Frauenforschung[2] geht dabei von einem Begriff des ‚Geschlechts' aus, der hinausweist über den körperlichen Unterschied zwischen Männern und Frauen (‚sex') und das „soziale Geschlecht" in den Blick nimmt. Das „soziale Geschlecht" wird dabei als ein „soziales, kulturelles und symbolisches Organisationsprinzip in unserer Gesellschaft" (Dietzen 1993, S. 171) verstanden. Die „soziale Konstruktion der Zweigeschlechtlichkeit" erweist sich als die Konstruktion einer Geschlechterdifferenz, die ein sozial vermitteltes Einverständnis darüber voraussetzt, was als gleich und was als verschieden gilt. Sie ist ein andauernder Prozeß der Rekonstruktion der hierarchischen Struk-

---

1 Dieses Zitat stammt aus dem Gerd Brantenbergs Roman „Die Töchter Egalias" von 1977, der 1986 in deutsch erschienen ist. Mit seiner Umkehrung des Geschlechterverhältnisses öffnete er die Augen für zahlreiche unhinterfragte geschlechtsbezogene Zuordnungen von Verhaltensweisen und Arbeitsteilungen.

2 Dieser Perspektivenwechsel führt auch dazu, daß sich in den 90er Jahren statt der Bezeichnung „Frauenforschung" immer stärker die Bezeichnung „Frauen- und Geschlechterforschung" durchsetzt.

tur des Geschlechterverhältnisses.[3] Auch in Forschung und Praxis der Erwachsenenbildung spielt die Kategorie „Geschlecht" seit Beginn der 90er Jahre eine zunehmende
Rolle. Dabei wurde zuerst das Geschlechterverhältnis in den Einrichtungen der Weiterbildung zum Thema gemacht. Das bezog sich sowohl auf die Beschäftigten in den
Institutionen der Weiterbildung als auch auf die Teilnehmenden (vgl. Teil 2). In der
Nachfolge der Koedukationsdebatte in der schulischen Forschung wurde die Interaktion zwischen Frauen und Männern in der Erwachsenenbildung untersucht (vgl. Teil
3). Zunehmend bezieht sich in der zweiten Hälfte der 90er Jahre die Diskussion um
das Geschlechterverhältnis auch auf die Inhalte von Weiterbildung. Es ist vom „Geschlechterdialog" (vgl. Teil 4) die Rede, aber auch von „Gender-Training" (vgl. Teil
6). Die Berücksichtigung der Geschlechterperspektive bei der Auswahl und Formulierung von Inhalten der Bildungsarbeit (vgl. Teil 5) sowie die Entwicklung einer „geschlechtsgerechten Didaktik" (vgl. Teil 7) werden gefordert.

2. Zum Geschlechterverhältnis in der Erwachsenenbildung

2.1 Frauen und Männer als Beschäftigte in den Einrichtungen der Weiterbildung

In der Erwachsenenbildungsforschung spielte die Forschungskategorie „Geschlecht"
bis Anfang der 90er Jahre eher eine Nebenrolle. Das Geschlechterverhältnis in der
Erwachsenenbildung wurde zuerst vor allem auf der Ebene der objektiven Strukturen
– d.h. der Beschäftigungsverhältnisse von Frauen und Männern in der Erwachsenenbildung – thematisiert. Eine umfangreiche Untersuchung bei allen Trägern der
Weiterbildung in Nordrhein-Westfalen ergab, daß eine geschlechtshierarchische Arbeitsteilung in den Weiterbildungseinrichtungen[4] vorhanden ist, die sich nicht wesentlich von anderen gesellschaftlichen Institutionen unterscheidet (Meyer-Ehlert 1994a,
1994b). Ich möchte im folgenden nur die markantesten Ergebnisse kurz darstellen,
weil sie als ein Indiz für das Geschlechterverhältnis in der Weiterbildung betrachtet
werden können. Unter den 1.056 an der Untersuchung beteiligten hauptberuflichen
pädagogischen MitarbeiterInnen arbeiteten 91,9% der Männer in Vollzeit, während die
Frauen nur zu 67,1% in Vollzeit beschäftigt waren. Frauen waren eher in kleineren,
Männer in größeren Weiterbildungseinrichtungen tätig. Frauen waren doppelt so oft
wie Männer befristet beschäftig (Meyer-Ehlert 1994b, S. 91).

„Die Männer erhalten in der Pädagogik für in etwa gleiche Tätigkeiten, absolut und relativ gesehen, eine bessere Bezahlung als die Frauen. Männer sind im oberen Gehaltsbereich doppelt so
häufig vertreten wie Frauen; im mittleren Bezahlungsgefüge wiederum sind die Frauen doppelt

---

3 Ich vernachlässige hier die Diskussion um den Dekonstruktionsansatz, der konstatiert, daß das
  biologische Geschlecht bereits eine sozial und gesellschaftlich vermittelte Setzung darstellt;
  vgl. u.a. Butler 1991, Gildemeister/Wetterer 1992.
4 An der Untersuchung haben sich Volkshochschulen, konfessionelle Träger, gewerkschaftsnahe
  Einrichtungen, politische Bildungswerke, Einrichtungen der Familienbildung, Akademien,
  Heimvolkshochschulen und alternative Träger beteiligt.

so häufig vertreten wie die Männer. Im unteren Bereich sind viermal mehr Frauen anzutreffen" (ebd., S. 92).

Auf der Leitungsebene und in den Vorständen der Einrichtungen und Verbände der Weiterbildung zeigt sich die Männerdominanz besonders deutlich. Nur jede achte Weiterbildungseinrichtung wird von einer Frau geleitet (ebd., S. 96). Auch in den Vorstandsgremien sind Frauen unterrepräsentiert, das variiert allerdings nach der Trägerstruktur. In der politischen Bildung z.B. stellen die Frauen 21,5% der Vorstandsmitglieder,

„wo frauenspezifische Träger tätig sind oder Aufgaben erfüllt werden, die den Frauen qua Geschlecht zugerechnet werden, können sich die Frauen stärker an der Vorstandsarbeit beteiligen" (ebd., S. 98).

Skripski analysierte in ihrer Untersuchung (Skripski 1994a, 1994b) die unterschiedlichen Wege von Frauen und Männern in Weiterbildungsberufen. Sie begründet diese Unterschiede mit dem gesellschaftlichen Geschlechterverhältnis: Die

„ungleiche Teilhabe von Frauen am Institutionalisierungsprozeß der Weiterbildung ist nicht allein aus organisations- und berufsstrukturellen Bedingungen zu erfassen" (Skripski 1994b, S. 103).

Geschlecht als gesellschaftliche Konstruktion gibt

„Strukturen vor, die die Teilhabe von Frauen und Männern an der Erwerbsarbeit durch den unterschiedlichen Bezug auf Familie in unterschiedlicher Weise regulieren" (ebd.),

und dieses gilt gleichermaßen in den Institutionen der Weiterbildung.

Auch die erwachsenenpädagogische Professionsforschung hat sich vereinzelt mit dem Geschlechterverhältnis auseinandergesetzt. Mit den Methoden der erwachsenenpädagogischen Biographieforschung untersuchte Sauer die Situation von Frauen, die als Leiterinnen in der Erwachsenenbildung tätig sind (Sauer 1992, 1996). Mit der zunehmenden Prekarisierung[5] der Beschäftigungsverhältnisse in der Weiterbildung haben sich einige AutorInnen befaßt (Weinberg 1992, S. 128). Daß dieses vor allem auch ein Problem der in der Frauenbildung tätigen Frauen ist, untersuchten Hübner, Schittko und Schmidt (1994, S. 106-112).

2.2 Frauen und Männer als Teilnehmende in der Erwachsenenbildung

Untersucht man das Geschlechterverhältnis in der Weiterbildung auf der Ebene der Teilnehmenden, so ergibt sich – vor allen Dingen im Bereich der allgemeinen Weiterbildung – ein erheblich anderes Bild als in der Beschäftigungshierarchie. Von der Zahl

---

5 Der Begriff der zunehmenden Prekarisierung bezeichnet die Zunahme von prekären (sozial nicht abgesicherten bzw. „ungeschützten") Beschäftigungsverhältnissen.

der Teilnehmenden her betrachtet, gibt es in den meisten Einrichtungen der allgemeinen Erwachsenenbildung eher einen Frauenüberschuß. Bereits die bei Gnahs dargestellten niedersächsischen Zahlen von 1977/78 weisen einen durchschnittlichen Frauenanteil von über 70% aus (Gnahs 1988, S. 146); dabei gibt es trägerspezifische Profile. Die extremen Pole bilden Arbeit und Leben mit 23,7% und die ländliche Erwachsenenbildung mit 87,5% Frauenanteil (ebd., S. 151). Je mehr ein Thema bzw. eine Trägerorganisation der (Erwerbs-)Arbeitswelt zuzuordnen ist, desto geringer ist der Frauenanteil unter den Teilnehmenden. Unabhängig vom Trägerprofil stieg bei allen Trägern der Frauenanteil unter den Teilnehmenden in den letzten Jahren an. Noch 1979 nahmen 27% der Männer und 19% der Frauen[6] an Weiterbildungsveranstaltungen teil, 1994 waren es 44% der Männer und 40% der Frauen (Kuwan u.a. 1996, S. 153). Bei den Volkshochschulen ist seit 1963 die Beteiligung von Frauen angestiegen (Pehl 1991, S. 316). In den 90er Jahren beträgt der Anteil der Frauen an den Belegungen von Kursveranstaltungen bei Volkshochschulen rund 75% (Kuwan u.a. 1996, S. 166). Auch die gewerkschaftlichen Bildungswerke, die traditionell einen eher geringeren Frauenanteil unter ihren Teilnehmenden haben, verzeichneten zum Beginn der 90er Jahre einen Anstieg. Für das DGB-Bildungswerk stellt der Statistische Jahresbericht 1993 fest, daß der Frauenanteil seit 1988 von 25,2% auf 30,5% gestiegen ist (Gemeinnütziges Bildungswerk 1993, S. 5). Seitdem ist wieder ein Rückgang des Teilnehmerinnenanteils zu verzeichnen, 1997 lag der Frauenanteil bei 27,2% (Gemeinnütziges Bildungswerk des Deutschen Gewerkschaftsbundes 1998, S. 5).

Seit Beginn einer systematischen Untersuchung der Weiterbildungsbeteiligung (Kuwan u.a. 1996) war in der beruflichen Bildung ein geringerer Frauenanteil zu verzeichnen als in der allgemeinen Bildung. In diesem Sektor ist in den letzten Jahren der größte Anstieg zu verzeichnen. Die Beteiligung der Frauen stieg von 6% auf 19% der weiblichen Bevölkerung und hat sich damit mehr als verdreifacht. Demgegenüber verdoppelte sich der Anteil der teilnehmenden Männer von 14% auf 28% der männlichen Bevölkerung (Kuwan u.a. 1996, S. 155).

2.3 Koedukation[7] in der Erwachsenenbildung

Betrachtet man die Veranstaltungen der Erwachsenenbildungsarbeit – von den Volkshochschulen bis zur politischen Bildungsarbeit – ,so ist festzustellen, daß der größte Teil der Veranstaltungen, die angeboten und durchgeführt werden, sich an Frauen und Männer gleichermaßen richtet und von Angehörigen beider Geschlechter besucht

---

6 Die Daten beziehen sich auf den Anteil der Teilnehmenden an der Bevölkerung, vgl. Kuwan u.a. 1996, S. 13.

7 Es ist nicht ganz unproblematisch, den Begriff der Koedukation auf die Erwachsenenbildung anzuwenden. Enthält der Begriff doch das Wort „edukare = erziehen", der für das Lerngeschehen in der Erwachsenenbildung nicht unbedingt zutreffend ist. Ich verwende den Begriff hier deshalb, um den Bezug zur schulischen Koedukationsforschung herzustellen. Besser wäre es in jedem Fall, vom gemeinsamen Lernen von Frauen und Männern bzw. vom Geschlechterverhältnis im Lehr-Lern-Prozeß in der Erwachsenenbildung zu sprechen.

wird. Koedukation ist in der Erwachsenenbildung die Regel und nicht die Ausnahme. Eines unterscheidet die Koedukation in der Erwachsenenbildung allerdings wesentlich von der schulischen Koedukation: Da Erwachsenenbildung prinzipiell freiwillig ist[8], ist die Entscheidung, ob in einer homogenen oder einer gemischten Gruppe gelernt werden soll – spätestens seit der Einführung von Zielgruppenangeboten für Frauen oder Männer – ebenfalls freiwillig.

Seit dem Beginn der 70er Jahre gibt es in den verschiedensten Praxisfeldern der Erwachsenenbildung in Deutschland spezifische Angebote der Frauenbildungsarbeit (Derichs-Kunstmann 1995). Innerhalb des Gesamtprogramms der Erwachsenenbildungseinrichtungen machen diese speziellen Angebote „intentionaler Frauenbildungsarbeit"[9] gegenüber den sich an Frauen und Männer richtenden Angeboten der Erwachsenenbildung einen relativ geringen Anteil aus. Bei einer überschlägigen Schätzung kann davon ausgegangen werden, daß z.B. lediglich zwischen 3 und 4% des Gesamtprogramms der Volkshochschulen Angebote „intentionaler Frauenbildungsarbeit" darstellen (Eberhard/Weiher 1994, S. 18). Ein weiterer – zahlenmäßig nicht erfaßter – Teil des Angebots dürfte „faktische Frauenbildungsarbeit" sein – so z.B. in den von Frauen mehrheitlich belegten Fachgebieten „Hauswirtschaft", „Gesundheitsbildung" und „künstlerisch-handwerkliches Gestalten".

In der Arbeit von Familienbildungseinrichtungen ist davon auszugehen, daß die „faktische Frauenbildungsarbeit" den überwiegenden Teil des Angebotes ausmacht, obwohl auch gerade diese Einrichtungen sich immer wieder bemühen, männliche Teilnehmer zu erreichen. Für die Bildungsarbeit des Deutschen Gewerkschaftsbundes liegen Zahlen über den Anteil von Frauenbildungsarbeit nicht vor. Schätzungen auf der Basis von Arbeitsplananalysen kommen auch hier zu einem Anteil, der nicht höher als 3 bis 5% liegt.

3. Zur Interaktion zwischen Frauen und Männern in der Bildungsarbeit mit Erwachsenen

3.1 Frauenbildungsarbeit als Ausdruck des Unbehagens an der Koedukation

Die spezifischen Angebote „intentionaler Frauenbildungsarbeit" in der Erwachsenenbildung sind ein Ausdruck für das Unbehagen vieler Teamerinnen und Dozentinnen an der Koedukation in der Erwachsenenbildung. Ein Hintergrund der Entwicklung dieser Angebote war u.a. die Annahme, daß Männer in gemeinsamen Lernsituationen mit ihren Interessen bevorzugt sowie in ihrem Verhalten bestärkt würden, und daß dieses

---

8 Eine Ausnahme bilden die von der Arbeitsverwaltung für Arbeitslose angebotenen Umschulungen und Fortbildungen.

9 Unter „intentionaler Frauenbildungsarbeit" verstehe ich eine Bildungsarbeit, die sich bewußt an Frauen richtet und die von ihren Intentionen her emanzipatorische Frauenbildungsarbeit ist. Im Gegensatz dazu steht „faktische Frauenbildungsarbeit" als eine Bildungsarbeit, bei der es trägerspezifischen Besonderheiten oder der Tatsache, daß keine Männer gekommen sind, zuzuschreiben ist, daß an ihr ausschließlich Frauen teilnehmen.

zu einer Behinderung der Lernmöglichkeiten von Frauen führe. Die Koedukation in der Erwachsenenbildung geriet erstmals in den 80er Jahren ins Blickfeld, als die Bildungsangebote zu neuen Informations- und Kommunikationstechnologien einer kritischen Diskussion unterzogen wurden (Derichs-Kunstmann 1990a). Waren die frauenspezifischen Bildungsangebote der 70er Jahre vor allem deshalb entwickelt worden, weil Frauen sich von Männern ungestört mit sich und ihrer Stellung in der Gesellschaft auseinandersetzen wollten, so wurden in der beruflichen Erwachsenenbildung frauenspezifische Angebote entwickelt, in denen Frauen sich mit (überwiegend) gleichen Lerninhalten, aber in anderer Weise als in gemischten Kursen auseinandersetzen konnten.

In der erziehungswissenschaftlichen Schulforschung gab es seit dem Beginn der 80er Jahre eine lebhafte Debatte um die Koedukation in der Schule, bekannt geworden sind u.a. die Forschungsergebnisse von Enders-Dragässer und Fuchs-Müseler zur geschlechtsspezifischen Benachteiligung im Unterricht (Enders-Dragässer und Fuchs 1989). Ein wichtiges Ergebnis dieser Interaktionsstudien war, daß die soziale Ungleichheit zwischen den Geschlechtern im koedukativen Unterricht alltäglich reproduziert wird.

Die umfangreiche Debatte zur schulischen Koedukationsforschung ist ausführlich dokumentiert (Faulstich-Wieland 1991, Glumpler 1994). Das Geschlechterverhältnis im Lehr-Lern-Prozeß innerhalb von gemischtgeschlechtlichen Erwachsenenbildungsveranstaltungen geriet nur wenigen Autorinnen ins Blickfeld. Edding war mit ihrem Aufsatz „Frauen und Männer in der Erwachsenenbildung" (Edding 1983, S. 82ff.) für fast ein Jahrzehnt die einzige Autorin, die das Thema anschnitt.

Für die berufliche Erwachsenenbildung gab es bemerkenswerte Ergebnisse von Niehoff (1987 und 1993), die als eine der ersten Autorinnen das unterschiedliche Lernverhalten von Frauen und Männern beschrieben hat:

„Wesentliche Elemente männlicher Lernkultur scheinen mir zu sein: dominantes Verhalten im Unterricht, Entwickeln von Durchsetzungsstrategien sowie Aufbau und Pflege von Konkurrenzbeziehungen. Weibliche Lernkultur zeichnet sich durch größere Kooperationsbereitschaft und -fähigkeit aus. Viele Frauen arbeiten lieber und besser in Gruppen als allein. Ihr Vorgehen ist demokratischer, vieles wird diskutiert und auch zur Disposition gestellt, Aufgaben werden gerecht verteilt. Besondere Stärke und Kreativität entwickeln Frauen dann, wenn an sie die Anforderung gestellt wird, nicht nur für sich selbst, sondern für andere mit zu lernen, wenn sie das Gelernte weitervermitteln sollen" (Niehoff 1993, S. 86f.).

Sie stellt insgesamt fest, daß männliches Imponier- und Konkurrenzverhalten vielfach die Lernprozesse von Teilnehmerinnen beeinträchtigte (Niehoff 1987).

3.2 Forschungsergebnisse zum geschlechtsspezifischen Kommunikations- und Interaktionsverhalten

Die vorliegenden Ergebnisse zu geschlechtsspezifischem Kommunikations- und Interaktionsverhalten in Lerngruppen sind bis auf die Arbeiten von Edding (1983) und Niehoff (1987, 1993) überwiegend durch die Untersuchung studentischer Gruppen erhoben worden. Es sind besonders Werner (1983), Manthey (1983), Aries (1984), Kotthoff (1984) und Schmidt (1988) zu nennen, die das Gesprächs- und Lernverhalten von männlichen und weiblichen Studierenden untersuchten. Die Ergebnisse dieser Untersuchungen belegen, daß Männer die aktiveren Sprecher in gemischten Gruppen sind, während Frauen eher den Anteil der Gesprächsarbeit übernehmen, der dazu dient, eine Diskussion thematisch zu entwickeln und sie sich dabei häufig auf andere beziehen.

Werner (1983) und Schmidt (1988) stellten bei Frauen eine größere kooperative Orientierung in Gesprächen fest, die ihnen eher erlaubt, einen Themenkomplex gemeinsam zu erarbeiten. In gemischtgeschlechtlichen Gruppen setzt sich der männliche Stil allerdings durch, hier entstehen den Frauen aus ihrem kooperativen Stil eher Nachteile, z.B. haben sie weniger Chancen, ein von ihnen eingebrachtes Thema auch als Gesprächsthema durchzusetzen. Manthey (1983) untersuchte Kommunikationsstrukturen in gemischten Seminaren und kam zu der Schlußfolgerung, daß Frauen andere Schwerpunkte setzten als Männer. Ein Merkmal hierfür ist, daß Frauen eher anwendungsorientiert lernen. Frauen sind, so Manthey, weniger am Tauschwert von Wissen als vielmehr am Gebrauchswert für die eigene Lebenssituation interessiert.

Aries (1984) arbeitete heraus, welche Themen in Männer- bzw. Frauengruppen am häufigsten Gegenstand des Gesprächs waren und fand auch hier gravierende Unterschiede. Ging es in Frauengruppen häufiger um Gefühle, Familie und Beziehungen, zentrierten sich Gespräche in Männergruppen eher um Leistung, Wettbewerb und Aggression. Es ging darum, den anderen auszufragen und einzuschätzen und (quasi) eine Rangordnung unter den Männern zu bilden.

Auf der Ebene von Körperverhalten haben verschiedene Autorinnen (Henley 1988, Wex 1983) festgestellt, daß Frauen weniger Raum für sich in Anspruch nehmen als Männer, nicht nur biologisch bedingt andere Körperproportionen haben, sondern diese auch anders präsentieren. Deborah Tannen (1992), die die Kommunikation zwischen Männern und Frauen untersuchte, stellte u.a. fest, daß Frauen ihr Sprechen viel eher mit einem Lächeln begleiten als Männer, auch dann, wenn dieses Lächeln überhaupt nicht zu der Botschaft paßt, die sie ausdrücken wollen.

Faßt man die Erkenntnisse zum Lern- und Kommunikationsverhalten von Frauen und Männern zusammen, so kann man feststellen, daß differente Verhaltensweisen auf allen Ebenen der Kommunikation vorhanden sind, den verbalen, wie den nonverbalen. Bezogen auf den Lehr-Lern-Prozeß wird in der Diskussion davon ausgegangen, daß Frauen bei Lerngegenständen eher nach dem Nutzen des vermittelten Wissens fragten, Männer hingegen häufiger an Detailwissen (vor allem in technischen Fächern) unabhängig vom Verwendungszusammenhang interessiert sind. In Gruppen dominieren Männer häufig das Unterrichtsgespräch, so daß andere – vielfach Frauen – sich mit ihren Lerninteressen weniger einbringen können. Es wurde davon ausgegangen, daß Männer (auch in Lerngruppen) sich eher in Abgrenzung zu den anderen definieren, Frauen eher die Kooperation suchen. Das Konkurrenzverhalten von Männern und Frauen wird unterschiedlich beschrieben. Frauen meiden eher die offene Konkurrenz, obwohl sie nicht frei von Konkurrenzgefühlen und Konkurrenzverhalten sind.

3.3 Zur Inszenierung des Geschlechterverhältnisses in der Bildungsarbeit

Eine wichtige Voraussetzung für ein gleichberechtigtes Miteinander von Frauen und Männern in der Bildungsarbeit ist das Vorhandensein eines Lernklimas, das es Frauen wie Männern ermöglicht, sich ihren Lernbedürfnissen entsprechend in die Bildungsarbeit einzubringen und weiterzuentwickeln. Für die gewerkschaftliche Bildungsarbeit hat eine Projektgruppe aus dem Forschungsinstitut für Arbeiterbildung eine empirische Analyse der koedukativen Bildungspraxis vorgelegt.[10]

3.3.1 Zum Verhalten der weiblichen und männlichen Teilnehmenden

Das Ergebnis der Untersuchung in Seminaren der gewerkschaftlichen Bildungsarbeit war nicht, daß sich alle Männer oder alle Frauen immer und überall in einer bestimmten Art und Weise verhielten. Die Unterschiede innerhalb eines Geschlechtes – ob bei Männern oder bei Frauen – waren erheblich, und dennoch gab es Verhaltensweisen, die so nur von Männern oder von Frauen praktiziert wurden und die vom anderen Geschlecht in einer bestimmten – wertenden bzw. abwertenden – Art und Weise beurteilt wurden.

Geschlechtsdifferente Verhaltensweisen fanden sich in unterschiedlichen Phasen des Seminargeschehens. In den Vorstellungsrunden bei Beginn des Seminars machten Frauen sich in witzigen Bemerkungen über ihre Schwächen lustig. Männer benutzten witzige Bemerkungen, um sich über ihre Stärken lustig zu machen. Die thematische Steuerung der Plenumsdiskussion lag eher in der Hand der Männer, und zwar durch

- langes und ausführliches Reden,
- kritische Äußerungen gegenüber dem Team bzw. deren Unterrichtsmaterialien,
- aber auch durch Lob der Teamenden[11] oder
- durch die Unterbrechung der Äußerungen anderer.

Frauen redeten zwar (an der Anzahl der Beiträge gemessen) häufiger, aber an der Gesamtdauer des Sprechens gemessen, weniger als die Männer. Die weiblichen Teilnehmenden fielen eher auf

- durch die Kürze ihrer Beiträge,
- die Relativierungen ihrer Person,

---

10 Bei der folgenden Darstellung handelt es sich um Ergebnisse eines Forschungsprojektes, das von 1993 bis 1995 im Forschungsinstitut für Arbeiterbildung durchgeführt wurde. Das Projekt wurde von Susanne Auszra, Karin Derichs-Kunstmann und Brigitte Müthing bearbeitet. Zur Darstellung der Ergebnisse vgl. Auszra 1996, Derichs-Kunstmann 1996 und Müthing 1996. Die Studie erscheint 1998 unter dem Titel „Zur Inszenierung des Geschlechterverhältnisses in der Bildungsarbeit" im Kleine Verlag, Bielefeld.

11 In der gewerkschaftlichen Bildungsarbeit werden die Unterrichtenden in der Regel als Teamer bzw. Teamerin bezeichnet. Der Begriff der „Teamenden" ist der geschlechtsneutrale Plural für Teammitglieder.

- das Nichtäußern von Kritik,
- die Beteiligung am Unterrichtsprozeß durch die nonverbale Rückmeldung an die Teamenden,
- die Unterstützung und Förderung männlicher Teilnehmender
- und die Übernahme sozialer Funktionen während des Seminars und in den Pausenzeiten.

Bei der Untersuchung der Interaktionen zwischen Teamenden und Teilnehmenden wurde deutlich, daß die Aufmerksamkeit der Teamer und Teamerinnen eher den Teilnehmern als den Teilnehmerinnen galt.

Ein wichtiges Ergebnis der schulischen Koedukationsforschung bestätigte sich auch für die Erwachsenenbildung (Nyssen 1996): Gemischte Seminare sind besonders förderlich für die Lernmöglichkeiten von Männern und dieses auch oder gerade dann, wenn mehr Frauen als Männer im Seminar anwesend waren. So konnte mit den Ergebnissen verdeutlicht werden, daß die Anwesenheit von Frauen im Seminar für die Männer – auch für die stilleren Männer – bedeutete, daß sie mehr Möglichkeiten erhielten, sich in ungewohnten Situationen zu schulen, z.B. als Betriebsratsvorsitzender in einer Arbeitsgruppe oder als Berichterstatter der Arbeitsgruppenergebnisse. Die Teilnehmerinnen nutzten diese Möglichkeit nicht oder sie erhielten sie erst gar nicht. Sie wurden zuständig gemacht und machten sich selbst zuständig für den Dienstleistungs- und Sozialbereich: Frauen protokollierten in Arbeitsgruppen, Frauen versorgten das Seminar mit Bonbons und Kaffee, waren Botengängerinnen und „Assistentinnen" der agierenden männlichen Teilnehmer, und Frauen organisierten den Abschiedsabend.

Besonders interessant ist der Anteil der Frauen an der unterschiedlichen Aufgaben- und Rollenverteilung: Sie arbeiteten dieser nicht etwa entgegen, sie arbeiteten ihr sogar zu, indem sie z.B. in Arbeitsgruppen fast ausschließlich Männer für die Rolle des Diskussionsleiters vorschlugen. In keinem der Seminare wurde dieses Verhalten thematisiert, nicht von den Teamenden, nicht von den Teilnehmenden.

3.3.2 Zum Verhalten von Teamerinnen und Teamern

Die Männerdominanz in den Seminaren wurde durch geschlechtsbezogene Verhaltensweisen der Teamenden noch verstärkt. Sowohl bei männlichen als auch bei weiblichen Teammitgliedern war festzustellen, daß sie dominante Männer keineswegs bremsten, sondern durch ihr Verhalten noch bestärkten. Die sozialen Kompetenzen der Frauen wurden von ihnen – eher unbewußt – als positive Unterstützung des Seminargeschehens akzeptiert. Vergleichbar mit den Ergebnissen der Schulforschung konnte festgestellt werden, daß die Teamenden und die männlichen Teilnehmer von der Anwesenheit von Frauen im Seminar profitieren. Männliche wie weibliche Teamende förderten indirekt eher Männer als Frauen. Männliche Teamer schenkten Männern mehr Aufmerksamkeit, die auf Respekt aufgebaut war.

Ein wichtiger Beitrag zur Hierarchiebildung im Seminar wurde durch die Verhaltensweisen der Teamenden – männlichen wie weiblichen – und durch ihre unterschiedlichen Selbstdarstellungsformen geleistet. So vermittelten die Teamerinnen, daß sie für Kritik aufgeschlossener waren als ihre männlichen Kollegen, z.B. indem sie Kritik häufiger abfragten. Das allerdings trug mit dazu bei, daß sie Kritik der Teilnehmenden auch häufiger zu hören bekamen – von Teilnehmern wie Teilnehmerinnen. Gleichzeitig wurden die Teamerinnen häufiger unterbrochen als die teamenden männlichen „Experten", z.B. durch Zwischenrufe von (in der Regel männlichen) Teilnehmenden. Das hing nicht zuletzt auch mit der Selbstdarstellung der Teamerinnen zusammen. Sie relativierten sich viel stärker als Teamer in ihrer Position, zeigten sich offener, indem sie Ängste und Unsicherheiten zugaben. Sie demonstrierten viel seltener ihre Autorität und Macht vor dem Seminar. Diese offene, leichtere und sich selbst relativierende Art der Teamerinnen führte letztendlich dazu, daß auch die weiblichen Teilnehmenden „auftauten" und sich mit Kritik und Fragen an die Teamerinnen wandten. Allerdings führte dieses Verhalten gleichzeitig dazu, daß Teamerinnen von einigen männlichen Teilnehmenden weniger respektvoll behandelt wurden als Teamer.

Zusammenfassend konnte festgestellt werden, daß sich in der Interaktion und Kommunikation innerhalb der gewerkschaftlichen Bildungsarbeit ein Geschlechterverhältnis institutionalisiert, das auf der Ungleichheit von Frauen und Männern aufbaut. Diese Ungleichheit zwischen den Geschlechtern wird allerdings selten bewußt von den Beteiligten wahrgenommen und bislang noch wenig thematisiert. Durch das hohe Maß an Übereinstimmung mit den Erkenntnissen aus der schulischen Koedukationsforschung, als auch den kommunikations- und sprachwissenschaftlichen Interaktionsuntersuchungen, kann davon ausgegangen werden, daß diese Ergebnisse auf andere Formen von koedukativer Weiterbildungsarbeit übertragbar sind.

4. Geschlechtsbezogene Bildungsarbeit

Unter geschlechtsbezogener Bildungsarbeit verstehe ich sowohl die Entwicklung eigenständiger Frauenbildungsarbeit, Seminare der Männerbildung und Veranstaltungen zum Geschlechterdialog, in denen Männer und Frauen gemeinsam die gesellschaftlichen Geschlechtsrollen thematisieren, d.h. insgesamt Veranstaltungen, die Geschlechtsrollen und Geschlechterverhältnis zum Thema machen bzw. zum Ausgangspunkt ihrer Zielgruppendefinition.

4.1 Zur politischen Dimension von Frauen- und Männerbildungsarbeit

Frauenbildungsarbeit mit politisch-emanzipatorischem Anspruch gibt es in (West)-Deutschland seit mehr als 25 Jahren. „Das Private ist politisch" wurde in den 70er Jahren ein Postulat der Neuen Frauenbewegung und war der Ausgangspunkt der Entwicklung politischer Frauenbildungsarbeit in den westlichen Bundesländern. Die frauenbewegten Frauen wollten damit deutlich machen, daß auch die private geschlechtshierarchische Arbeitsteilung und die vielfältigen Formen der Frauenunterdrückung ein Politikum darstellen und durch gemeinsames politisches Handeln von Frauen verändert werden müssen.

Ansatzpunkt politischer Frauenbildungsarbeit war und ist die Kritik des Patriarchats und patriarchaler Herrschaftsstrukturen und deren Folgen für die Frauen. Sie zielte vor allem darauf ab, diese patriarchalen Herrschaftsstrukturen zu überwinden mit dem Ziel der tatsächlichen Gleichheit und Gleichberechtigung der Frauen.

Zwar hatte es in den 70er Jahren erste Anfänge von Männerbildungsarbeit gegeben und auch die Frauenbewegung und Frauenbildung hatte seit langem eine Veränderung der Männer und des gesellschaftlichen Männlichkeitsbildes gefordert, dennoch entstanden die Konzepte für eine Männerbildung erst seit Ende der 80er Jahre (Lenz 1991, Nuissl 1991) vor allem in Volkshochschulen (Boger/Baurmann 1996), bei alternativen Bildungsträgern (Drägestein 1995, Scheskat 1995) und in der kirchlichen Bildungsarbeit. Die Männerbildung hat zum Ziel, „sich kritisch mit der eigenen Rolle als Mann in dieser männerdominierten Gesellschaft zu beschäftigen" und

„dahingehend politisch zu handeln, daß sie (die teilnehmenden Männer, d. Verf.) aus einer kritischen Perspektive gegenüber dem tradierten Verständnis von Männlichkeit öffentlich ihre Interessen ausdrücken und eine andere, nicht-maskuline Männerposition vertreten" (Lenz 1995, S. 111).

Das politische Ziel von Männerbildung besteht – ebenso wie das der Frauenbildung – in der Überwindung des Patriarchats mit der Begründung, daß die dort angelegte Männerrolle auch keine frei gewählte ist und Männer unter ihr leiden. Dennoch scheint nur eine kleine Gruppe von Männern zu einer kritischen Auseinandersetzung mit der eigenen gesellschaftlichen Rolle bereit zu sein.

Interessant ist, daß ein Thema, das in der Frauenbildungsarbeit so fast nicht mehr angeboten wird, die Auseinandersetzung mit der innerfamiliären geschlechtshierarchischen Arbeitsteilung, inzwischen in Männerseminaren und Seminaren zum Geschlechterdialog diskutiert wird. Ein Beispiel dafür findet sich in der gewerkschaftlichen Bildungsarbeit. Die ÖTV bietet unter dem Titel „Sowohl als auch – Familie und Arbeit – ein Männerthema" seit einigen Jahren ein Seminar für Männer an, zu dem die Teilnehmer ihre Kinder mitbringen können und dessen Thema vor allem die Auseinandersetzung mit der gesellschaftlich vorherrschenden Männerrolle und die Möglichkeiten einer partnerschaftlichen Arbeitsteilung sind[12]. In der Ausschreibung wird angekündigt, daß das Seminar „Vereinbarkeit als Probelauf" (ÖTV 1996, S. 36) praktizierte, indem es zur Hälfte aus „Theorie und Arbeit, zur anderen Hälfte aus Praxis: gemeinsame Aktivitäten mit Kindern" besteht (ebd.).

4.2 Geschlechterdialog in der Praxis

Eine konsequente Weiterentwicklung über die Erörterung des Geschlechterverhältnisses in geschlechtsgetrennten Seminaren hinaus war die Konzipierung von gemeinsamen Seminaren für Männer und Frauen, deren Ziel es ist, sich kritisch mit den

---

12 Dieses Seminar wird seit mehreren Jahren durchgeführt und gut von den Teilnehmenden angenommen.

gesellschaftlich vorherrschenden Geschlechtsrollen auseinanderzusetzen. Bei aller Kritik an der „Entdeckung des Subjekts" durch die (männlichen) politischen Bildner (vgl. Glücks 1991) bietet sich darin ein Ansatzpunkt für gemeinsame Bildungsarbeit von Frauen und Männern.

Beispiele für diesen Geschlechterdialog[13] finden sich in der außerschulischen Jugendarbeit (Glücks/Ottemeier-Glücks 1994, Wolff 1995), der kirchlichen Bildungsarbeit, den Volkshochschulen (Arbeitsgruppe Kultur und Lebenswelt 1995, Eberhard 1996) und in der betrieblichen Bildungsarbeit (Overkamp/Stickling 1996). Aber auch gewerkschaftsnahe Bildungseinrichtungen bieten z.T. entsprechende Seminare an. Bei „Arbeit und Leben" in Hessen wurde das Seminarkonzept „Wie wir Männer/Frauen wurden, wie wir sind" (Feuerpfeil/Hartmann 1996) entwickelt.

Innerhalb der ÖTV auf Bundesebene werden mehrere Seminare für Frauen und Männer zum Thema „Die schwierige Balance zwischen Arbeitsmarkt, Partnerschaft und Freizeit" durchgeführt. Ein Ziel dieser Seminare ist die Auseinandersetzung damit, wie „Individuen, Frauen und Männer, ihre Selbstverwirklichungsinteressen wahrnehmen und zugleich gleichberechtigte partnerschaftliche Beziehungen entwickeln" können (ÖTV 1996, S. 35). An verschiedenen Stellen in der politischen Bildung wird versucht, mit dem Geschlechterdialog neue Wege zu gehen und Themen, die Männer und Frauen gleichermaßen betreffen, auch methodisch anders aufzubereiten, indem geschlechterdifferente Sichtweisen ausdrücklich thematisiert, in ihren sozialen Entstehungszusammenhang gestellt und ausgetauscht werden.[14]

In der gewerkschaftlichen Bildungsarbeit gibt es seit Anfang der 90er Jahre ein Seminarangebot, bei dem es unabdingbar ist, die unterschiedliche Perspektive beider Geschlechter zum Thema zu problematisieren – die Seminare zum Thema „Sexuelle Belästigung am Arbeitsplatz". Es ist selbstverständlich auch notwendig, dieses Thema ausschließlich unter Frauen zu behandeln, dann sind die Ziele die Unterstützung der betroffenen Frauen und die Entwicklung gemeinsamer frauenpolitischer Strategien. Sollen aber Handlungsansätze für die alltägliche betriebliche Praxis erarbeitet werden, so ist es notwendig, mit betrieblichen Handlungsträgern, z.B. männlichen wie weiblichen Betriebs- und Personalräten, zusammenzuarbeiten, um mit ihnen gemeinsam zu entwickeln, wie der Umgang mit entsprechenden Fällen in der betrieblichen Praxis aussehen kann. Für diese Seminare wurden Konzepte entwickelt und wissenschaftlich ausgewertet (Meschkutat u.a. 1993, Kathmann/Schmitt 1995). Seminare zum Thema sexuelle Belästigung sind nicht ganz einfach durchzuführen, aber es ist notwendig, Männer immer wieder mit diesem Thema zu konfrontieren, weil neue Normen von Männlichkeit ein Thema sind, mit dem sich in erster Linie Männer beschäftigen sollten.

---

13 Eine Anmerkung zum Begriff des „Dialogs". Ein echter Dialog setzt m.E. Gleichheit voraus, gleiche Ausgangsbedingungen bei beiden Beteiligten. Die Gefahr besteht, daß solange die gesellschaftlichen Machtverhältnisse nicht wesentlich verändert werden, die Rede von der Notwendigkeit des Geschlechterdialogs auch zur Verschleierung gesellschaftlicher Ungleichheit benutzt werden kann.

14 So z.B. bei der Tagung „Von ratlosen Männern und versierten Frauen". Arbeitsgesellschaft im Umbruch der Landeszentrale für politische Bildung in Niedersachsen im Juni 1998.

5. Geschlechterverhältnis und Geschlechterperspektive als Inhaltsdimension von Weiterbildung

5.1 Geschlechterperspektive als Inhaltsdimension politischer Bildung

Sehr lange schon haben Frauen die undiskutierte Ineinssetzung von männlicher Sichtweise und männlichen Realitäten mit dem Allgemeingültigen hinterfragt. In der erziehungswissenschaftlichen Schulforschung gibt es zahlreiche Arbeiten über das Rollenbild in Schulbüchern, und es wird diskutiert, wie durch die Gestaltung von Lernmaterialien und die Überprüfung von Curricula der „heimliche Lehrplan der Geschlechtererziehung" durchbrochen werden kann. In der politischen Erwachsenenbildung gibt es nur wenige Versuche, die Geschlechterperspektive als Inhaltsdimension von Erwachsenenbildung ins Bewußtsein zu rücken.

In der politischen Bildung (Enders-Dragässer 1990, Kutz-Bauer 1990, 1992) und der gewerkschaftlichen Bildungsarbeit hat in den 90er Jahren eine Diskussion begonnen, diese Forderungen für die Praxis umzusetzen. Die Forderungen nach Veränderungen innerhalb der Bildungsarbeit im Hinblick auf die Geschlechterthematik erstrecken sich nicht nur darauf, Konzepte geschlechtsbezogener Bildungsarbeit zu fördern, sondern es geht vor allem auch darum, eine Veränderung der gesamten gewerkschaftlichen Bildungsarbeit im Hinblick auf die Geschlechterperspektive herbeizuführen. Frauen fragen danach, wo sie sich innerhalb der Bildungsarbeit mit ihren spezifischen Problemlagen und ihrer Lebensrealität wiederfinden.

„Es genügt nicht, ständig die Abwesenheit der Frauen in den gewerkschaftlichen Bildungsveranstaltungen zu beklagen, solange ihre spezifischen Erwartungen dort keine Entsprechungen finden" (Notz 1994, S. 153).

Notz betont, daß Frauen

„Frauenfragen' nicht mehr (ausschließlich) unter sich... diskutieren (wollen), weil sie zum Thema der Gesamtorganisation gemacht werden sollen und Männer ebenso betreffen" (Notz 1994, S. 151).

Die Konsequenz daraus besteht in der Übernahme der Geschlechterperspektive in die Seminarinhalte. Dazu gibt es bisher nur vereinzelte Erfahrungen.

5.2 Integrationsansätze in der gewerkschaftlichen Bildungsarbeit: der „lila Faden"

Für die Bildungsarbeit der Gewerkschaft Handel, Banken und Versicherungen (HBV) haben 1992 die Frauen der HBV einen Beschluß des Gewerkschaftstages erwirkt, daß Frauenthemen in Form eines „lila Fadens" in die Seminare der gewerkschaftlichen Bildungsarbeit integriert werden sollten. Diesem Konzept ist es ähnlich ergangen wie der Integration der politischen in die berufliche Bildung in den 70er Jahren. Es ist tendenziell gescheitert und zwar deshalb, weil es zu einer Addition und zu keiner Integration der Frauenthemen gekommen ist.

Dennoch sind die Diskussionen um die Integration der Geschlechterperspektive in die Inhalte von gewerkschaftlicher Bildungsarbeit nicht verstummt. Beim Prozeß der Entwicklung eines gemeinsamen Bildungskonzeptes für die sich neu konstituierende Gewerkschaft Bergbau, Chemie, Energie (IG BCE), die sich aus den Gewerkschaften IG Bergbau und Energie, IG Chemie, Papier, Keramik und IG Leder gebildet hat, war die Frage nach „Frauenförderung und Chancengleichheit als Gegenstand gewerkschaftlicher Bildungsarbeit" ein wichtiges Thema (Derichs-Kunstmann 1997). Daß bei der Neukonzipierung eines gewerkschaftlichen Bildungsprogramms diese „Frauen"-Themen eine Rolle spielen, ist als ein bedeutsamer Schritt hin zur Integration der Geschlechterperspektive in die gewerkschaftliche Bildungsarbeit zu werten. Die Anstrengungen sind jetzt auf mikrodidaktischer Ebene zu machen, um die gute Absicht nicht scheitern zu lassen.

5.3 Ansatzpunkte zur inhaltlichen Integration der Geschlechterperspektive

Aus der Erfolglosigkeit des „lila Fadens" kann die Schlußfolgerung gezogen werden, daß es eine Voraussetzung für die Thematisierung der Geschlechterperspektive ist, diese tatsächlich zu integrieren, d.h. bei konkreten Beispielen die unterschiedlichen Interessenlagen von Frauen und Männern aufzuzeigen. Es geht darum, die unterschiedlichen gesellschaftlichen Realitäten beider Geschlechter in den Seminaren zu thematisieren.

Vorab ist es allerdings notwendig, erwachsenenpädagogische Curricula auf ihre Implikationen und Explikationen zum Geschlechterverhältnis, wie es Hovestadt (Hovestadt 1997, S. 128ff.) vorgeschlagen hat, zu untersuchen. Unter impliziten Positionen versteht sie z.B. eine Wahl der Unterrichtsgegenstände in der Art und Weise, daß die Lebensrealität von Frauen ausgeblendet wird, sowie die Auslassung bedeutender Geschlechteraspekte eines Seminargegenstands und die unzulässige Verallgemeinerung von einem Geschlecht auf das andere. Die „sporadischen Explikationen" und „Explikationen, die das Sporadische überschreiten" (ebd., S. 131), aber das Geschlechterverhältnis nicht im umfassenden Sinne thematisieren, sind ebenfalls herauszuarbeiten.

Neben der Notwendigkeit, Curricula auf ihre impliziten und expliziten Geschlechterrollenstereotype zu überprüfen, muß analysiert werden, wessen Perspektive bei der Darstellung von Sachverhalten eingenommen wird und die Perspektive des anderen Geschlechts explizit mit aufgenommen werden. Anfangen könnte diese Analyse in bestimmten Themenfeldern der Bildungsarbeit. Eine weitere Lösung wäre es, entsprechende Curricula exemplarisch neu zu entwickeln, um zu demonstrieren, wie die Integration der Geschlechterperspektive aussehen könnte. Es ist eine Menge Entwicklungsarbeit notwendig, bei der in die verschiedenen Themenstellungen integriert werden muß, was Geschlechterperspektive bedeutet.

Gewerkschaftliche Bildungsarbeit kann aufgrund der Tatsache, daß sie insbesondere in der Bildungsarbeit mit betrieblichen InteressenvertreterInnen (Betriebs- und PersonalrätInnen) wiederkehrende Inhalte vermittelt, eine Pilotfunktion in der Entwicklung von curricularen Ansätzen übernehmen. Die dort gemachten Erfahrungen sollten dann auch auf die übrige Bildungsarbeit mit Erwachsenen übertragen werden.

Das entbindet andere Erwachsenenbildungsträger nicht von der Anstrengung, auch in ihrem Handlungsfeld, bei Volkshochschulen z.B. im Fremdsprachenlernen, entsprechende Modellcurricula in Angriff zu nehmen.

6. „Gender-Training" als umfassender Ansatz zur Geschlechterthematik in der Weiterbildung

In verschiedenen Bereichen der Bildungsarbeit mit Erwachsenen gibt es in den letzten Jahren Konzepte eines „Gender-Trainings" bzw. Diskussionen darum, diese zu übernehmen und weiterzuentwickeln. Erste Ansätze für ein „Gender-Training" gab es in der entwicklungspolitischen Bildungsarbeit (Remmert-Fontes 1996 und iz3w 1997), beruflichen Qualifizierungsangeboten und betrieblichen Fortbildungen. Inzwischen werden diese Konzepte auch in der kirchlichen Familienbildungsarbeit (Bundesarbeitsgemeinschaft ev. Familienbildungsstätten 1997), der Bildungsarbeit der Volkshochschulen und der gewerkschaftlichen Bildungsarbeit diskutiert.

6.1 „Gender-Training" in der entwicklungspolitischen Bildungsarbeit

In der Vorbereitung von MitarbeiterInnen für die Arbeit in Entwicklungsländern wurde das „Gender-Training" entwickelt, um die EntwicklungsarbeiterInnen für die Geschlechterproblematik in den Ländern der 3. Welt zu sensibilisieren.

„Der ‚Gender'-Ansatz will Männer und Frauen in ihrem Verhältnis zueinander ansprechen, denn es ist richtig, daß eine Verbesserung der Lebenssituation von Frauen nachhaltig nur dann erreicht werden kann, wenn die ganze Gesellschaft – also auch die Männer – diesen Prozeß unterstützen" (Remmert-Fontes 1996, S. 62).

Wichtiges Handwerkszeug ist dabei die „Gender-Analyse", die als Instrument dient, um die gesellschaftliche Realität in dem jeweiligen Land zu analysieren. Dabei geht es um das

„Bewußtmachen und Verstehen der Unterscheidung zwischen biologischem Geschlecht und dem sozialen, kulturellen Geschlecht und darum, Wege zu einer Veränderung des letztgenannten, d.h. der Geschlechtsrolle, aufzuzeigen" (Remmert-Fontes 1996, S. 64).

Ziel des „Gender-Ansatzes" ist es,

„die mit den Geschlechterrollen verbundenen Wertvorstellungen transparent zu machen, Verhaltensmuster zu erkennen und zu verändern und langfristig auch Sozialisationsformen zu verändern. In diesem Sinne kann ‚Gender-Training' helfen, über die kognitive Ebene (mit Hilfe der Gender-Analyse) und über die emotionale Ebene Bewußtsein zu schaffen und Veränderungen zu bewirken" (ebd. S. 65).

Innerhalb neuerer betrieblicher Fortbildungskonzepte im Zusammenhang mit dem „total quality management" wird auch ein Konzept des „Gender-Trainings" diskutiert, bei dem es vor allen Dingen darum geht, die geschlechtsspezifischen Kompetenzen für den Betrieb fruchtbar zu machen (Dzalakowski 1997).

6.2 „Geschlechter-Training" und „geschlechtsspezifische Analyse" als gewerkschaftspolitische Frauenforderungen

„Wir fordern den DGB und die Einzelgewerkschaften auf, für ihre Führungskräfte ein spezielles Geschlechter-Training (Gender-Training) anzubieten und Maßnahmen zu ergreifen, um ihre Führungskräfte für eine Teilnahme zu gewinnen. Ziel dieses Trainings ist es, einen Perspektivwechsel der gewerkschaftlichen Entscheidungsträger herbeizuführen... Die Demokratie zwischen den Geschlechtern ist eine Frage der Solidarität – und daher eine Aufgabe für alle gewerkschaftlichen Bereiche" (DGB 1997, S. 63).

(Dieses Zitat entstammt einem Antrag zur DGB-Bundesfrauenkonferenz 1997 mit dem Titel „Chancengleichheit betrifft die Gewerkschaft in ihrer Gesamtheit: Geschlechter-Training für Führungskräfte[15].) Bei der Analyse der gewerkschaftlichen Frauenpolitik der 80er Jahre war ein Perspektivenwechsel dergestalt festgestellt worden, daß die Gewerkschaftsfrauen die unhinterfragte Solidarität mit den Männern aufgekündigt hatten (Derichs-Kunstmann 1990b). Dieser Antrag zum Geschlechter-Training ist ein Indiz dafür, daß dem ersten ein weiterer Perspektivenwechsel gefolgt ist, der alle Beteiligten (gemeint sind allerdings vor allem die Männer) in den Gewerkschaften in die Pflicht nimmt, die Geschlechterperspektive zu berücksichtigen.

Der vorhergehende Antrag „Gewerkschaftliche Gleichstellungspolitik" fordert die Integration der Geschlechterperspektive in die gesamte gewerkschaftliche Politik (DGB 1997, S. 61f.) im Sinne des „Mainstreaming-Konzeptes" der EU-Gleichstellungspolitik.[16] Logischerweise folgen diese beiden Anträge aufeinander, denn der Forderung nach einer Berücksichtigung der Geschlechterperspektive auf allen Feldern gewerkschaftlicher Politik folgt notwendigerweise ein entsprechendes Qualifizierungsprogramm für die AkteurInnen. Daß eine Veränderung der Beschlußlage noch lange keine Veränderung von Politik bedeuten muß, hat das Schicksal vieler gut gemeinter Anträge in der Gewerkschaftsgeschichte gezeigt. So ist es nur konsequent, ein Geschlechter (Gender)-Training zu fordern, an dem alle Führungskräfte und die hauptamtlichen Beschäftigten der Gewerkschaften verbindlich teilnehmen müssen.

Beide Anträge der DGB-Bundesfrauenkonferenz zielen im engen Sinne nicht auf eine Veränderung gewerkschaftlicher Bildungsarbeit ab, es sind gewerkschaftspolitische Anträge. Dennoch stehen sie im Kontext der Entwicklung der Geschlechterthematik in der Bildungsarbeit. Die geforderte Integration der Geschlechterperspektive in die gesamte gewerkschaftliche Politik geht konsequenterweise einher mit der Integration der Geschlechterperspektive in die gewerkschaftliche Bildungsarbeit, bzw. beide

---

15 Der Antrag Nr. 50 wurde vom IG Metall-Frauenausschuß gestellt und von der 14. DGB-Bundesfrauenkonferenz vom 6.-8. Nov. 1997 in Magdeburg angenommen.

16 Der im Februar 1996 von der EU-Kommission beschlossene Grundsatz des „mainstreaming" beinhaltet die Integration der Frauenbelange in alle Politikbereiche; vgl. EU-Kommission 1997, S. 16ff.

bedingen einander. Eine Integration der Geschlechterperspektive in die gewerkschaftliche Bildungsarbeit ohne die Integration in gewerkschaftliche Politik und Programmatik kann gar nicht funktionieren und würde das Schicksal des „lila Fadens" der Gewerkschaft HBV nur wiederholen. Umgekehrt zieht die Integration der Geschlechterperspektive in gewerkschaftliche Politik und Programmatik notwendigerweise deren Integration in die Bildungsarbeit nach sich.

7. Geschlechtsgerechte Didaktik – umfassende Konsequenzen der Geschlechterperspektive und Geschlechterthematik in der Bildungsarbeit

Die in diesem Beitrag diskutierten Aspekte des Geschlechterverhältnisses liegen auf allen Ebenen der Bildungsarbeit mit Erwachsenen. Sie beziehen sich auf die Möglichkeiten der Partizipation innerhalb der institutionellen Strukturen der Erwachsenenbildung ebenso wie auf die Lernchancen der männlichen und weiblichen Teilnehmenden. Auf das Aufgabenfeld der Erwachsenenbildung bezogen, die Bildungsarbeit mit Erwachsenen, ist es notwendig und sinnvoll, ein umfassendes Konzept zu entwickeln, das alle diese Facetten des gesellschaftlichen Geschlechterverhältnisses berücksichtigt. Ein Weg dazu kann das Konzept einer „geschlechtsgerechten Didaktik" sein, das einen Versuch der Integration der Geschlechterthematik auf den unterschiedlichen Ebenen der Erwachsenendidaktik darstellt[17]. „Geschlechtsgerecht" ist m.E. eine Didaktik, in der weder Männer noch Frauen bevorzugt werden, eine Didaktik, die statt dessen ein Lernarrangement hervorbringt, in dem weder Frauen noch Männer in der Entfaltung ihrer Lernbedürfnisse beeinträchtigt werden und die damit einen Beitrag zur Demokratisierung des Geschlechterverhältnisses leistet.

Geschlechtsgerechte Didaktik impliziert eine umfassende Berücksichtigung der Geschlechterdifferenz bei Planung und Durchführung von Bildungsveranstaltungen. Das betrifft die

– Inhalte der Seminare,
– das Verhalten der Teilnehmenden und Teamenden,
– die methodische Gestaltung der Seminare und
– die Gestaltung der Rahmenbedingungen von Bildungsarbeit.

Zu den Seminarinhalten:

Bei Auswahl und Gestaltung der Seminarinhalte müssen diejenigen Kriterien berücksichtigt werden, die im Teil 5 für die Integration der Geschlechterperspektive entwickelt wurden. Es geht nicht nur darum, die unterschiedlichen Lerninteressen der

---

17 Die geschlechtsgerechte Didaktik baut notwendigerweise auf den Überlegungen zu einer frauengerechten Gestaltung von Weiterbildung auf; vgl. Derichs-Kunstmann 1993. Bevor aufgrund der Ergebnisse des Projektes zum Interaktionsverhalten von Frauen und Männern der Begriff der „geschlechtsgerechten Didaktik" entwickelt wurde (vgl. Derichs-Kunstmann 1997), habe ich ein vergleichbares Konzept unter dem Begriff der „Feminisierung der gewerkschaftlichen Bildungsarbeit" dargestellt (vgl. Derichs-Kunstmann 1994).

teilnehmenden Frauen und Männer zu berücksichtigen, sondern auch das Geschlechterverhältnis in seinen, den entsprechenden Seminarinhalt betreffenden, Facetten zu thematisieren. Für die Ebene der Inhalte müssen je nach Fachbereich und Thema der Bildungsarbeit neue Integrationsansätze entwickelt werden. Das hat in der EDV-Schulung andere Dimensionen als im Geschichtsseminar, einem Seminar zum Arbeitsrecht für BetriebsrätInnen oder einem Kurs „Englisch für Fortgeschrittene".

Zum Verhalten von Teilnehmenden und Teamenden:

Es gilt, aus den Erkenntnissen über das unterschiedliche Verhalten von Frauen und Männern in Lernsituationen Konsequenzen für die Gestaltung von Bildungsarbeit zu ziehen. Der „heimliche Lehrplan der Geschlechtererziehung" muß außer Kraft gesetzt werden, das bedeutet, bei den Unterrichtenden Sensibilität für ihre eigenen geschlechtsbezogenen Verhaltensweisen zu erzeugen. Konsequenzen müßten aufgrund der eigenen Verhaltenswahrnehmung im Ausprobieren und Einüben eines veränderten „geschlechtsgerechten" Unterrichtsverhaltens liegen.

Darüber hinaus sollten Ansätze dafür entwickelt werden, das geschlechtsdifferente Verhalten der Teilnehmenden ggf. innerhalb des Seminars einer kritisch-konstruktiven Auseinandersetzung zu unterziehen.

Zur methodischen Ebene:

Die Konsequenz aus der Sensibilisierung für geschlechtsdifferente und geschlechtsbezogene Verhaltensweisen von Teilnehmenden und Teamenden sollte in einer methodischen Ausgestaltung von Seminaren bestehen, die innerhalb des Lehr-/Lernprozesses auf die verschiedenen Kommunikations- und Interaktionsweisen der Geschlechter differenziert reagiert und beiden Geschlechtern ermöglicht, sich ihren Lernbedürfnissen entsprechend im Seminar einzubringen. Ganzheitliche Ansätze, die alle Sinne ansprechen, und eine subjektorientierte Didaktik entsprechen diesen Vorstellungen am ehesten.

Eine Möglichkeit des methodischen Arrangements ist z.B. die gemeinsame Erarbeitung von Kommunikationsregeln (z.B. zu Länge und Zeitpunkt von Diskussionsbeiträgen, zum Äußern von Kritik oder zum Verhalten beim Zuhören). Diese bewirken gleichzeitig eine Demokratisierung des Lehr-/Lernprozesses. Die weitere Erarbeitung geschlechtsgerechter methodischer Ansätze ist u.a. eine Aufgabe von Fortbildungen, um gemeinsam mit den Teamenden die mikrodidaktische Umsetzung zu erproben.

Zu den Rahmenbedingungen:

Auf der Ebene der Rahmenbedingungen erfordert eine geschlechtsgerechte Didaktik, daß bei der Gestaltung von Bildungsarbeit die Lebensbedingungen der teilnehmenden Frauen und Männer mitbedacht werden müssen. Das hat Konsequenzen für die zeitliche Lage von Angeboten (Beginn, Ende, Dauer), für die räumliche Ausgestaltung (Veranstaltungsgebäude, Veranstaltungsräume), für die Wahl des Veranstaltungsortes (Erreichbarkeit mit öffentlichen Verkehrsmitteln, Einsehbarkeit des Parkplatzes, Vermeiden von Angsträumen). Auch die Frage nach der Kinderbetreuung ist nicht nur für Frauenbildungsarbeit relevant.

Geschlechtsgerechte Didaktik als Weiterführung einer subjektorientierten Didaktik hat zur Folge, daß sich die Teamer und Teamerinnen, sowie diejenigen, die sich über Sinn, Inhalt und Aufbau von Bildungsarbeit Gedanken machen, unter dem Gesichtspunkt der Geschlechtergerechtigkeit überlegen müssen, welche Lernziele mit Bildungsarbeit anzustreben sind. Dabei muß auch darüber nachgedacht werden, welchen Stellenwert die Vermittlung von Inhalten gegenüber dem Lernen sozialer und kreativer Verhaltensweisen hat. Vor allem der „heimliche Lehrplan der Geschlechtererziehung" sollte bei der Planung und Durchführung von Seminaren ebenso wie bei der Qualifizierung von WeiterbildnerInnen umfassender und konsequenter als bisher reflektiert werden.

Literatur

Arbeitsgruppe Kultur und Lebenswelt (Hrsg.): Dialoge zwischen den Geschlechtern. Deutsches Institut für Erwachsenenbildung. Frankfurt/Main 1995

Aries, Elisabeth: Zwischenmenschliches Verhalten in eingeschlechtlichen und gemischtgeschlechtlichen Gruppen. In: Trömel-Plötz 1984. S. 114-127

Auszra, Susanne: Von mehr oder minder freiwilligen Selbstbeschränkungen. Lernbehinderungen in der geschlechtsspezifischen Aufgabenteilung in selbständigen Arbeitsgruppen. Jahrbuch Arbeit, Bildung, Kultur Nr. 14/1996, S. 41-53

Behnke, Cornelia; Loos, Peter; Meuser, Michael: „Wir kommen über das Reden nicht hinaus". Selbstreflexion und Handlungspraxis in Männergruppen. Widersprüche. Zeitschrift für sozialistische Politik im Bildungs-, Gesundheits- und Sozialbereich. Heft 56/57 „Männlichkeiten", September 1995, S. 119-127

Boger, Hartmut; Baurmann, Michael C.: „Männer an der VHS" – Aspekte der Erfahrung und Gestaltung einer Geschlechterrolle. In: Lammers, Bernd; Lange, Jürgen (Hrsg.): Neue Wege der Weiterbildung. Modelle und Projekte für die Volkshochschule. Essen 1996, S. 133-138

Brantenberg, Gerd: Die Töchter Egalias. München 1992, 6. Aufl.

Bundesarbeitsgemeinschaft evang. Familienbildungsstätten (Hrsg.): Politische Frauenbildung in der Familienbildung. BAG-Informationen Nr. 2/1997, Nürnberg 1997

Butler, Judith: Das Unbehagen der Geschlechter. Frankfurt/Main 1991

Derichs-Kunstmann, Karin: Frauen lernen anders ... Lernen Frauen anders? Einige Überlegungen zum Thema. In: Derichs-Kunstmann, Karin; Müthing, Brigitte (Hrsg.): Frauen lernen anders. Zur Theorie und Praxis der Weiterbildung für Frauen. Bielefeld 1993, S. 11-18

Derichs-Kunstmann, Karin 1990a: Frauen und neue Informations- und Kommunikationstechnologien. Bilanz einer Debatte. In: Beiträge, Informationen, Kommentare, Nr. 9/1990, hrsg. vom Forschungsinstitut für Arbeiterbildung, Recklinghausen 1990, S. 11-27

Derichs-Kunstmann, Karin 1990b: Gewerkschaftsfrauen in den 80er Jahren. Vom Ende der Bescheidenheit!? In: Beiträge, Informationen, Kommentare Nr. 9/1990, hrsg. vom Forschungsinstitut für Arbeiterbildung, Recklinghausen 1990, S. 145-168

Derichs-Kunstmann, Karin 1994a: Jenseits patriarchaler Lei(d)tbilder. Entwicklung und Perspektiven der gewerkschaftlichen Frauenbildungsarbeit. In: Derichs-Kunstmann, Karin; Rehbock, Annette (Hrsg.): Jenseits patriarchaler Lei(d)tbilder. Zur Theorie und Praxis gewerkschaftlicher Frauenbildungsarbeit. Bielefeld 1994, S. 9-31

Derichs-Kunstmann, Karin 1994b: Plädoyer für eine Feminisierung der gewerkschaftlichen Bildungsarbeit. In: Jochen Richert (Hrsg.): Subjekt und Organisation. Neuorientierung gewerkschaftlicher Bildungsarbeit. Münster 1994. S. 156-168

Derichs-Kunstmann, Karin: Von der Politisierung des Privaten zur gleichberechtigten Partizipation an Politik. Zur Entwicklung der politischen Frauenbildungsarbeit in den letzten 20 Jahren. In: Waltraud Cornelißen; Christine Voigt (Hrsg.): Wege von Frauen in die Politik.

Möglichkeiten und Grenzen von Kursen zur Qualifizierung für politische Aufgaben. Bielefeld 1995, S. 11-23

Derichs-Kunstmann, Karin: Von der alltäglichen Inszenierung des Geschlechterverhältnisses in der Erwachsenenbildung. Anlage, Verlauf und Ergebnisse eines Forschungsprojektes zur Koedukation in der Bildungsarbeit mit Erwachsenen. Jahrbuch Arbeit, Bildung, Kultur Nr. 14/1996, S. 9-26

Derichs-Kunstmann, Karin (1997e): Frauenförderung und Chancengleichheit als Gegenstand gewerkschaftlicher Bildungsarbeit. Vortrag bei der Arbeitstagung Bildung der IG BCE im Februar 1997. Unveröff. Man.

Deutscher Gewerkschaftsbund (Hrsg.): 14. Bundesfrauenkonferenz, 6. – 8. November 1997 in Magdeburg. Delegiertenunterlagen

Dietzen, Agnes: Soziales Geschlecht. Soziale, kulturelle und symbolische Dimensionen des Gender-Konzepts. Opladen 1993

Drägestein, Bernd: MännerBildung – Eine Annäherung. In: fbi – forum der bildungsinitiativen in niedersachsen. Hrsg. vom Verein niedersächsischer Bildungsinitiativen VNB, Heft 1/1995 „Frauen – Männer – Bildung", S. 8-10

Dzalakowski, Ingrid: GenderWorking und Wandel: Kooperation statt Konfrontation. In: Handbuch Personalentwicklung und Training, Hrsg. v. Deutschen Wirtschaftsdienst. 1997

Eberhard, Ursula: Das Verhältnis der Geschlechter – ein Thema für die Erwachsenenbildung. Jahrbuch Arbeit, Bildung, Kultur. Hrsg.: Forschungsinstitut für Arbeiterbildung. Bd. 14. Recklinghausen 1996, S. 81-88

Eberhard, Ursula; Weiher, Katarina (Hrsg.): Differenz und Gleichheit von Frauen. Rahmenplan Frauenbildung. Deutsches Institut für Erwachsenenbildung, Frankfurt/Main 1994

Edding, Cornelia: Frauen und Männer in der Erwachsenenbildung. In: Müller, Kurt R., Kurs- und Seminargestaltung. Ein Handbuch für Dozentinnen und Kursleiter. München 1983, S. 82-95

Enders-Dragässer, Uta und Claudia Fuchs: Interaktionen der Geschlechter. Sexismusstrukturen in der Schule. Weinheim 1989

Enders-Dragässer, Uta: Das Geschlechterverhältnis als Gegenstand politischer Bildung. In: Will Cremer; Ansgar Klein (Hrsg.): Umbrüche in der Industriegesellschaft. Opladen 1990, S. 369-381

Europäische Kommission, Generaldirektion Beschäftigung, Arbeitsbeziehungen und soziale Angelegenheiten, Referat V/D/5: Chancengleichheit für Frauen und Männer in der Europäischen Union. Jahresbericht 1996. Luxemburg 1997

Faulstich-Wieland, Hannelore: Koedukation – Enttäuschte Hoffnungen? Darmstadt 1991

Feuerpfeil, Heide; Hartmann, Rolf: „Wie wir Frauen/Männer wurden, was wir heute sind" oder: Warum ist Bildungsarbeit nicht geschlechtsneutral? Jahrbuch Arbeit, Bildung, Kultur, hrsg. v. Forschungsinstitut für Arbeiterbildung e.V., Bd. 14, 1996, S. 101-112

Gemeinnütziges Bildungswerk des Deutschen Gewerkschaftsbundes e.V.: Statistischer Jahresbericht 1993. Seminare und Veranstaltungen des DGB-Bildungswerkes e.V. Düsseldorf, im September 1994

Gemeinnütziges Bildungswerk des Deutschen Gewerkschaftsbundes e.V.: Statistischer Jahresbericht 1997, Veranstaltungen. Düsseldorf, im Mai 1998

Gieseke, Wiltrud: Geschlechterverhältnis und Weiterbildung. In: Gieseke, Wiltrud u.a.: Erwachsenenbildung als Frauenbildung. Deutsches Institut für Erwachsenenbildung (Hrsg.). Bad Heilbrunn 1995, S. 9-44

Gildemeister, Regine; Wetterer, Angelika: Wie Geschlechter gemacht werden. Die soziale Konstruktion der Zweigeschlechtlichkeit und ihre Reifizierung in der Frauenforschung. In: Gudrun-Axeli Knapp; Angelika Wetterer (Hrsg.): Traditionen Brüche. Entwicklungen feministischer Theoriebildung. Freiburg 1992, S. 201-254

Glücks, Elisabeth: Weltbilder im Widerstreit – über die Sinnkrise im Selbstverständnis politischer Bildner. Ein Beitrag der Praxis aus weiblicher Sicht. In: Landesinstitut für Schule und Weiterbildung (Hrsg.): Weiterbildung in Nordrhein-Westfalen. Soest 1991, S. 157- 167

Glücks, Elisabeth; Ottemeier-Glücks, Franz-Gerd: Geschlechtsbezogene Pädagogik. Münster 1994

Glumpler, Edith (Hrsg.): Koedukation. Entwicklungen und Perspektiven. Bad Heilbrunn 1994

Gnahs, Dieter: Strukturen und Entwicklungen in der Erwachsenenbildung Niedersachsens. Gutachten: Struktur und Perspektiven der niedersächsischen Erwachsenenbildung, Teil 1, Hannover 1988, S. 121ff.

Goffmann, Erving: Das Arrangement der Geschlechter. In: Goffmann, Erving, Geschlecht und Interaktion. Frankfurt a.M./New York 1994 (engl. Erstveröff. 1977), S. 105-158

Henley, Nancy: Körperstrategien. Geschlecht, Macht und nonverbale Kommunikation. Frankfurt/Main 1988

Hovestadt, Gertrud: „Schade, daß so wenig Frauen da sind" Normalitätskonstruktionen der Geschlechter in männerdominierter Bildungsarbeit. Reihe: Lernen um zu handeln Band 9/10, Münster 1997

Hovestadt, Gertrud: Geschlechterfragen: Ein impliziter Gegenstand gewerkschaftlicher Bildung. In: Jahrbuch Arbeit, Bildung, Kultur. Hrsg. Forschungsinstitut für Arbeiterbildung. Band 12. Recklinghausen 1995, S. 137-146

Hübner, Ingrid; Schittko, Kerstin; Schmidt, Monika: Ungeschützte Beschäftigungsverhältnisse in der Frauenbildung – Sich am eigenen Zopf aus dem Sumpf ziehen? REPORT Weiterbildung 34, 1994, S. 106-111

iz3w 1997: blätter des informationszentrums 3. Welt. Ausgabe 219, Schwerpunkt: „Love me gender" Feminismus in den 90ern. Februar 1997

Kathmann, Maria; Schmitt, Yvonne: Sexuelle Belästigung am Arbeitsplatz. Ein Thema in der gewerkschaftlichen Bildungsarbeit. In: Derichs-Kunstmann; Rehbock (Hrsg.): Jenseits patriarchaler Lei(d)tbilder. Zur Theorie und Praxis gewerkschaftlicher Frauenbildungsarbeit. Bielefeld 1995, S. 46-56

Kotthoff, Helga: Gewinnen oder Verlieren? Beobachtungen zum Sprachverhalten von Frauen und Männern in argumentativen Dialogen an der Universität. In: Trömel-Plötz 1984. S. 90-114

Kotthoff, Helga: Kommunikative Stile, Asymetrie und „Doing Gender". Fallstudien zur Inszenierung von Expert(inn)entum in Gesprächen. Feministische Studien, 2/1993, S. 79-95

Kutz-Bauer, Helga: Diskriminierung von Frauen in der politischen Bildung. In: Bundeszentrale für politische Bildung (Hrsg.): Vierzig Jahre politische Bildung in der Demokratie. Dokumentation. Bonn 1990, S. 176-182

Kutz-Bauer, Helga: Was heißt frauenspezifisches Lernen und Handeln? Politische Bildung als Männerdiskurs und Männerdomäne. Aus Politik und Zeitgeschichte. Beilage zur Wochenzeitung das Parlament. B 25-26/1992. S. 19-31

Kuwan, Helmut; Gnahs, Dieter; Kretschmer, Isabell; Seidel, Sabine: Berichtssystem Weiterbildung VI. Integrierter Gesamtbericht zur Weiterbildungssituation in Deutschland. Hrsg. vom Bundesministerium für Bildung, Wissenschaft, Forschung und Technologie. Bonn 1996

Lenz, Hans-Joachim: Weiterbildung und die Emanzipation der Männer. Volkshochschule Heft V 1991, S. 11-14

Lenz, Hans-Joachim (Hrsg.): Auf der Suche nach den Männern. Bildungsarbeit mit Männern. Deutsches Institut für Erwachsenenbildung (Hrsg.). Reihe: Berichte, Materialien, Planungshilfen. Frankfurt/Main 1994

Lenz, Hans-Joachim: Geschlechtsspezifische Bildungsarbeit am Beispiel des Nürnberger Männerprogramms. In: Konrad Schacht, Hans-Joachim Lenz, Hannelore Janssen (Hrsg.): Männerbildung – Ein Thema für die politische Bildung. Wiesbaden 1995, S. 109-127

Manthey, Helga: Jenseits patriarchaler Leitbilder. Leben und Lernen zwischen Pragmatismus und Utopie. In: Heger, Rolf-Joachim u.a. (Hrsg.): Wiedergewinnung von Wirklichkeit. Freiburg 1983. S. 64-79

Meschkutat, Bärbel; Holzbecher, Monika; Richter, Gudrun: Strategien gegen sexuelle Belästigung am Arbeitsplatz. Konzeption, Materialien, Handlungshilfen. Köln 1993

Meyer-Ehlert, Birgit 1994a (Hrsg.): Frauen in der Weiterbildung. Opladen 1994

Meyer-Ehlert, Birgit 1994b: Weiterbildung – eine Mogelpackung für Frauen? REPORT 34, 1994, S. 91-99

Müthing, Brigitte 1996a: „Ich bemühe mich möglichst um Methodenvielfalt, nur die Praxis überrollt dich manchmal". Selbstdarstellung und methodisches Arbeiten der Teamerinnen und Teamer in gewerkschaftlicher Bildungsarbeit. Jahrbuch Arbeit, Bildung, Kultur Nr. 14/1996, S. 27-39

Müthing, Brigitte 1996b: „In erster Linie sind Frauen offener, und das löst Lernprozesse aus" Frauen in der gewerkschaftlichen Erwachsenenbildung. beiträge zur feministischen theorie und praxis, Heft 43/44, Köln 1996, S. 145-155

Niehoff, Erika: Berufsorientierung für Frauen und Männer. Konzeption, Ablauf, Konflikte und Lernhaltungen. Ergebnisse aus dem Modellversuch „Umschulung von Frauen gemeinsam mit Männern in Zukunftsberufe". Bundesinstitut für Berufsbildung (Hrsg.): Modellversuchsreihe, Bd. 5. Berlin, Juli 1987

Niehoff, Erika: Lernbedingungen von Frauen im Bereich gewerblich-technischer Umschulungen. In: Gieseke 1993b, S. 79-89

Notz, Gisela: Wo bitte geht's zur Zukunft? In: Richert, Jochen (Hrsg.): Subjekt und Organisation. Neuorientierung gewerkschaftlicher Bildungsarbeit. Münster 1994, S. 146-155

Nuissl, Ekkehard: Warum gibt es keine Männerbildung? Volkshochschule Heft V 1991, S. 6-10

Nuissl, Ekkehard: Männerbildung. Vom Netzwerk bildungsferner Männlichkeit. Frankfurt 1993

Nyssen, Elke: Geschlechterhierarchie und „doing gender" in Schule und Weiterbildung – Zur Kontinuität von Bildungsprozessen. Jahrbuch Arbeit, Bildung, Kultur. Hrsg. Forschungsinstitut für Arbeiterbildung. Band 14. Recklinghausen 1996, S. 55-68

ÖTV (Gewerkschaft Öffentliche Dienste, Transport und Verkehr) (Hrsg.): Bildungsprogramm 1997. Stuttgart, September 1996

Overkamp, Ulrike; Stickling, Evelyn: „Frauensprache – Männersprache" Zwei Seminarkonzeptionen. Jahrbuch Arbeit, Bildung, Kultur. Hrsg. Forschungsinstitut für Arbeiterbildung. Band 14. Recklinghausen 1996, S. 113-121

Pehl, Klaus: Frauen in der Volkshochschule im Spiegel der Statistik. Hessische Blätter für Volksbildung 4/1991, S. 315ff.

Remmert-Fontes, Inge: Grundgedanken des „Gender"-Ansatzes. In: Bundesministerium für Bildung, Wissenschaft, Forschung und Technologie (Hrsg.): Lernen und Kommunikationsverhalten von Frauen und Männern in der Weiterbildung. Werkstattgespräch am 22. und 23. November 1995 in Bonn. Dokumentation. Bonn, Februar 1996, S. 59-65

Sauer, Ursula: Frauen in der Erwachsenenbildung – eine „Macht"-Frage. REPORT 30, Dezember 1992, S. 85-96

Sauer, Ursula: Frauen in Leitungspositionen der Erwachsenenbildung. In: Karin Derichs-Kunstmann u.a. (Hrsg.): Qualifizierung des Personals in der Erwachsenenbildung. Beiheft zum REPORT, Frankfurt am Main 1996, S. 91-95

Schacht, Konrad; Lenz, Hans-Joachim; Janssen, Hannelore (Hrsg.): Männerbildung – Ein Thema für die politische Bildung. Hrsg. v. d. Hessischen Landeszentrale für politische Bildung. Wiesbaden 1995, S. 42-48

Scheskat, Thomas: Männerbildung bedeutet Initiation. In: fbi – forum der bildungsinitiativen in niedersachsen. Hrsg. vom Verein niedersächsischer Bildungsinitiativen VNB, Heft 1/1995 „Frauen – Männer – Bildung", S. 10-13

Schmidt, Claudia: Typisch weiblich – typisch männlich. Geschlechtstypisches Kommunikationsverhalten in studentischen Kleingruppen. Tübingen 1988

Skripski, Barbara 1994a: Auf ungleichen Wegen in ein neues Berufsfeld. Zugang von Frauen und Männern zum Arbeitsbereich der Weiterbildung im Strukturwandel der Volkshochschulen. Bielefeld 1994

Skripski, Barbara 1994b: Professionalisierung. Flexibilisierung und Geschlecht. Report 34, 1994, S. 100-105

Tannen, Deborah: Das hab' ich nicht gesagt. Kommunikationsprobleme im Alltag. Hamburg 1992

Timmermann, Evelyn: Balanceakte. Lebens- und Berufswegplanung im Spiegel des Geschlechterverhältnisses als Thema in der gewerkschaftlichen Jugendbildungsarbeit. Hrsg. von: Deutscher Gewerkschaftsbund Landesbezirk NRW, Abteilung Jugend. DGB, Düsseldorf, März 1995

Weinberg, Johannes: Lehrende und Lernende. In: Peter Faulstich u.a.: Weiterbildung für die 90er Jahre. Gutachten über zukunftsorientierte Angebote, Organisationsformen und Institutionen. Weinheim und München 1992, S. 128-145

Werner, Fridjof: Gesprächsverhalten von Frauen und Männern. Frankfurt am Main 1983

Wex, Marianne: „Weibliche" und „männnliche" Körpersprache im Patriarchat. In: Luise F. Pusch (Hrsg.): Feminismus. Inspektion der Herrenkultur. Frankfurt/Main 1983, S. 52-81

Wolff, Monika: Das Geschlechterverhältnis als Querschnittthema in der Erwachsenenbildung. In: fbi – forum der bildungsinitiativen in niedersachsen. Hrsg. vom Verein niedersächsischer Bildungsinitiativen VNB, Heft 1/1995 „Frauen – Männer – Bildung", S. 5-8

Angela Franz-Balsen

Die Konferenz von Rio.
Herausforderung für die Bildung von Frauen

Einleitung

Die Umweltbildung, die in den 70er Jahren als Antwort des Bildungsbereichs auf die wachsenden Umweltprobleme entstand, hat fast zwanzig Jahre lang geschlechtsneutral gearbeitet. Fast genauso alt ist eine überwiegend wissenschaftlich geführte Debatte zum Verhältnis „Frau und Umwelt", bekannt unter dem Stichwort „Ökofeminismus"[1]. Ökofeministisches Gedankengut oder geschlechtsspezifische Ansätze im Sinne des „Gender-Ansatz" werden jedoch erst in den 90er Jahren in die Umweltbildung eingeführt.[2] Ein Grund dafür war sicherlich, daß die MultiplikatorInnen der Umweltbildung vorwiegend aus den Naturwissenschaften kamen und sich ihre fachwissenschaftlichen Kreise mit denen des Diskurses „Frau und Umwelt" überhaupt nicht berührten.

Eine Horizonterweiterung und damit eine neue Qualität erhält die Umweltbildung – und ganz besonders die Erwachsenenumweltbildung – mit den Ergebnissen der UN-Konferenz für Umwelt und Entwicklung 1992 in Rio de Janeiro. Das Leitbild „Sustainable Development" (dauerhaft umweltgerechte Entwicklung, Nachhaltigkeit) und die „Agenda 21", das von 170 Ländern verabschiedete Aktionsprogramm, geben einer kriselnden Umweltbildung neue inhaltliche und methodische Impulse. Dazu gehört auch, daß das Thema Geschlechtsspezifität im Nachhaltigkeitsdiskurs nicht länger ausgeblendet werden soll. Denn in der Agenda 21 wird die Rolle der Frauen für eine Zukunftssicherung der nachfolgenden Generationen immer wieder betont, eines von 40 Kapiteln ist unter dem Titel „Stärkung der Rolle der Frauen" (Agenda 21, Kap. 24)[3] ausschließlich mit diesem Anliegen befaßt.

War es zu Beginn der 90er Jahre in Deutschland nur eine verschwindend geringe Anzahl von Umweltprojekten, die spezielle, meist berufsbezogene Angebote für Frauen und Mädchen bereitstellten, so wird sich das in Zukunft ändern. Vor allem die Aktivierung von Frauen auf lokaler Ebene sowie die Konzentration auf die Themen „ökologischer Alltag" und „nachhaltiger Konsum" werden eine gender-bezogene Umweltbildungsarbeit in der zweiten Häfte der 90er Jahre bestimmen. Frauen sind nicht

---

1 Der Begriff wurde 1974 von der Französin d'Eaubonne geprägt, die Strömung kommt jedoch aus den USA.

2 Rohr 1994, Apel 1995, Franz-Balsen 1996

3 Die deutsche Übersetzung der Agenda 21 wurde vom Bundesministerium für Umwelt, Naturschutz und Reaktorsicherheit herausgegeben (BMU 1993).

nur mitverantwortlich für und unmittelbar betroffen von Umweltrisiken, sie müssen auch ermutigt und gefordert werden, ihre Sensibilität, ihren praktischen Verstand und ihre Schlüsselposition in Millionen von Haushalten für eine gerechte und vorsorgende Zukunftsgestaltung stärker nutzbar zu machen. Doch bevor zu letzterem aktuelle Überlegungen vorgestellt werden, ist es notwendig, die geschlechtsspezifische Sichtweise auf die Umwelt- und Entwicklungsproblematik zu den Anfängen zurückzuverfolgen und wichtige Entwicklungen herauszustellen.

Nicht besser, aber anders – zum speziellen Verhältnis der Frauen zur Umwelt

Mit dem Buch „Der stumme Frühling" artikuliert 1963 eine Frau, die Biologin Rachel Carson, eine fachlich nicht zu widerlegende Kritik an der verantwortungslosen Vergiftung unserer Umwelt durch die chemische Industrie (Carson 1963). Frauen wie Männer erkennen ihren Protest als durch und durch weibliche Reaktion an: Die Männer, um Carsons Argumente ins Lächerliche zu ziehen, die Frauen, um sich mit ihrer Sichtweise zu identifizieren. Dies ist der Beginn erster Überlegungen zum Verhältnis der Geschlechter gegenüber Natur und Umwelt. „Women and the environment" oder aktueller „Gender and environment", unter diesen Oberthemen wird seitdem eine internationale – teils mehr sozialwissenschaftlich, teils mehr feministisch orientierte Debatte geführt, an der auch einige deutsche WissenschaftlerInnen beteiligt sind.[4] Der Begriff „Ökofeminismus", der diesen Diskurs in den 70er und 80er Jahren charakterisierte, läßt ahnen, daß die Debatte lange Zeit ausschließlich von Frauenkreisen geführt wurde. Im Vordergrund der ökofeministischen Forschung und Überlegungen stand zunächst das Verhältnis „Frau und Natur" (Griffin 1987; Merchant 1987). Die Arbeitshypothese des frühen Ökofeminismus lautete: Frauen stehen der Natur näher als Männer, aufgrund ihrer unterschiedlichen Körperlichkeit (Schwangerschaft, Geburt) wie auch aufgrund ihrer traditionellen Rolle in den meisten Gesellschaften (Sorge um Kinder und Familie). Eine gewisse Mystifizierung der Verbindung von Frau und Natur schwang dabei mit, aus der sich sehr einfach ableiten ließ: „Frauen sind die besseren Umweltschützerinnen, sie hätten die Welt niemals so kaputt gemacht wie die Männer." Diese schwerlich verifizierbare Behauptung, die in Ländern der dritten Welt vielleicht am ehesten echte Grundlagen hat, erleichterte die breite Akzeptanz ökofeministischer Gedanken nicht gerade. Es mußten wissenschaftlich „harte" Daten und weitere Anhaltspunkte zur Geschlechtsspezifität hinzukommen, um die Besonderheit des Verhältnisses von Frauen zu Gesundheit, Umwelt und Zukunftssicherung glaubhaft unter Beweis zu stellen.

Selbst von den Feministinnen wurde der Ökofeminismus durchaus nicht freudig begrüßt. In den 70er und 80er Jahren galt es immerhin noch, Unterschiede zwischen Männern und Frauen im Sinne von Gleichberechtigung und Emanzipation einzueb-

---

4 Am bekanntesten Maria Mies und Veronika Bennholdt-Thomsen, die mit dem sogenannten „Bielefelder Ansatz" die Verantwortung der westlichen Konsumentinnen mit den Lebensweisen in den Ländern des Südens kontrastierten (Mies 1990, 1995; von Werlhof/Mies/Bennhodt-Thomsen 1983).

nen, und gegen diesen Strom schwammen die Ökofeministinnen, die körperliche und sonstige Unterschiede zwischen Mann und Frau wieder lobend betonten (z.B. Shiva 1989).

Große Resonanz fand der Ökofeminismus jedoch bei den Frauen in den Ländern des Südens. Denn dort bekam nun das Engagement der Frauen endlich einen theoretischen Bezugsrahmen. Bekannte Autorinnen[5] gestalten seitdem den weltweiten Diskurs aktiv mit. In den sogenannten Entwicklungsländern verwischen sich die Gegensätze zwischen Feminismus und Ökofeminismus, denn Emanzipation und Empowerment ist hier notwendigerweise gekoppelt mit einer Verantwortungsübernahme der Frauen für den Erhalt der natürlichen Ressourcen.

Aber dort wie hier schrecken die Frauen in den 80er Jahren vor einer „Feminisierung der Verantwortung"[6] zurück – sie finden sich plötzlich in der Situation wieder, daß eine relativ untätige Umweltpolitik von ihnen aktiven Einsatz zur Prävention und Reparatur von Umweltschäden fordert. „...das Mißmanagement auf nationaler und lokaler Ebene durch hausgemachte Anstrengungen und mit begrenzten Ressourcen reduzieren" sollen die Frauen, so UNEP-Direktor Mostafa Tolba in seiner Eröffnungsrede zur Weltversammlung „Frauen und Umwelt", 1991, Miami. In den Entwicklungsländern setzt man traditionsgemäß auf die Frauen als Schlüssel für breite gesellschaftliche Veränderung, wie ein Slogan des BMZE es zum Ausdruck bringt: „Frauen werden nicht gefragt, aber sie sind die Antwort" (zitiert nach Wichterich 1995, S. 122). Trotz aller Abwehr gegen diese Instrumentalisierung sind die Wissenschaftlerinnen und Aktivistinnen des Südens aktiv. Das Projekt „Development Alternatives with Women for a New Era" (Dawn 1985) zum Beispiel betont, daß es explizit nicht nur um die Gleichstellung von Frauen geht, sondern um „empowerment" zum Zweck der gesellschaftlichen Transformation:

„Partizipation an bestehenden politischen Macht- und Entscheidungsstrukturen ist nicht Selbstzweck, sondern Mittel zur Durchsetzung einer Gesellschaft ohne Armut und Frauenunterdrückung" (Wichterich a.a.O., S. 120).

Auch in Deutschland sollen vor allem die Frauen durch zusätzliche Belastungen in der Alltagsorganisation fehlende Initiativen in der nationalen, regionalen und kommunalen Umweltpolitik kompensieren. „Tue dies, und lasse das" - alltagsökologische Vorschriften überfluten in großer Zahl die bundesdeutschen Haushalte, die in der überwiegenden Mehrzahl von Frauen geführt werden, und im Umweltministerium heißt es: „Die Frauen sind die Umweltminister der Familien!" Haushaltsvorstände werden zu Forschungsobjekten im Sinne des Umweltschutzes, ihre Motive und Hemmnisse bezüglich umweltverantwortlichem Handeln im Alltag werden immer und immer wieder untersucht. Die Ergebnisse untermauern die These von der tragenden Rolle der Frauen im ökologischen Alltag. Vereinzelt wehren sich die Frauen gegen diese Attribution von Verantwortung und zusätzlicher Arbeit. Vor allem aus dem grün-

---

5 z.B. die indische Physikerin Vandana Shiva, Trägerin des alternativen Nobelpreises 1993 (Shiva 1989, 1995)
6 Wichterich 1992

alternativen Spektrum kommt Protest von betroffenen Frauen wie auch erste wissenschaftliche Expertisen von Sozialwissenschaftlerinnen, die beobachten, analysieren und kritisieren, wie die Fortschritte im Ökologiebereich die alten gesellschaftlichen Strukturen reproduzieren.[7]

Diese zwei Entwicklungen – das immer intensivere sozialwissenschaftliche Forschen zu Umweltbewußtsein und Umweltverhalten der KonsumentInnen einerseits sowie die öffentliche Kritik von Wissenschaftlerinnen und Aktivistinnen an den Praktiken des Umweltschutzes andererseits – sind es zunächst, die das Thema „Frau und Umwelt" aus der Insider-Debatte in eine breitere Öffentlichkeit holen und den allgemeinen Umweltdiskurs um die geschlechtsspezifische Sichtweise ergänzten. Deshalb sollen beide Stränge noch genauer betrachtet werden:

1. Empirische Daten

Die Anzahl sozialwissenschaftlicher Forschungsarbeiten, die sich um die Umweltthematik ranken, hat seit den 70er Jahren kontinuierlich zugenommen. Als die ersten Umweltpsychologen und Umweltsoziologen sowie Meinungs- und Marktforscher Bevölkerungsumfragen zu Themen wie Umweltschutz und persönlichem Umweltbewußtsein[8] durchführen, sind die Aufschlüsselungen nach den demographischen Variablen Alter/Geschlecht reine Routinehandlungen und nicht von einer Arbeitshypothese geleitet, die nach Geschlechtsspezifität im Umweltkontext fragt. Daß die Variable „Geschlecht" sich bald als relevant erweist (Langeheine/Lehmann 1986; Karger/Schütz/Wiedemann 1992, Billig 1994), wird zunächst eher beiläufig zur Kenntnis genommen. Man diskutiert deshalb die Ergebnisse der Umweltbewußtseinsforschung bis in die 90er Jahre weitgehend geschlechtsneutral. Doch dann häufen sich die Befunde der Umfrageforschung zur Wahrnehmung und Verarbeitung von Umweltproblemen, zu Wertvorstellungen und Verhaltensabsichten sowie zum konkreten Handeln derart, daß man den Faktor Geschlechtsspezifität aus der Umweltdebatte nicht länger ausblenden kann. Es gibt unzweifelhaft signifikante Unterschiede im Wissen über Umweltphänomene und -probleme, in der Sensibilität für Umweltrisiken, in der Art und Weise, umweltschonend zu handeln. Hier die wichtigsten reproduzierbaren Forschungsergebnisse im Überblick:

Wissen:
• Das Umweltwissen von Männern ist größer als das von Frauen.[9]
• Schon bei Jugendlichen zeigen sich die Unterschiede beim Abfragen naturwissenschaftlich/technischer Daten.[10]

---

7 Dies wird in einigen Beiträgen in Schultz/Weller 1995 beschrieben.
8 Dieser Begriff ist ein Konglomerat aus umweltrelevanten Einstellungen, Werten und Verhaltensdispositionen, über dessen genaue Definition es keinen wissenschaftlichen Konsens gibt (Spada 1990; de Haan/Kuckartz 1996)
9 de Haan/Kuckartz in ihrer Zusammenfassung von ca. 100 Studien (1996)
10 Die Vorgehensweise der Umfrageforscher beim Erfassen von Umweltwissen ist sehr kritisch zu betrachten, denn sie ist Ausdruck einer sehr einseitigen Orientierung am natur-

Wahrnehmung/Risikobewußtsein:
- Die Sensibilität in der Wahrnehmung von Umweltrisiken ist bei Frauen größer.[11] Frauen schätzen die Zukunftsaussichten demnach skeptischer ein als Männer. Unter den Angstbelasteten ist der Frauenanteil hoch, wobei bei Frauen wie bei Männern die Verantwortung für Kinder eine angstverstärkende Rolle spielt (Schluchter/ Dahm 1996, S. 23-35). Frauen scheuen sich jedoch weniger, ihre Besorgnis zu artikulieren.

Wertvorstellungen:
- Frauen legen in ihrer Werteskala gesteigerten Wert auf Gesundheit und familiäres Wohlergehen. Schon junge Mädchen unterscheiden sich von den gleichaltrigen Kameraden (Ökoteam 1994, Waldmann 1992). Fazit: „Die Pro-Umwelteinstellungen und die persönliche Betroffenheit sind bei Frauen größer" (de Haan/Kuckartz 1996, S. 70).

Handeln:
- Konkretes Handeln läßt sich nur in wenigen Bereichen abfragen, etwa in Verhaltensbereichen wie Energiesparen, Müllvermeiden und -sortieren, Teilnahme am Verkehr. Spezifisch weibliches Verantwortungsbewußtsein ist schwer von Vorgaben durch gesellschaftliche Rollenverteilung zu trennen, auf jeden Fall verhalten die Frauen sich in allen diesen Bereichen umweltfreundlicher als die Männer. Eklatant sind die Unterschiede beim Thema Autoverkehr: Frauen besitzen weniger große Autos und sie benutzen das Fahrzeug weniger, benutzen eher die öffentlichen Verkehrsmittel. Daß zahlreiche Mütter ihre Kinder oder die Einkäufe im Auto transportieren müssen, wird unter dem Stichwort „Motorisierungszwang für Frauen" diskutiert. Der Individualverkehr mit seinen vielen negativen Folgen – von den Emissionen bis zu den vielen Verkehrstoten – wird selbst von männlichen Verkehrswissenschaftlern als ein „Männerproblem" eingeschätzt (Socialdata 1991, Schallaböck 1995).

Beim Handeln im öffentlichen Raum jedoch, d.h. in der lokalen Umweltpolitik, sind Frauen sehr wenig offensiv und scheuen Führungspositionen (vgl. „Das Fußvolk der Umweltbewegung" Schultz 1993, Weitzel 1996). „Nicht besser, aber anders ..." die empirischen Daten bestätigen also diesen sehr moderaten Ausspruch zum speziellen Verhältnis von Frauen zu Fragen von Umwelt und Zukunft. Beide Geschlechter haben ihre Stärken und Schwächen an anderen Stellen. Den Defiziten, die Frauen im Vergleich zu den Männern zeigen, etwa im Umweltwissen oder in der aktiven Übernahme von Verantwortung im öffentlichen Raum, ließe sich durch Bildung durchaus entgegenwirken. Dies allein wäre jedoch noch keine Antwort auf die Frage, was unter „zukunftsfähiger Frauenbildung" zu verstehen ist.

---

wissenschaftlich/technischen Bereich. So werden gerne Größenangaben, Schätzwerte von Energieverbräuchen oder ähnliches abgefragt.

11 Sehr überraschend waren die Ergebnisse einer Studie zur Risikoforschung in den USA (Flynn/Slovic/Metz 1994), die eigentlich ethnische Unterschiede in der Risikobewertung zutage fördern sollte, deren hervorstechendstes Resultat vermuten läßt, daß „weiße" Männer Umweltrisiken verharmlosen.

2. Sozialökologische Forschungen aus feministischer Sicht

„Das Umweltproblem ist nicht geschlechtsneutral", so der Titel eines Buches, das die Beiträge einer Ringvorlesung „Frauen und Umweltschutz" dokumentiert (Buchen u.a. 1994). Der Titel gibt in beeindruckender Klarheit das Fazit hiesiger Wissenschaftlerinnen wieder, die aus feministischer Sicht wissenschaftstheoretische, soziologische und umweltschutzpraktische Aspekte der Umweltproblematik bearbeitet haben. Die Konsequenz ihrer Erkenntnisse ist die Forderung nach einer „feministischen Umweltforschung".

„Eine feministische Umweltforschung sollte explizit die Interessen und Bewertungen von Frauen aus verschiedenen weiblichen Lebenszusammenhängen aufnehmen und das dabei eruierte Erfahrungswissen der Frauen wieder in die feministische Forschung über weibliche Lebenszusammenhänge („Situationsanalyse") einbringen" (Schultz 1994, S. 161).

Sie soll problemorientiert und partizipativ angelegt sein, ferner soll sie strategische Teilziele formulieren und Gestaltungsvorschläge machen. Zu ihren Vorschlägen soll eine Folgenabschätzung erfolgen. Eine solche Zukunftsforschung wäre nicht abstrakt, sondern würde „kontextualisiertes Gestaltungswissen" generieren (Schultz 1994, S. 166). Erste Ansätze solcher Forschungen liegen bereits vor (Schultz/Weller 1995). Bearbeitet wurden bislang Themen wie Konsum (von Winterfeld 1993), Haushalten (Meier/Schlich 1996), Produktverantwortung (Hofmeister 1994; Weller 1995), Gesundheit (Venth 1995), Mobilität (Spitzner 1994, 1996).

Der weibliche Blick der Wissenschaftlerinnen enthüllt überraschende praktische und ethische Aspekte der alltäglichen, umweltrelevanten Entscheidungen. Ziel aller ihrer theoretischen Überlegungen ist es, die Gestaltungsmacht von Frauen der Öffentlichkeit gegenüber deutlich zu machen und sie zu vergrößern. Doch dies gelingt noch kaum. Bis auf einige Publikationen in Fachzeitschriften durchbrechen die Ergebnisse die Grenzen eines reinen Frauen-Szene-Diskurses nicht.

An dieser Stelle rückt die Erwachsenenbildung ins Blickfeld, die einen Transfer der sehr spannenden wissenschaftlichen Überlegungen und der feministischen Forderungen nach mehr Gestaltungsmacht von Frauen leisten könnte. Die Alltagsbezogenheit der genannten Themenbereiche gewährleistet zahlreiche Ansatzpunkte für eine geschlechtsdifferenzierende Erwachsenenumweltbildung!

Umweltbildung für Frauen: erste Ansätze

Eine Bilanz von Bildungsaktivitäten in Deutschland zum Thema „Frauen und Umwelt" hätte sich vor wenigen Jahren noch auf zwei Stränge reduzieren lassen: Auf die berufliche Umweltbildung einerseits und auf die Ebene von Fortbildungen für Multiplikatorinnen in Umweltbildung und Umweltschutz andererseits.

Im Kontext beruflicher Qualifikation haben sich seit den 70er Jahren Frauen wie Männer auf neue Aufgaben im Umwelt- und Naturschutz spezialisiert. Dies geschah aber zunächst ohne geschlechtsspezifischen Hintergrund. Weibliche Aspekte, z.B.

hoher oder niedriger Anteil von Frauen in bestimmten Berufssparten, werden erst in der rückblickenden Analyse offenbar.[12] Viel früher ansetzen wollte dagegen das Projekt Life e.V., das Mitte der achtziger Jahre entstand (Röhr/Schöler-Macher 1996) und dessen Ansatz hier stellvertretend für eine wachsende Zahl ähnlicher Projekte beschrieben wird. Unter dem Fokus „Frauen und Ökotechnik" führte Life e.V. erste berufsvorbereitende Maßnahmen für Frauen in den Bereichen Ökologie und alternative Energietechnik durch. Als Ziel stand damals im Vordergrund, die Chancen für Frauen und Mädchen auf dem Ausbildungs- und Arbeitsmarkt zu erhöhen, indem man rechtzeitig einen Fuß in den neuen und damit noch nicht geschlechtsspezifisch segmentierten Beschäftigungssektor Ökotechnik setzte. Inzwischen bietet das seit Anfang der 90er Jahre als Bildungszentrum etablierte Projekt für Frauen (oftmals zu einer Problemgruppe gehörig) sowohl (vor-)berufliche Orientierung, berufliche Erstausbildung als auch Fort- und Weiterbildung zu einer Vielzahl ökotechnischer Berufsfelder an. Röhr konstatiert für dieses und andere Projekte:

> „Auffällig ist, daß alle Projekte mit sogenannten Benachteiligtengruppen arbeiten, zu denen zwar Frauen per Definition der Finanzierungsrichtlinien immer gehören, hier aber noch in doppelter Form: Langzeitarbeitslose, Sozialhilfeempfängerinnen, keine abgeschlossene Berufsausbildung, ..." (Röhr 1994, S. 262).

Auf der Ebene der vermittelten Inhalte lautet das Fazit zu dieser ökosozial-ökotechnischen Frauenbildung: Die ersten Gehversuche einer Umweltbildung für Frauen konzentrieren sich auf den Erwerb beruflicher Fertigkeiten, mit dem Ziel, zu verhindern, daß die Frauen bei neuen Entwicklungen wieder einmal „außen vor" stehen statt diese rechtzeitig mitzuprägen und auch arbeitsmarktpolitisch davon zu profitieren. Angestoßen von diesen Aktivitäten in der beruflichen Umweltbildung beginnt ab 1993 auch in den anderen Bereichen der Umweltbildung (schulische, außerschulische, Erwachsenenbildung) und bei den Frauen in den großen Umweltverbänden ein erstes Nachdenken über Phänomene und Fragen der Geschlechtsspezifität. Auf Tagungen kommen interessierte Frauen aus ganz Deutschland zusammen, um sich über „Frau und Umwelt" zu informieren und um erste Strategien für frauenförderndes und geschlechtsspezifisches Vorgehen zu erarbeiten. Die Veranstaltungen haben Fortbildungscharakter für die teilnehmenden Multiplikatorinnen, auch hier entsteht ein Insider-Diskurs und eine Art Netzwerk. Ein Diffusionsprozeß in die Bildungspraxis ist zunächst noch nicht festzustellen. Dies ändert sich jedoch in der Dynamik des Rio-Folgeprozesses.

---

12 Interessant sind die Veröffentlichungen aus dem Gleichstellungsreferat des Ministeriums für Umwelt, Raumordnung und Landwirtschaft NRW „Frauen in Umweltberufen". Unter dem Motto „Frauen gestalten Umwelt und Zukunft" werden regelmäßig Fortbildungsangebote für die rund 2000 Frauen gemacht, die dieser Gleichstellungsstelle zugeordnet sind (vgl. Literaturangaben Murl 1997).

Die UN-Konferenz für Umwelt und Entwicklung –
Konsequenzen für Frauen und Bildung

Mehrere UN-Konferenzen (Stockholm 1972, Tiflis 1977) haben wichtige Impulse für die Stoßrichtung von Umweltbildung gegeben. Als nicht weniger bedeutend wird schon jetzt die UN-Konferenz für Umwelt und Entwicklung 1992 in Rio de Janeiro eingeschätzt. Zwar hat dieser Weltgipfel weder die internationale Umweltpolitik noch die Weltentwicklungspolitik grundlegend verändern können, aber er hat dennoch deutliche Spuren hinterlassen: Das Leitbild „Sustainable Development"[13], (auf deutsch „Nachhaltigkeit" „Zukunftsfähigkeit") wurde der Weltöffentlichkeit gegenüber proklamiert und das Abschlußdokument, die „Agenda 21" wies als praxisorientiertes Aktionsprogramm Wege für die Implementation von Nachhaltigkeit. Beide, das Leitbild und die „Agenda 21", haben weltweite Resonanz gefunden und in vielen Ländern Diskussions- und Handlungsprozesse ausgelöst, so daß man diesen Gesamteffekt inzwischen als „Rio-Folgeprozeß" bezeichnet. Er ist charakterisiert durch das Bestreben, gegenüber früheren Ansätzen eine neue Qualität zu erreichen: Die bislang getrennten Entwicklungslinien (z.B. Umweltschutz, politische und soziale Gerechtigkeit, Verbesserungen im Nord-Süd-Verhältnis) werden zu einem Gesamtkonzept integriert. Unter frauenspezifischen Gesichtspunkten betrachtet, bedeutet dies, daß die Anliegen bisheriger Frauenarbeit/Frauenbewegung ungeschmälert in die Zielsetzungen miteingehen. Die Agenda 21 könnte also das Vehikel sein, welches vielen klassischen Anliegen der Frauen dieser Welt zum Durchbruch verhelfen könnte. Wie ist das Zustandekommen eines solchen Papieres zu erklären? Die Rio-Konferenz war die erste UN-Konferenz, bei deren Vorbereitung und Durchführung den Nicht-Regierungs-Organisationen (NGO) eine wichtige Rolle zugestanden wurde, und hier insbesondere den Frauen (Wichterich 1992, Murl 1997a und b). Als die Vertreterinnen der Nicht-Regierungs-Organisationen, der Frauenbewegung und einige Politikerinnen bemerkten, daß die Frauen in den Entwürfen zu den Konventionen und zur „Agenda 21" gar nicht vorkamen (mit Ausnahme einer Passage über Armut), erkämpften sie einen Beschluß, der besagte, daß

„...in allen Verhandlungen und Dokumenten zu gewährleisten ist, daß die wirtschaftlich, sozial und für die Umwelt bedeutenden Leistungen von Frauen für nachhaltige Entwicklung als Querschnittsthema gewürdigt werden, um auf eine Beteiligung von Frauen an der Wissenserzeugung, an Entscheidungen und am Umweltmanagement hinzuwirken und sicherzustellen, daß die vorgeschlagenen Maßnahmen für eine nachhaltige Entwicklung positive Auswirkungen auf Frauen haben" (zitiert nach Murl 1997a, S. 8).

---

13 Der Begriff „Sustainable Development" läßt sich schwer definieren, deshalb gibt es auch zur Definitionsfrage eine heftige Debatte (vgl. Politische Ökologie, Heft 52). Hier sei auf den Brundtland-Bericht verwiesen, in dem der Begriff zuerst im heutigen Sinn verwendet wurde. „Unter dauerhafter Entwicklung verstehen wir eine Entwicklung, die den Bedürfnissen der heutigen Generation entspricht, ohne die Möglichkeiten zukünftiger Generationen zu gefährden, ihre eigenen Bedürfnisse zu befriedigen und ihren eigenen Lebensstil zu wählen" (Hauff 1987).

Die Vorbereitungsarbeiten der Frauen fanden ihren Höhepunkt bei der „Weltfrauen-konferenz für einen gesunden Planeten" 1991 in Miami, auf der die mehr als tausend Teilnehmerinnen einen Frauen-Aktionsplan[14] verabschieden, der die Grundlage der weiteren Arbeit im Vorbereitungsprozeß der Rio-Konferenz darstellt. Als Resultat dieses Engagements wird nun an vielen Stellen der „Agenda 21" auf Frauen Bezug genommen, und Kapitel 24 bezieht sich exklusiv auf die Rolle der Frauen. In diesem Kapitel werden die Regierungen der Länder aufgefordert,

„...bis zum Jahr 2000 eine Strategie für die erforderlichen Änderungen zur Überwindung verfassungsrechtlicher, gesetzlicher, administrativer, kultureller, verhaltensbedingter, gesellschaftlicher und wirtschaftlicher Hindernisse auf dem Weg zur vollen Beteiligung der Frau an einer nachhaltigen Entwicklung und am öffentlichen Leben zu erarbeiten ..." (Agenda 21, Kap. 24, BMU 1993, S. 218).

Dieser politische Auftrag richtet weltweit das Augenmerk von Politikerinnen, Fachleuten und Bürgerinnen und Bürgern auf die spezielle Bedeutung der weiblichen Sichtweise und des weiblichen Handelns für zukünftige Entwicklungen. Der politische Auftrag richtet sich natürlich auch an die Frauen selbst, und zwar unter den Stichwörtern Partizipation, Kommunikation und Kooperation, die als methodische Leitlinien die „Agenda 21" durchziehen. Das hochgesteckte Ziel einer weltumspannenden Vorsorge für künftige Generationen ist von niemandem im Alleingang zu erreichen, und wenn die Frauenbewegung diesen Prozeß mitgestalten will, dann muß sie Berührungsängste gegenüber anderen Gruppen (Umweltbewegung, Männerdomänen) über Bord werfen. Doch es zeichnet sich ab, daß auf allen Ebenen (international, national, lokal) Frauenorganisationen erkennen, daß sie die Chancen für einen gesellschaftlichen Wandel, wie sie der Rio-Folgeprozeß offenkundig darstellt, nicht ungenutzt lassen dürfen.

Als Teil der Umweltbewegung hat sich die Umweltbildung schon intensiv mit den Ergebnissen der Rio-Konferenz und deren Konsequenzen für eine veränderte Bildungspraxis beschäftigt. Denn auch der Bildung ist ein ganzes Kapitel der Agenda 21 (Kap. 36) gewidmet. Dort scheint ein sehr fortschrittliches Bildungsverständnis durch, das auch das informelle Lernen im Alltag mit im Blick hat. Für die immer noch stark naturwissenschaftlich-technisch ausgerichtete Umweltbildung (dies gilt für Deutschland und die meisten Länder) bedeuten die Nachhaltigkeitsdebatte und die Botschaften der „Agenda 21" eine enorme Horizonterweiterung. Im Begriff „education for sustainability", zu deutsch „Bildung für Nachhaltigkeit", der den Terminus „Umweltbildung" gerade ablöst, manifestiert sich diese. Unter dem Siegel „Bildung für Nachhaltigkeit" finden sich aber seit Rio auch andere Disziplinen wieder, deshalb müssen die Grenzen zwischen den bislang getrennten Bildungsbereichen wie Umwelt- und Gesundheitsbildung, entwicklungspolitische Bildung, Frauen- und Männerbildung endgültig überwunden werden. Für die bis dahin geschlechtsneutrale Umweltbildung impliziert dies unter anderem, daß Gender-Aspekte genausowenig übersehen werden können wie Fragen nach weltwirtschaftlichen Zusammmenhängen. Und für die Frauenbildung heißt dies, daß man sich den Fragen des globalen Umweltschutzes stellen

---

14 Women's Action Agenda 21 (vgl. Murl 1997a)

und Verantwortung für mehr als die Interessen der Frauen übernehmen muß. Eine Bildung, die dem Anspruch nach zukunftsfähig sein will, kann wichtige gesellschaftliche Fragen, die bislang jenseits der jeweiligen Disziplin lagen, jetzt aber als Schlüssel für den notwendigen Strukturwandel erkannt werden, nicht länger ausblenden. Ein „point-of-no-return" scheint erreicht.

Blick auf die Praxis

„Zukunftsfähige Frauenbildung" im umfassenden Sinne des Nachhaltigkeitskonzepts gibt es derzeit noch kaum, sie ist erst im Entstehen begriffen. Ihr Ziel muß sein, Frauen nicht belehren zu wollen, sondern auf die Gestaltungsmacht des weiblichen Bevölkerungsanteils hinzuweisen und die Frauen zu ermutigen, ihre spezielle Verantwortung bei der Zukunftsgestaltung zu übernehmen. Dabei wird es eine Gratwanderung sein, einerseits mit den Frauen die besonderen Stärken des weiblichen Geschlechts (wie Sensibilität, komplexes Denken) herauszuarbeiten, andererseits aber auch Schwächen zu sehen, an deren Beseitigung man ansetzen könnte, um alte Feindbilder abzubauen. Bereitschaft zur Kommunikation und Kooperation mit allen gesellschaftlichen Gruppen, das war bislang nicht erklärtes Ziel der Frauenbildungsarbeit, die auch in den 90er Jahren noch und nicht ohne Grund vom Kampf der Geschlechter geprägt ist. Für eine zukunftsfähige Entwicklung jedoch brauchen wir den Dialog der Geschlechter, im Sinne des Gender-Ansatzes[15]: Die Frauenbildung wird sich verabschieden müssen von einer Arbeit im trauten Frauen-Kreis, denn die Realität, ob in der Küche, am Arbeitsplatz oder in der Freizeit, ist vom Verhältnis und der Arbeitsteilung der Geschlechter geprägt. Für eine solche lebensweltorientierte „zukunftsfähige Frauenbildung" bieten sich in der zweiten Hälfte der neunziger Jahre vor allem drei Diskurse an, die, untermauert von wissenschaftlichen Publikationen, reichlich Stoff bieten für Diskussion, Reflexion und konkrete Projekte.

Ansatzpunkt 1: Das Konzept des „Vorsorgenden Wirtschaftens"

Eine Gruppe deutscher und schweizerischer Wirtschaftswissenschaftlerinnen (Busch-Lüty 1994) erarbeitete als weiblichen Gegenentwurf zu einer Nachhaltigkeitsdebatte, die die Geschlechterfrage (trotz der diesbezüglichen Vorgaben in der Agenda 21) weitgehend außen vor ließ, das Konzept „Vorsorgendes Wirtschaften", das auf Prinzipien aus dem versorgungswirtschaftlichen Bereich (z.B. Haushaltsführung) beruht:

– Vorsorge statt Nachsorge,
– Kooperation statt Konkurrenz,
– Orientierung am Lebensnotwendigen.

---

15 „Der „Gender-Ansatz" will Männer und Frauen in ihrem Verhältnis zueinander ansprechen, denn es ist richtig, daß eine Verbesserung der Lebenssituation der Frauen nachhaltig nur dann erreicht werden kann, wenn die ganze Gesellschaft – also auch die Männer – diesen Prozeß unterstützt" (Remmert-Fontes 1995).

Das Konzept des „Vorsorgenden Wirtschaftens" läßt sich auf unterschiedlichen Ebenen diskutieren, von der Ebene der alltäglichen Handlungen in Haushalt und Familie bis hin zur Wirtschaftspolitik (Biesecker 1994, 1997). Für eine zukunftssfähige Frauenbildung ist die Blickrichtung auf das Alltagsgeschehen nicht nur deshalb sinnvoll, weil man die ökologische Schlüsselfunktion der Haushalte erkannt hat und weil im Haushalt die gesellschaftliche Rollenverteilung zwischen Mann und Frau sich in extrem zugespitzter Form darstellt, sondern auch, weil es bildungstheoretisch weniger um Vermittlung von Wissen als um die Aktivierung von Potentialen geht. Die im Haushalt Tätigen könnten in dieser Art von Bildung ihre Komplexe („Nur-Hausfrau") ablegen lernen, sich ihrer vielfältigen Qualifikation bewußt und ermutigt werden, den Schritt vom Privaten ins Politische zu tun.

Auch in den Haushaltswissenschaften setzt man sich mit Nachhaltigkeit und dem Konzept „Vorsorgendes Wirtschaften" auseinander (Meier/Schlich 1996). Hier tut sich ein weites Feld für berufliche Frauenweiterbildung auf. Das Thema Konsum hingegen betrifft alle; Fragen der KonsumentInnen-Macht und Verantwortung stoßen in Anbetracht von ökologischem Alltagsfrust in der nichtspezialisierten Erwachsenenbildung auf großes Interesse (Stiftung Verbraucherinstitut/DIE 1996).

Ansatzpunkt 2: Feministische Kritik an der Studie „Zukunftsfähiges Deutschland"

Die Nachhaltigkeitsdebatte wurde in Deutschland auch gegenüber einer breiteren Öffentlichkeit bekannt, als der Bund für Umwelt und Naturschutz Deutschland (BUND) zusammen mit Misereor eine Studie präsentierte (BUND/Misereor 1996), die sie beim renommierten Wuppertaler Institut für Klima, Umwelt und Energie in Auftrag gegeben hatten. Ziel der unter dem Titel „Zukunftsfähiges Deutschland – ein Beitrag zu einer global nachhaltigen Entwicklung" erschienenen Studie sollte sein, die Notwendigkeit eines gesellschaftlichen Wandels zu zeigen und Visionen zu präsentieren, wie das Leben in einem „Zukunftsfähigen Deutschland" aussehen könnte. Für diesen visionären Teil wurden Leitbilder entwickelt, die sich als Gestaltungsentwürfe für Akteure in verschiedenen sozialen Feldern verstehen – Unternehmer, Erwerbstätige, Verbraucher, öffentliche Versorger, Gesetzgeber, Städter, etc. Die Leitbilder lauten zum Beispiel „Gut leben, statt viel haben" oder „Rechtes Maß für Raum und Zeit" – ideale Anknüpfungspunkte für eine lebensnahe Bildung zur Nachhaltigkeit. Doch fachliche Kritik aus den verschiedensten Richtungen war nach der ersten Euphorie die typische Reaktion auf das Buch, und geradezu vernichtend war die Kritik der Frauen. Sehr differenziert ist jedoch die Analyse der Sozialwissenschaftlerin Schultz, die durchaus bestimmte Leistungen der Autoren anerkennt, aber unter dem Titel „Die Liebe der Männer zu nachhaltigen Zahlen" etwa die künstliche Trennung

„...einer ressourcen-sparenden, technischen Gestaltung einerseits und einer verbrauchssparenden, moralischen und sozial-ästhetischen Gestaltung andererseits" kritisiert (Schultz 1996, S. 60).

Da dem Werk die weibliche Perspektive und eine „Gender-Awareness" (das Bewußtsein von der Relevanz der Geschlechterdifferenzen) fehlt, lieferten weibliche Autorinnen diese also nach. Die mögliche Rolle der Frauen für die Zukunftsgestaltung und die Verquickung von Gender-Aspekten und nachhaltiger Entwicklung tritt dadurch überdeutlich in Erscheinung – für eine zukunftsfähige Frauenbildung könnte es kaum besseres Ausgangsmaterial[16] geben.

Ansatzpunkt 3: Lokale Agenda 21 – historische Chance zur Artikulation von Frauen

Wer in der Bildungsarbeit nicht von theoretischen Diskussionen ausgehen möchte, sondern von aktuellen Geschehnissen, der sei auf die kommunale Ebene verwiesen. Die Kommunen sind für eine sofortige Umsetzung des Nachhaltigkeits-Postulats von besonderer Bedeutung, weil dort autonom umweltrelevante Maßnahmen ergriffen werden können. Deshalb ist in der „Agenda 21" ein Kapitel (Kap. 28) speziell an die Verantwortlichen in den Kommunen gerichtet. Unter dem Stichwort „Lokale Agenda 21" bemühen sich inzwischen rund tausend Städte und Gemeinden in Europa, der Aufforderung in Kapitel 28 nachzukommen, indem sie „in einen Dialog mit ihren Bürgern, örtlichen Organisationen und der Privatwirtschaft eintreten und eine „kommunale Agenda 21" beschließen" (BMU 1993, S. 231). Daß dabei speziell die Berücksichtigung von Frauenbelangen angemahnt wird[17], wurde in den meisten Kommunen, die einen sogenannten „Agenda-Prozeß"[18] begannen, zunächst ignoriert. Inzwischen haben jedoch die jeweiligen Frauenämter, die Nicht-Regierungs-Organisationen oder auch die Institutionen der Erwachsenenbildung (Franz-Balsen 1997) sich dieses Teils der Aufgabe angenommen.[19] Sie weisen die Frauen durch öffentliche Veranstaltungen auf die historische Chance hin, die ihnen im Rahmen der „Lokalen Agenda" geboten wird, und erproben Arbeitsformen (z.B. Zukunftswerkstätten), die sich für die eigentliche Arbeit eignen. Als Handlungsfelder aus Frauensicht für eine „Lokale Agenda" hat man inzwischen herausgearbeitet:

– Wohnen (Anforderungen an Wohnung/Wohnumfeld),
– Bewegungsfreiheit (Anforderungen an Mobilität),
– Versorgen (Haus- und Betreuungsarbeit in Relation zu Infrastruktur des Wohnortes),
– Gesundheit und soziales Wohlbefinden,
– Erwerbsarbeit (Arbeits- und Ausbildungsplätze, Wirtschaftsförderung),
– Freizeit und Erholung (Kultur, Freiraumgestaltung),

---

16 Dokumente zur feministischen Kritik an der Studie „Zukunftsfähiges Deutschland" in Murl 1997a.
17 Unter den Zielen wird genannt, daß „ ... alle Kommunen ... dazu angehalten werden, Programme durchzuführen und zu überwachen, deren Ziel die Beteiligung von Frauen und Jugendlichen an Entscheidungs-, Planungs- und Umsetzungsprozessen ist." (BMU 1993, S. 231)
18 Ein Konsultations-Prozeß zur Lokalen Agenda 21 sieht an jedem Ort anders aus, aber meistens werden Runde Tische, Bürgerforen, Arbeitsgruppen zu bestimmten Themen ins Leben gerufen. Der Bildungssektor ist vielfältig involviert.
19 Eine Momentaufnahme diesbezüglicher Aktivitäten in Deutschland bietet Murl 1997b.

– Verantwortung für die „Dritte Welt" (Umweltverhalten, Konsum, ehrenamtliches Engagement).

Frühere Erfahrungen, die man in der Stadtplanung mit Bürgerinnenbeteiligung gewonnen hat, erweisen sich nun als extrem wertvoll. Die Erwachsenenbildung ihrerseits könnte die Fülle der Erfahrungen aus der Frauenweiterbildung in dieses hochaktuelle kommunale Geschehen miteinbringen.

Die drei vorgestellten Schwerpunkte sind willkürlich ausgewählt und sollten nur durch ihre Aktualität und Anschaulichkeit mögliche Ansatzpunkte und die gesellschaftliche Bedeutung einer „zukunftsfähigen Frauenweiterbildung" herausstellen. Auf methodisch-didaktische Feinheiten dieser Arbeit, die sehr experimentell sein könnte[20], soll an dieser Stelle nicht eingegangen werden, erstens, weil noch kaum Erfahrungen vorliegen, und zweitens, weil dieser Beitrag die Phantasie der LeserInnen anregen soll, ihre Vision einer „zukunftsfähigen Frauenweiterbildung" gemeinsam mit BündnispartnerInnen vor Ort zu entwickeln – ganz im Sinne der Agenda 21.

Literatur

Apel, Heino: Geschlechtsspezifik in der Umweltbildung. In: Arbeitsgruppe Kultur und Lebenswelt (Hrsg.): Dialoge zwischen den Geschlechtern. Frankfurt 1995.

Billig, Axel: Ermittlung des ökologischen Problembewußtseins der Bevölkerung, UBA-Texte 7/94, Berlin 1994.

BUND; Misereor (Hrsg.): Zukunftsfähiges Deutschland. Basel 1996.

Bundesministerium für Umwelt, Naturschutz und Reaktorsicherheit BMU (Hrsg.): Agenda 21. Konferenz der Vereinten Nationen für Umwelt und Entwicklung 1992 in Rio de Janeiro. Dokumente, Bonn 1993

Carson, Rachel: Der stumme Frühling. C.H. Beck, München 1963.

Dawn: Development, Crisis and Alternative Visions. Third World Women's Perspectives. Stavanger 1985.

de Haan, Gerd; Kuckartz, Udo: Umweltbewußtsein. Opladen 1996.

Flynn, J.; Slovic, P.; Metz, C.K.: Gender, race, and perception of environmental health risks. In: Risk Analyses, 14(6), 1994, S. 1101-1108.

Franz-Balsen, Angela: Frauen – Männer – Umwelt – Von k(l)einen und großen Unterschieden. In: LIFE e.V. (Hrsg.): Frauenpfade im Umweltdschungel. Frankfurt 1994.

Franz-Balsen, Angela: „Was Sie schon immer über ‚Gender' wissen wollten ...." In: Zeitschrift für berufliche Umweltbildung 3/1996, S. 22-23.

Franz-Balsen, Angela: Filling the gap – adult education and the implementation of Local Agenda 21 programmes in german communities. In: The Role of Adult Learning in Building Local and regional Communities, Strobl 1997.

Griffin, Susan: Frau und Natur. Edition suhrkamp, Frankfurt 1987.

Hauff, Volker (Hrsg.): Der Brundtland-Bericht, Weltkommission für Umwelt und Entwicklung: Unsere gemeinsame Zukunft. Greven 1987.

Hofmeister, Sabine: Auf dem Weg in eine nachhaltige Stoffwirtschaft? Politische Ökologie, Sonderheft 6, München 1994.

Karger, Cornelia u.a.: Akzeptanz von Klimaschutzmaßnahmen in der BRD. KFA Jülich 1992.

---

20 Das Deutsche Institut für Erwachsenenbildung (DIE) möchte dazu Modelle („Alltagswerkstätten") entwickeln.

Langeheine, Rainer; Lehmann, Jürgen: Ein neuer Blick auf die soziale Basis des Umweltbewußtseins. In: Zeitschrift für Soziologie, Bd. 15 1986, Nr. 5, S. 378-384.

Merchant, Carolyn: Der Tod der Natur – Ökologie, Frauen und neuzeitliche Naturwissenschaft. München 1987.

Meier, Uta; Schlich, Elmar: Projektbeicht „Nachhaltiges Haushalten". Universität Gießen 1996

Mies, Maria: Die Befreiung vom Konsum. Wege zu einer ökofeministischen Gesellschaft. Grosschtüden 1990.

Mies, Maria: Befreiung vom Konsum. In: Mies, M.; Shiva, V.: Ökofeminismus. Zürich 1995.

Murl (Ministerium für Umwelt, Raumplanung und Landwirtschaft NRW): Broschüren-Serie „Frauen in Umweltberufen"

Murl (1997a): Nachhaltigkeit und Zukunftsfähigkeit aus Frauensicht. Düsseldorf 1997.

Murl (1997b): Lokale Agenda 21 – Frauen gestalten Umwelt und Zukunft. Düsseldorf 1997.

Ökoteam: Evaluation der WWF-Ozonkampagne. Köln 1994

Remmert-Fontes, Inge: Grundgedanken des „Gender"-Ansatzes. In: BMBF (Hrsg.): Lernen und Kommunikationsverhalten von Frauen und Männern in der Weiterbildung. Bonn 1995

Röhr, Ulrike: Aus- und Weiterbildungsprojekte für Frauen im Umweltschutz. In: Buchen u.a. (Hrsg.): Das Umweltproblem ist nicht geschlechtsneutral. Bielefeld 1994

Röhr, Ulrike; Schöler-Macher, Barbara: Ökologische und ökotechnische Bildungsarbeit. In: Zeitschrift für Berufliche Umweltbildung, 3/1996, S. 13-17.

Schallaböck, Karl-Otto: Vortrag auf dem Kongress „Ökologie – Gesundheit – Risiko. Perspektiven Ökologischer Kommunikation", Dresden 1995

Schluchter, Wolf; Dahm, Guido: Analyse der Bedingungen für die Transformation von Umweltbewußtsein in umweltschonendes Verhalten. UBA-Texte 49/96, Berlin 1996

Schultz, Irmgard: Das Fußvolk der Umweltbewegung. Politische Ökologie, Heft 31, 1993.

Schultz, Irmgard: Das Frauen & Müll-Syndrom – Überlegungen in Richtung einer feministichen Umweltforschung. In: Buchen, Judith u.a. (Hrsg.): Das Umweltproblem ist nicht geschlechtsneutral. Bielefeld 1994

Schultz, Irmgard: Die Liebe der Männer zu nachhaltigen Zahlen. In: Wechselwirkung 4/96, S. 59-63.

Schultz, Irmgard, Weller, Ines (Hrsg.): Gender & Environment – Ökologie und die Gestaltungsmacht der Frauen. Frankfurt/M. 1995

Shiva, Vandana: Das Geschlecht des Lebens. Berlin 1989.

Shiva, Vandana: ....schließlich ist es unser Leben. Ökofeministische Beiträge von Frauen aus aller Welt. Göttingen 1995

Socialdata: Verhalten beginnt im Kopf – Möglichkeiten und Grenzen von Marketing-Aktivitäten für den ÖPNV. München 1991.

Spada, Horst: Umweltbewußtsein, Einstellung und Verhalten. In: Kruse, L.; Graumann, G.F.; Lantermann, E. (Hrsg.): Ökologische Psychologie. München 1990.

Spitzner, Meike: Strukturelle Verkehrsvermeidung. In: Buchen, Judith u.a. (Hrsg.): Das Umweltproblem ist nicht geschlechtsneutral. Bielefeld 1994.

Spitzner, Meike; Beik, Ute: Flexibel, mobil und unbezahlt – eine feministische Studie zur Mobilität der Reproduktionsarbeit. Forum entwicklungspolitischer Aktionsgruppen 201/96.

Stiftung Verbraucherinstitut; DIE: Focus Alltag. Neue Bildungsperspektiven für Frauen. Frankfurt/M. 1996.

Venth, Angela: Natur innen – Natur außen. Aspekte des Verhältnisses der Geschlechter zur eigenen Person und zur umgebenden Welt. In: Arbeitsgruppe Kultur und Lebenswelt (Hrsg.): Dialoge zwischen den Geschlechtern. DIE, Frankfurt/M. 1995

von Werlhof, Claudia; Mies, Maria; Bennholdt-Thomsen, Veronika: Frauen, die letzte Kolonie. Reinbek 1983

von Winterfeld, Uta: Über die Kunst des richtigen Verhaltens. Politische Ökologie, Special: Wohlstand light, München 1993, S. 45-47

Waldmann, Klaus: Umweltbewußtsein und ökologische Bildung. Opladen 1992

Weitzel, Christiane: Ein grauer Blick ins Grüne – Frauen in Umweltorganisationen. Naturfreunde 5/96, S. 6-9.

Weller, Ines: Zur Diskussion der Stoffe und Stoffströme in der Chemie(-politik): erster Versuch einer feministischen Kritik. In: Schultz, I.; Weller, I. (Hrsg.): Gender & Environment. Frankfurt/M. 1995.

Wichterich, Christa: Die Erde bemuttern. Frauen und Ökologie nach dem Erdgipfel in Rio. Köln 1992.

Wichterich, Christa: Die Rückkehr der weisen Frauen. In: Schultz, I.; Weller, I. (Hrsg.): Gender & Environment. Frankfurt/M. 1995.

Gerhild Brüning

„Nicht die Frauen müssen sich ändern, sondern die Strukturen."
Berufliche Weiterbildung von Frauen in den neuen Bundesländern

Unter diesem Motto stand die 4. Frauenkonferenz des Landes Mecklenburg-Vorpommern im Jahr 1996. Hinter diesem Satz steht die Erkenntnis, daß der gesellschaftliche Strukturwandel durch den Transformationsprozeß in Ostdeutschland für die Frauen gravierende Veränderungen und für die meisten eine Verschlechterung der Lebenssituation gebracht hat. Die positiven Erfahrungen, die die Frauen in der DDR mit beruflicher Weiterbildung gemacht haben, haben sie auch auf die Nachwendezeit übertragen. Berufliche Qualifizierung wurde als Zukunftsperspektive gesehen, Arbeitslosigkeit abzuwenden und sich beruflich-fachlich an die neuen Verhältnisse anzupassen.

Vor der Wende waren in der DDR über 90% der Frauen im erwerbsfähigen Alter berufstätig. Es gab in der DDR ein Recht auf Arbeit, aber auch die Pflicht zur Arbeit, um beim Aufbau der sozialistischen Gesellschaft mitzuhelfen. Die ökonomisch notwendige, ideologisch gewollte, staatlich forcierte und realisierte Frauenerwerbstätigkeit hatte den Frauen einen im Vergleich zum Westen weitaus leichteren Zugang zu hoher schulischer, universitärer und beruflicher Bildung und zu einem eigenen Einkommen ermöglicht. Dazu gehörte auch eine Erweiterung der Erwerbsmöglichkeiten für Frauen im technischen Bereich. Sie diente als Beleg für die Umsetzung der Gleichberechtigung der Geschlechter. Der formalen Gleichberechtigung entsprach die Alltagsrealität jedoch nicht. Die traditionellen Rollenverteilungen in der privaten wie in der gesellschaftlichen Reproduktion, so wie auch die Machtverteilung zwischen den Geschlechtern waren nicht grundsätzlich verändert worden. Zudem war die Einkommens- und Gehaltsstruktur so niedrig, daß schon allein wegen der materiellen Absicherung der Familien Frauen erwerbstätig sein mußten. Auch die Einkommen der Männer waren so niedrig, daß eine Familie davon allein nicht leben konnte.

Zum gesellschaftlichen Bild der Frau gehörte selbstverständlich die Mutterschaft. Nur in den Rollen von Erwerbstätigkeit und Mutterschaft wurden Frauen gefördert. Um beides verbinden zu können – Erwerbsarbeit und Familienaufgaben – stellte der Staat die entsprechenden Rahmenbedingungen wie z.B. Kinderbetreuungseinrichtungen und Freizeitmöglichkeiten für Jugendliche zur Verfügung, die aber unzureichend blieben. Der Spagat zwischen Beruf, Haushalt und Kindern war Frauensache. Durch die chronische Mangelwirtschaft wurde dieser Spagat noch verstärkt. Auch zu DDR-Zeiten gab es einen frauenspezifischen Arbeitsmarkt, der jedoch weiter gesteckt war als in den alten Bundesländern. Frauen waren vorwiegend in der Landwirtschaft, in der Fertigung, im Handel und im Dienstleistungsbereich beschäftigt. Die Öffnung des gewerblich-technischen Bereichs für Frauen war eine der großen Errungenschaften der DDR, die auch dazu diente, die vollzogene Gleichberechtigung der Geschlechter nach außen zu dokumentieren. Mit dem gesellschaftlichen Strukturwandel durch die Wende erfolgte auch ein ökonomischer Bruch. Nahezu die Hälfte aller Arbeitsplätze ging verloren oder wurde aus Rationalisierungs- und Rentabilitätsgründen abgebaut. In der Landwirtschaft, einem Bereich, in dem Frauen einen Großteil der Beschäftigten stellten, sind heute nur noch 27% der Arbeitsplätze übriggeblieben. Der Frauenanteil an den Erwerbstätigen sank. Er schwankte in den Jahren von 1991 – 1994 zwischen 44,8% und 46,5% und lag Ende 1997 bei 47,5%, damit ist er geringer als der an den Arbeitslosen. Frauen sind also von der Umstrukturierung des Arbeitsmarktes überproportional stark betroffen. Die folgende Tabelle gibt einen Überblick über die Entwicklung der Arbeitslosenquote in den Neuen Bundesländern von 1991 bis 1997, differenziert nach Geschlechtern.

Jahr	Arbeitslosenquote insgesamt	Arbeitslosenquote Männer	Arbeitslosenquote Frauen
1991	11,7%	8,5%	12,3%
1992	13,8%	11,4%	21,2%
1993	15,8%	11,0%	21,0%
1994	13,8%	10,9%	21,5%
1996	17,0%	12,7%	19,5%
1997	20,8%	16,0%	23,5%

(ibv Informationen 27/95 S. 2072, ANBA)

In diesen Zahlen sind die „stillen Reserven", also diejenigen, die sich nicht mehr als arbeitssuchend melden und aus dem Leistungsbezug fallen, sowie diejenigen, die sich in Fortbildung und Umschulung befinden, nicht enthalten. Im Gesamt ist die Arbeitslosenquote der Frauen immer größer als die der Männer. Den größten Zuwachs an Arbeitslosigkeit der Frauen gab es in den Jahren 1992 – 1995.

Weiterbildung als Anpassungsversuch

Die Anpassungsmotivation und die Bildungsbereitschaft der Erwerbstätigen wie der Arbeitslosen, der Männer wie der Frauen waren nach der Wende hoch. In der subjektiven Wahrnehmung schien durch die Höhe der bereitgestellten Fördermittel für die Weiterbildung der Transformationsprozeß durch Qualifizierung bewältigbar zu sein. Die intensive Teilnahme an Qualifizierungsmaßnahmen und Umschulungen belegt diese Einstellung und die arbeitsmarktpolitische Vorgehensweise eindrucksvoll. 1992 nahmen ca. 500 Tsd. Personen an beruflichen Bildungsmaßnahmen teil (IAB Werkstattbericht 1995 Nr. 4, 1997 Nr. 5). 1992 betrug die individuelle wie institutionelle Förderung der beruflichen Weiterbildung im Rahmen des Arbeitsförderungsgesetzes (AFG) 11,3 Milliarden DM; 1993 sank diese Summe geringfügig auf 10,4 Milliarden DM. Durch die Novellierungen des AFG sind seitdem die Förderbeträge und als Folge davon die TeilnehmerInnenzahlen fast um die Hälfte zurückgegangen. Diese Kürzungen werden die Benachteiligten des Arbeitsmarktes, zu denen Ältere, Unqualifizierte und auch Frauen zählen, besonders zu spüren bekommen.

Die Frauen gingen nach der Wende davon aus, daß sie die Anpassung an die neuen beruflichen Erfordernisse nur über Qualifizierung erwerben könnten. Ihr Verhalten unterschied sich damit von dem der Männer, die erst einmal auf ihre beruflichen Kompetenzen vertrauten und sich am Arbeitsmarkt orientierten. Nur wenn die Hoffnung auf einen Arbeitsplatz aussichtslos schien und auch räumliche Veränderungen nicht erfolgversprechend waren, wurde eine gezielt ausgewählte Weiterbildungsmaßnahme besucht. Frauen haben frühzeitig wahrgenommen, daß sie im Vergleich zu den Männern über schlechtere Erwerbs- und Wiederbeschäftigungschancen verfügen. Weiterbildung stellt demnach für sie eine Möglichkeit dar, einer drohenden Ausgrenzung entgegenzuwirken (Schiersmann/Ambos 1996). Besonders stark wurden diese Veränderungen im gewerblich-technischen Bereich für sie erfahrbar. Dieser Bereich war der erste, der für Frauen nach der Wende kaum noch zugänglich war. Daher ließen sich die Frauen verstärkt für Tätigkeiten im Dienstleistungsbereich qualifizieren. So begründeten Umschülerinnen mit einer technischen Ausbildung in einer Untersuchung des Deutschen Instituts für Erwachsenenbildung (DIE) ihre Umschulung zur Bürokauffrau damit, daß nach ihren Informationen in dem (in ihrer Region) neu erbauten Autowerk keine Frauen in der Montage eingesetzt werden würden. Die Umschulung in den kaufmännischen Bereich bedeutete für sie somit eine höhere Wahrscheinlichkeit für einen Arbeitsplatz. Ihre zurückgegangenen Chancen im alten Beruf schätzten sie realistisch ein. Eine solche Motivation zur Umschulung ist auch als Indiz für den unverändert hohen Stellenwert der Berufstätigkeit bei Frauen und als aktive Auseinandersetzung mit den neuen Anforderungen zu werten.

Da aber die Anzahl der Qualifizierten im kaufmännischen Bereich die Nachfrage nach diesen Qualifizierungen erheblich überstieg und die Arbeitslosigkeit weiterhin zunahm, wurden die erhofften Chancen zunichte gemacht. Ähnlich erging es den Frauen bei Umschulungen zur Versicherungskauffrau, als EDV-Spezialistin und in Berufen im Erziehungs-, Sozial- und Ernährungswesen. Selbst dequalifizierende Umschulungen wurden mit Blick auf eine mögliche Erwerbstätigkeit akzeptiert und als Erweiterung der Kompetenzen und Fähigkeiten gesehen und nicht als qualifikatorische Abwärtsspirale. Als Beispiel sei nur auf die Vielzahl von Frauen verwiesen, die als Ökonomin, Handelskauffrau, Facharbeiterin u.ä. sich zur Altenpflegehelferin haben umschulen lassen. Nach dem Zusammenbruch des Sozialsystems wurden Fachkräfte in diesem Feld dringend benötigt, jedoch nicht in dem quantitativen Ausmaß wie sie weitergebildet wurden. Die Orientierung der Frauen auf Erwerbstätigkeit als vorrangiges Ziel hat die Dequalifikation und die unzureichende ökonomische Absicherung in diesem Beruf nicht sichtbar werden lassen. Die Frauen vollzogen damit auch eine pragmatische Hinwendung zu einem geschlechtsspezifisch segregierten Arbeitsmarkt, wie er in Westdeutschland vorherrschend ist.

Für viele Umschulungswillige standen nur wenige Arbeitsplätze zur Verfügung. Außerdem bewarben sich jetzt auch Männer in den Branchen um Arbeitsplätze, in denen früher vorrangig Frauen tätig gewesen waren. Zudem wurden Arbeitsplätze wie z.B. die im technischen Bereich wieder von Männern dominiert. Ambos/Schiersmann stellen fest, daß ehemals frauenspezifische Branchen sich zu Mischbranchen entwickeln, Mischbranchen sich tendenziell zu männerdominierten Branchen verändern und in Branchen, in denen auch zu DDR-Zeiten die Männer dominierten, die Frauen weiter hinausgedrängt werden (Ambos/Schiersmann 1996, S. 34).

Die Begründungen für diese Verdrängung gleichen sich denen an, denen die Frauen in Westdeutschland ausgesetzt sind: Es fehlen die entsprechenden sanitären Anlagen (im handwerklichen und technischen Bereich), Frauen sind nicht so mobil und flexibel, Frauen sind wegen der Kinderbetreuung nicht so verläßlich. Die Gründe, warum Frauen gekündigt oder sie nicht eingestellt werden, variieren stets zu ihren Lasten.

„Kinder zu haben oder nicht zu haben, stellt unter den neuen Bedingungen dabei gleichermaßen ein Arbeitslosigkeitsrisiko dar. Sind keine Kinder vorhanden, kommt das Argument der höheren Flexibilität und, im Vergleich zu Frauen mit Familie, geringerer sozialer Betroffenheit durch Arbeitslosigkeit zum Einsatz; sind Kinder vorhanden, wird die Kündigung mit der vermeintlichen beruflichen Unzuverlässigkeit, die aus der Kinderversorgung resultiert, begründet" (Gieseke/Siebers 1996, S. 698).

Die in die Qualifizierung gesetzte Hoffnung, daß dadurch ein Arbeitsplatz sicher sei, hat sich für die meisten nicht erfüllt. Berufliche Weiterbildung oder Umschulung erwies sich nicht als Garant für einen Arbeitsplatz, weil es nicht an der Qualifikation der Arbeitslosen haperte, sondern der Mangel an Arbeitsplätzen nicht beseitigt wurde. Arbeitsplätze zu schaffen, ist nicht die Aufgabe von Qualifizierung, sondern ein Problem der Struktur-, Wirtschafts- und Investitionspolitik, die dieser Anforderung bislang nur unzureichend nachgekommen ist. Die strukturellen Bedingungen für die Erwerbstätigkeit von Frauen haben sich gravierend verschlechtert. In diesem Sinne sind jene zu Verliererinnen der Wende geworden. Die Forderung von Gleichstellungsbeauftragten, daß sich die „Strukturen ändern müssen und nicht die Frauen" (Staszak 1996, S. 6), hat hier ihre Begründung und Berechtigung. Die gesellschaftliche Transformation hat die Ostfrauen zu den Verliererinnen der Wende gemacht. Die Arbeitslosenquote der Ostfrauen ist höher als die der Männer. Ihr Anteil an Erwerbstätigkeit wie ihr Anteil an den Vermittlungen in die ersten Arbeitsmarkt ist niedriger als ihr Anteil an Arbeitslosigkeit. Erstmals war Ende 1997 ihr Anteil an Fortbildungs- und Umschulungsmaßnahmen (56,5%) höher als ihr Anteil an Arbeitslosigkeit (55,6%). Diese Zahlen können unter positiven wie unter negativen Gesichtspunkten betrachtet werden. Als positiv ist zu werten, daß Frauen überproportional an FuU-Maßnahmen teilnehmen, d.h. daß sie stärker gefördert werden als Männer. Betrachtet man aber die Struktur der weiblichen Arbeitslosigkeit genauer, so stellt sich heraus, daß 70% der Frauen schon länger als ein Jahr arbeitslos sind, während der Anteil der Langzeitarbeitslosen an den Arbeitslosen insgesamt bei 35% liegt. Da im Arbeitsförderungsgesetz (AFG) vorgesehen ist, Langzeitarbeitslose besonders zu fördern, kommen die Frauen auch hier wieder zu kurz. Von einer gleichberechtigten quantitativen wie qualitativen Förderung der Frauen kann nicht die Rede sein. Es gibt bislang kaum Weiterbildungsmaßnahmen, die ihr Konzept nach der Lebenswelt von Frauen und nach frauenspezifischen Belangen ausrichten. Vielmehr wird unter frauenspezifischen Maßnahmen verstanden, daß in diesen Kursen nur Frauen zu finden sind, ohne daß sie speziell für Frauen ausgeschrieben worden wären. In einigen Fällen wurden die Zeitstrukturen der Maßnahmen auf die Interessen der Frauen zugeschnitten, was gerade in ländlichen Regionen und für alleinerziehende Mütter von großer Wichtigkeit ist.

Dieser Abhängigkeit der Ostfrauen von den Strukturen wird ihre individuelle „Widerständigkeit" (Nickel 1998) gegenübergestellt, die sie an der hohen Erwerbsneigung festhalten läßt. Die Widerständigkeit wird mit folgenden Argumenten begründet:

- Erwerbstätigkeit ist für die Frauen zu einer Selbstverständlichkeit der Lebensbiographie geworden, an der sie auch nach der Wende festhalten.
- Die Erwerbstätigkeit der Frauen ist unter den engen Arbeitsmarktbedingungen auch aus ökonomischen Gründen notwendig, um den Unterhalt der Familie zu sichern. Der Ehepartner als Ernährer der Familie ist zu einer unsicheren Option geworden.
- Auch wenn die meisten Frauen aufgrund ihrer Berufstätigkeit zu DDR-Zeiten Anspruch auf Leistungen der Bundesanstalt für Arbeit haben, so sind diese Leistungen doch zeitlich befristet oder so niedrig, daß Erwerbsarbeit unabdingbar wird.
- Berufstätigkeit bedeutet auch Eingebundensein in ein soziales Umfeld und Befriedigung des Wunsches nach sozialen Kontakten.
- Berufstätigkeit wird auch als Herausforderung gesehen und als Möglichkeit, das Selbstwertgefühl zu erhalten und zu stärken.

Diese Sicht auf die Ostfrauen bezieht in die Interpretation deren spezifische Handlungsmuster ein.

„Ostdeutsche Frauen versuchen, neue Alltagserfordernisse mit bisher gelebten, nun aber veralteten oder zumindest doch in Frage stehenden Orientierungen zusammenzubringen. In einer eigenwilligen Verkopplung von gewohntem Handeln und Aufgreifen von Neuem versuchen Ostfrauen, eine Gewichtung von Beruf und Familie zu leben, die sie nicht einfach auf ein privates oder aber öffentliches Versorgungsarrangement verweist" (Nickel 1998, S. 17/25).

Die Widerständigkeit bezieht sich darauf, wie die Ostfrauen unter den gegebenen Bedingungen ihr Leben gestalten. Dazu gehört die Selbstverständlichkeit von Erwerbstätigkeit sowohl unter ökonomischen Aspekten wie Aspekten individueller Unabhängigkeit. Allerdings stoßen sie damit auf Rahmenbedingungen, die Erwerbsarbeit eher unmöglich für sie machen und die in starkem Maße an die Voraussetzungen der alten Bundesländer anknüpfen.

Dennoch ist nach wie vor eine hohe Weiterbildungsbereitschaft bei den Frauen zu konstatieren. Die Frauen bemühen sich immer wieder um Fördermöglichkeiten, auch wenn die Hoffnung auf einen Arbeitsplatz geringer geworden ist. Die so entstandenen Maßnahmekarrieren werden nicht nur unter negativen Gesichtspunkten gesehen. Die Qualifizierungen werden auch als Probe für solche neuen Berufsfelder betrachtet, die früher nicht gewählt werden konnten. Zu DDR-Zeiten wurden die Ausbildungen vom Staat geplant. Ausbildungsstellen wurden zugewiesen. Individuelle Berufswünsche wurden dem Staatsziel nachgeordnet. Frauen sehen für sich auch die Möglichkeit – gerade wegen der Enge des Arbeitsmarktes und wegen der finanziellen Absicherung während der Qualifizierung – offen gebliebenen Berufswünschen nachzugehen. Gleichwohl erscheint Qualifizierung

„als pragmatischer Kompromiß zwischen dem Bedürfnis nach einer fundierten neuen Berufsausbildung und dem, was unter den gegebenen Umständen vorhanden ist" (Gieseke/Siebers 1996, S. 699).

Weiterbildung erhält neben dem Qualifizierungsaspekt auch eine sozialpolitische Funktion, die nicht intendiert ist. In Ermangelung von Arbeitsplätzen dient auch sie als Auffangbecken, Warteposition und Ersatz für eine Erwerbstätigkeit. Weiterbildung wird damit ihrer ursprünglichen Funktion beraubt.

„Von einer innovativen kulturellen und systemerweiternden, kritischen Funktion der Erwachsenenbildung kann da wohl kaum noch die Rede sein" (Meier 1993, S. 146).

Was auf der Seite des Individuums Maßnahmekarrieren für eine Auswirkung auf die Lernmotivation und die Verarbeitung von Diskontinuitäten in der Biographie haben, bedarf spezifischer pädagogischer und sozialpsychologischer Analysen, die noch ausstehen. Auch die Erwartungen, die eine Informationsgesellschaft an die Lernbereitschaft ihrer Mitglieder stellt, werden sich durch eine derartige Diskreditierung von Bildung nicht erfüllen lassen.

Beschäftigung und Qualifizierung

Da die arbeitsmarktpolitischen Instrumente Fortbildung und Umschulung (FuU) des AFG nicht für Massenarbeitslosigkeit konzipiert waren, und sie daher weder ihrer präventiven noch kurativen Funktion nachkommen konnten, wurde als Brückenfunktion zum ersten Arbeitsmarkt verstärkt öffentlich geförderte Beschäftigung in Kombination mit Qualifizierung für die Arbeitslosen eingeführt. In sogenannten Beschäftigungsgesellschaften, die aus „abgewickelten" Betrieben entstanden waren oder von Kommunen eingerichtet wurden, erhielten Arbeitslose im Rahmen von Arbeitsbeschaffungsmaßnahmen (ABM) oder später im Rahmen der Förderung nach § 249h AFG eine Beschäftigung. Zu den Aufgaben der Beschäftigungsgesellschaften gehörte

– die Arbeitslosen für den ersten Arbeitsmarkt bereit zu halten,
– ihre Kenntnisse, Fähigkeiten und Fertigkeiten zu erhalten und gegebenenfalls zu erweitern,
– sie, wo notwendig, auch zu qualifizieren,
– den psychosozialen Folgen von Arbeitslosigkeit entgegenzuwirken,
– durch Gründungen von neuen Firmen neue Arbeitsplätze möglichst auf dem ersten Arbeitsmarkt zu schaffen,
– und dadurch zur regionalen Strukturentwicklung beizutragen.

Ihrer Aufgabe, als aktiver Faktor in der regionalen Strukturentwicklung zu wirken, haben die Beschäftigungsgesellschaften nur selten nachkommen können. Es fehlten die dazu notwendigen Rahmenbedingungen und die politische Unterstützung. Ihre sozialpolitische Funktion dagegen, als Auffangbecken für Arbeitslose zu dienen, erfüllen sie nach wie vor. Durch die Novellierung des AFG bzw. die Integration des AFG in das Sozialgesetzbuch sind die Fördermöglichkeiten für Arbeitslose jedoch massiv eingeschränkt worden. Nur noch Langzeitarbeitslose werden über ABM gefördert. In Maßnahmen von Fortbildung und Umschulung werden nur diejenigen Arbeitslosen aufgenommen, deren Vermittlung in den ersten Arbeitsmarkt eine sehr hohe Wahrscheinlichkeit besitzt. Viele typische Frauenberufe – wie z.B. im sozialen Bereich – zeichnen sich durch vergleichsweise schlechte Arbeitsmarktchancen oder ein Überangebot an Arbeitskräften aus. Folglich werden auch Weiterbildungen in diesem Bereich kaum noch gefördert werden. Unter den beschriebenen Aspekten der geschlechtsspezifischen Segregation des Arbeitsmarktes ist es daher auch nicht überraschend, wenn der Anteil der Frauen in den letzten Jahren an den Maßnahmen der Beschäftigungsgesellschaften gewachsen ist und häufig bei über 60% liegt.

Die Arbeitsbeschaffungsmaßnahmen in den ABS waren auf Quantität angelegt. Die in diesem Rahmen durchgeführten Projekte wie z.B. im Sanierungs- und Renaturierungsbereich stellten an die Qualifikation häufig nur geringe Anforderungen. Es waren dies auch Projekte, die aufgrund der verlangten körperlichen Anstrengungen eher für Männer in Frage kamen; in denen aber gleichwohl Frauen eingesetzt wurden. Die Qualifizierungsinhalte orientierten sich an traditionellen Berufsbildern und boten wenig Raum für eine Perspektiven erweiternde Weiterbildung.

Gerade in ländlich und agrarisch geprägten Regionen, die durch den ökonomischen Niedergang besonders betroffen sind, entwickelte sich jedoch auch eine andere Form von Projekten, die den sozio-kulturellen Erhalt der Region zum Ziel hatten. Diese Projekte setzten insofern neue Akzente, als

– in ihnen überwiegend Frauen eingesetzt wurden,
– das Förderkriterium „Vermittelbarkeit in den ersten Arbeitsmarkt" zwar theoretisch bestand, aber nachrangig behandelt wurde,
– von der Erkenntnis ausgegangen wurde, daß eine intakte sozio-kulturelle Infrastruktur die endogenen Potentiale stärkt und die ökonomische Regionalentwicklung befördert und langfristig möglicherweise auch zur Schaffung von Arbeitsplätzen beiträgt,
– sie neben der Beschäftigung auch 10-50% Anteile an Qualifizierung enthielten, die auf den Kompetenzen der Teilnehmerinnen aufbauten und ihren biographischen Hintergrund berücksichtigten,
– die Lerninhalte sich an den aktuellen Erfordernissen der jeweiligen Tätigkeit orientieren und nicht an einem Rahmenlehrplan, d.h. Arbeiten und Lernen sind konkret aufeinander bezogen und bauen aufeinander auf,
– durch die inhaltliche Ausrichtung die Bedürfnisse der Teilnehmenden (Persönlichkeitsentwicklung) einerseits und der Bedarf der Region (Erhalt und Entwicklung des sozialen Umfelds) andererseits im Vordergrund standen und nicht mehr die Sicht auf den Arbeitsmarkt.

Diese Projekte haben zwar eine gesellschaftspolitische Dimension, aber keine eigenständige Zukunft. Die gesellschaftspolitische Dimension liegt in der Erhaltung der sozialen Grundstruktur, die für die Weiterentwicklung einer Region unabdingbar ist, in der Einbindung der Teilnehmenden in einen sozialen Kontext und in ihrer Identifizierung wie auch Auseinandersetzung untereinander und mit der Region. Die Projekte setzen somit der Unübersichtlichkeit des Globalen die Überschaubarkeit des Lokalen/Regionalen gegenüber. Die Aktivität und der Gestaltungswille der einzelnen können im regionalen Raum in ihren Auswirkungen gesehen und erfahren werden.

Die Einschätzung, daß solche Projekte keine Zukunft haben, rührt daher, daß ihre Förderung keine Priorität bei dem Einsatz arbeitsmarktpolitischer Instrumente hat, da eine Integration der Teilnehmerinnen in den ersten Arbeitsmarkt wegen fehlender Arbeitsplätze nicht wahrscheinlich ist und Arbeitsplätze nur auf sehr lange Sicht geschaffen werden können. Eine kommunale Übernahme der in diesen Projekten entwickelten Aufgabenbereiche zur Verbesserung der Infrastruktur ist aufgrund der engen finanziellen Spielräume der entsprechenden Haushalte mehr als unwahrscheinlich. Frauen erleben hier eine Wiederholung der Erfahrungen, die sie bereits mit der Familienarbeit gemacht haben. Der gesellschaftliche Stellenwert dieser Art von Arbeit ist unbestritten. Die gesellschaftliche Anerkennung dieser Art von Arbeit findet aber keinen Niederschlag in den gesellschaftlichen Strukturbedingungen.

Frauen erleben aufgrund ihres Geschlechts eine Rangordnung von „Tätigsein". Erste Priorität hat für sie Erwerbstätigkeit. Als zweite Priorität wird Weiterbildung gesehen und hier insbesondere Umschulung. Falls sich daraus keine Erwerbstätigkeit ergibt – was die Erfahrung der meisten zeigt – bleibt die Beschäftigung – manchmal gekoppelt mit Qualifizierung – im zweiten Arbeitsmarkt. Die nächste Stufe ist der Einsatz in Sozialhilfe-Projekten. Frauen erleben durch die Kriterien, die den Einsatz der arbeitsmarktpolitischen Instrumente bestimmen, eine Abwärtsspirale der Dequalifizierung, die häufig in die Resignation führt. Das ist sicher nicht die Intention des AFG gewesen, hat sich in der Realität aber so entwickelt.

Schlußfolgerungen für die Weiterbildung von Frauen

Der geschlechtsspezifisch aufgeteilte Arbeitsmarkt orientiert sich an Vorurteilsstrukturen und nicht an den Leistungen der Frauen. Weiterbildung hätte hier auch Aufklärungsfunktion nicht nur für Frauen, sondern auch für Männer.

Um die bestehenden Vorurteilsstrukturen gegen Frauen aufzubrechen sind Frauennetzwerke notwendig, durch die die Frauen individuell gestützt werden; durch die aber auch Frauenbelange in allgemeine gesellschaftliche Belange hineingetragen werden, um so eine gleichstellungsorientierte regionalisierte Strukturpolitik möglich zu machen.

Die Angebote der beruflichen Weiterbildung, die nach der Wende zur Bewältigung des Transformationsprozesses gemacht wurden, waren sinnvoll und haben für viele eine Anpassung ermöglicht. Die Angebote waren aber insofern nicht ausreichend, als sie sich an traditionellen Berufsbildern orientiert haben. Es wurden sehr unzureichend die wirtschaftliche Entwicklung wie der zukünftige Arbeitsmarkt in die Planung und

Gestaltung der Angebote einbezogen. Es wurde auch nicht berücksichtigt, daß die gesamtgesellschaftlichen Strukturveränderungen auch das Bild des/r Arbeitsnehmers/Arbeitnehmerin nachhaltig wandeln. So gehen Baethge/Andretta (1998) davon aus, daß Erfahrungswissen an Bedeutung verliert, dagegen aber Wissen im Umgang mit Menschen und Symbolen wichtiger werden wird. Wittwer (1998) spricht vom „Lebensunternehmer", dessen Lebenslauf durch sehr unterschiedliche und zeitlich befristete Tätigkeiten gekennzeichnet ist, die er sich selbst schaffen muß. Eine Karriere, wie sie Männer bislang planen konnten, wird es zukünftig seltener geben, da auch Großbetriebe kaum noch eine langfristige Personalplanung durchführen können. Diskontinuierliche Lebensverläufe, in denen sich Zeiten von Erwerbstätigkeit mit Zeiten von Arbeitslosigkeit und Weiterbildung abwechseln, werden an der Tagesordnung sein. Hier liegen auch die Anforderungen an die berufliche Weiterbildung. Nach wie vor wird es berufsfachliche Qualifizierungen für berufliche Tätigkeiten geben. Sie werden die Grundlage für die Erwerbstätigkeit bilden. Darüber hinaus werden Spezialkenntnisse notwendig sein, die je nach Aufgabenbereich variieren können. Extrafunktionale Qualifikationen und soziale Kompetenzen werden an Bedeutung gewinnen. Gerade bei den sozialen Kompetenzen, zu denen auch der Umgang mit Menschen gehört, sind die Stärken der Frauen angesiedelt. Diese Kompetenzen, die häufig in der Familienarbeit erworben worden sind, müssen in Weiterbildungsmaßnahmen auf ihre Transfermöglichkeiten in den beruflichen Alltag überprüft und angepaßt werden.

Wenn diskontinuierliche Erwerbsverläufe zum Lebensalltag gehören, muß berufliche Weiterbildung den Umgang mit Diskontinuitäten in ihre Inhalte integrieren. Auch ostdeutsche Frauen werden zunehmend diskontinuierliche Erwerbsverläufe in ihrer Biographie aufzuweisen haben, da von einer Vollbeschäftigung nicht mehr ausgegangen werden kann. Dennoch bleibt Erwerbstätigkeit eine Dimension von Identität, die aber um weitere Dimensionen ergänzt werden muß. Weiterbildung muß diese veränderte Bedeutung von Erwerbstätigkeit und einen erweiterten Begriff von Arbeit, der die gesellschaftliche Realität berücksichtigt, in ihre Konzepte integrieren.

Von Massenarbeitslosigkeit und öffentlich geförderter Beschäftigung sind Frauen überproportional betroffen. Sie sind daher in stärkerem Maße als die Männer gezwungen, sich neu zu orientieren, wenn sie nicht in Resignation verfallen und auf den Staat oder Ehepartner als Versorger zurückgeworfen werden wollen. Weiterbildung hätte hier die Aufgabe zur Entwicklung von individuellen Lebensperspektiven beizutragen. An diesem Punkt werden die Paradoxien, denen die berufliche Weiterbildung sich gegenübersieht, besonders deutlich. Affirmation des gesellschaftlichen Systems kann nicht Aufgabe von beruflicher Weiterbildung sein. Sie muß ihrem emanzipatorischen Charakter verpflichtet bleiben.

Der integrative Ansatz von Weiterbildung, wie er in der Synthesediskussion Anfang der 70er Jahre bereits gefordert wurde, ist nicht überholt. Berufliche Weiterbildung muß in ihre Konzepte allgemeine, kulturelle und politische Bildung integrieren und so zu einem ganzheitlichen Ansatz zurückkommen, der den an der Weiterbildung Teilnehmenden als Individuum, als Erwerbsperson und als gesellschaftliches Wesen mit seinen Erfahrungen, Kompetenzen und Interessen berücksichtigt. So müssen auch die

Bedingungen des Lebensumfeldes von Frauen auf der inhaltlichen wie auf der strukturellen Ebene miteinander verknüpft und in die Weiterbildungskonzepte einbezogen werden.

Berufliche Weiterbildung benötigt kompetente Beratung, wenn sie effektiv sein soll. Die Unübersichtlichkeit des Weiterbildungsmarktes erschwert den an Weiterbildung Interessierten die Entscheidung für die geeignete Maßnahme. Eine qualifizierte Beratung durch neutrale Institutionen, die sich an Interessierte wie an Weiterbildungseinrichtungen wendet und vermittelnd tätig wird, könnte hier individuelle und gesellschaftliche Kosten sparen.

Berufliche Weiterbildung, die gesellschaftliche Veränderungen nicht in ihr Konzept einbezieht, verschleudert „human resources", wird unglaubwürdig und verliert somit ihr Selbstverständnis. Gerade in Zeiten, in denen lebenslanges Lernen als zukunftsfähige Option gesehen wird, nimmt rückwärts gewandte berufliche Weiterbildung den Fortbildungswilligen die Motivation und damit eines ihrer wichtigsten Potentiale. Es müssen daher neue Formen des Lernens und neue Lernortkooperationen erprobt werden.

Insbesondere Frauen sind an sozialen Projekten beteiligt. Untersuchungen in Großbritannien, USA und Sardinien, die Veränderungen der sozialen Struktur durch den Niedergang von Bergbauregionen zum Gegenstand hatten, haben ergeben, daß vor allem Frauen als „change agents" aktiv und flexibel auf die Veränderungen reagiert und wesentlich zur Stabilisierung des sozialen Systems beigetragen haben. Allerdings wurden die Veränderungen dort abgebremst, wo sich das patriarchale System, das durch die Männer vertreten wird, bedroht fühlte (Francis/Francis 1997). Das seit einigen Jahren diskutierte Konzept von „lernenden Regionen" sollte verstärkt die Frauen mit ihren Kompetenzen zur Gestaltung des sozialen Wandels einbeziehen. Weiterbildungseinrichtungen könnten hier auf struktureller wie inhaltlicher Ebene Verknüpfungen herstellen.

Literatur

Ambos, Ingrid; Schiersmann, Christiane: Weiterbildung von Frauen in den neuen Bundesländern. Ergebnisse einer empirischen Untersuchung. Opladen 1996

Amtliche Nachrichten der Bundesanstalt für Arbeit, 46. Jahrgang, Nr. 1

Baethge, M.; Andretta, G.: Die Zukunft der Arbeitsgesellschaft – Aufgaben und Grenzen beruflicher Weiterbildung. In: DIE-Materialien für Erwachsenenbildung: „Schöne Fassaden – schwache Fundamente", Band 13, Frankfurt/Main 1998

Dokumentation zur 4. Frauenkonferenz des Landes Mecklenburg-Vorpommern: „Nicht die Frauen müssen sich ändern, sondern die Strukturen". 18./19. Oktober 1996 in Stralsund

Francis, H.; Francis, M.: Social exclusion, active citizenship and adult learning: building new learning communities in old coalmining areas. In: Conference papers Part II. ESREA-Konferenz vom 8. bis 11. September 1997 in Strobl (Österreich)

Gieseke, Wiltrud; Sieberts, Ruth: Umschulung für Frauen in den neuen Bundesländern. Zeitschrift für Pädagogik, Heft 5/96, S. 687–702

IAB Werkstattbericht: Arbeitsmarktentwicklung und aktive Arbeitsmarktpolitik im ostdeutschen Transformationsprozeß 1990-1996. Nr. 5/21.2.1997

Ibv: Frauen – Ausbildung – Beschäftigung – Weiterbildung. Nr. 27/95

Meier, A.: Legenden der Umschulung – Weiterbildung in den neuen Bundesländern. Theorie und Praxis der Erwachsenenbildung: Weiterbildungsmarkt und Lebenszusammenhang. Bad Heilbrunn 1993

Nickel, Hildegard-Maria: Zurück in die Moderne? In: Funkkolleg: Deutschland im Umbruch. Studienbrief 5, Tübingen 1998

Schiersmann, Christiane; Ambos, Ingrid: Zur Funktion von Weiterbildung für Frauen in den neuen Ländern im Kontext des Transformationsprozesses. Zeitschrift für Pädagogik, Heft 5/96

Wittwer, W.: Betrieb und berufliche Weiterbildung. In: DIE-Materialien für Erwachsenenbildung: „Schöne Fassaden – schwache Fundamente", Band 13, Frankfurt/Main 1998

Veronika Fischer

Interkulturelle Frauenbildung

Im folgenden will ich nicht für eine Separierung interkultureller Frauenbildung eintreten. Es soll auch keine weitere Variante einer Zielgruppenarbeit wiederaufgelegt werden, sondern ich plädiere für interkulturelles Lernen als integralen Bestandteil einer jeglichen Bildung und hier speziell der Frauenbildung. Es soll dargelegt werden, daß Bildung und folglich auch Frauenbildung auf die Globalisierung und weltweite Verflechtung gesellschaftlicher Prozesse, die mit Migration und Multikulturalität von Gesellschaften einhergehen, Antworten geben muß und daß es nicht ausreicht, sich mit dieser Thematik am Rande zu beschäftigen bzw. sie als folkloristisch oder exotisch abzuhandeln. Daß dies leider häufig geschieht, wird auch in diesem Beitrag Erwähnung finden. Im Mittelpunkt steht die Frage nach der Relevanz interkultureller Bildung im Rahmen von Frauenbildung; darüber hinaus werden die Prinzipien und Ziele von interkultureller Frauenbildung sowie das biographische Lernen als zentraler methodischer Ansatz erläutert.

Zur Multikulturalität von Gesellschaften und zur Relevanz interkulturellen Lernens

Wenn auch in den Medien häufig die Rede vom „Scheitern der multikulturellen Gesellschaft" ist (z.B. Spiegel Nr. 16/14.04.1997) und deren Gefahren beschworen werden, die u.a. in einer zunehmenden Kriminalitätsrate, militanten ausländischen Jugendgangs und fundamentalistisch orientierten Islamisten gesehen werden, so können einmal eingeleitete Entwicklungen nicht mehr einfach rückgängig gemacht werden.

Multikulturalität, verstanden als eine Gesellschaftsstruktur, die u.a. durch die Existenz von ethnischen Minderheiten geprägt wird (Hohmann 1983, S. 5), ist eine Folge von Migrationsprozessen, die im Weltmaßstab ablaufen und national längst nicht mehr steuerbar sind. Entsprechend widersprüchlich verlaufen nationale Diskurse und globale Prozesse. Während das nationale Kapital längst alle Grenzen gesprengt hat und immer entlegenere Märkte erschließt, der Internationalisierung der Produktion und des Handels durch neue Technologien weiter Vorschub geleistet wird, sich Staaten zu transnationalen Verbünden zusammenschließen, um ökonomische Vorteile zu ergattern, erstarrt der nationale Diskurs in der Suche nach nationalen Werten, malen die Medien das Schreckgespenst der Überfremdung an die Wand und exerzieren Politiker die längst bekannten Abwehr- und Abschottungsrituale, um der „fremden Massen"

Herr zu werden. All dies ist u.a. auch als ein Reflex auf Entwicklungen zu sehen, die verunsichern und Tradiertes in Frage stellen.

Zur existentiellen Verunsicherung gehört der Zwang zur Mobilität, der bei vielen Menschen im Extremfall auch Migration bedeuten kann; der Zwang, aus ökonomischen, ökologischen, sozialen, politischen oder kulturellen Gründen die angestammten Siedlungs- und Wohngebiete verlassen zu müssen, um sich in anderen Regionen – vielfach industrialisierten Ländern – niederzulassen und dort Arbeit zu suchen. Die Hauptmigrationsströme bewegen sich allerdings nicht in den Staaten Westeuropas, wie so manche Presseberichterstattung oder Politikeräußerung glauben machen will, sondern in den ärmeren Regionen der Welt, in Asien, Afrika, Lateinamerika, dort also, wo die Schnittstellen des Nord-Süd-Konflikts liegen.

Migration ist sicherlich so alt wie die Menschheitsgeschichte. Neu an den gegenwärtigen Wanderungsbewegungen ist ihre globale Ausweitung. Neu ist auch, in welchem Umfang beide Geschlechter und alle Altersstufen betroffen sind. In Lateinamerika und Teilen Asiens suchen vor allem Frauen in den Städten Arbeit. So gingen z.B. Tausende von Frauen aus Sri Lanka als Hausangestellte in den Mittleren Osten (Seager 1986, Tafel 17 und 1998, S. 118). In der neueren Migrationsgeschichte fällt darüber hinaus die Vielfalt der Migrationstypen auf. Allein in der Bundesrepublik unterscheiden wir beispielsweise ArbeitsmigrantInnen, AussiedlerInnen, Flüchtlinge (politisch Verfolgte, Bürgerkriegs- und Kriegsflüchtlinge, „Katastrophenflüchtlinge" etc.), HeiratsmigrantInnen, Au-pair-Mädchen, AustauschstudentInnen.

Modernisierung und Mobilisierung erfolgen nicht selten in Form geplanter Katastrophen (z.B. die Rodung des Regenwaldes oder die Exploitation von Rohstoffen, die ohne Rücksicht auf die ökologischen Folgen geschieht). Fluchtbewegungen sind die Folge. Die politische Situation postkolonialer Gesellschaften, die oft durch Korruption und Mißwirtschaft gekennzeichnet ist, erzeugt weitere Fluchtbewegungen. Endogene, also in den jeweiligen Ländern entstandene Ursachen, und exogene, von außen, durch die Weltmarktkonkurrenz vorgegebene Faktoren, bedingen sich häufig gegenseitig und führen zu den entsprechenden katastrophalen Konsequenzen für die Bevölkerung (Narr/Schubert 1994). Fluchtursachen lassen sich folglich nicht auf einen Nenner bringen und nicht nach ökonomischen oder politischen Gründen trennen, wie es die Genfer Flüchtlingskonvention nahelegen will, die die politischen Fluchtgründe detailliert auflistet: Verfolgung wegen Meinung, Religion, Hautfarbe, Rasse und Zugehörigkeit zu einer sozialen Gruppe. Tatsächlich sind Politik und Ökonomie derartig miteinander verwoben, daß die Unterscheidung nach politischen Flüchtlingen und sogenannten „Wirtschaftsasylanten" eher eine demagogische Spitzfindigkeit ist, mit der sich die reichen Industrieländer vor den erwarteten Flüchtlingsmassen schützen wollen und immer neue gesetzliche Hürden und grenzschützende Sicherheitsmaßnahmen errichten, um die heimischen Märkte und sozialen Sicherungsnetze vor neuen „Belastungen" zu bewahren.

Multikulturalität als Folge von Migration ist – wie aus diesen Ausführungen ersichtlich wird – ein Tatbestand, mit dem sich unsere Gesellschaft in allen Bereichen auseinanderzusetzen hat. 1996 lebten in der Bundesrepublik 7,2 Millionen Ausländerinnen und Ausländer mit einem Anteil von 8,8% der Bevölkerung. 40% der ausländischen Bevölkerung war weiblichen Geschlechts (Statistisches Bundesamt 1998, S. 94ff.). Ihr Anteil an der Gesamtbevölkerung entspricht allerdings nicht ihrem Zugang zu gesellschaftlichen Gütern und ihren Partizipationschancen im demokratischen Gefüge der Gesellschaften. In ihrer Mitteilung über „Rassismus, Fremdenfeindlichkeit und Antisemitismus" vom Dezember 1995 stellte die Beratende Kommission „Rassismus und Fremdenfeindlichkeit" der Europäischen Union fest,

„daß Einwanderer und ethnische Minderheiten nach wie vor in fast allen Bereichen des gesellschaftlichen Lebens der einzelnen Mitgliedstaaten – vom Arbeitsmarkt über die Wohnraumversorgung bis zu schulischer und beruflicher Bildung sowie dem Zugang zu Dienstleistungen – unter Diskriminierung zu leiden haben. Dies trägt zu ihrer Ausgrenzung und Marginalisierung bei und behindert ihre Integration" (S. 11).

Sowohl an den innenpolitischen Reaktionen einzelner nationaler Staaten als auch an den außenpolitischen Interventionen internationaler Verbünde (EU, NATO, UNO etc.) ist die Hilflosigkeit erkennbar, mit der auf das Migrationsproblem reagiert wird. Umso dringlicher stellt sich die Lösung dieser aus Migration entstandenen weltweiten Probleme dar und eine Beschäftigung mit diesen Fragen, die in allen Bereichen der Gesellschaft, also auch im Bildungsbereich erforderlich ist. Je nachdrücklicher für die Bewältigung dieser Aufgaben geworben und mobilisiert wird, desto eher besteht die Chance, auch Lösungen zu finden.

Interkulturelles Lernen, das begrifflich noch näher zu präzisieren wäre, da es weder eine einheitliche Theorie noch einen fest umrissenen Begriff von interkulturellem Lernen gibt (Auernheimer 1997, Reich 1994), stellt daher die Antwort der Pädagogik auf die multiethnische und multikulturelle Gesellschaft dar (Essinger/Graf 1984, S. 20). Im Sinne von Porcher (1984) wird im folgenden interkulturell nicht bedeutungsgleich mit multikulturell verwandt.

„Die interkulturelle Option ist durch das Bestreben gekennzeichnet, die verschiedenen Kulturen aufeinander zu beziehen, und eben nicht durch die bloße Steuerung und Kontrolle des Nebeneinander" (ebda. S. 37).

Das Attribut interkulturell dient der Bezeichnung pädagogischer, politischer und sozialer Zielvorstellungen und Konzepte und impliziert daher strategisch programmatische Momente. In diesem Sinne kann ein Konzept interkulturellen Lernens unterschiedlich gewichtet und ausgerichtet sein:

– Es kann die Multikulturalität gesellschaftlicher Zusammenhänge zum Gegenstand von Reflexion und Diskussion machen;
– es kann unter Einbezug der ethnischen Minderheiten Kontakte und Verständigung zwischen Mitgliedern der Majorität und der Minoritäten fördern;
– es kann für die Minderheiten eine identitätsbildende Auseinandersetzung mit den Kulturen des Herkunftslandes und des Aufnahmelandes beinhalten.

Im folgenden soll vor allem interkulturelles Lernen als soziales Lernen im Rahmen der Begegnung von deutschen Frauen und Zuwanderinnen behandelt werden.

Interkulturelles Lernen – eine Zwischenbilanz und Standortbestimmung

Auch wenn die Bedeutung interkulturellen Lernens in einschlägigen Bildungskonzepten und in der bildungspolitischen Diskussion immer wieder betont wird, muß bei genauerer Analyse des Weiterbildungsangebots konstatiert werden, daß es sich bei solchen Lernangeboten bis heute noch um Randsegmente des Programms der Erwachsenenbildungseinrichtungen handelt. Konzeptionen interkulturellen Lernens, die in der Bundesrepublik vor allem in den 80er Jahren entwickelt wurden (Fischer 1989, S. 175), sind nur zögerlich umgesetzt worden. Eine schriftliche Befragung durch das Landesinstitut für Schule und Weiterbildung in NRW (1994) ergab einerseits ein positives Bild, wenn die Ergebnisse von 1994 mit dem interkulturellen Angebot von 1985 verglichen wurden, brachte aber andererseits zum Ausdruck, daß die interkulturellen Aktivitäten im Vergleich zum Gesamtangebot verschwindend gering sind.

Einige Ergebnisse sollen in Kürze zusammengefaßt werden:

Von 198 Einrichtungen, die sich an der Umfrage (406 angeschriebene Einrichtungen) beteiligt hatten, gaben 150 an, im 2. Halbjahr 1993 und 1. Halbjahr 1994 interkulturelle Veranstaltungen durchgeführt zu haben: Hatte 1985 nur jede fünfte Weiterbildungseinrichtung interkulturelle Veranstaltungen in ihrem Programm, ist es 1994 fast jede Weiterbildungseinrichtung. 1985 boten die Träger, die interkulturelle Veranstaltungen durchführten, im Schnitt zwei Veranstaltungen an, 1994 sind es durchschnittlich immerhin fünf Veranstaltungen, allerdings in Relation zum Gesamtprogramm ein „Tropfen auf den heißen Stein" (Fischer/Schneider-Wohlfart 1994, S. 19).

Interessant ist in diesem Zusammenhang die Tatsache, daß interkulturelle Weiterbildung hauptsächlich Frauenbildung ist. Bereits 1985 ergab die Programmauswertung, daß sich über ein Drittel der Veranstaltungen gezielt an Frauen richtete (Schneider-Wohlfart 1990, S. 61f.), ein Trend, der in der Untersuchung von 1994 bestätigt wurde. Hauptamtliche pädagogische Mitarbeiterinnen geben als Grund dafür die zeitliche Flexibilität von nicht-berufstätigen Frauen an, die durch solche Veranstaltungen eher ansprechbar sind als Berufstätige und die zugleich aufgrund ihrer relativen Isoliertheit im Haushalt, soziale Kontakte wünschen (siehe auch Landesinstitut 1988, S. 20).

Wenn interkulturelles Lernen allerdings in einem breiteren und unfassenderen Sinn Eingang in die Weiterbildung erhalten soll, ist es nicht damit getan, separate Angebote zu etablieren, die vielfach noch in spezielle Fachbereiche abgedrängt werden und dort ein marginales Dasein führen. In der Auswertung von 1994 wird daher von Fischer und Schneider-Wohlfart bemängelt, daß Veranstaltungen interkulturellen Lernens häufig noch ausschließlich von denjenigen Fachbereichen angeboten würden,

„die spezielle Veranstaltungen für Migranten organisieren und sind dann eine Ergänzung der Migrantenweiterbildung. Interkulturelles Lernen sollte sich zukünftig jedoch zu einer Querschnittsaufgabe aller Fachbereiche einer Erwachsenenbildungseinrichtung entwickeln."

Desweitern empfehlen die Autorinnen, daß interkulturelles Lernen quasi als didaktisches Prinzip in jeder Veranstaltung Berücksichtigung finden sollte, „wo Einheimische und Migranten miteinander und voneinander lernen" und daß die Einrichtungen ihre Werbekonzepte überdenken sollten, da MigrantInnen in den Erwachsenenbildungsinstitutionen nach wie vor unterrepräsentiert sind. Es sei wichtig,

„wohngebietsbezogene Angebote zu vermehren, die üblichen Methoden der Werbung (z.B. Programmheft, Presseankündigungen) zu erweitern (z.B. persönliche Ansprache von Migranten, Werbung über Multiplikatoren anderer Institutionen, Vereine und Initiativen, mehrsprachige Handzettel und Aushänge an Treffpunkten von Migranten), Kinderbetreuung zu gewährleisten und vielleicht am wichtigsten, Migranten auch als KursleiterInnen und als Hauptberufliche vermehrt in das Personal einer Weiterbildungseinrichtung zu integrieren" (Fischer, Schneider-Wohlfart 1996, S. 22).

Die Schlußfolgerungen, die aus der desolaten Situation interkultureller Weiterbildung gezogen werden, gehen folglich in zwei Richtungen:

1. Weitergehende Öffnung der Erwachsenenbildung für MigrantInnen und deren Integration in Veranstaltungen aller Fachbereiche.

2. Umsetzung des interkulturellen Lernens als didaktisches Prinzip und Querschnittsaufgabe.

Entsprechend konstatierte Reich (1994, S. 21) für die interkulturelle Pädagogik, daß sie

„ihre Nothelferfunktion erfüllt und ihre Blütezeit gehabt (hat). Es ist ihr schwergefallen oder schwer gemacht worden, eine Pädagogik für den Normalfall zu werden und den selbstgesetzten Anspruch, ein Bildungskonzept für alle zu sein, zu erfüllen. Was hat sie trotzdem geleistet? Hervorgebracht hat sie eine Fülle didaktischer Ideen und spannender Projekte. Bewirkt hat sie eine Sensibilisierung vieler Lehrerinnen und Lehrer für Dimensionen des Bildungsprozesses, die zuvor nicht wahrgenommen oder sogar programmatisch aus der Schule der Nationalstaaten ausgeschlossen waren. Bewirkt hat sie einige institutionelle Änderungen, die man als partielle Anpassung der Bildungssysteme an die gesellschaftliche Pluralisierung deuten kann. Sie hat Spuren hinterlassen in Schulbüchern, in der Geschichte von Schulen und in Biographien von Schülerinnen und Schülern. Sie hat in einer theoretisch nicht mehr zurücknehmbaren Weise gezeigt, wie einseitig die kommunikativen, curricularen und institutionellen Traditionen in den Schulen der Nationalstaaten waren und wie monokulturell viele pädagogische Theorien, die so gerne im Mantel des Allgemeinen daherkommen."

Analog dazu kann für die Erwachsenenbildung formuliert werden, daß das Konzept des interkulturellen Lernens die Einseitigkeit einer zielgruppenorientierten Ausländersonderpädagogik bewußt gemacht hat und den Blick von der ausschließlichen Orientierung auf die Defizite der Minderheiten auf die vielfach ethnozentrisch begrenzte Sicht der Majorität gelenkt hat. Interkulturelles Lernen beinhaltet Wechselseitigkeit und Perspektivenwechsel und bezieht die eigene Position und Sichtweise mit ein. Es hat die MigrantInnen aus ihrem Objektstatus herausgelöst und zugleich die Helfermentalität und das koloniale Denken der deutschen TeilnehmerInnen und ErwachsenenbildnerInnen transparent gemacht (Barkowski 1984, Fischer 1993, Nestvogel 1996). Es hat Impulse für fachbereichsübergreifende Projekte und interdisziplinäres Arbeiten gegeben. Darüber hinaus wurden neue vernetzte Arbeitsformen erprobt, wie sie z.B. in Form der „Runden Tische gegen Rassismus und Ausländerfeindlichkeit" praktiziert wurden. Reich warnt zugleich davor, daß die Interkulturelle Pädagogik schwerer Kritik und starken Gegenkräften ausgesetzt ist:

„Neokonservative Bildungspolitik befürchtet Werte-Relativismus und politischen Zerfall und tendiert allenthalben zurück zu vereinheitlichenden pädagogischen Konzepten. Universalistische Gesellschafts- und Bildungstheorie rechnet ihr die gesellschaftlichen und individuellen Gefahren des Differentialismus vor und fordert Menschenrechts- und Staatsbürgererziehung anstelle interkultureller Erziehung. Politische Pädagogik brandmarkt sie als Gehilfin des Rassismus. Keine dieser Kritiken ist leichtzunehmen. Der interkulturellen Pädagogik droht der Verlust praktischer Relevanz und der Verlust theoretischer und politischer Glaubwürdigkeit" (ebd., S. 22).

Darüber hinaus kann in bezug auf die Erwachsenenbildung festgestellt werden, daß interkulturelle Lernangebote vielfach betriebswirtschaftlichen Überlegungen zum Opfer fallen, weil sie arbeits- und damit kostenintensiv sind und nicht die erwünschten Gebühren erbringen. Prozesse der Teilnehmerinnengewinnung sind langwierig und führen vielfach nicht zum gewünschten Effekt. So manche Veranstaltung muß daher ausfallen, weil die Mindestteilnehmerzahl nicht erreicht worden ist. Die vielfach überlasteten MitarbeiterInnen in den Einrichtungen sehen für sich keine Zeitspielräume mehr, um derartig aufwendige Experimente in der Zielgruppenansprache nachzuvollziehen. Wie kann also dieses Dilemma überwunden werden?

Eine wichtige Erkenntnis besteht auf jeden Fall darin, interkulturelles Lernen aus der Nische einer zielgruppenorientierten Erwachsenenbildung herauszuholen und als allgemeines Prinzip zu realisieren. Es läßt sich eben nicht durch ein paar singuläre Veranstaltungen erreichen, sondern ist gemäß seiner Relevanz zu einem Schlüsselthema und Kernprinzip sämtlicher Bildungsprozesse zu machen. Es sollte daher alle Fachbereiche der Erwachsenenbildung durchdringen und thematisch in allen Fächern aufgehoben sein, was eine systematische Kursleiterinnenfortbildung und Revision bestehender Curricula bedeutet.

Dies setzt auch eine andere Einordnung der interkulturellen Pädagogik in das Gesamtgefüge des Fachs Pädagogik voraus und ein Überdenken des Bildungsbegriffs, worauf auch Reich (ebd., S. 24) aufmerksam macht. Er weist auf den Bildungsbegriff von Klafki (1993, S. 49-72) hin, der Allgemeinbildung als Bildung für alle definiert (im Sinne eines demokratischen Bürgerrechts), als Bildung in allen Grunddimensionen menschlicher Interessen und Fähigkeiten (also kognitiv, manuell, sozial, ästhetisch, ethisch und politisch) und schließlich als „Bildung im Medium des Allgemeinen". Darunter ist eine „Konzentration auf epochaltypische Schlüsselprobleme unserer Gegenwart und der vermutlichen Zukunft" zu verstehen wie z.B. die Friedensfrage, die Umweltfrage, die gesellschaftlich produzierte Ungleichheit und der Wandel interpersonaler Beziehung. Das multikulturelle Zusammenleben wird zwar nicht explizit erwähnt, läßt sich aber ohne weiteres hier einordnen. Die sozialen Beziehungen zwischen Angehörigen der Majorität und der Minoritäten können dabei unter verschiedenen Gesichtspunkten thematisiert werden, sowohl unter dem Gesichtspunkt des inneren Friedens als auch der gesellschaftlichen Diskriminierung und des Wandels der interpersonalen Beziehungen.

Für die Erwachsenenbildung erwachsen daraus vor allem Aufgaben der systematischen Fortbildung, die den Kursleiterinnen die Augen für die Bedeutung des interkulturellen Lernens öffnen und Wege aufzeigt, wie der Blick der Lernenden immer wieder auf zentrale Fragen der Migration und Multikulturalität gelenkt werden kann.

Letztlich hängt der außen- wie innenpolitische Frieden der Gesellschaft wesentlich davon ab, wie Menschen unterschiedlicher Herkunft und Kultur, die andere Sichtweisen, Normen und Werte vertreten und diese auch im gesellschaftlichen Handeln durchzusetzen versuchen, miteinander umgehen, Konflikte austragen, Differenzen anerkennen und zum Konsens gelangen; inwieweit Minoritäten auch rechtlich, politisch und sozial gleichgestellt werden und nicht den Status von Bürgern und Bürgerinnen zweiter Klasse einnehmen. In diesem Sinne wäre zu untersuchen, wie das Prinzip interkulturellen Lernens in der Frauenbildung aufgehoben sein kann.

Weibliche Lebenszusammenhänge als ein Moment von Kultur und als Ausgangspunkt interkultureller Frauenbildung

Kultur soll im folgenden im Sinne der Definition von Clarke u.a. (1979) gefaßt werden, die eine Verbindung von individuellen Deutungsmustern und Gesellschaftsstruktur herstellt:

„Die ‚Kultur‘ einer Gruppe oder Klasse umfaßt die besondere und distinkte Lebensweise dieser Gruppe oder Klasse, die Bedeutungen, Werte und Ideen, wie sie in den Institutionen, in den gesellschaftlichen Beziehungen, in Glaubenssystemen, in Sitten und Bräuchen, im Gebrauch der Objekte und im materiellen Leben verkörpert sind. Kultur ist die besondere Gestalt, in der dieses Material und diese gesellschaftliche Organisation des Lebens Ausdruck findet. Eine Kultur enthält die ‚Landkarten der Bedeutung‘, welche die Dinge für ihre Mitglieder verstehbar machen. Diese ‚Landkarten der Bedeutung‘ trägt man nicht einfach im Kopf mit sich herum: sie sind in den Formen der gesellschaftlichen Organisationen und Beziehungen objektiviert, durch die das Individuum zu einem ‚gesellschaftlichen Individuum‘ wird. Kultur ist die Art, wie die sozialen Beziehungen einer Gruppe strukturiert und geformt sind; aber sie ist auch die Art, wie diese Formen erfahren, verstanden und interpretiert werden (...). So bilden die bestehenden Muster eine Art historisches Reservoir – ein vorab konstituiertes ‚Feld der Möglichkeiten‘ – , das die Gruppen aufgreifen, transformieren und weiterentwickeln" (S. 40f.).

Ein gesellschaftliches Individuum, das in ein bestimmtes System von Institutionen, Organisationen, Gruppen und interpersonalen Beziehungen hineingeboren wird, wird gleichzeitig mit den vorgegebenen Deutungsmustern dieser Gesellschaft konfrontiert, welche ihm Zugang zu einer Kultur verschaffen. Diese Deutungsmuster sind zum Teil geschlechtsspezifisch strukturiert. So werden Mädchen in ein bestehendes System von Vorstellungen, Werten und Normen hineingeboren, die der weiblichen Rolle gesellschaftlich zugeschrieben werden und ihnen eine bestimmte Position im Gesellschaftsgefüge zuweisen. Umgekehrt besteht die Möglichkeit, im Prozeß geschlechtsspezifischer Sozialisation in Kritik und Opposition zum Gegebenen vorgefundene Strukturen und Bedeutungsmuster zu verändern, was identitätsbildenden Charakter hat. Die Spielräume für Veränderungen sind allerdings je nach Macht und Durchsetzungsvermögen der jeweiligen Gruppe und dem Zusammenspiel historischer Kräfte mehr oder weniger groß.

Die Veränderungschancen von gesellschaftlichem Status und geschlechtsspezifischer Rolle der Frau sind zur Zeit – zumindest in der Bundesrepublik – eher als gering einzuschätzen, weil Männer immer noch in den entscheidenden Schaltstellen der Macht sitzen und Strukturveränderungen eher bremsen – wie z.B. das jüngste Urteil des Europäischen Gerichtshofs bzgl. der Gleichstellungsgesetze in Bremen und Nordrhein-Westfalen zeigt (Frankf. Rundschau 16.05.1997) und weil es keine nennenswerte weibliche Opposition gibt.

Weibliche Lebenszusammenhänge sind wesentlich durch dieses Macht- und Hierarchiegefälle und eine entsprechende Benachteiligung geprägt. Frauen verfügen über weniger Macht- und Selbstbestimmung, arbeiten mehr, verdienen weniger und tragen mehr Verantwortung. Seager u.a. (1986/1998) haben versucht, die Schlechterstellung von Frauen anhand ihres Frauenatlas weltweit aufzuzeigen, machen allerdings zugleich deutlich, daß es trotz des weltweit zu konstatierenden Diskriminierungstatbestandes von Frauen reale Unterschiede gibt. Sie gehen folglich nicht davon aus, daß Frauen eine homogene Gruppe bilden, sondern daß ihre Lebenslage durch zusätzliche Merkmale geprägt wird, die je nach Land, ökonomischer Gesellschaftsformation, wirtschaftlicher Lage, Klasse, Kaste, Schicht und Gruppe differieren.

Für die Analyse weiblicher Lebenszusammenhänge ist es daher wichtig, die Kategorie Geschlecht immer auch auf der Folie gesellschaftlicher Strukturen zu sehen. Selbst die Lebensgeschichte eines Individuums ist von der

„Zugehörigkeit zu mehreren, sich vielfach überschneidenden Kollektiven geprägt. Fast jede Person gehört gleichzeitig inferiorisierten und dominierenden Kollektiven an. Manche Personen gehören in mehrfacher Hinsicht unterlegenen bzw. überlegenen Gruppierungen an. Kulturelle Kollektive sind also keineswegs einfache, homogene, harmonische Gebilde. Sie sind grundsätzlich meist zugleich von tiefgreifenden Antagonismen, handfesten Interessengegensätzen, Konflikten und Kämpfen einerseits sowie von starken kollektiven historischen und gesellschaftlichen Erfahrungen, engen Bindungen und kulturellen Gemeinsamkeiten andererseits durchzogen" (Prengel 1994, S. 143).

Folgen wir dieser Argumentation, so ist es auch wichtig, nicht von Kultur, sondern von Kulturen zu reden, die in einer Gesellschaft zu einem bestimmten historischen Zeitpunkt im Spiel sind. Diese Kulturen existieren nicht bloß beziehungslos nebeneinander, sondern stehen in Dominanz- und Unterordnungsverhältnissen zueinander, treten in Konkurrenz und Konflikt miteinander. So etwa weist E. Gutiérrez Rodríguez (1996, S. 166) auf die Kritik schwarzer Feministinnen in den USA hin, die die ausschließliche Fixierung des weißen US-Feminismus auf das Geschlechterverhältnis und Patriarchat als ausschließlichen gemeinsamen Feind und Aggressor (Combahee River Collective 1979) als falsch herausstellen.

„Diese Reduktion auf ein einziges Herrschaftsverhältnis gebe die soziale Situation Schwarzer Frauen nicht wieder (Hull u.a. 1982, S. 13ff.). Denn der Alltag von „Black Women" und „Women of Colour" könne nicht auf der Grundlage eines einzigen Verhältnisses beschrieben und analysiert werden. Viel eher müsse die Unterdrückung bzw. Verzahnung unterschiedlicher Unterdrückungsverhältnisse wie z.B. Rassismus und Klassenverhältnis deutlich gemacht werden."

Für ZuwanderInnen in der Bundesrepublik gilt in ähnlicher Weise, daß allein durch das Ausländergesetz verschiedene Benachteiligungen gegeben sind, die existentielle

Rechte wie z.B. die des Aufenthalts, der politischen Demonstration, der Wahl, des beruflichen Zugangs zu Ämtern im Staatsdienst einschränken.

Butler macht außerdem darauf aufmerksam, daß

„das Insistieren auf der Kohärenz und Einheit der Kategorie ‚Frau(en)‘ ... praktisch die Vielfalt der kulturellen und gesellschaftlichen Überschneidungen ausgeblendet" hat, in denen die mannigfaltigen Reihen von „Frauen" konstruiert werden (Butler 1991, S. 34).

Weibliche Lebenszusammenhänge sind also in dieser Komplexität Ausgangspunkt und Grundlage interkulturellen Lernens in der Frauenbildung. Interkulturelle Frauenbildung lebt daher wesentlich vom Bewußtmachen dieser Gemeinsamkeiten und Differenzen durch den Vergleich. Das Vergleichen wird im folgenden nicht bloß als ein abstrakter Vorgang gesehen, sondern als Teil eines kommunikativen, identitätsbildenden Aktes, bei dem sich Frauen unterschiedlicher Kulturen begegnen und austauschen. Die reale Begegnung eröffnet nämlich pädagogische Möglichkeiten (Gruppenerlebnis, soziales Lernen etc.), die etwa durch einen Vortrag oder ein Seminar im Rahmen der politischen Bildung nicht realisierbar wären.

Das zentrale Prinzip interkultureller Frauenbildung: Die Reflexion von Selbst- und Fremdbild

Eine wichtige Aufgabe von Erwachsenenbildungseinrichtungen besteht darin, gesellschaftlichen Gruppen, die im normalen Alltagsverkehr kaum Berührungspunkte haben, Räume für Begegnung und Kommunikation zu eröffnen, um Fremdheit und Berührungsängste gegenüber einer unbekannten Gruppe abzubauen und eine Offenheit im Umgang miteinander zu erreichen. Das gilt u.a. auch für deutsche und ausländische Frauen, die aufgrund der Segregationspolitik im Wohnbereich wenig Gelegenheit zur Kontaktaufnahme haben. Solche Gesprächsangebote sind zunächst als Impulse zu verstehen, in einem geschützten Raum einer bekannten Institution erste Kontakte zu knüpfen und Erfahrungen miteinander zu machen. So wird – zwar in einer gesellschaftlichen Nische – aber dafür exemplarisch ein Miteinander erprobt und der Umgang mit Differenzen geübt. Dabei sollte der pädagogische Prozeß so angelegt sein, daß sowohl eine Dekonstruktion von Fremdbildern als auch ein Aufbau von Selbstbewußtsein stattfinden kann.

In der Interaktion mit Frauen, die uns fremd sind, nehmen wir zunächst ein Bild von der anderen wahr, das sich aus vielfältigen Vorannahmen, Eindrücken und Phantasien über die fremde Kultur zusammensetzt. Deshalb verweist jede Auseinandersetzung mit Fremden unausweichlich zurück auf die eigene Kultur. Will ich die andere verstehen, muß ich zunächst die Vorstellungen durchdringen, durch die meine Bilder von der anderen gefiltert werden, muß ich mir meiner eigenen Vorannahmen, Stereotypen, Klischees bewußt werden, die mir den Blick auf die andere verstellen, zugleich aber gedankliche Produkte einer Vorstellungswelt sind, die mit gängigen Bildern der eigenen Kultur korrespondieren. Will ich das Fremde verstehen, muß ich zuallererst mich und meine Geschichte verstehen, die wiederum in eine bestimmte historische und soziale Situation eingebettet ist. Dies soll an einem Fallbeispiel verdeutlicht werden:

Im Rahmen eines interkulturellen Frauenseminars, das in Oberhausen von der örtlichen Arbeitsgemeinschaft Arbeit und Leben und dem Evangelischen Bildungswerk zum Thema „Binationale Partnerschaften" ausgerichtet worden war, berichtete eine Deutsche, daß die Familie ihres Mannes, der von der Elfenbeinküste stamme, finanzielle Unterstützung erwarte. Es sei auch selbstverständlich, daß die deutschen Verwandten zur Hochzeit des Cousins dritten Grades anreisten, ungeachtet der Frage, ob das überhaupt zu finanzieren sei. Wenn der Vater ihres Mannes stürbe, würde er als ältester Sohn automatisch für den Unterhalt der Familie aufkommen. Aus afrikanischer Sicht sei die Familie des Mannes in Deutschland reich. Aus ihrer Sicht sei das Familieneinkommen in Deutschland gerade so bemessen, daß der aktuelle Lebensstandard eingehalten werden könne. Sie kritisiere einerseits die oft überzogene Anspruchshaltung der afrikanischen Verwandten. Andererseits könne sie verstehen, daß ihr Mann aufgrund seiner Rolle als Familienoberhaupt Aufgaben der Fürsorge und des Unterhalts gegenüber den afrikanischen Verwandten übernehmen müsse. Sie wünsche sich aber auch seitens der afrikanischen Verwandten mehr Verständnis und meinte darüber hinaus, daß sie und die Kinder in Deutschland die primäre Bezugsgruppe für ihren Mann sein sollten.

An diesem Beispiel wurde deutlich, daß die Seminarteilnehmerin, die ihre Erfahrungen aus ihrer Ehe schilderte, um Selbstreflexion und einfühlendes Verstehen in die Rolle der anderen (ihres Mannes und der afrikanischen Verwandten) bemüht war. Sie vollzog durchaus einen Perspektivwechsel, indem sie die Sichtweise der Verwandten vor dem Hintergrund der wirtschaftlichen Verhältnisse und der andersgearteten Familienstruktur nachvollzog. Zugleich bezog sie Stellung und formulierte ihre Interessen und die Erwartungshaltung an die anderen.

Die anschließende Diskussion stellte darüber hinaus einen Bezug zur historischen und gesellschaftlichen Entwicklung in der Bundesrepublik her: Die Großfamilie sei im Zuge von Industrialisierungsprozessen der Kleinfamilie gewichen und selbst diese löse sich zugunsten von weiteren Individualisierungsschüben auf. Da die Familie nicht mehr ausschließlich zentrale Versorgungsaufgaben wie Alterssicherung oder Kompensation von Arbeitslosigkeit und Armut übernehme, seien staatliche Instanzen an ihre Stelle getreten und übernähmen solche Aufgaben, auch wenn es Trends zum Abbau dieser kompensatorischen Funktionen gebe. Diese Diskussion machte deutlich, daß die voneinander abweichenden Erwartungshaltungen und Einstellungen zugleich anderen Familienstrukturen geschuldet waren, die wiederum mit unterschiedlichen Entwicklungsstadien der Ökonomie einhergingen.

Dieser komplizierte Diskussionsprozeß im Seminar wurde von einer anwesenden Journalistin einige Tage später in einem Zeitungsartikel auf grobe und klischeehafte Weise vereinfacht. Da hieß es dann in der Überschrift: „Im Ausland wird der Sohn zum ‚Dukatenesel' für alle" (WAZ 07.12.1996). Der Begriff des Dukatenesels weckt nun andere Assoziationen: Die afrikanischen Verwandten treten als die Parasiten auf, die nichts tun und den Sohn als Geldspender instrumentalisieren. Umgekehrt ist der Sohn das dumme und geduldige Opfer, das sich von den habgierigen Verwandten ausbeuten läßt, sozusagen als willenloser Sklave, der sich den heimischen Normen und Gebräuchen unterwirft. Damit wird ein Klischee reproduziert, das unser Bild vom Fremden widerspiegelt. Merkmale wie parasitär, anspruchlich, dreist oder faul tauchen häufig im Zusammenhang mit Berichten über MigrantInnen in den Medien auf und geben zugleich Aufschluß über die dahinterstehenden Ängste. In diesem Fall wurde der Fremde aber nicht nur abgewertet, sondern zugleich eine vordergründige Parteilichkeit für den Ausgebeuteten bezeugt. Auf den Sohn wurde nämlich etwas projiziert, was wir häufig als Angst gegenüber Fremden empfinden: die Angst ausgenutzt zu werden, irgendwann selbst mittellos dazustehen (z.B. bei Arbeitsplatzverlust), für andere zu schuften und am Ende nichts davon zu haben (z.B. die Renten werden gekappt). Der/die Fremde ist häufig (nur) eine Projektionsfläche für tiefsitzende eigene Ängste, die sich nicht reflektieren, sondern aggressiv einen Weg nach außen bahnen und in Form von Vorurteilen, Schwächere zu Sündenböcken stilisieren. Mitscherlich (1975) spricht in diesem Zusammenhang von einem „Reflexionsblock", einer Reflexionslähmung. Wir können

„vorurteilsbesetzten Stücken der Realität gegenüber plötzlich nicht mehr nachdenken, reflektieren, uns abwägend verhalten, sondern es erscheint uns ein Stück Welt mit Evidenzcharakter, als so und nicht anders, als so selbstverständlich, daß es sich gar nicht lohnt eine Frage darauf zu verwenden" (ebd., S. 11).

Die Tatsache, daß die Seminarteilnehmerin den Artikel nicht unwidersprochen hinnahm und bei der Seminarleiterin den Namen der Journalistin erfragte, um sich über den Artikel zu beschweren, muß als ein positiver Schritt zu Konfliktbereitschaft, Auseinandersetzungswille, Verantwortungsgefühl und Selbstbehauptung gewertet werden. Insofern hat das Seminar einen Vorgang ausgelöst, in dem konträre Sichtweisen über fremde Werte, Normen und Handlungsmuster aufgedeckt und diskutiert wurden, wenn auch der letzte Teil der Diskussion außerhalb des Seminars lief.

Die pädagogische Situation vermag die unterschiedlichen Sichtweisen, Vorurteile und Ängste offenzulegen. In der Begegnung mit anderen werden Selbst- und Fremdbilder transparent. Es wird deutlich, daß Vorurteile und Stereotype zwar die Komplexität von Tatbeständen vereinfachen, aber nur Scheinwissen und -sicherheit vermitteln; daß sie Abgrenzung und Zusammenhalt nach innen ermöglichen, aber lediglich aufgrund eines minimalen gemeinsamen Nenners, dem Feindbild nach außen; daß sie Rechtfertigung, Schutz und Aufwertung versprechen, aber lediglich aufgrund der Abwertung anderer.

Viele Ansätze interkulturellen Lernens formulieren als ein Ziel, den Abbau von Vorurteilen erreichen zu wollen. Wenn überhaupt, kann dieses Ziel nur in einem langfristig angelegten Bildungsprozeß erreicht werden. Wir sollten uns der Tatsache bewußt sein, daß Vorurteile, wie Mitscherlich formuliert, „zum Haltbarsten in der menschlichen Geschichte" gehören und vielfach durch Vernunft nicht abgebaut werden können. Eine aus Einbildung und Wahrnehmungsbruchstücken gemischte Erfahrung schiebt sich vor die Wirklichkeit, bestimmt das Denken und ist durch rationale Argumente in der Regel nicht erreichbar. Interkulturelles Lernen in Frauengruppen kann jedoch erreichen, daß einmal gefaßte Urteile zur Disposition gestellt und diskutiert werden.

Jedes Gruppenmitglied lernt dadurch zunächst, sich überhaupt einer Diskussion zu stellen und mit anderen Sichtweisen und Meinungen auseinanderzusetzen. Durch das plurale Spektrum von Meinungen stellt sich auch das eigene Urteil in einem anderen Licht dar. Es wird in seinem ausschließlichen Geltungsanspruch relativiert. An diesem Punkt wird sich dann zeigen, ob das Gruppenmitglied bereit ist, die einmal gefaßte Meinung zu korrigieren, zu relativieren oder zu ergänzen. Zumindest kann eine Kompetenz zum Diskurs gefördert werden. Insofern ist die von Alexander und Margarete Mitscherlich vorgeschlagene Strategie einzuschlagen:

„Vorurteile dämmen wir am besten dadurch ein, daß wir uns in der Beobachtung unseres eigenen Verhaltens schulen... Eine neue dynamische Definition kann demnach lauten: ‚Vorurteile können dann zurückgedrängt werden, wenn es uns gelingt, Reflexion vor jene Handlungen einzulegen, zu der die Vorurteile uns auffordern‘" (A. u. M. Mitscherlich 1967, S. 156).

Interkulturelles Lernen verwirklicht sich daher in der Begegnungssituation als

- selbstreflexiver Prozeß,
- Auseinandersetzung mit der Differenz im interkulturellen Vergleich,
- empathisches Hineinversetzen in die anderen durch Perspektivwechsel,
- politisches Lernen,
- Kompetenz zum Dissens, indem konträre Meinungen akzeptiert und diskutiert werden,
- Korrektur, Relativierung, Ergänzung einmal gefaßter Urteile und
- rationaler Diskurs, der ggf. im Konsens mündet bzw. eine Kultur des Dissens (Haller 1994, S. 17) begründet.

Insgesamt kann mit interkulturellem Lernen allerdings nur gerechnet werden, wenn es „Vorteile" bringt: z.B. Gewinn von neuem Wissen und Kompetenzen, erweitertes Erleben, gefestigte Identität, soziale Anerkennung, Rückhalt in einer Gruppe, Verminderung von Ängsten (Fischer 1990, S. 121ff.).

Biographisches Lernen als methodischer Ansatz in der interkulturellen Frauenbildung

Alfred Schütz begreift Biographie als „einzigartige Abfolge und Sedimentierung meiner Erfahrungen in der inneren Dauer" (Schütz/Luckmann 1979, S. 87). Ausgehend von dieser Definition wird im folgenden Biographie als ein lebenslanger Prozeß begriffen, in dessen Verlauf Erfahrungen mehr oder weniger bewußt aufgeschichtet wurden und im biographischen Lernen aktualisiert werden können. Erfahrung wird dabei nicht nur als Resultat eines kognitiven Vorgangs gesehen, sondern in einem ganzheitlichen Sinne als Zusammenspiel von affektiven, rationalen und psycho-motorischen Kräften begriffen. Biographisches Lernen umfaßt folglich auch verschiedene Zugänge zu diesem Erfahrungsreservoir: die sinnliche Wahrnehmung (sehen, hören, schmecken, riechen, tasten etc.), die Kommunikation, die Interaktion (Bewegung, szenisches Spiel etc.) und die schriftliche Verarbeitung.

Biographie ist weder ahistorisch noch ungesellschaftlich, sondern in gesellschaftliche Bezüge eingebettet, in denen sich ein bestimmtes historisches Stadium wirtschaftlicher, politischer, sozialer und kultureller Entwicklung widerspiegelt. Im biographischen Lernen kommt daher ein einzigartiger Lebensentwurf zum Ausdruck, zugleich aber auch ein Lebensschicksal, an dem exemplarisch die für eine bestimmte Generation typischen Erfahrungen aufgezeigt werden können, die darüber hinaus schicht- und geschlechtsspezifische Merkmale tragen. Im Hinblick auf biographisches Lernen in der interkulturellen Frauenbildung kann der individuelle Lebenslauf noch in einem globaleren Kontext eingeordnet werden. Hier stellt die Migration einen zentralen Lebensabschnitt dar und führt die Erinnerung zwangsweise an die Orte früherer Kindheit und Jugend im Herkunftsland zurück. Der Vergleich gemeinsamer Erfahrungen, die vor allem in der Frauenrolle begründet liegen, wird neben Ähnlichkeiten und Gemeinsamkeiten auch Differenzen aufdecken und neue Bedeutungen herstellen.

Einige dieser gemeinsamen Erfahrungsbereiche, die im Rahmen interkultureller Frauenbildung thematisiert werden können, seien exemplarisch genannt:

- Partnerschaft, Ehe und Familie:
In diesem Zusammenhang ist es interessant, die Geltung der Ehe in den verschiedenen Gesellschaften zu überprüfen, aus denen die Frauen einer Lerngruppe stammen. In den industrialisierten Ländern ist die institutionelle Geltung der Ehe rückläufig. Alternative Lebensgemeinschaften nehmen zu. Die daraus erwachsenen Familienformen werden pluraler. Inwieweit gilt dieser Trend auch für weniger industrialisierte Gesellschaften? Welche Familienstrukturen herrschen hier vor?

- Sexualität und Verhütung:
Von den meisten Frauen wird erwartet, daß sie für Geburtenkontrolle sorgen. Die Wahl der Methode wird jedoch von Faktoren beeinflußt, auf die die Frauen wenig Einfluß haben wie z.B. die staatliche Bevölkerungspolitik, Geburtenkontrollprogramme, religiöse Tabus, die Entscheidungsgewalt des Mannes, wirtschaftliche Strukturen und die Distribution von Verhütungsmitteln.

- Erziehung:
Werte und daraus abgeleitete Normen bestimmen Erziehungsziele und -stile. Gerade im Hinblick auf geschlechtsspezifische Erziehung ist der Vergleich der vielfach unterschiedlichen Männer- und Frauenbilder interessant, die in Erziehung Eingang finden.

- Frauenarbeit:
Frauen arbeiten in der Regel länger als Männer. Sie gehen einer Erwerbstätigkeit nach, erledigen den Haushalt und kümmern sich um die Kinder. Mütter haben vielfach keine Zeit für Weiterbildung, die ihr Selbstbewußtsein heben oder ihnen die Arbeit erleichtern könnte. Mehrarbeit und Vielseitigkeit der Frauen wird nirgendwo finanziell oder sozial anerkannt. Ihre Arbeit erscheint kaum in Statistiken. Schätzungsweise ein Drittel aller Frauenarbeit wird offiziell nicht erfaßt.

Die Berufsskala für Frauen ist wesentlich kleiner als die für Männer. In jedem Land und jeder Region gibt es Tätigkeiten, die als spezifische Frauensache gelten. In manchen Ländern sind fast alle Bankangestellten Frauen und werden fast alle Schreibarbeiten von Frauen erledigt. In anderen Ländern gelten die Tee- und Baumwollernte als Frauenarbeit. In Lateinamerika und der Karibik gibt es fast nur weibliches Hauspersonal. In Südostasien liegt die Herstellung von Textilien und elektronischen Teilen fast ausschließlich in Frauenhand. Trotz einiger Ausnahmen gilt im allgemeinen, daß Tätigkeiten, die als Frauenarbeit definiert werden, schlecht bezahlt sind, einen niedrigen Status haben und wenig Sicherheit bieten, was mit dem Begriff „job-ghettos" belegt wird. Darüber hinaus werden Frauen oft bei Beförderungen benachteiligt. Außerdem haben sie häufiger Teilzeitarbeitsplätze. Die relative Unterbezahlung der Frauenarbeit ist ein wesentlicher Faktor der Feminisierung der Armut (Seager 1986, Tafel 13-20/1998, S. 119-121).

– Öffentlichkeit und politische Beteiligung:
Männer bilden die meisten Regierungen, allenfalls unter Einbeziehung einiger weniger Frauen. Die Benachteiligung der Frauen wird deutlicher, je hochrangiger die Posten sind. Das gilt in allen politischen Systemen (Seager 1986, Tafel 29-30/1998, S. 126f.).

– Massenmedien:
Massenmedien sind bislang noch männlich dominiert. In den Redaktionsstäben haben Männer das Sagen. An der Berichterstattung scheinen Frauen nur marginal beteiligt zu sein. Feministische Medien werden von einer Minderheit produziert und genutzt.

An diesen Themenbereichen wird zugleich deutlich, daß Diskriminierung von Frauen kein national eingrenzbares, sondern ein globales Phänomen ist, das Frauen, unabhängig von ihrer Staatsangehörigkeit, ethnischen Zuordnung oder sozialen Stellung betrifft. Aus der Universalität des Diskriminierungstatbestandes bezieht interkulturelle Frauenbildung ihre besondere Legitimität, nämlich Benachteiligungen aufzuspüren, zu rekonstruieren und Strategien zu ihrer Bekämpfung zu reflektieren. Hinzu kommt eine Ungleichbehandlung, die Frauen aufgrund ihres Ausländerinnenstatus erfahren und die in der Bundesrepublik durch das Ausländergesetz festgeschrieben wird. Daraus ergeben sich innerhalb einer Frauengruppe Statusunterschiede, die bewußt zu machen sind und Anlaß für politische Diskussionen sein sollten. Zuwanderinnen sind darüber hinaus vielfach Opfer von Rassismus und Gewalt, was eine Auseinandersetzung mit den gesellschaftlichen und individuellen Ursachen dieses Phänomens nahelegt.

Am Beispiel solcher Schlüsselthemen, die existentielle Bereiche des Frauenalltags betreffen, wird Selbstaufklärung und Fremdverstehen ermöglicht. Jede Teilnehmerin einer Lerngruppe setzt sich mit ihrer Biographie auseinander, eine voyeuristisch abwartende Haltung, die lediglich die Berichte der anderen verinnerlicht, passiv und rezeptiv bleibt, ist nicht möglich. Die eigene Erinnerung dient hingegen als Material für den interkulturellen Vergleich und als Ausgangspunkt, um die Schnittstellen für gemeinsame Erfahrungen und abweichende Denk- und Handlungsmuster zu finden.

Neben der Selbstreflexion und dem Fremdverstehen ist als dritter Zielbereich noch die Suche nach Handlungsperspektiven und Veränderungsmöglichkeiten zu nennen. Daher unterscheidet Baacke (1985) neben dem nachvollziehenden Verstehen – als Erschließung von unmittelbar zugänglichen Erinnerungen – und dem analytischen Verstehen – als Erschließung der „Tiefenstruktur" einer Erinnerung – das entwerfende Verstehen – als Betrachtung alternativer Handlungsmöglichkeiten und -entwürfe.

Solche Handlungsentwürfe erhalten durch den Referenzrahmen der Lerngruppe eine zusätzliche Qualität, sind also nicht nur durch individuelle Erwägungen bestimmt, sondern auch durch kollektive Bezüge (z.B. die Solidargemeinschaft, die sich für Verbesserungen der rechtlichen, politischen und sozialen Situation von Ausländerinnen einsetzen will).

Gudjons u.a. (1994, S. 37ff.) schlagen für das methodische Vorgehen in solchen Gruppen unterschiedliche Übungen vor, die anders als das unstrukturierte „freie" Gespräch dazu geeignet sind, den Prozeß der Selbstreflexion und des Fremdverstehens in Gang zu setzen und vor allem spontan nicht abrufbares Wissen zu mobilisieren.

„Über das Schreiben hinaus reicht die Palette der Produktion biographischer Daten von der Arbeit mit Fotos und Poesiealben über die Sprüchesammlung bis hin zur Phantasiereise und zur Körperarbeit" (ebd., S. 40).

Eine Reihe von Übungen, die aus der Interaktionspädagogik bekannt sind, finden auch Anwendung im Rahmen biographischen Lernens. Hier steht das soziale Verhalten der Lernenden im Mittelpunkt. Methoden wie das Rollenspiel, das Kommunikationstraining oder die gruppendynamische Selbsterfahrung werden in der Interaktionspädagogik umgesetzt. Es geht um die Erprobung einer interaktiven Kompetenz, die durch Selbsterfahrung, Sensibilisierung für die Gefühle und Gedanken der anderen und feedback gekennzeichnet ist.

Dieses Vorgehen setzt spezielle Kompetenzen der Gruppenleiterin voraus (Gudjons 1983; Vopel 1976). Im Zusammenhang mit biographischem Lernen hebt Gudjons (1994, S. 58) vor allem Grundhaltungen wie Akzeptieren, Empathie und Echtheit hervor, wie Rogers (1983, S. 23) sie für die klientenzentrierte Gesprächsführung eingefordert hat, die er ja nicht nur für die therapeutische Arbeit, sondern auch für pädagogisches Handeln empfahl. Eine Fortbildung zum Erwerb solcher Kompetenzen ist durchaus zu empfehlen, aber nicht unbedingt zwingend. Auf jeden Fall sollte sich die Leiterin der psycho- und gruppendynamischen Wirkungen bewußt sein, die einige Übungen auslösen. Ebenso sollte sie die gefühlsmäßige Stimmung in der Gruppe einschätzen können, denn es ist nicht nur wichtig darauf zu achten, was die Teilnehmerinnen sagen, sondern auch zu spüren, was an verdecktem emotionalen Potential mitschwingt. In manchen Situationen wird es notwendig sein, sich selbst einzubringen. Gemeinsame biographische Arbeit, die eine intensive persönliche Annäherung beinhaltet, kann nicht realisiert werden, wenn die Leiterin völlig abstinent bleibt. Insgesamt gesehen nimmt die Leiterin daher eine schwierige Zwischenposition ein: Sie bereitet vor, strukturiert, moderiert und ist zugleich als Gruppenmitglied in das Gesamtgeschehen involviert.

Der Ansatz des biographischen Lernens ist meines Erachtens besonders gut geeignet, um interkulturelles Lernen in Frauengruppen fruchtbar zu machen und als didaktisches Prinzip in möglichst vielen Lernprozessen in der Erwachsenenbildung zu verankern. Es sei am Schluß dieses Artikels noch darauf hingewiesen, daß sich Pädagoginnen der Begrenztheit dieser Arbeit bewußt sein sollten und daß die von einigen Kritikern beschworene Gefahr einer Pädagogisierung gesellschaftlicher Probleme durch interkulturelle Angebote (Radtke 1995, S. 856) durchaus ernst zu nehmen ist. Frauenbildung macht Diskussionsangebote, bietet Raum für die interkulturelle Begegnung und eine Art Experimentierfeld für soziales Lernen in multikulturellen Gruppen, denn gerade in institutionellen Freiräumen kann erprobt werden, was gesellschaftlich noch nicht funktioniert.

Literatur

Baacke, Dieter: Biographie. Soziale Handlung, Textstruktur und Geschichten über Identität. In: Baacke, Dieter/Schulze, Theodor (Hrsg.): Biographieforschung. Weinheim und Basel 1985

Bericht der Beauftragten der Bundesregierung für die Belange der Ausländer über die Lage der Ausländer in der Bundesrepublik Deutschland. Bonn 1995

Butler, Judith: Das Unbehagen der Geschlechter. Frankfurt a. Main 1991

Clarke, John u.a.: Subkulturen, Kulturen und Klasse. In: Clarke, John u.a.: Jugendkultur als Widerstand. Milieus, Rituale, Provokationen. Hg.: Honneth, Lindner und Paris. Frankfurt a. Main 1979, S. 39-131

Essinger, Helmut; Graf, Jochen: Interkulturelle Erziehung als Friedenserziehung. In: Essinger, Helmut; Ucar, Ali (Hrsg.): Erziehung in der multikulturellen Gesellschaft. Versuche und Modelle zur Theorie und Praxis einer Interkulturellen Erziehung. Baltmannsweiler 1984, S. 15-34

Fischer, Veronika: Interkulturelle Angebote. VHS Oberhausen. VHS im Westen. (4/1989), S. 175-176

Fischer, Veronika: Kontakte – Begegnungen zwischen deutschen und ausländischen Frauen. Ein Bericht über interkulturelle Frauenarbeit an der Volkshochschule Oberhausen. In: Schneider-Wohlfart, Ursula u.a. (Hrsg.): Fremdheit überwinden. Theorie und Praxis des interkulturellen Lernens in der Erwachsenenbildung. Opladen 1990, S. 121-169

Fischer, Veronika: Kontakte und Begegnungen zwischen deutschen und ausländischen Frauen. Zur Konzeption interkultureller Frauenarbeit an einer Volkshochschule. In: Derichs-Kunstmann, Karin u.a. (Hrsg.): Die Fremde – Das Fremde – Der Fremde. Frankfurt a. Main 1993, S. 89-95

Fischer, Veronika; Schneider-Wohlfart, Ursula: Interkulturelle Weiterbildung in Nordrhein-Westfalen. Ergebnisse einer schriftlichen Befragung 1994. ZEP H.3 (1996), S. 19-22

Gudjons, Herbert: Berufsbezogene Selbsterfahrung durch Fallbesprechungen in Lehrergruppen. In: Mutzek, W.; Pallasch, W. (Hrsg.): Handbuch zum Lehrertraining. Weinheim 1983

Gudjons, Herbert; Pieper, Marianne; Wagener Birgit: Auf meinen Spuren. Das Entdecken der eigenen Lebensgeschichte. Vorschläge und Übungen für pädagogische Arbeit und Selbsterfahrung. Hamburg 3. Aufl. 1994

Gutiérrez Rodríguez, Encarnación: Frau ist nicht gleich Frau, nicht gleich Frau, nicht gleich Frau... Über die Notwendigkeit einer kritischen Dekonstruktion in der feministischen Forschung. In: Fischer, Ute Luise u.a.: Kategorie: Geschlecht. Empirische Analysen und feministische Theorien. Opladen 1996, S. 163-190

Haller, Ingrid: Für eine Kultur des Dissens. Anmerkungen zu Fremdenfeindlichkeit – Rassismus – Gewalt. In: DIE Materialien für Erwachsenenbildung 1. Interkulturelles Lernen. Erfahrungen, Anregungen, Arbeitshilfen, Lesetips. Frankfurt a. M. 1994, S. 11-18

Hohmann, Manfred: Interkulturelle Erziehung – Versuch einer Bestandsaufnahme. Ausländer-kinder in Schule und Kindergarten. H. 4 (1983), S. 4–8

Klafki, Wolfgang: Neue Studien zur Bildungstheorie und Didaktik. Zeitgemäße Allgemeinbil-dung und kritisch-konstruktive Didaktik. Weinheim/Basel 1993 (3. Aufl.)

Landesinstitut für Schule und Weiterbildung (Hrsg.): Ausländische und deutsche Frauen: Mit-einander leben lernen. Anregungen zur interkulturellen Frauenbildungsarbeit. Soest 1988

Mitscherlich, Alexander und Margarete: Die Unfähigkeit zu trauern. Grundlagen kollektiven Verhaltens. München 1967

Mitscherlich, Alexander: Zur Psychologie des Vorurteils. In: Hartmann, K. D. (Hrsg.): Vorur-teile, Ängste, Aggressionen. Ausgewählte Beiträge aus der Reihe Politische Psychologie. Frankfurt. a. M 1975, S. 9-24

Narr, Wolf Dieter u.a.: Weltökonomie – Die Misere der Politik. Frankfurt a. M. 1994

Nestvogel, Renate: Zum Umgang mit Bildern von „Fremden". Beiträge 42 (1996), S. 53-63

Porcher, Louis: Glanz und Elend des Interkulturellen. In: Reich, Wittek (Hrsg.): Migration, Bil-dungspolitik, Pädagogik. Essen/Landau 1984, S. 35ff.

Prengel, Anedore: Universalität – Kollektivität – Individualität. Dimensionen demokratischer Differenz in der Bildung. Jahrbuch für Pädagogik 1994. Geschlechterverhältnisse und die Pädagogik. Frankfurt a. M. 1994, S. 139-149

Radtke, Frank-Olaf: Interkulturelle Erziehung. Über die Gefahren eines pädagogisch halbierten Anti-Rassismus. In: Z.f.Päd. 6 (1995), S. 853-864

Reich, Hans: Interkulturelle Pädagogik – eine Zwischenbilanz. Z.f.Päd. 1 (1994), S. 9-27

Rogers, Carl R.: Therapeut und Klient. Grundlagen der Gesprächspsychotherapie. München 1983

Schneider-Wohlfart, Ursula u.a.: Fremdheit überwinden. Theorie und Praxis des interkulturellen Lernens in der Erwachsenenbildung. Opladen 1990

Schütz, Alfred; Luckmann, Thomas: Strukturen der Lebenswelt. Bd. 1. Frankfurt a. M. 1979

Seager, Joni; Olson, Ann: Der Frauenatlas. Daten, Fakten und Informationen zur Lage der Frauen auf unserer Erde. Frankfurt a. M. 1986

Seager, Joni: Der Fischer Frauen-Atlas. Frankfurt a. M. 1998

Vopel, Klaus W.: Handbuch für Gruppenleiter. Hamburg 1976

III. Beispielhafte Anwendungsbereiche

Gisela Steenbuck, Verena Bruchhagen

Die Dortmunder Frauenstudien – Leitgedanken zur Curriculumentwicklung zwischen Praxisorientierung und Zielgruppenorientierung

Die wissenschaftliche Weiterbildung Frauenstudien an der Universität Dortmund ist als ein Bildungsprojekt entstanden, das an individuellen Bildungswünschen von Frauen sowie bildungs- und frauenpolitischen Forderungen und feministischen Absichtserklärungen ansetzte. Die Entwicklung eines Modells der universitären Frauenbildung war gerade zu Beginn der achtziger Jahre günstig. Im Zuge der Demokratisierung des Bildungssystems gab es Tendenzen der Öffnung der Hochschule, und durch die Kraft der Frauenbewegung konnte ein Konzept wie das der Frauenstudien entwickelt und umgesetzt werden. Die Etablierung von Frauenforschung und Frauenbildung bot einen Bezugsrahmen an den Hochschulen, um innovative Weiterbildungsmodelle entwickeln zu können. Neue Zielgruppen, Inhalte und Themen hielten im universitär-akademischen Zusammenhang Einzug und fanden zunehmend Beachtung.

Heute blicken die Frauenstudien auf ein mehr als 15jähriges Bestehen zurück. Während zu Beginn der Projektentwicklung (Selbst-) Aufklärung, feministische Wissenschaftskritik und die Teilhabe an (universitärer) Bildung im Mittelpunkt standen, geht es heute stärker darum, Bildungs- und Qualifizierungsinteressen der Teilnehmerinnen sowie Professionalisierungstendenzen in den Feldern der emanzipatorischen Frauenarbeit konzeptionell und curricular zu berücksichtigen. Das Studienangebot reagiert damit auf eine steigende Nachfrage nach qualifizierten Frauen für Aufgaben der Gleichstellung der Geschlechter, für Frauenförderung und für eine Frauenarbeit in sozialen, pädagogischen, politischen u.a. Feldern.[1]

Das Curriculum orientiert sich einerseits an Bedingungen des weiblichen Lebenszusammenhangs und der doppelten Vergesellschaftung von Frauen, andererseits an den Anforderungen einer emanzipatorischen Praxis der Frauenarbeit.

Kennzeichnend für die Frauenstudien ist die Verbindung von Fachlichkeit, Feminismus und Emanzipation. Hier ist im weiterbildenden Studium zusammengefügt, was im Bildungsbereich oftmals getrennt wird: Allgemeinbildung, Persönlichkeitsbildung (=Emanzipation) und berufsrelevante Qualifizierung. Wir beschreiben im folgenden diese Integration als Zielsetzung und konzeptionsleitende Orientierungen des weiterbildenden Studiums und wenden uns davon ausgehend den zwei wesentlichen Be-

---

1 Die Universität Dortmund verleiht bei erfolgreichem Abschluß des weiterbildenden Studiums Frauenstudien das Zertifikat für eine „Referentin für Frauenfragen in Bildung, Kultur und Politik".

zugspunkten für die Curriculumentwicklung zu: erstens dem gedanklichen Konstrukt und der beruflichen Praxis einer emanzipatorischen Frauenarbeit und zweitens der Zielgruppe des weiterbildenden Studiums. Schließlich skizzieren wir in einem letzten Abschnitt Chancen und Perspektiven der Frauenstudien.

Leitgedanken der wissenschaftlichen Weiterbildung Frauenstudien

Die wissenschaftliche Weiterbildung Frauenstudien hatte seit Projektbeginn das Ziel, theoriegeleitete und handlungsorientierte Emanzipationsprozesse von Frauen zu initiieren und zu fördern. Für die reale Verbesserung der Lebens- und Arbeitssituation von Frauen wird die Verbindung individueller Bildungs- und Selbstveränderungsressourcen mit gesellschaftlichen Transformationsprozessen als konstruktiv eingeschätzt. Ein Qualifizierungs- und Emanzipationsbezug, in curricularer wie methodisch-didaktischer Hinsicht integriert, kann nach unseren Erfahrungen eine umfassendere und grundsätzlichere Perspektive von Frauen hinsichtlich ihrer gesellschaftlichen, beruflichen und privaten Handlungsmöglichkeiten eröffnen.

Zielsetzung der Frauenstudien ist es, Frauen eine systematische, wissenschaftliche Weiterbildung zu bieten, die sowohl subjektiv-emanzipatorische Entwicklungsprozesse anstößt und unterstützt als auch für eine emanzipatorische Frauenarbeit qualifiziert.

Der Begriff Emanzipation impliziert die Vorstellung eines angestrebten Ideals von optimaler Entfaltung und Entwicklung eines Individuums. Damit wird selbstverantwortliches Handeln als Frau ebenso thematisiert wie die gesellschaftliche Emanzipation aus Herrschaftsverhältnissen. Frauenfrage und soziale Frage, Geschlechterdifferenzen und soziale Differenzen werden mit diesem Begriff gleichermaßen angesprochen bzw. in Verbindung gebracht. Emanzipation ist nicht als Ziel, als einmal zu erreichender Zustand, vielmehr als dauernder, wenn nicht als dauerhaft notwendiger Prozeß zu verstehen.

Während für die Veränderungsprozesse der Subjekte solch ein allgemein menschliches Ideal konstruiert wird, werden mit dem Begriff des Feminismus normative Setzungen vorgenommen. Dieser Begriff stellt die Gesellschaftkritik und einen Gesellschaftsentwurf ohne patriarchale Herrschaftsstrukturen in den Vordergrund. Die emanzipatorische Perspektive umfaßt die subjektive Reichweite und Entwicklungsmöglichkeit; die feministische Orientierung zielt auf die gesellschaftsanalytischen Perspektiven, wie sie aus patriarchatskritischer Sicht entwickelt wurden.

Diese Wechselbeziehungen individueller und gesellschaftlicher Strukturen sind die Grundlage, auf der wir die Verbindung von Theorieorientierung und Praxisbezug des weiterbildenden Studiums entwickelt haben. Die spezifische, integrative Absicht und Leistung unseres Konzepts wissenschaftlicher Weiterbildung für Frauen liegt in der Vermittlung von theoriebezogenen und handlungsbezogenen Anteilen, in der Vermittlung zwischen Theorie und Praxis im Lehr-Lern-Zusammenhang.

Curriculum und Studienangebot

In dem auf 5 Semester angelegten Studium sollen sowohl Fachwissen als auch Handlungskompetenzen in geschlechterrelevanter Perspektive vermittelt werden. Dazu werden den Teilnehmerinnen unterschiedliche Veranstaltungsangebote im Grundlagenbereich, im Bereich der Fachorientierung und in Hinsicht auf einen möglichen Praxisbezug unterbreitet. Neben den Basisveranstaltungen der Frauenstudien können die Teilnehmerinnen Angebote aus verschiedenen Fachdisziplinen wie Soziologie, Psychologie, Politik, Geschichte, Raumplanung u.a.m. nutzen. Die Qualifizierung für eine emanzipatorische Frauenarbeit umfaßt damit neben geschlechterrelevantem Grundlagenwissen und praxisrelevanten Handlungskompetenzen und -strategien zusätzliche fachliche Schwerpunktsetzungen.

Das offene Curriculum bietet die Möglichkeit für eigenverantwortliche, selbstgesteuerte Lernprozesse, die allerdings von den Teilnehmerinnen ein hohes Maß an Integrationsleistungen verlangen. Bis auf grundlegende Pflichtveranstaltungen besteht das Studienangebot aus Wahlveranstaltungen, die nach curricularen Vorgaben den Studienbereichen zuzuordnen sind. Pflichtveranstaltungen dienen dazu, Grundlagen einer feministischen Perspektive zu vermitteln, die Integration von feministischen, emanzipatorischen und berufsqualifizierenden Elementen zu unterstützen und darüber hinaus den sozialen Kontakt in einer relativ kontinuierlichen Gruppe von Teilnehmerinnen zu erleichtern.

Die Kombinationsmöglichkeiten von Pflicht- und Wahlangeboten ermöglichen es den Teilnehmerinnen, im Laufe ihres Studiums ein individuelles Qualifikationsprofil mit fachlichen Akzentsetzungen zu entwickeln.

Das Curriculum ist um zwei Achsen herum konstruiert. Eine Achse bilden die verschiedenen Veranstaltungsarten, die das weiterbildende Studium anbietet. Es gibt zum einen Veranstaltungen der Frauenstudien, die als weiterbildungsspezifische Veranstaltungen eine Integration von Theorie und Praxis vorsehen. Zum anderen sind Veranstaltungen der Frauenforschung eine der charakteristischen Säulen des Lehrangebotes. Die Dortmunder Universität bietet hier mit mehreren Frauenforschungsprofessuren in unterschiedlichen Disziplinen eine günstige Voraussetzung. Eine weitere Säule bilden die fachwissenschaftlichen Veranstaltungen, die in Hinblick auf eine Frauenarbeit in den Bereichen von Bildung, Kultur und Politik relevant sind. In Absprache mit den Lehrenden werden zahlreiche Veranstaltungen für Teilnehmerinnen der Frauenstudien geöffnet und in einem umfangreichen Veranstaltungsverzeichnis pro Semester zusammengestellt. Die zweite Achse des Curriculums wird von den Studienbereichen gebildet. Der erste Studienbereich Grundlagen: Frauenstudien – Frauenforschung zielt auf die Entwicklung einer feministischen Perspektive, mit der Probleme der Praxis emanzipatorischer Frauenarbeit analysiert werden können. Dieser Studienbereich beinhaltet theoretische und empirische Ergebnisse der Frauenforschung, insbesondere zu dem Geschlechterverhältnis, zu geschlechtsspezifischer Arbeitsteilung oder zu Geschlechterdifferenzen.

In dem zweiten Studienbereich Fachorientierung: Bildung, Kultur und Politik werden fachwissenschaftliche Kenntnisse für Bildung, Kultur und Politik angeeignet. Hier geht es insbesondere um Fragen der Professionalisierung und der Qualifikationsanforderungen sowie um Problemlagen einzelner Zielgruppen einer emanzipatorischen Frauenarbeit.

Der dritte Studienbereich Praxisbezug: Emanzipatorische Frauenarbeit vermittelt Methoden, Handlungsstrategien und Handlungskompetenzen, die notwendig sind, um die Ergebnisse und Erkenntnisse feministischer Analyse in die Praxis emanzipatorischer Frauenarbeit zu vermitteln. Ein wichtiger Bestandteil dieses Studienbereiches ist zudem die Praxisevaluation.

Gesellschaftliche Veränderungen im Interesse von Frauen erfordern die Auseinandersetzung mit komplexen Zusammenhängen. Im Studium sollen diese komplexen Zusammenhänge individueller und struktureller Wirkungsebenen zugänglich gemacht werden. Kritische Distanz, Vermittlung von Erfahrungswissen und wissenschaftlich-theoretischen Erklärungsansätzen erschließen die Unterscheidung persönlicher und kategorialer Betroffenheit von Frauen (Cordes 1995, S. 27). Diese Unterscheidung wiederum ist eine Voraussetzung professionellen Handelns in der emanzipatorischen Frauenarbeit.

Die spezifische, integrative Absicht und Leistung unseres Konzepts wissenschaftlicher Weiterbildung für Frauen liegt in der didaktischen Orientierung auf diese Wechselbeziehungen. Die Verbindung von Theorieorientierung und Praxisbezug wurde mit Blick auf die Zielgruppe und mit Blick auf die Anforderungen der emanzipatorischen Praxis konzipiert. Der Austausch mit verschiedenen Frauenbewegungsdiskursen (Arbeitsteilung, Lohn für Hausarbeit, Geschlechterverhältnis und Gewalt u.a.) und Diskursen der Frauenforschung (Strukturkategorie Geschlecht, Gleichheit und Differenz, u.a.) prägte die Theorie-Praxis-Vermittlung. Dabei werden politische und theoretische Erkenntnisse für die wissenschaftliche Weiterbildung mit der Intention erschlossen, Lehr-Lern-Prozesse wiederum in die gesellschaftliche Praxis der Frauenarbeit einfließen zu lassen. Mit dieser Orientierung sind einerseits die Teilnehmerinnen und ihre Bildungsinteressen und andererseits die emanzipatorische Frauenarbeit für die Entwicklung der Frauenstudien maßgebliche Bezugspunkte. Das Curriculum baut – zusammengefaßt – auf folgenden Grundgedanken auf:

– „Emanzipationsarbeiterinnen" brauchen für die berufliche Praxis sowohl ein berufliches Fachwissen und berufliche Methodenkompetenz für das spezifische Berufsfeld, als auch feministisches Wissen sowie eine emanzipationsfördernde Haltung.
– Die Auseinandersetzung mit den im weiterbildenden Studium angebotenen Inhalten zur weiblichen Lebenssituation kann nicht ohne Bezug zu der persönlichen Lebenssituation geschehen. Feministische Erkenntnis und emanzipatorische Selbstveränderung stehen in einem lebendigen Wechselverhältnis. Wir gehen davon aus, daß (berufliches) Handeln in der emanzipatorischen Frauenarbeit die Entwicklung der eigenen Person mitreflektieren sollte.

- Die wissenschaftliche Weiterbildung verbindet theoretische Perspektiven mit berufspraktischen Orientierungen, indem einerseits die Vorerfahrungen der Teilnehmerinnen als „Lernstoff" miteinbezogen werden und indem andererseits das Studium selber die Beschäftigung mit einer Berufspraxis, den Berufsfeldern, Anforderungen und Aufgaben einschließt.
- Wir gehen davon aus, daß die Aneignung einer feministisch–emanzipatorischen Fachlichkeit nicht eine Abbildung des angebotenen Lehrstoffes sein kann, sondern daß vielmehr jede Teilnehmerin in selbstorganisierten Lernprozessen mit einer individuellen Eigendynamik zu eigenen Erkenntnissen, Deutungen und Handlungsweisen gelangt.
- Die wissenschaftliche Weiterbildung mit ihrer Subjekt- und Praxisorientierung dient nicht der Selbstvergewisserung, sondern der Überprüfung von Deutungen, der Modifizierung und der Erweiterung von Erkenntnissen und Deutungen der Wirklichkeit.

Emanzipatorische Frauenarbeit: Überlegungen und Erfahrungen

Die Curriculumentwicklung der vergangenen Jahre richtete sich auf zwei Bezugspunkte: die Orientierung auf die Teilnehmerinnen und die Orientierung auf eine emanzipatorische Frauenarbeit. Wir arbeiten mit diesem Begriff, der zunächst als ein gedankliches Konstrukt zu verstehen ist, der jedoch auch ein (berufliches) Aufgabengebiet beschreibt.

Der Begriff der emanzipatorischen Frauenarbeit diente zunächst dazu, die im Kontext unserer Bildungsarbeit relevant erscheinenden Praxisbereiche feministisch-emanzipatorischen Handelns zusammenzufassen. Der Begriff der emanzipatorischen Frauenarbeit ist ein Sammelbegriff, der sich auf eine Vielfalt von feministisch-emanzipatorischen Praxisbereichen mit unterschiedlichsten Zielgruppen, Aufgaben und Organisationsformen bezieht.

Absolventinnen der Frauenstudien arbeiten in so unterschiedlichen Praxisfeldern wie der Sozialarbeit, der betrieblichen Frauenarbeit, der Kulturarbeit, dem kirchlichen Ehrenamt, in der Verbandsarbeit, in der Politik. Als weitere Tätigkeitsfelder sind die Frauenbildung, die feministische Beratung und Therapie und insbesondere die Gleichstellungsarbeit zu nennen.

Emanzipatorische Frauenarbeit ist historisch nicht neu, sie hat jedoch durch die Frauenbewegung der siebziger und achtziger Jahre eine neue Kraft und Ausprägung entwickelt und sich zunehmend differenziert und professionalisiert. In den siebziger Jahren noch war die Verknüpfung mit der Frauenbewegung eng. Angebunden an selbstorganisierte und autonome Frauenzentren und -projekte wurde die politische und die professionelle Arbeit der Emanzipation überwiegend von „frauenbewegten Frauen" geleistet. Heute dagegen finden wir eine solche Arbeit auch in Institutionen und Organisationen, die sich nicht vorrangig der Frauenemanzipation verpflichtet fühlen. Auch kann sie durchgeführt werden von Frauen, die keine Berührung mit der Frauenbewegung hatten, die sich aber in ihrem jeweiligen Feld mit Frauenfragen beschäftigt und eine frauenspezifische Arbeit entwickelt haben. Wesentliche Ziele einer solchen Frauenarbeit sind:

– über Strukturen, die Frauen benachteiligen, aufzuklären,
– Maßnahmen zur Überwindung geschlechtsgebundener Benachteiligung und Diskriminierung zu entwickeln,
– Voraussetzungen zu schaffen, unter denen Frauen wie Männer gleichberechtigt und gleichwertig in Familie, Beruf und Öffentlichkeit leben und arbeiten können,
– einen Beitrag zu einer Verbesserung der Lebens- und Arbeitsbedingungen von Frauen zu leisten.

Entscheidend ist heute, daß in der emanzipatorischen Frauenarbeit ein professionelles Fachwissen und entsprechende Handlungskompetenzen für das spezifische Berufsfeld (z.B. im Bereich der Sozialarbeit, Erwachsenenbildung, Beratung oder Psychotherapie) zusammengeführt werden mit einem feministischen Fachwissen und den entsprechenden Handlungsstrategien. Es ist für die berufliche Praxis einer emanzipatorischen Frauenarbeit heute kennzeichnend, daß es kaum Standards und einheitliche Vorgaben gibt, so daß jede Emanzipationsarbeiterin einzeln oder auch im Kollektiv selbst definiert, was für sie emanzipatorische Frauenarbeit ist. In diesem Sinne ist für uns emanzipatorische Frauenarbeit, zu der wir auch unsere Bildungsarbeit im weiterbildenden Studium zählen, ein gedankliches Konstrukt, mit dem wir Ziele, Aufgaben, ethische Grundsätze des Arbeitsfeldes definieren. Der gedankliche Entwurf basiert auf zwei Begriffen: Feminismus und Emanzipation, wie wir es im ersten Kapitel als konzeptionelle Grundlage der Frauenstudien ausgeführt haben.

Wir gehen ferner davon aus, daß emanzipatorische Frauenarbeit drei korrespondierende Wirkungsebenen hat: erstens die feministische Gesellschaftsanalyse und -kritik, zweitens einen alternativen Gesellschaftsentwurf und dessen politische Umsetzung sowie drittens die subjektbezogene Handlungsebene von Bildung, Beratung, Begleitung und Unterstützung von Frauen (Steenbuck 1995, S. 38). Emanzipatorische Frauenarbeit läßt sich kurzgefaßt als eine am Feminismus orientierte, die Emanzipation von Frauen fördernde Denk- und Handlungsweise bezeichnen.

Für die emanzipatorische Frauenarbeit bedeutet der Feminismus die theoretische Perspektive, insofern als die Kategorie Geschlecht konsequent zur Analyse gesellschaftlicher Verhältnisse verwendet und in politischen Strategien umgesetzt wird. Emanzipatorische Frauenarbeit hat eine gedankliche Basis: androzentrische Denkmuster werden kritisiert, die diskriminierenden Folgen dieses Denkens erkannt, und andere Wissensformen, andere theoretische Entwürfe und Denkmuster herangezogen. Feministische Erkenntnisse bilden die Basis für politische Konzepte und Strategien.

Emanzipatorische Frauenarbeit intendiert auf einer strukturellen Ebene Gesellschaftsveränderung, sie bezieht sich aber ebenso auf die persönliche Ebene und fördert in einer subjektorientierten Ausrichtung des beruflichen Handelns die Entwicklung eines neuen, unabhängigen weiblichen Selbstverständnisses sowie die Entwicklung selbstverantwortlichen Handelns. Die angestrebte Emanzipation ist nicht nur das Ziel eines einmal zu erreichenden Zustands, sondern ist vielmehr ein kontinuierlicher Prozeß der Veränderung auf den verschiedenen, interagierenden Ebenen.

Unser gedanklicher Entwurf von „emanzipatorischer Frauenarbeit" enthält Zielsetzungen, Werthaltungen und ethische Orientierungen, die insbesondere von der Frauenbewegung und anderen sozialen Bewegungen sowie von feministischer Forschung geprägt sind. Er findet seinen Niederschlag in dem für die Frauenstudien entwickelten Curriculum, wie es oben beschrieben ist.

Die Zielgruppe

An dem Weiterbildenden Studium Frauenstudien nehmen Frauen teil, die sich bereits aktiv in der Frauenarbeit engagiert haben und ihre Erfahrungen theoriegeleitet reflektieren, ihren Wissensstand erweitern und ihre Handlungskompetenzen verbessern wollen. Sehr häufig nachgefragt wird das Studienangebot von Kursleiterinnen in der Erwachsenenbildung, von Fachkräften einer sozialen Arbeit und von engagierten Frauen aus politischen Initiativen oder Parteien. Es gibt darüberhinaus eine kleinere Gruppe von Teilnehmerinnen, die sich im Rahmen ihrer aktuellen beruflichen Arbeit zukünftig stärker mit Frauenfragen auseinandersetzen will (oder muß) und für diese Aufgabe eine vorbereitende und begleitende Qualifizierung sucht.

Die Teilnehmerinnen haben unterschiedliche Bildungs- und Berufsbiographien. Viele von ihnen kommen aus kaufmännischen oder pädagogischen Berufen, aber nicht alle sind in diesen Berufen noch tätig, wenn sie das weiterbildende Studium beginnen. Häufig haben Teilnehmerinnen durch eine familienbedingte Erwerbsunterbrechung in einem berufsfremden sozialen, pädagogischen oder politischen Bereich Tätigkeiten aufgenommen. Die angestrebte Qualifizierung durch die wissenschaftliche Weiterbildung bezieht sich auf diese „neuen" Tätigkeiten.

Ein zentraler hochschulpolitischer Gedanke aus der Anfangszeit ist auch heute noch für die Zulassung aktuell: Formal und informell erworbene Qualifikationen werden als gleichwertig anerkannt. Diese Kombination von Kriterien[2] erlaubt es, die während einer Erwerbsunterbrechung erworbenen, ehrenamtlichen oder nebenberuflichen Tätigkeiten der Frauen als Zulassungsvoraussetzung anzuerkennen.

Während bis Anfang der neunziger Jahre Familienfrauen explizit als Zielgruppe der Frauenstudien angesprochen waren, verzichten wir heute auf diese Formulierung. Der Begriff „Familienfrauen" oder „Frauen nach der Familienphase" unterstellt, daß die Familie das Zentrum des weiblichen Lebenslaufs sei. Ergebnisse der familien- und berufssoziologischen Forschung zeigen aber eine Ausdifferenzierung der Lebensformen und der Gestaltung der Biographien von Frauen zwischen Familie und Beruf. Wir gehen von der doppelten Vergesellschaftung der Frauen und dementsprechend ihrer Doppelorientierung auf Beruf und Familie aus.

---

2 Neben den durch das Hochschulrahmengesetz vorgegebenen Zulassungsvoraussetzungen gelten bei den Frauenstudien insbesondere qualitative Kriterien:
   – die Teilnahme an einschlägigen bzw. vorbereitenden Weiterbildungsveranstaltungen
   – berufliche oder ehrenamtliche Erfahrungen auf dem Gebiet der frauenbezogenen Erwachsenenbildung, Beratungstätigkeit oder Öffentlichkeitsarbeit

Die Familienphase ist im Lebenslauf von Frauen ein Abschnitt unter mehreren. Ehe und Familie haben in den vergangenen zwei Jahrzehnten objektiv und subjektiv an Orientierungs- und Bindungskraft für die weibliche Biographie verloren (Nave-Herz 1994). In der Lebensplanung von Frauen ist die Familie nicht der alleinige und auch nicht der dominante Bezugspunkt. Die Doppelorientierung auf Beruf und Familie und die Versuche der Vereinbarkeit führen zu unterschiedlichen biographischen Mustern, in denen das Verhältnis der beiden Pole in einzelnen Phasen des Lebens und im gesamten Lebensverlauf unterschiedlich gewichtet ist. So gibt es Teilnehmerinnen der Frauenstudien, die sich auf Familienarbeit konzentriert haben, andere, die während der Familienphase immer erwerbstätig waren, und wiederum andere, die häufiger zwischen Phasen von Erwerbstätigkeit und ausschließlicher Familienarbeit gewechselt haben.

Unter unseren Teilnehmerinnen haben die Frauen, die sich bereits mit kleinen Kindern wieder beruflich orientieren, deutlich zugenommen. Die Frauen, die nach einer Familienphase das weiterbildende Studium beginnen, gibt es dagegen nur noch vereinzelt. Wir beobachten auch, daß in Bezug auf das weiterbildende Studium die Frage nach der beruflichen Verwertbarkeit vehementer gestellt wird. Zu Beginn der Frauenstudien artikulierten die Teilnehmerinnen vorrangig das Interesse an Aufklärung, an feministischer Wissenschaftskritik, an einem Frauen-Bildungsprojekt und ihr Interesse daran, an universitärer Bildung auch ohne Hochschulzugangsberechtigung teilzuhaben. Heute dagegen wird das Interesse an berufsrelevanten, feministischen Grundkenntnissen und Handlungsorientierungen ausgedrückt. Auch das Interesse an einem Übergang in reguläre Studiengänge an Universitäten oder Fachhochschulen[3] hat zugenommen.

Aus Sicht der Lehrenden ist das weiterbildende Studium für die beschriebene, heterogene Zielgruppe auch hinsichtlich der Orientierung und Bewältigung von Diskontinuitäten, Brüchen und Übergängen im Lebenslauf sowie der individuellen Be- und Verarbeitung von strukturellen Widersprüchen von großer Bedeutung. Diese Bedeutung der Frauenstudien soll im folgenden anhand der Perspektiven und Strategien der Absolventinnen aufgezeigt werden.

Perspektiven und Strategien der Absolventinnen

Frauen, die heute Bildungsanstrengungen unternehmen, können zwar an dem Gut Bildung partizipieren, sie stoßen aber bei dem Übergang von dem Bildungs- in das Berufssystem auf strukturelle Barrieren. Dieses Dilemma wird auch von unseren Teilnehmerinnen an wissenschaftlicher Weiterbildung empfunden. Sie machen eine ambivalente Erfahrung: während durch die Öffnung – hier der Hochschule – Horizonte erweitert, Perspektiven gedacht und Hoffnungen erzeugt werden, muß die ei-

---

3 In Nordrhein-Westfalen ist es möglich, daß qualifizierte Berufserfahrene auch ohne Hochschulreife nach einer Einstufungsprüfung in dem jeweiligen Fachbereich der Hochschule ein Studium aufnehmen können.

gene Entwicklung durch die gleichzeitig bekannten Ausschlußmechanismen des Erwerbssystems als Sackgasse verstanden werden.

Bisher haben die vermehrten Bildungsanstrengungen von Frauen im allgemeinen zwar zu dem Erfolg geführt, daß Frauen in Bildungsabschlüssen und Berufsqualifikation mit Männern gleichgezogen haben. Dies hat jedoch keineswegs, wie erhofft, zu einer verstärkten Integration in das Erwerbssystem geführt. Die frühere selektive Funktion des Bildungssystems hat sich als Folge der Bildungsexpansion auf das Erwerbssystem verlagert (Gottschall 1991, S. 404).

Zunächst hat im Zuge der Bildungsexpansion eine Öffnung stattgefunden, durch die eine erste Generation von Arbeiterkindern und Frauen höhere Bildungsabschlüsse und in der Folge auch Zugang zu besseren Positionen im Erwerbssystem bekommen konnte. Mit dieser Öffnung verbunden war jedoch eine Abwertung des sozialen Aufstiegs, eine Entwertung der Bildungsabschlüsse, was zu einer Schließung des sozialen Raumes dadurch führt, daß in der zweiten Generation viele wohl den Titel, aber nicht mehr die entsprechende Stelle erreichen (Alheit 1995, 67). Auf diesen strukturellen Widerspruch reagieren die Teilnehmerinnen in besonderer Weise. Eine Studie über die berufliche Situation der Absolventinnen (Steenbuck 1996 und 1997) zeigt nicht etwa die Wirkungen des Ausschlusses, sondern vielmehr die „Nischen", in denen Absolventinnen Freiräume für ihre beruflichen Entwicklungen finden. Die Untersuchung zeigt, daß die Mehrzahl der Absolventinnen erwerbstätig geworden ist. Bemerkenswert ist dabei, daß einige in ihre alten Berufe zurückgekehrten, aber auch viele der Absolventinnen heute in einem anderen als ihrem erlernten Beruf tätig sind. Dabei überwiegen soziale und pädagogische Tätigkeiten in der emanzipatorischen Frauenarbeit, die häufig gegen Honorar, in vielen Fällen aber auch in befristeten oder unbefristeten, sozialversicherungspflichtigen Beschäftigungsverhältnissen ausgeübt werden.

Absolventinnen der Frauenstudien treten mit einem besonderen Selbstbewußtsein über ihre Qualifikationsprofile auf den Arbeitsmarkt. Das Besondere an den Qualifikationsprofilen ist die jeweils individuelle Kombination von beruflichen Qualifikationen und Erfahrungen, von Erfahrungen aus nichtberuflichen Arbeitszusammenhängen und von Qualifikationen, die im Rahmen von Weiterbildung entstanden sind und hier insbesondere der feministischen Fachlichkeit für eine emanzipatorische Frauenarbeit. Ein Teil dieser Qualifikationen entsteht jenseits formalisierter Wege; sie sind individuell und nicht normierbar; sie werden für eine spezifische Tätigkeit mit Eigen-Sinn definiert; sie erweisen sich personengebunden, situativ und in dem spezifischen beruflichen Kontext.

Chancen und Perspektiven des Dortmunder Modells

Wir sehen einen Bedarf an einer emanzipatorisch-feministischen Fachlichkeit, der sich von zwei Seiten her begründen läßt:

Es gibt einen politischen Bedarf – wenn nicht gar eine Notwendigkeit – zur Verwirklichung der Gleichberechtigung. Es gibt ebenso einen individuellen Bedarf von Frauen an Kompetenzen zur Bewältigung von Diskontinuitäten, Gleichzeitigkeiten und Integrationsanforderungen sowie zur Unterstützung und Entwicklung von Emanzipationsbestrebungen. Zieht man die bisherigen Erfolge einer Frauenförderungspolitik in Betracht, so scheint es einen solchen Bedarf auch noch für eine weitere Zukunft zu geben.

Für eine zielgruppen- und zugleich praxisorientierte Weiterbildung für Frauen an der Hochschule sind für eine weitere Entwicklung mindestens drei Fragestellungen kontinuierlich im Blick zu behalten:

1. In welcher Weise wandeln sich Bildungsbedürfnisse und -interessen der Teilnehmerinnen, und in welchem Maße und wie gestalten diese Zielsetzungen und konzeptionelle Grundlagen der wissenschaftlichen Weiterbildung? Welche neuen Zielgruppen entstehen im Zuge einer zunehmenden Ausdifferenzierung der Lebensformen und biographischen Muster von Frauen? Reicht unser bisheriges Angebot aus, oder ist in der Zukunft ein stärker für unterschiedliche Gruppen ausdifferenziertes Angebot sinnvoll?
2. Welche Entwicklungen vollziehen sich im Feld der emanzipatorischen Frauenarbeit in institutioneller und organisatorischer Hinsicht, in Hinsicht auf Aufgaben und Inhalte sowie in Hinsicht auf die Qualifikationsanforderungen? Welche Schlußfolgerungen haben solche Feststellungen und Erkenntnisse für die Inhalte des weiterbildenden Studiums? Reicht auch in Zukunft das weiterbildende Studium als Qualifizierung für Querschnittsaufgaben aus oder werden „Spezialisierungen" notwendig?
3. Wie gestaltet sich in Zukunft die Verpflichtung der Frauenstudien, einen kritischen Beitrag zur gesellschaftlichen Veränderung des Geschlechterverhältnisses zu leisten? Welche Impulse kann dieses Projekt für eine sich wandelnde, moderne Universität setzen, und in welcher Weise ist es nach wie vor sperrig und gerade in konfliktbeladenen Umstrukturierungsprozessen in seinem Bestand gefährdet?

Um diese Fragen verfolgen zu können, sind wir auf kreativen und zugleich kritischen Austausch mit verschiedenen Seiten angewiesen. Die konzeptionelle Grundlage einer Integration unterschiedlicher Aspekte kann sich hier erweisen als ein fruchtbarer Diskurs zwischen Vertreterinnen der (wissenschaftlichen) Weiterbildung für Frauen, Frauenforscherinnen, sowie Teilnehmerinnen und Praktikerinnen einer emanzipatorischen Frauenarbeit.

Literatur

Alheit, Peter (1995): „Patchworker". Über die Affinität biographischer Konstruktionen und professioneller Habitualisierungen. In: Hoerning, E.; Corsten, M. (Hrsg.): Institutionen und Biographie, Pfaffenweiler 1995, S. 57-69

Arnold, Rolf; Siebert, Horst (1995): Konstruktivistische Erwachsenenbildung: Von der Deutung zur Konstruktion von Wirklichkeit, Baltmannsweiler: Schneider Verlag Hohengehren

Becker, Rolf (1993): Zur Bedeutung der beruflichen Weiterbildung für den Berufsverlauf. In: Meier, A.; Rabe-Kleberg, U. (Hrsg.): Weiterbildung, Lebenslauf, sozialer Wandel, Luchterhand: S. 61-86

Bruchhagen, Verena (Hrsg.) (1989): Frauenstudien. Konzepte, Modelle und Praxis wissenschaftlicher Weiterbildung, Weinheim und München: Juventa

Cordes, Mechthild (1995): Die ungelöste Frauenfrage, Frankfurt a. M.: Fischer Taschenbuch Verlag

Gottschall, Karin (1991): Chancengleichheit durch Bildung? Zum Stellenwert von Weiterbildung für die Erwerbschancen von Frauen, in MittAB 2/91, S. 396-408

Kettschau, Irmhild; Bruchhagen, Verena; Steenbuck, Gisela u.a. (1993): Frauenstudien – Qualifikationen für eine neue Praxis der Frauenarbeit. Pfaffenweiler: Centaurus

Nave-Herz, Rosemarie (1994): Familie heute. Wandel der Familienstrukturen und Folgen für die Erziehung. Darmstadt: Wissenschaftliche Buchgesellschaft.

Sotelo, Elisabeth de (Hrsg.) (1997): Wissenschaftliche Weiterbildung für Frauen, Münster: LIT-Verlag

Steenbuck, Gisela (1996): Absolventinnen der Frauenstudien in der beruflichen und politischen Praxis – Eine qualitative Studie. In: Kettschau, I. (Hrsg.): Absolventinnen der Dortmunder Frauenstudien in der beruflichen und politischen Praxis, Münster: LIT-Verlag

Steenbuck, Gisela (1997): Zur Problematik der Verwertungsmöglichkeiten eines Angebotes wissenschaftlicher Weiterbildung für Frauen. Perspektiven und Strategien der Absolventinnen des weiterbildenden Studiums Frauenstudien, Dissertation Universität Dortmund

Martina Freund

Horizonte erweitern und neue Wege eröffnen – Zur Bedeutung von Weiterbildung in Individualisierungsprozessen nichtberufstätiger Frauen

Einführung

Wenn über die Rolle von Weiterbildung im Lebenskonzept einer bestimmten Gruppe von Frauen gesprochen wird, so muß zunächst die Lebenssituation dieser Frauen berücksichtigt werden, ihre historischen und aktuellen Ressourcen und Erfahrungen und die an sie gestellten gesellschaftlichen Erwartungen, bevor die Frage gestellt werden kann, welchen Stellenwert Weiterbildung in diesen Zusammenhängen einnehmen kann. Der folgende Beitrag geht der Frage nach, ob und in welcher Weise eine definierte Weiterbildung, in diesem Fall das weiterbildende Studium Frauenstudien an der Universität Bielefeld, Einfluß nimmt nicht nur auf das Qualifikationsprofil, sondern auch auf die Lebenskonzepte der Teilnehmerinnen.

Die Frauenstudien wenden sich vorzugsweise an Frauen im mittleren Lebensalter, die in bzw. nach einer unterschiedlich langen Familienphase eine Neuorientierung suchen. Abitur ist für eine Teilnahme nicht notwendig. Diese Frauen sind heute zwischen 35 und 50 Jahre alt, haben in jungen Jahren einen Ausbildungsberuf erlernt und bis zur Familiengründung in diesem Beruf gearbeitet. Mehrheitlich haben sie dann den Beruf zugunsten der Familienarbeit aufgegeben und mangels Alternativen selbstverständlich und gerne ein traditionelles Lebenskonzept „gewählt". Während der Ehemann an seiner beruflichen Karriere arbeitet, sind die Frauen mehr und mehr alleinverantwortlich für Kinder und Haushalt zuständig, manche mehr als zwanzig Jahre lang. Ihre Zugangschancen zum Arbeitsmarkt schwinden mit der Länge der ausschließlichen Familienarbeit. Während dieser Phase erleben sich die Frauen zunehmend als verändert: Ihr Selbstbewußtsein schwindet, sie fühlen sich eingeschränkt und abgeschnitten vom öffentlichen Leben, gleichzeitig sind sie mit den vielfältigen und verzettelten Hausarbeitspflichten auf eine Weise belastet, die einerseits ihr Handlungspotential focussieren und in bezug auf familiäre Belange ausbilden, andererseits aber die persönliche Interessenlage mehr und mehr verkümmern lassen. Während die Frauen also in und für die Familie leben, verändern sich langsam, aber stetig gesellschaftliche Werte. Hausfrauenarbeit verliert im Vergleich zu den 50er Jahren zunehmend an Bedeutung, damit sinkt der Status der Familienfrau. Berufsarbeit wird wichtiger, aber auch knapper, es steigen die Anforderungen an die Einzelnen bzgl. einer vorausschauenden Berufswegplanung. Junge Frauen sind besser ausgebildet und bleiben auch nach der Familiengründung häufiger im Beruf. Die Lebenskonzepte von Frauen differenzieren sich aus. Das Modell der Hausfrauenehe degeneriert zu einem Auslaufmodell.

Die betroffenen Frauen reagieren mit zunehmender Frustration und begeben sich auf die Suche nach einem befriedigenden Ausgleich. Oftmals trauen sie sich einen direkten beruflichen Wiedereinstieg nicht zu bzw. schätzen sie ihre Marktchancen realistisch niedrig ein. In dieser Situation werden sie weiterbildungsaktiv und erleben oftmals eine regelrechte Weiterbildungskarriere, in deren Verlauf sie sich selbst und ihr Lebenskonzept verändern. Weiterbildung ist für sie einerseits Ersatz für Erwerbsarbeit, aber auch Hinführung zu einem beruflichen Wiedereinstieg. Die Teilnahme an den Bielefelder Frauenstudien ist für die interviewten Frauen ein Höhepunkt ihrer Weiterbildungspartizipation, aber kein Endpunkt.

In diesem Beitrag wird der Frage nachgegangen, ob Weiterbildung Auswirkungen hat auf die Lebenskonzepte der Frauen dergestalt, daß ihr Handlungspotential innerhalb gesellschaftlicher Wandlungsprozesse gestärkt wird. Spielt die Weiterbildung Frauenstudien eine Rolle in persönlichen Veränderungsprozessen, kann sie Individualisierungsbestrebungen der Frauen unterstützen oder initiieren? Und läßt sich tatsächlich eine Veränderung der Lebenskonzepte weg von traditionellen hin zu individualisierten nachweisen? Im folgenden werde ich zunächst auf gesellschaftliche Wandlungsprozesse allgemein und die Umgehensweisen und Risiken für Frauen im Individualisierungsgeschehen eingehen, bevor ich die Rolle der Weiterbildung in diesem Zusammenhang diskutiere. Dabei werde ich anhand einer Untersuchung an der Universität Bielefeld (Freund 1996) Spannbreite und Widersprüche solcher durch Weiterbildung angeregter weiblicher Individualisierungsprozesse und die Konsequenzen bzgl. des individuellen Handlungspotentials aufzeigen.

Gesellschaftliche Wandlungsprozesse

„Individualisierung der Lebenslagen" als Vergesellschaftung der Einzelnen in der modernen Gesellschaft bezeichnet makro- und mikrosoziologische Strukturen, die Einfluß sowohl auf einzelne Biographien und Lebenskonzepte als auch auf Sozialisationsbedingungen und -instanzen haben (Beck 1986; Beck/Beck-Gernsheim 1994). Individualisierungsprozesse eröffnen den Einzelnen bislang ungeahnte Handlungsmöglichkeiten, bringen aber gleichzeitig neue institutionelle Einbindungen und Risiken mit sich. Die Flexibilisierung der Erwerbsarbeitszeit, die Dezentralisierung des Arbeitsortes und die Aneignung der für eine Berufskarriere erforderlichen Qualifikationsprofile erfordern vorausschauende Entscheidungen über den persönlichen Lebensweg. Beck (1986) beschreibt als Dimensionen der Individualisierung (vgl. auch Hoerning 1991): die Herauslösung aus historisch und traditionell vorgegebenen Sozialformen (= Freisetzungsdimension), den Verlust traditioneller Sicherheiten im Hinblick auf Handlungswissen, Glauben und leitende Normen (= Entzauberungsdimension), eine neue Art der sozialen Einbindung (= Kontroll- bzw. Reintegrationsdimension).

Parallel zu neuen Möglichkeiten tun sich bis dato ungewohnte Risiken und Anforderungen auf. Die selbständige Planung und Gestaltung des Lebenslaufs setzt materielle und persönliche Ressourcen voraus (Diezinger 1991). Entscheidungen z.B. über den Bildungsabschluß zeitigen u.U. lebenslange Konsequenzen. Kernelement und Hauptarena der Individualisierung ist der Arbeitsmarkt. Historisch betrachtet ist die Individualisierung als Arbeitsmarkt-Phänomen zunächst ein Prozeß ausschließlich in der männlichen Biographie, da nur für den männlichen Lebenslauf die volle Arbeitsmarktintegration vorgesehen war und ist (Geissler/Oechsle 1994). Aus diesem Grund ist es nicht verwunderlich, daß einerseits Männer früher und stärker in den Individualisierungssog geraten sind und andererseits die männliche Vollzeiterwerbsbiographie zum Standardmodell der „Normalbiographie" avanciert ist, an der weibliche Berufsverläufe gerne gemessen werden. Sie ist gleichzeitig aber auf den traditionell organisierten familiären Bereich angewiesen, d.h. erst die Verantwortlichkeit der Frau für die Familienarbeit ermöglicht dem Mann die Berufskarriere: Erwerbsarbeit in ihrer heutigen Form setzt unbezahlte Hausarbeit voraus. Die beschriebenen modernen Wandlungsprozesse sind von daher als ambivalent zu beschreiben, die Auswirkungen sind für Frauen und Männer unterschiedlich.

Frauen im Indiviualisierungsgeschehen

In unserer geschlechtshierarchisch strukturierten Gesellschaft setzen Individualisierungsprozesse in der den Frauen vorgeschriebenen Domäne Familienarbeit erst später ein als auf dem Arbeitsmarkt. Gleichzeitig scheint aufgrund des ihnen zugewiesenen Geschlechtscharakters das Leitbild der individuellen Persönlichkeitsentfaltung nicht auf Frauen anwendbar (Geissler/Oechsle 1994). Das Leitbild von Frauen bleibt bis spät in die 60er Jahre mehrheitlich auf ein traditionelles Lebenskonzept beschränkt, d.h. Familie als Lebensmittelpunkt und der Hausfrauenstatus als geeignete Lebensform. Unabhängig davon weicht aber die reale Lebensführung vieler Frauen von diesem Leitbild ab. Beck-Gernsheim (1983) sieht die Frauen noch in den 80er Jahren in einem eigentümlichen Zwischenstadium. Ihre Individualisierungsteilhabe ist im Vergleich zu der der Männer unvollständig. Gleichzeitig lassen sich aber im Vergleich zur Müttergeneration stärker individuelle Strukturen nachweisen.

Nach den Erkenntnissen von Diezinger (1991) wird von Frauen eine andere Art der Individualisierung als von Männern erwartet und gefordert. Sie kreiert dafür den Ausdruck „kontrollierte Individualisierung". Diese kann je nach Blickwinkel einmal defizitär und einmal innovativ wirken. Setzt die Analyse Priorität auf die Arbeitsmarkt-Individualisierung, erscheint der Lebenslauf der Frauen diskontinuierlich, ihre Berufsmotivation gebrochen, ihre Individualisierung unvollständig. Werden aber sowohl der Arbeits- wie auch der Familienbereich gleichberechtigt in die Analyse miteinbezogen, erscheint das Modell der Verbindung und nicht wie im Lebenslauf der männlichen Vollzeiterwerbsbiographie eines der Trennung (a.a.O.). Dieses geschlechtsspezifische Muster birgt in seiner Widersprüchlichkeit auch Veränderungspotentiale, indem es Wünsche nach einer Vereinbarkeit von Beruf und Familie weckt, die über ein Nebeneinander oder Nacheinander hinausgehen und hierarchische Beziehungsmodelle in Frage stellen. So verwundert es nicht, daß ausgerechnet erwerbstätige Mütter als die Protagonistinnen der weiblichen Individualisierung gelten

(Mayr-Kleffel 1994). Gleichzeitig bleiben aber auch für sie geschlechtsspezifische Normen handlungsleitend in Kraft. Die gesellschaftlichen Wandlungsprozesse führen nicht unbedingt zu einer Emanzipation der Frauen und ganz sicher nicht zu einer grundlegenden Veränderung der Geschlechterhierarchie.

Nach Diezinger (1991) bergen die modernen gesellschaftlichen Veränderungen für Frauen größere Risiken, da ihr Zugang zu marktvermittelten Ressourcen durch die Familienpflichten eingeschränkt bleibt. Aufgrund der geschlechtsspezifischen Sozialisation (Hagemann-White 1984), der ihnen zugewiesenen Geschlechtscharaktere und der Pflicht zur Familienarbeit entwickeln Frauen zudem einen anderen Umgang mit Individualisierung als Männer. Eine besondere Problematik bergen die Lebenskonzepte der Frauen, die in den 50er Jahren ihre Kinder- und Jugendzeit ungebrochen unter traditionellen Vorgaben erlebt, darauf ihre Zukunftsplanung aufgebaut haben und heute in ihrer „Lebensmitte" erkennen müssen, daß ihre Leitbilder verändert sind. Der von ihnen lange Zeit favorisierte und realisierte Lebensstil der Haus- und Familienfrau hat in den 90er Jahren an Ansehen verloren und die betroffenen Frauen sehen sich genötigt, ihre Lebensplanung vor dem Hintergrund der veränderten gesellschaftlichen Erwartungen an sie neu zu überdenken, zu rechtfertigen oder ggf. zu revidieren. Dies kann mit Gefühlen der persönlichen Verunsicherung einhergehen, die die betroffenen Frauen zur Suche nach neuen Möglichkeiten innerhalb ihres Biographiemusters antreiben. In diesem Prozeß spielt die allgemeine und berufsbezogene Weiterbildung eine wichtige Rolle.

Weiterbildung und Individualisierung

Die in den 80er Jahren vollzogene „subjektive Wende" in der Erwachsenenbildung bedeutet eine Hinwendung zu den Teilnehmenden (Schäffter 1981), dies schließt methodisch-didaktische Ansätze ebenso ein wie eine Erweiterung der Angebotsstruktur. So kommen in der Folgezeit vermehrt Angebote auf den Markt, die „Frauen" als Zielgruppe ansprechen und eine bewußte Auseinandersetzung mit dem weiblichen Lebenszusammenhang fördern. So werden z.B. auch Orientierungshilfen in individuellen Lebenslaufzwängen zum Thema in der Erwachsenenbildung (Herlyn/Vogel 1988). Die „neue Frauenbildung" (Schiersmann 1993) setzt sich zum Ziel, den Frauen Stärken und Kompetenzen bewußt zu machen und darüber hinaus Perspektiven für individuelle und gesellschaftliche Veränderungen zu entwickeln.

Die Weiterbildungspartizipation kann als Prozeß von Suchbewegungen begriffen werden, der Veränderungen unterworfen ist. Anlaß für die Aufnahme von Erwachsenenbildung ist in einer Untersuchungsgruppe von Heuer (1993) die isolierende Hausfrauensituation, die die Frauen verändern wollen, ohne bereits zu wissen, in welche Richtung. Frauen planen ihren Bildungsweg nicht zielgerichtet, sondern experimentieren mit Bildung. Darin sieht die Autorin Parallelen zur alltäglichen Reproduktionsarbeit von Müttern und Ausdruck frauentypischen Bewußtseins, das die individuelle Aufmerksamkeit stark an die Gestaltung des Vorhandenen bindet (ebd., S. 231). Die Frauen erleben in der Weiterbildung Phasen zwischen Euphorie und Enttäuschung, sie dehnen schließlich ihre Suche aus, weg von den Sprachkursen hin zu problem- und personenzentrierten Angeboten, die auch die Fragestellungen individualisierter Lebenslaufkonzepte und -zwänge aufnehmen. Einzelne Seminare mit frauenspezifischen Inhalten wirken katalysatorisch und können spezifische Interessen wecken und Handlungspotentiale provozieren (Freund 1996; Heuer 1993).

Innerhalb ihrer „Weiterbildungskarriere" eignen die Frauen sich durch die Wahl geeigneter Angebote gezielt die Qualifikationen an, die sie in der gewandelten Gesellschaft brauchen. Weiterbildung, so die These des vorliegenden Aufsatzes, stellt für Familienfrauen ein „Trainingslager" zur Individualisierung dar, dergestalt, daß sie die für ein selbstbestimmtes Lebenskonzept notwendigen Veränderungen bestärkt und Ressourcen vermittelt. Geeignet erscheinen dabei solche Weiterbildungmaßnahmen, die die Persönlichkeit der Teilnehmerinnen, ihr Frau-Sein, in Beziehung setzen zu gesellschaftlichen Gegebenheiten. Daraus erwächst ein Bewußtwerdungsprozeß, der es den Frauen ermöglicht, überkommene Verhaltensweisen zu reflektieren und ggf. abzulegen. Sie entwickeln „Biographizität" (Alheit 1995), indem sie persönliche Erfahrungen und Erlebnisse in einen gesellschaftlichen Zusammenhang stellen, deren Bedeutung und auch die Beschränktheit im eigenen Lebenslauf zu erkennen vermögen und darauf aufbauend eine gezielte Lebensplanung realisieren. Weiterbildung in diesem Sinne stellt für Familienfrauen ein Moratorium dar, in dem ein verändertes Lebenskonzept vorbereitet und angeregt wird.

Mit der Bewußtwerdung in und durch die Weiterbildung gehen verschiedene Prozesse einher, die den Frauen helfen, ihr bislang stark traditionelles Lebenskonzept teilweise zu verlassen. Sie erkennen mit Hilfe von Information, Kompetenzsteigerung und Abbau normierter Wahrnehmungsblockaden neue Möglichkeiten der Lebensgestaltung, die sie vorher nicht sehen konnten. Damit eröffnen sich Tätigkeitsfelder außerhalb der Familie und/oder neue Beziehungsmuster in der Familie. Außerdem lernen sie Schritt für Schritt ihre eigenen Interessen kennen, die in der Familienphase und dem „Dasein-für-andere" (Beck-Gernsheim 1983) keinen Berechtigungsanspruch hatten und für die Frauen nicht mehr greifbar waren. Aus dem Finden eigener Interessen erwächst die Notwendigkeit, Entscheidungen treffen zu müssen.

Es scheint die Hypothese gerechtfertigt, daß Weiterbildung, die die Bedürfnisse von Frauen in der Lebensmitte methodisch-didaktisch und inhaltlich anzunehmen versteht, jenen wichtige Ressourcen für einen individualisierten Lebensstil vermitteln kann, den sie bis dahin nicht für sich beanspruchen konnten. Die Frauen erweitern ihre Wahrnehmung für Beziehungs- und Lebenslaufmöglichkeiten, sie lernen ihre individuellen Interessen kennen und durchzusetzen, ihre Entscheidungskompetenz baut sich auf, über verstärkte Biographizität gewinnen sie bewußte Einblicke in die Konsequenzen ihrer biographischen Erfahrungen und letztlich haben sie die Chance, neue soziale Bindungen einzugehen. Die Schritte der einzelnen Frauen sehen dabei höchst unterschiedlich aus und spiegeln den differenzierten Lebenszusammenhang von Frauen.

Weiterbildung als Katalysator von Individualisierungsprozessen

In einer an der Universität Bielefeld durchgeführten Untersuchung (Freund 1996) wurden genau jene Effekte zum Thema gemacht, die durch eine Weiterbildungsteilnahme bei Frauen ausgelöst werden können. Als Untersuchungsgruppe wurden Absolventinnen des weiterbildenden Studiums Frauenstudien (Frauenstudien 1991) ausgewählt. Sie wurden drei Jahre nach Abschluß der Weiterbildung anhand von Tiefeninterviews nach ihrer Bildungsbiographie und dem Stellenwert von Weiterbildung bei individuellen Veränderungsprozessen befragt. Handlungsleitend für die Interpretation der Interviews war die Frage, wie die Frauen die Teilnahme an den Frauenstudien in ihre Bildungsbiographie integrieren. Welche Erfahrungen beim Studium tragen zur Transformation grundlegender Deutungsmuster bei? Und läßt sich ein Wandel in ihren Lebenskonzepten nachweisen, der durch die Weiterbildung initiiert oder bestärkt worden ist?

Aus den Ergebnissen werden an dieser Stelle jene herausgegriffen, die im Zusammenhang mit Individualisierungsprozessen stehen und die die Ambivalenz dieser Entwicklung verdeutlichen. Allgemein weisen sie auf eine hohe Relevanz der Weiterbildung im Hinblick auf die Aneignung und Fortschreibung von Individualisierungsanforderungen im Lebenskonzept der Frauen hin. Als beobachtbare Effekte sind in diesem Zusammenhang zu nennen:

a) Steigerung des Lebensgefühls und der Entscheidungskompetenz,

b) Berufliche Neuorientierung,

c) Veränderungen in den familiären Beziehungsmustern.

a) Steigerung des Lebensgefühls und der Entscheidungskompetenz

Eine Veränderung, die nahezu alle Absolventinnen beschreiben, bezieht sich auf ihr Lebensgefühl. Sie erleben sich nach der Weiterbildung als selbstbewußter und mit diesem gesteigerten „Mut-zu-sich-selbst" nehmen sie Veränderungen in ihrem Lebenskontext in Angriff, vor denen sie jahrelang zurückgeschreckt sind. Parallel dazu wandeln sich Diffusität und Entschlußlosigkeit während der Weiterbildung schrittweise in eine interessengeleitete Entscheidungskompetenz und Handlungsautonomie, mit Hilfe derer die Frauen Pläne für das eigene Lebenskonzept in die Tat umsetzen. Die von den Frauen beschriebenen Veränderungen im Lebensgefühl sind dabei Voraussetzung für eine Erweiterung des Handlungsspektrums, das sich wiederum neben anderen auch in beruflicher Hinsicht ausprägen kann.

Diese wiedererlangte Selbstsicherheit erlaubt den Frauen eine Modifizierung ihrer Lebensplanung. Sie trauen sich wieder mehr zu und entwickeln dadurch Interessen und Wünsche für ihr zukünftiges Leben. Durch Anforderungen während der Weiterbildung (Praktikum, Projektarbeit, eigenständige Referate) erleben sich die Frauen als aktive und selbständige Individuen auch außerhalb der Familie. Sie erfahren, daß sie in der Lage sind, zunächst als schwierig erachtete Aufgaben meistern zu können. Die erhöhte Selbstsicherheit ist Voraussetzung für weitere Entwicklungsschritte, für die persönliche Weiterentwicklung.

Diese Interessenausbildung ist für sich gesehen nichts Spektakuläres. Bezogen aber auf die Biographie der Frauen, in der bislang „Dasein-für-andere" (Beck-Gernsheim 1983) und ein Zurückstellen der eigenen Bedürfnisse im Vordergrund stand, bedeutet die individuelle Erweiterung des Interessen- und Handlungsspektrums eine massive Veränderung des Lebenskonzepts und der Deutungsmuster zu Geschlechtsstereotypien und zum Selbstbild. Sie lösen sich aus traditionellen Strukturen und wagen etwas Neues. Beck (1996) sieht die individuelle Entscheidungs- und Planungskompetenz als entscheidende Ressource für einen erfolgreichen Umgang mit dem allgemeinen gesellschaftlichen Wandel.

Die Entwicklung zur Handlungsautonomie und Entscheidungskompetenz verläuft aufbauend auf der bereits skizzierten Stärkung des Selbstbewußtseins in verschiedenen Schritten: Auf eine Phase der Diffusität und Entschlußlosigkeit zu Anfang der Weiterbildung folgt eine Interessenausbildung, die noch stark an familiäre Belange geknüpft ist, im Verlauf aber einen eigenständigen Charakter annimmt. Schließlich versuchen die Frauen, ihr Interesse und ihre Qualifikation für berufliche Zwecke zu nutzen.

Auch diejenigen, die anfangs keine Berufsmotivationen zeigen, beginnen über eine berufliche Verwertung ihrer Qualifikationen nachzudenken.

b) Berufliche Neuorientierung

Besonders bedeutsam und nach außen sichtbar ist die Veränderung der beruflichen Situation der Weiterbildungsabsolventinnen. Die Mehrzahl der interviewten Frauen ist drei Jahre nach Abschluß der Frauenstudien erwerbstätig, wenn auch in unterschiedlich abgesicherten Tätigkeiten (Freund 1996). Auffallend ist, daß sie mit ihrer beruflichen Situation sehr zufrieden sind. Im Vergleich zu ihren früheren Lernberufen haben sie sich zumeist verbessert und es ist ihnen gelungen, Familien- und Berufsarbeit im Alltag zu verbinden.

Nach einer Evaluationsstudie gelingt ca. 60% der Absolventinnen nach den Frauenstudien ein beruflicher Wiedereinstieg (Sander 1993). Die Interviews (Freund 1996) zeigen, daß dies mit Hilfe einer Qualifikationskombination aus informellen, formalen und Weiterbildungsqualifikationen realisiert wird. Besonders wichtig ist den Frauen, daß der berufliche Neubeginn in ihrem Interessengebiet gelingt. Teilweise verlassen sie den Bereich ihres früheren Ausbildungsberufes, aus dem sie sich fortentwickelt haben und bauen sich gezielt ein individuelles Qualifikationsprofil auf, das erfolgreich auf dem Arbeitsmarkt konkurriert. Die Zusatzqualifikation der Weiterbildung ergänzt in ihrem Bildungsprofil die formalen und informellen Qualifikationen dergestalt, daß sie Brückenfunktion übernimmt (Kettschau 1996, S. 43). Den Schwierigkeiten beim Transfer informeller Qualifikationen in die berufliche Praxis kann auf diese Weise begegnet werden.

Auffallend sind die hohen Ansprüche, die die Frauen an einen Erwerbsarbeitsplatz stellen. Gewohnt, allein einen Mehrpersonenhaushalt zu managen und ihrer Qualifikationen und Interessen deutlicher als früher bewußt, lassen sie sich nicht mehr auf „status niedrige", unqualifizierte Arbeiten ein. Ihre Arbeitsmotivation ist stark intrinsisch gefärbt, sie suchen neben dem Gelderwerb im Beruf Selbstbestätigung, Anerkennung und „Sinn". Dabei hat die Anwendung ihrer erworbenen Kompetenzen Priorität vor einer angemessenen materiellen Anerkennung. Dies kann als Antizipation der als schwierig erachteten Arbeitsmarktintegration gedeutet werden. Die Frauen wünschen sich zwar eine finanzielle Honorierung ihrer Arbeit; da sie zumeist materiell über den Mann abgesichert sind, besteht aber keine zwingende Notwendigkeit diesbezüglich, so daß sie als „zweite Wahl" auch eine unbezahlte, ehrenamtliche Arbeit annehmen.

Eine zweite Gruppe von Frauen schließt an die Weiterbildung eine direkte berufliche Qualifizierung in Form einer Umschulung oder eines Regelstudiums an, um ihre Arbeitsmarktchancen gezielt zu erweitern. Hier zeigt sich, daß die Frauen eine Berufswegeplanung in Gang gesetzt haben, mit Hilfe derer sie sich aktiv in den Arbeitsmarkt integrieren wollen. Deutlich wird, daß diese spezielle Gruppe von Frauen, Familienfrauen in der Lebensmitte, durch die Weiterbildung dergestalt bestärkt und qualifiziert wird, daß sie ihr Lebenskonzept überdenken, verändern und einen beruflichen Neubeginn wagen. Sie schaffen sich damit eine zumindest teilweise finanzielle Unabhängigkeit von ihrem Ehepartner und eine Teilhabe am öffentlichen Leben. Auf diese Weise verändert sich sowohl ihr Lebensgefühl in dieser Gesellschaft als auch die Beziehungskonstellation innerhalb der Familie.

c) Veränderungen in den familiären Beziehungsmustern
Die Langfristigkeit der Weiterbildung Frauenstudien, der zeitliche Aufwand und die spezifischen Inhalte haben Auswirkungen nicht nur auf die einzelnen Teilnehmerinnen, sondern durch sie auf ihr soziales Umfeld, z.B. auf ihre Familien. Die von den Frauen beschriebenen Effekte sind ein Indiz für eine Abkehr von deutlich geschlechtsspezifischer Arbeitsteilung hin zu stärker egalitär verteilter Hausarbeit (Freund 1996). Feststellen lassen sich auch Veränderungen in der Kommunikationsstruktur und im Status als Frau und Mutter innerhalb des familiären Gefüges (ebd.).

Als ausgesprochen positiv heben mehrere Frauen die familiären Diskussionen hervor, die durch das Studium, insbesondere durch Seminarthemen angeregt wurden. Die Frauen erwerben sich in der Familie einen neuen Status als „Ideengeberin", sie bringen neue und anregende Gesprächsthemen mit nach Hause und die Kommunikationsstrukturen ändern sich positiv. Während die Frauen in der Familienphase von Außenimpulsen weitgehend ausgeschlossen bleiben und in die Kommunikation überwiegend familienrelevante Gesprächsthemen (z.B. über die Kinder) einbringen, verändert sich diese Position während des Studiums. Die Mutter und Ehepartnerin wird zur Expertin nicht nur in Haushalts- und Erziehungsfragen, sondern in wissenschaftlich fundierten, differenzierten Fragestellungen. In manchen Fällen kann sie wiederum das Expertenwissen von Kindern und Mann nutzen. Die Gesprächsthemen erweitern sich, die abgegrenzten Lebenswelten von berufstätigem Mann, familienbezogener Hausfrau und in Erziehungsinstitutionen lernenden Kindern nähern sich an.

Die Mehrzahl der Frauen fühlt sich von der Familie während des Studiums nicht nur akzeptiert, sondern – trotz zeitweiliger Auseinandersetzungen – auch unterstützt. Die erlebte Unterstützung verteilt sich auf die Bereiche „ideelle Unterstützung", „Entlastung durch Übernahme von Haushaltsarbeiten", „Zeit und Ruhe geben", und „Hilfe bei Referaten". Solche Unterstützungen oder „Social support" (Schmerl 1989) wird in der Regel von Frauen für andere geleistet und die Frauen selbst erhalten meist zuwenig. In diesem Fall erhalten die Frauen also vom Rest der Familie etwas zurück, in die sie selbst lange Jahre investiert haben und das für ihre Neuorientierung von Bedeutung ist. Für die einzelne Frau bedeutet die neue Arbeitsteilung neben der aktuellen Entlastung von Familienpflichten auch eine Erleichterung im Hinblick auf eine evtl. Berufsrückkehr, kann sie doch davon ausgehen, daß auch in diesem Fall Mann und Kinder zu Haushaltsarbeiten bereit sind. Diese veränderte Hausarbeitsaufteilung wird von den Frauen durchweg positiv erlebt. Die Weiterbildungsaktivität der Frauen erhält einen Stellenwert als Antagonismus zur geschlechtsspezifischen Sozialisation und fördert den Individualisierungsprozeß der gesamten Familie. Hausarbeit wird nicht länger traditionell nach Geschlecht verteilt, stattdessen wird ausgehandelt, wird diskutiert, mitunter auch gestritten und nach Zeitkontingenten und -bedarf Arbeit individuell verteilt.

Nicht in allen Familien ist diese Veränderung aber dauerhaft und weitreichend. In einigen Fällen bleibt die Hausarbeitsbeteiligung der Männer marginal, vor allem, wenn die Frau auch späterhin keiner Berufstätigkeit nachgeht. In diesen Fällen bleiben die Effekte des Studiums recht beschränkt. Dem Innovationswunsch der Frauen werden durch Ablehnung oder Desinteresse in der Familie Grenzen gesetzt. Diese Gruppe stellt innerhalb der Untersuchungsgruppe eine Minderheit dar (Freund 1996).

Diskussion der Ergebnisse

Die beschriebenen, von der Weiterbildung initiierten und verstärkten Veränderungen im Lebensgefühl, in der Entscheidungskompetenz, in der beruflichen Teilhabe und in den familiären Beziehungsstrukturen weisen durchgängig eine Tendenz weg von traditionellen Verhaltensweisen hin zu einem stärker individuellen Lebensstil auf. Die Frauen gewichten ihre persönlichen Interessen stärker und gehen ihnen nach. Über die Arbeitsmarktindividualisierung hinaus werden dabei an dieser Stelle auch solche Veränderungen im Lebenskonzept berücksichtigt und ausgeführt, die jenseits des Erwerbsarbeitsmarktes im privaten oder ehrenamtlichen Bereich als Individualisierung gedeutet werden können.

Diese Erweiterung der Handlungsautonomie stößt aber immer wieder an frustrierende Grenzen. Die eigene Familie hält an Versorgungsansprüchen fest; die im Lebenslauf erworbenen formalen und informellen Qualifikationen werden allzu häufig auf dem Arbeitsmarkt nicht anerkannt. Eine Neuorientierung ist für die Frauen ein oft langwieriger und schwieriger Prozeß, da sie sich gegen die eigene geschlechtsspezifische Sozialisation und das jahrelang realisierte traditionelle Lebenskonzept entwickeln. Aus diesen Gründen sind Individualisierungsprozesse von Familienfrauen von Ambivalenzen und Widersprüchen begleitet. Die Frauen wünschen ein stärker eigenorientiertes Lebenskonzept, verabschieden sich in der Regel aber nicht von der Familienverantwortlichkeit. Sattdessen versuchen sie, Familie, Beruf und Eigeninteressen zu integrieren. Sie sind darauf bedacht, die Familie vorsichtig an Veränderungen heranzuführen, sie versuchen, Altbewährtes zu wahren und gleichzeitig Neues zu wagen.

Hierin liegt eine Befreiungschance und ein innovativer Umgang mit dem Phänomen Individualisierung in der modernen Gesellschaft. Obwohl z.B. die Frauen im Lebensverlauf mehr traditionellen als emanzipativen Bedingungen und Sozialisationsinstanzen ausgesetzt sind, entwickeln sie – ausgehend von einem Gefühl der Unzufriedenheit und unterstützt durch die Erfahrungen in der Weiterbildung – Wünsche und Vorstellungen von einem Lebensstil, der abweicht von der „weiblichen Normalbiographie". Zwar sind ihre Grenzen eng gesteckt und oft genug sind es nur Nischen der Freiheit, die sie sich erarbeiten, aber auch dies zeigt, daß Individuen in der Lage sind, sich aus einschränkenden und normierten Lebensverhältnissen zu befreien, daß sie sich die passende Hilfe diesbezüglich suchen und daß die geschlechtsspezifische Sozialisation im Lebenslauf ihre dominierende Rolle durch Eigendynamik des Individuums einbüßt. Es wird deutlich, daß Frauen, die sich ein Bewußtsein für die strukturelle Bedingtheit ihres Lebenskonzepts erarbeitet und den persönlichen Lebenslauf reflektiert haben, in der Lage sind, den sie umgebenden Kontext aktiv zu verändern. Sie wirken auf die Sozialisationsinstanzen ein. Die Neuorientierung der Frauen vorliegender Untersuchung (Freund 1996) hat z.B. Auswirkungen auf ihre bestehenden Beziehungen. Sie entwickeln Wünsche nach vergrößertem Freiraum und egalitärer Arbeitsteilung, denen sich die anderen Familienmitglieder nicht ohne weiteres entziehen können. Die veränderten familiären Beziehungen erlauben allen Beteiligten vergrößerte Handlungsautonomie abseits traditionell geschlechtsspezifischer Normen und besitzen gleichzeitig Vorbildcharakter für die Kindergeneration. Die Selbstentwicklung der Frauen hat insofern gesellschaftsverändernde Potentiale.

Bildung spielt in diesen Prozessen eine katalytische Rolle, initiiert und beschleunigt die Emanzipation von herkömmlichen Deutungsmustern und Handlungsstrategien und eröffnet den Individuen damit einen vergrößerten Handlungsspielraum. Das kann als Individualisierung begriffen werden, insofern Aktivitätsbereiche jenseits traditioneller Normalbiographien eröffnet werden, die von persönlichem Gestaltungswillen gefüllt werden. Während Kade (1992) eine Funktion der Weiterbildung in der Aufarbeitung der sozialen Kosten von Individualisierung sieht, wird sie nach meiner Untersuchung von der Gruppe der Familienfrauen in der Lebensmitte, die bislang einen traditionellen Lebensstil geführt haben, zur Initiierung und Begleitung ihrer Individualisierungsschritte sowohl innerhalb, als auch jenseits des Arbeitsmarktes genutzt. Um einen solchen transitorischen Bildungsprozeß (Alheit 1995) für Frauen einzuleiten, sollten spezifische Anforderungen an das Weiterbildungsgeschehen berücksichtigt und der Lebenszusammenhang von Frauen in das Konzept integriert werden. Insbesondere feministische Weiterbildung stärkt den „Eigensinn" in den Biographien von Frauen und hilft, die Statuspassage des Wiedereintritts in den Beruf zu bearbeiten. Bildung in diesem Sinne ist kein einseitiger auf reinen Wissenserwerb und Verwertung ausgerichteter Prozeß, sondern beinhaltet darüberhinaus die Reflexion des „Lernstoffes" in gesellschaftlichen und individuellen Lebenszusammenhängen mit dem Ziel, das herrschende Geschlechterverhältniss zu verändern und die Position von Frauen zu stärken.

Literatur

Alheit, Peter: „Biographizität" als Lernpotential: Konzeptionelle Überlegungen zum biographischen Ansatz in der Erwachsenenbildung. In: Heinz Hermann Krüger; Winfried Marotzki (Hrsg.): Erziehungswissenschaftliche Biographieforschung Opladen 1995, S. 276-307

Beck, Ulrich: Risikogesellschaft. Auf dem Weg in eine andere Moderne. Frankfurt/Main 1986

Beck, Ulrich; Beck-Gernsheim, Elisabeth (Hrsg.): Riskante Freiheiten. Individualisierung in modernen Gesellschaften. Frankfurt/Main 1994

Beck-Gernsheim, Elisabeth: Vom „Dasein für andere" zum Anspruch auf ein Stück „eigenes Leben": Individualisierungsprozesse im weiblichen Lebenszusammenhang. Soziale Welt, 34 (1983) S. 307-340

Diezinger, Angelika: Frauen: Arbeit und Individualisierung. Opladen 1991. Diskurs Nr. 8. Bremer Beiträge zu Wissenschaft und Gesellschaft: leben lernen. Weiterbildung von und für Frauen. Hrsg.: Rektor der Universität Bremen. Bremen 1984

Frauenstudien Bielefeld (Hrsg.): Hunger nach Bildung – Lust am Lernen. Untersuchung der Effekte des wissenschaftlichen Weiterbildungsangebotes Frauenstudien. Bielefeld 1991

Freund, Martina: Weiterbildung als Katalysator von Individualisierungsprozessen. Eine empirische Untersuchung der Bildungsbiographien von Familienfrauen am Beispiel von Absolventinnen der Frauenstudien Bielefeld. Dissertation an der Universität Bielefeld 1996

Freund, Martina; Sander, Brunhild: Wissenschaftliche Weiterbildung für Frauen an der Universität Bielefeld. In: Carmen Stadelhofer (Hrsg.): Frauenweiterbildung und Weiterbildungsforschung zwischen Arbeitsmarkt und Bildungspolitik. Ulm 1995, S. 45-64

Geissler, Birgit; Oechsle, Mechthild: Lebensplanung als Konstruktion: Biographische Dilemmata und Lebenslaufentwürfe junger Frauen. In: Ulrich Beck; Elisabeth Beck-Gernsheim (Hrsg.): Riskante Freiheiten. Frankfurt/Main 1994, S. 139-167

Gottschall, Karin: Schlüsselqualifikationen statt Schlüssel zur Macht? Anmerkungen zum Verständnis von Bildung und Geschlechterverhältnis in der neueren Qualifikationsdebatte. ifg Frauenforschung. 9. Jahrgang. Doppelheft 1+2 (1991) S. 4-17

Hagemann-White, Carol: Sozialisation: Weiblich – männlich? Opladen 1984

Hannemann, Margar: Wenn Frauen spät studieren... Gesellschaftliche Individualisierungsprozesse als Chance für Frauen? Diplomarbeit. Bielefeld 1993

Herlyn, Ingrid; Vogel, Ulrike: Familienfrauen und Individualisierung. Eine Literaturanalyse zu Lebensmitte und Weiterbildung. Weinheim 1988

Herlyn, Ingrid; Vogel, Ulrike: Individualisierungskonzept und Analyse weiblicher Lebensformen. Referat zum Soziologentag 1990, Sektion Frauenforschung in den Sozialwisssenschaften. Schlüsselqualifikationen Heft 1+2, 1991

Herlyn, Ingrid; Vogel, Ulrike et al.: Begrenzte Freiheit – Familienfrauen nach ihrer aktiven Mutterschaft. Eine Untersuchung von Individualisierungschancen in biographischer Perspektive. Bielefeld 1993

Heuer, Ulrike: Ich will noch was anderes! Frauen experimentieren mit Erwachsenenbildung. Pfaffenweiler 1993

Hoerning, Erika: Biographieforschung und Erwachsenenbildung. Bad Heilbrunn/Obb.1991

Kade, Jochen: Erwachsenenbildung und Identität. Eine empirische Studie zur Aneignung von Bildungsangeboten. Weinheim 1992, 2. Aufl.

Keddi, Barbara; Kreil, Mathilde: Weibliche Eigenständigkeit – Balanceakt zwischen Unabhängigkeit und Bindung. In: Gerlinde Seidenspinner (Hrsg.): Frausein in Deutschland. Aktuelle Themen, Perspektiven und Ziele feministischer Sozialforschung. Weinheim und München 1994, S. 17-34

Kettschau, Irmhild (Hrsg.): Absolventinnen der Dortmunder Frauenstudien in der beruflichen und politischen Praxis. Münster 1996

Mayr-Kleffel, Verena: Netzwerkbeziehungen von Frauen – ein Spiegel der besonderen weiblichen Individualisierung. In: Gerlinde Seidenspinner (Hrsg.): Frau sein in Deutschland. Aktuelle Themen, Perspektiven und Ziele feministischer Sozialforschung. Weinheim und München 1994, S. 47-62

Sander, Brunhild: Unveröffentlichte Verbleibsstudie ehemaliger Teilnehmerinnen der Frauenstudien Bielefeld. Universität Bielefeld 1993

Schäffter, Ortfried: Zielgruppenorientierung in der Erwachsenenbildung. Braunschweig 1981

Schiersmann, Christiane: Frauenbildung. Konzepte, Erfahrungen, Perspektiven. Weinheim, München 1993

Schmerl, Christiane: Die Kinder der Männer – patriarchale Familien als Denk- und Lebensform. In: Christiane Schmerl; Ruth Großmass (Hrsg.): Feministischer Kompaß, patriarchales Gepäck. Frankfurt/Main. 1989, S. 15-55

Sylvia Hojnik

Entwicklungslinien feministischer Erwachsenenbildung in Österreich

„Wichtig ist das hier zutage tretende Verlaufsmuster, daß nämlich die Ausbildung von Frauen in Einrichtungen für Frauen Energien freisetzt, die auf gesellschaftliche Veränderungen dringen." 1818 Emma Willard

Der folgende Beitrag geht Entwicklungs- und Verbindungslinien der Volksbildung, Erwachsenenbildung, Weiterbildung und der Frauenbewegung und Frauenbildung in Österreich nach. Dabei werden unterschiedliche Strömungen, Richtungen und bildungspolitische Zielsetzungen und deren Einfluß auf die aktuelle Situation der Frauenbildung/feministischen Erwachsenenbildung in Österreich deutlich.

Wenn ein Bildungsangebot der Frauenbildungsarbeit zugerechnet wird, sagt das noch nichts über Funktionen, Konzepte und Formen der Bildungsarbeit aus. Als Frauenbildung werden alle Angebote bezeichnet, die sich primär an Frauen richten und/oder von ihnen traditionell stark in Anspruch genommen werden. Feministische Erwachsenenbildung orientiert sich dagegen an Gesellschaftsanalysen, die auf die benachteiligte Situation der Frauen in der Gesellschaft hinweisen. Sie sieht in der Bildungsarbeit eine Möglichkeit, die Benachteiligungen und Diskriminierungen von Frauen (auf Grund von Geschlecht, Klasse und Rasse) bewußt zu machen und impliziert die Perspektive, diese zu verändern. Diese Differenzierung ist wichtig, sie ist bei der Beurteilung von konkreten Bildungsangeboten aber nicht immer eindeutig möglich.

Wenn ich Entwicklungslinien feministischer Bildungsarbeit in Österreich nachzeichne, tue ich das aus der Position der subjektiven Beobachterin und Mitbeteiligten der Frauenbewegung in den letzten zehn Jahren. Als Erwachsenenbildnerin bringe ich meine praktischen Erfahrungen aus der Bildungsarbeit mit Frauen und als wissenschaftliche Mitarbeiterin in dem Forschungs- und Lehrschwerpunkt „Frauen in der Erwachsenenbildung" die theoretische Betrachtungsweise ein. Die Frauenbewegung und Angebote der Frauenbildung/feministischen Erwachsenenbildung in Österreich sind sehr stark von den Aktivitäten in Deutschland beeinflußt worden. Auf der theoretischen und wissenschaftlichen Ebene gibt es auch kaum Unterschiede, im Gegenteil. Durch geringere Ressourcen in Österreich greifen wir oft auf Ergebnisse der Frauen- und der Erwachsenenbildungsforschung aus anderen Ländern zurück. Anders ist die Situation der Bildungspraxis, die sich mit starken lokalen und regionalen Besonderheiten gebildet hat.

Standortbestimmung – Zur Situation in Österreich

- Die Erwachsenenbildung wird in Österreich von sehr vielen verschiedenen Institutionen getragen. Auffallend ist die historisch gewachsene Trennung zwischen beruflicher und allgemeiner Erwachsenenbildung. Einerseits sind es Institutionen der allgemeinen Erwachsenenbildung wie Volkshochschulen, Volksbildungswerke, katholische und evangelische Bildungswerke und -heime und Institutionen der beruflichen Weiterbildung wie Wirftschaftsförderungsinstitut, Berufsförderungsinstitut und das Landwirtschaftliche Fortbildungsinstitut. Diese traditionellen Institutionen sind österreichweit vertreten, meist in Dachverbänden organisiert und gemeinsam mit den öffentlichen Büchereien in der Konferenz der Erwachsenenbildung Österreich (KEBÖ) zusammengefaßt. Andererseits tragen viele weitere Institutionen und Vereine durch ihre Bildungsarbeit wesentlich zum breiten Bildungsangebot bei. Die große Vielfalt und die gewachsenen Strukturen der Erwachsenenbildungslandschaft machen eine klare systematische Einteilung der Bildungseinrichtungen unmöglich.
- Die Verankerung des Schwerpunktes Erwachsenenbildung erfolgte an österreichischen Universitäten erst sehr spät und nur in sehr geringem Ausmaß (je eine Professur seit 1972 in Wien, 1984 in Graz und 1985 in Klagenfurt).Wissenschaftliche Erwachsenenbildung und -forschung als Teildisziplin der Erziehungswissenschaft ist eine junge Disziplin. Sie beschäftigt sich mit organisierten und selbstorganisierten Lernprozessen. Die theoretische Auseinandersetzung ist auf die bestehende Bildungspraxis gerichtet, die eine längere Tradition als die Theorie hat. Das gilt auch für die Frauenbildung.
- Für Frauenforschung/Feministische Wissenschaft gibt es an der Universität Innsbruck zwei „Bindestrichprofessuren": „Feministische Kultur- und Sozialwissenschaften einschließlich feministischer Pädagogik" (Kornelia Hauser) und „Politisches System Österreichs mit besonderer Berücksichtigung der Frauenforschung" (Claudia von Werlhof). Daneben decken Gastprofessorinnen, Dozentinnen, Assistentinnen und vor allem externe Lehrbeauftragte die frauenspezifische Lehre an österreichischen Universitäten ab.
- Die institutionell und auch weltanschaulich unterschiedlich ausgerichteten Erwachsenenbildungseinrichtungen bieten Frauenbildung unter verschiedenen Schwerpunktsetzungen an. Sie unterscheiden sich in ihren Konzepten, dem Programmangebot und in ihren theoretischen Positionen.
- Seit den 70er Jahren entwickelten sich im Umfeld der Neuen Frauenbewegung autonome Frauen(bildungs)projekte, die einen ausgewiesen emanzipatorischen bzw. feministischen Bildungsansatz verfolgen und anbieten.
- In der Frauenbildungsarbeit entstehen innovative Modelle durch das Engagement einzelner Frauen(gruppen). Für eine kontinuierliche Dokumentation, Publikationen oder Begleitforschung fehlen jedoch die Ressourcen. So gehen wichtige Informationen und Erfahrungen verloren.

Die Entwicklung der Frauenbildungsarbeit in Österreich ist sehr vielfältig und mit allen ihren Angeboten unübersichtlich. Im folgenden nehme ich einzelne Schwerpunkte heraus.

Alte Frauenbewegung – Beginn der Frauenbildung

In Österreich wurden und werden durch engagierte Frauen gesellschaftliche Veränderungen (mit unterschiedlichem Erfolg) vorangetrieben und durchgeführt. Die Frauenbildung steht in einem engen Zusammenhang mit der Entwicklung der Frauenbewegung. Historisch und aktuell wurden und werden der Bildung von Frauen verschiedene Ziele und ein hoher gesellschaftspolitischer Stellenwert zugrunde gelegt (Simon 1993).

Zu den erhobenen Forderungen der sich ab der Mitte des 19. Jahrhundert organisierenden Frauen gehörte das Recht auf Ausbildung (Zugang zur höheren Bildung und zum Hochschulstudium), das Recht auf Berufstätigkeit, das Recht auf Mitbestimmung (Wahlrecht) in gesellschaftlichen und politischen Fragen und das Recht auf Selbstbestimmung (Abschaffung des § 144 ABGB), Humanisierung der Arbeitswelt, geregelte Arbeitszeiten und Mutterschutz, Gleichstellung im Eherecht etc. Diese Forderungen wurden nicht von allen Frauen in gleichem Maß getragen. Sie führten zu Differenzen zwischen der proletarischen und der bürgerlichen Frauenbewegung und schließlich zur Aufspaltung in unterschiedliche Gruppierungen.

Für diese Zeit ist besonders wichtig, daß den bürgerlichen Frauen der Zugang zur Berufstätigkeit und Bildung verwehrt wurde, während Frauen der Arbeiterschaft unter schweren Bedingungen und für geringen Lohn arbeiten mußten. Das zeigt den Widerspruch zwischen dem bürgerlichen Frauenideal der „natürlichen" Berufung als Hausfrau und Mutter und den ökonomischen Erfordernissen der Berufstätigkeit für proletarische Frauen und in weiterer Folge auch für immer mehr bürgerliche Frauen sehr deutlich auf. Daraus ergaben sich unterschiedliche Auffassungen über die Ziele und das Erreichen von Emanzipation. Das dualistische Modell (Differenzansatz) und das egalitäre Modell (Gleichheitsansatz) beinhalten unterschiedliche Ideen und Vorstellungen zur Stellung der Frau in der Gesellschaft und zur Befreiung der Frau. Diese Denkmodelle stellten – und in vieler Hinsicht tun sie das noch heute – die Grundlagen für Bildungskonzepte für Frauen dar (Buder 1993). Die Vertreterinnen der bürgerlichen Frauenbewegung wurden zu Vorkämpferinnen einer Bildungsbewegung für Frauen. Marianne Hainisch, Vertreterin des gemäßigten Flügels der Frauenbewegung und 1866 Mitbegründerin des Wiener Frauen-Erwerbs-Vereins, forderte eine gymnasiale Mädchenbildung und eine uneingeschränkte Berufswahl für Frauen (Simon 1993, S. 129f.). Das politische Engagement der Frauen war von unterschiedlichen Erfolgen gekennzeichnet (Zulassung für Frauen an der philosophischen Fakultät in Wien 1897; Wahlrecht für Frauen in Österreich 1918). Der radikale Flügel der Frauenbewegung sah Bildung als Veränderungsstrategie zur politischen Durchsetzung einer Gleichstellung für Frauen. Bildung wurde als emanzipatorischer Akt gesehen, der zu Freiheit im Denken und Fühlen führen sollte. Eine Teilnehmerin eines Wiener Volksbildungsheimes beschreibt ihre Erfahrungen so, daß sie durch die Teilnahme an Bildungsveranstaltungen wurde, was jede sein sollte – ein freier, denkender Mensch (Buder 1993, S. 127).

Vertreterinnen der Frauenbewegung engagierten sich oft auch in der Volksbildungsbewegung. Die neu geschaffenen Institutionen der Volksbildung ermöglichten Frauen einen Zugang zur Bildung, die oft auch eine berufliche Qualifizierung bedeutete.

„Obwohl kein Kurs mit einem staatlich anerkannten Zertifikat endete, also die ,Volkshochschulen' zu keiner Berechtigung führten und nur zur privaten Fortbildung gedacht waren, wurden sie für Frauen und Mädchen, die keine regulären Bildungswege zur Matura besaßen, zu einem Mittel, um zur öffentlichen Weiterbildung zugelassen zu werden. Neben der Vorbereitung zur Maturaprüfung wurden die Sprachkurse auch zur Vorbereitung auf die Staatsprüfung als Lehrerin genützt, die Volksheim-Kurse dienten sogar als Einstiegshilfe zum Hospitantinnendasein an den Universitäten. Die Bedeutung dieses Bereiches für Frauen, für den sich der Staat zu sorgen weigerte, ist nicht zu unterschätzen. Die Ausrichtung der Bildungsinhalte als harmlose Freizeitunterhaltung zum Privatvergnügen hatte für Frauen nie gegolten, für sie wurden die Volksbildungsvereine auch zu Garanten des Broterwerbs. Dazu zählten auch die Kurse in kaufmännischem Rechnen des Wiener Volksbildungsvereins" (Buder 1993, S. 124).

Bildung wurde zum einen mit der politischen Vorstellung verbunden, daß sie zur Emanzipation der Frauen (des Volkes) beitragen kann. Im Gegensatz dazu stellte die freie Volksbildung und die Universitätsausdehnungsbewegung die Vermittlung wissenschaftlicher und lebensnaher Themen in den Mittelpunkt. So etablierten sich Haushaltungskurse und in weiterer Folge Angebote zur Freizeitgestaltung. Sie richteten sich ausschließlich an Frauen mit dem Ziel, Haushalt und Kindererziehung mit geringen finanziellen Mitteln so gut als möglich zu bewerkstelligen. Die Bildungsinhalte orientierten sich an den traditionellen bürgerlichen Geschlechtsrollenstereotypien und trugen so dazu bei, daß Frauen für den familiären Alltag, den Haushalt, die Kindererziehung allein verantwortlich blieben. Eine Verbindung zwischen den Erfordernissen der Lebensbewältigung und gesellschaftlichen Bedingungen, wie sie die proletarische Frauenbewegung forderte, wurde nicht mehr hergestellt.

Mit dem Ständestaat (1934) und dem Nationalsozialismus setzte sich das tradierte bürgerliche Frauenideal der Hausfrau, Ehefrau und Mutter gänzlich durch und spiegelte sich in den Bildungsangeboten für Frauen wider.

Nach dem zweiten Weltkrieg nahmen die Einrichtungen der Volksbildung ihre Bildungsarbeit wieder auf und gründeten Dachverbände. Daneben entstanden Institutionen der beruflichen Aus- und Weiterbildung. Die zur allgemeinen Bildung zählenden Angebote für Frauen blieben nach 1945 bis in die 60er Jahre (und teilweise noch bis heute) unpolitisch und traditionellen Frauenleitbildern verpflichtet. Speziell im kleinstädtischen und im ländlichen Bereich sah das Kursangebot folgendermaßen aus:

„Die ,Frauenkurse' beschränkten sich bis vor wenigen Jahren auf die ,klassischen' weiblichen Tugenden (Nähen, Stricken, Kochen, Basteln, Kosmetik, Verschönerung des Heimes, Kindererziehung, ein wenig Allgemeinbildung, gesellige Runden...)." (Fischer-Kowalsky 1986, S. 79)

Erst Ende der 60er Jahre kommt es zu einschneidenden Veränderungen in der Erwachsenenbildung in Österreich.

Neue Frauenbewegung – Neue Frauenbildung

In den 70er Jahren wurden von engagierten Frauen die Frauenfragen wieder aufgegriffen. Im Zuge anderer sozialer Bewegungen (Friedensbewegung, Studentenbewegung, Umweltschutzbewegungen) setzten sich Frauen erneut für ihre Interessen ein. In
Wien organisierten sich im Herbst 1972, also später als die deutsche oder US-amerikanische Frauenbewegung, autonome Frauen (Aktion Unabhängiger Frauen – AUF).
Das Engagement konzentrierte sich auf die Städte. Wobei die österreichische Frauenbewegung – als politische Bewegung – nie das Ausmaß einer Massenbewegung
erreichte.

Themen der Neuen Frauenbewegung sind: Die Rolle der Frau (des Mannes) und
ihre Zuständigkeit für Familie, Haushalt und Kindererziehung, die geschlechtsspezifische Erziehung, das Recht auf Selbstbestimmung bei der Schwangerschaftsunterbre-
chung (1975 Einführung der Fristenregelung), Chancengleichheit in Ausbildung und
Beruf (spezielle Förderung von Mädchen in nichttraditionellen Berufen – „Töchter
können mehr", Frauenförderprogramme), Gewalt gegen Frauen und sexueller
Mißbrauch (u.a. Errichtung von Frauenhäusern, Notruf und Beratungsstellen für ver-
gewaltigte Frauen), die Darstellung der Frau in den Medien, die Rolle der Frau in
großen Institutionen (der Kirche, der Universität) und die Gleichstellung der Frau vor
dem Gesetz. In den letzten zwanzig Jahren sind Frauenprojekte, einige Frauenzeit-
schriften und ein Frauenverlag zu Orten autonomer, feministischer Politik und Bildung geworden. Gemeinsam ist diesen Orten, daß sie von Frauen für Frauen
konzipiert, gestaltet und ausgefüllt wurden und werden. Daneben setzen sich einzelne
feministisch orientierte Frauen in Parteien, Kirche, Universitäten, Gewerkschaft und
anderen öffentlichen Institutionen für Fraueninteressen ein.

Ein wichtiges und funktionierendes Modell der Kooperation und Zusammenarbeit
über weltanschauliche, konfessionelle und (frauen)politische Grenzen hinweg wurde
von der Frauenbeauftragten der Stadt Graz, der ersten Frauenbeauftragten in Österreich, initiiert und bis heute von deren Nachfolgerinnen koordiniert: der Grazer
Frauenrat. Auf einer ähnlich breiten Zusammenarbeit basiert die österreichweite Initiative „Unabhängiges Frauen Forum", die im April 1997 elf Forderungen als Frau-
envolksbegehren eingebracht, 644.977 Unterschriften erhalten hat und seitdem für die
Umsetzung der Forderungen eintritt. Von Seiten des Staates unterstützte die sozialde-
mokratische Regierung in den 70er Jahren gesetzliche Reformen (Fristenregelung; Fa-
milienrechtsreform) und institutionalisierte 1978 Frauenpolitik durch das Einsetzen
eines Staatssekretariats für allgemeine Frauenfragen (seit 1990 Bundesministerin für
allgemeine Frauenfragen im Bundeskanzleramt). In Österreich begann eine Veränderung in rechtlichen Belangen. Heute können wir von einer formalen Rechtsgleichheit
von Frauen sprechen. Das heißt, Frauen sind vor dem Gesetz Männern gleichgestellt.
Diese erlangte formale Rechtsgleichheit kann aber reale Verteilungsungleichheiten
und soziale Diskriminierungen von Frauen nicht aufheben.

Am Beispiel der Bildungsbeteiligung von Frauen sei das kurz dargestellt: Frauen
profitieren sehr stark von der Bildungsexpansion, die in den 60er Jahren begonnen hat.
Sie haben in einzelnen Bereichen Männer bereits überholt. Bei genauerer Betrachtung

zeigt sich, daß neben den quantitativen Verbesserungen (höhere Bildungsbeteiligung) nach wie vor qualitative Benachteiligungen bestehen. Geschlechtsspezifische Unterschiede werden bei der Wahl der Schul- (ab Sekundarstufe II) und Lehrausbildung, der weiterführenden Schulen und der belegten Studienfächer deutlich. Mädchen wählen bevorzugt Schul-, Studien- und Ausbildungsformen in kaufmännischen, hauswirtschaftlichen, sprachlichen, sozialen und erzieherischen Bereichen und schließen dabei die gewählten Ausbildungsformen öfter ohne verwertbaren beruflichen Abschluß ab. In handwerklich-technischen und naturwissenschaftlich-technischen Ausbildungszweigen sind sie nur marginal vertreten. Obwohl mehr Frauen als Männer maturieren, mehr Frauen als Männer zu studieren beginnen, ist die Drop-out Rate von Studentinnen viel höher, die Anzahl der Absolventinnen viel geringer und der Anteil von Akademikerinnen mit 2,6% an der Gesamtbevölkerung nur halb so hoch wie der der Männer. Frauen ergreifen immer häufiger die Chance einer höheren beruflichen Qualifikation, allerdings noch immer in Fachrichtungen, denen im Erwerbsleben ein deutlich geringerer Wert und damit verbunden geringeres Einkommen und geringere Aufstiegschancen zukommen (Frauenbericht 1995).

Frauenpolitik setzt sich noch immer dafür ein, Benachteiligungen am Arbeitsmarkt, beim Einkommen, bei der Ausbildung, in der Familienarbeit und im Beruf Schritt für Schritt zu beseitigen. Bildung kommt dabei eine wichtige Aufgabe zu. Darunter fallen Bildungsmaßnahmen, die einerseits die fachliche Ausbildung und Qualifizierung von Frauen fördern und andererseits das Selbstbewußtsein als Frau stärken und ausbauen.

Frauenbildung – Feministische Erwachsenenbildung in Österreich

Die aktuelle Entwicklung der Frauenbildung und feministischen Erwachsenenbildung steht in einem engen Zusammenhang zur allgemeinen Entwicklung der Erwachsenenbildung und zu den gesellschaftlichen und politischen Entwicklungen in Österreich.

Zu Beginn der 70er Jahre werden neue Konzepte der politischen Bildung, Zielgruppenorientierung und Stadtteilarbeit diskutiert und umzusetzen versucht. Der Begriff Volksbildung wird durch Erwachsenenbildung ersetzt. An Volkshochschulen und katholischen Bildungseinrichtungen entstanden Frauengesprächskreise und emanzipatorische Frauenkurse, die das herkömmliche traditionelle Angebot sprengten.

– „Emanzipatorische" Frauenkurse knüpfen an der geschlechtsspezifischen Betroffenheit der Kursteilnehmerinnen an. Bildung ist nicht mehr geschlechtneutral, sie deklariert sich als parteilich im Sinne der Interessen und Anliegen der Frauen. Es sind Veranstaltungen von Frauen für Frauen, unter bewußtem Ausschluß männlicher Teilnehmer. Zum Gegenstand der Lernprozesse werden die objektive Lebenssituation von Frauen und ihre subjektive Befindlichkeit bzw. Versuche zu deren Veränderung.

– Ist die Subjektivität des Frauseins einerseits die Voraussetzung, andererseits das Ziel der Bildungsarbeit, so ermöglicht die gemeinsame Reflexion persönlicher Erfahrungen und Erlebnisse die Rückbindung individueller Entwicklungen an die gesellschaftlichen Verhältnisse" (Fischer-Kowalsky 1998, S. 253).

Diese Phase mehr oder weniger selbstorganisierter Gesprächskreise und Selbsterfahrungsgruppen führte zu einer Politisierung von Frauen und zur Entwicklung und Einrichtung verschiedener autonomer Frauenprojekte (Frauenzentren, Frauenhäuser und Frauenberatungsstellen) in ganz Österreich. Viele Frauenprojekte sahen und sehen in der Bildungsarbeit von Frauen für Frauen einen wichtigen Teil ihrer Arbeit. Theoretische Grundsatzdiskussionen über Aufgaben und Ziele der Bildungsarbeit sind im Spannungsfeld zwischen den Ansätzen „Gleichheit und Differenz" und „Gleichheit in der Differenz" angesiedelt.

Die Entwicklung von frauenspezifischen, feministischen Bildungskonzepten und Bildungsangeboten orientiert sich an unterschiedlichen Weiblichkeitsvorstellungen und Theorieansätzen zur Geschlechterdifferenz. Die Vorstellung, daß Frauen und Männer gleich und demzufolge gleichgestellt sind, weist alle auf das Geschlecht bezogene Rollenzuschreibungen zurück und verfolgt das Ziel persönlicher Unabhängigkeit, Autonomie, gleicher Teilnahme und Partizipation an allen Bereichen des gesellschaftlichen Lebens. Dem gegenüber steht die Vorstellung, daß Frauen und Männer in einer gleichberechtigten, partnerschaftlichen und nichthierarchischen Beziehung zusammenleben. Frau-Sein wird durch physiologische und kulturelle Unterschiede geprägt und unterscheidet sich vom Mann-Sein. Die Diskussionen um Gleichheit und Differenz werden ständig weitergeführt und als Ideensysteme rasch weiterentwickelt. Sie sind als Prozeß zu sehen, in dem heftige Kontroversen und Posititonskämpfe geführt und unterschiedliche Einstellungen sichtbar werden.

Ich stelle nachfolgend einzelne Beispiele aus der universitären, berufsbildenden, allgemeinen und regionalen Bildungspraxis dar, um einen Eindruck der Bandbreite der Frauenbildung/Feministischen Erwachsenenbildung in den letzten Jahren zu geben.

Frauensommeruniversitäten

1984 fand die erste Frauensommeruniversität unter dem Titel „Für das Recht auf Arbeit" an der TU Wien statt. Frauenthemen fanden damit an den Universitäten einen neuen Lernort. Es wurden heftige Kontroversen ebenso ausgetragen, wie wichtige inhaltliche Auseinandersetzungen.

„Ziel ist es, eine Woche lang die Möglichkeit der Auseinandersetzung zwischen Frauen aus den unterschiedlichsten Lebens- und Arbeitszusammenhängen auf verschiedene Art und Weise zu gestalten" (Programm Klagenfurt 1985).

Frauensommeruniversitäten waren ein

„jährliches Forum der österreichischen Frauenbewegung, zu dem möglichst viele ‚frauenbewegte' Frauen aus allen Bundesländern zusammenkommen, um sich inhaltlich mit aktuellen frauenpolitischen Fragestellungen auseinanderzusetzen, sich zu qualifizieren und um eine Standortbestimmung der österreichischen Frauenbewegung zu leisten. Wir wollen dieses Forum auch dazu nutzen, über Differenzen hinweg zu einer gemeinsamen Weiterarbeit und zu konkreten Handlungsmöglichkeiten zu kommen" (Programm Linz 1988).

Es folgten 1985 Universität Klagenfurt „Frauen zwischen Vereinnahmung und Verausgabung. Zum Verhältnis von Gewalt – Herrschaft – Macht und Widerstand", 1986 Universität Innsbruck „Furien in Uni-Form?", 1987 Universität Salzburg „Ver-Arbeitung. Sexualität – Macht – Gewalt. Natur/Technik/Wissenschaft", 1988 Universität Linz „Frau und Arbeitswelt" und 1990 Wien „Autonomie in Bewegung". Die inhaltliche und organisatorische Vorbereitung und Durchführung wurde zum Großteil von den Frauenreferaten der Österreichischen Hochschülerschaft in Zusammenarbeit mit verschiedenen Frauengruppen und dem Frauenstaatssekretariat getragen. Die bislang letzte Frauensommeruniversität 1990 in Wien wurde vom Verein zur Förderung von Frauenbildungsprojekten in Zusammenarbeit mit der Volkshochschule Ottakring geplant und durchgeführt.

Die Frauensommeruniversitäten waren eine österreichweite Veranstaltung und erreichten mit 300 bis 500 Teilnehmerinnen sehr viele Frauen. In Vorträgen, Arbeitskreisen, Workshops und kulturellen Veranstaltungen wurden politische und wissenschaftliche Themen von inländischen und ausländischen Referentinnen erörtert, diskutiert und oft heftig erstritten. Eine Befragung 1986 in Innsbruck zeigte allerdings, „daß die Vorstellung einer Frauensommeruniversität für ‚alle' Frauen sich nur ansatzweise verwirklicht hat, es dominieren Frauen aus einer gehobenen Bildungsschicht. Es fragt sich, inwieweit schon allein der Name der Veranstaltung ‚Frauensommeruniversität' dazu beiträgt, diese Vermutung taucht bei einigen Teilnehmerinnen auf. Vielleicht wäre eine Umbenennung in Frauenbildungs- (oder lern-) und Kulturwoche zielführender" (Fleischer 1987, S. 99).

Die Frauensommeruniversität war ein Forum, um inhaltliche Differenzen und unterschiedliche Sichtweisen auszutragen und weiterzuentwickeln. Die Veranstaltungs- und Organisationsform (im Rotationsprinzip waren Frauengruppen in den einzelnen Bundeshauptstädten für Konzept, Finanzierung, Durchführung zuständig) war sehr zeit- und ressourcenaufwendig und durch die Spezialisierung und Erweiterung von Angeboten zu frauenspezifischen/feministischen Themen in der oben beschriebenen Form nicht mehr zeitgemäß.

nowa – Netzwerk für Berufsausbildung

nowa ist eine Initiative zur Förderung der Berufsausbildung und Höherqualifizierung von Frauen im zweiten Bildungsweg. Träger des Projektes ist der Verein „Regionale Wirtschafts- und Qualifizierungsinitiative Graz und Graz-Umgebung". Der Verein wurde 1993 gegründet und wird von der Stadt Graz, von 25 umliegenden Gemeinden, Wirtschaftsträgern, dem Land Steiermark, dem Europäischen Sozialfond und dem Arbeitsmarktservice subventioniert.

Ziele des Projekts sind die aktive Unterstützung arbeitsloser Frauen durch Ausbildungsplanung unter Einbeziehung des regionalen Arbeitsmarktes, Förderung des dualen Ausbildungsprinzips und der Erschließung neuer zukunfts- und wirtschaftsorientierter Ausbildungsmöglichkeiten für Frauen und dem Aufbau neuer Formen regionaler Arbeitsmarkt- und Beschäftigungspolitik.

nowa betreibt zur Zeit drei Projekte:

1. Regionale Qualifizierungsinitiative für Frauen

Arbeitslose, an Umschulung interessierte Frauen, auch Wiedereinsteigerinnen, werden zunächst über die Möglichkeiten am Arbeitsmarkt informiert und beraten. In Kursen findet dann eine Ausbildungsplanung statt. Die Frauen haben dabei die Möglichkeit, verschiedene Berufe kennenzulernen, ihre Fähigkeiten in Lehrwerkstätten und Betrieben zu erproben und sich auf eine konkrete Ausbildung vorzubereiten. Mit den Betrieben, die bereit sind, neue Mitarbeiterinnen aufzunehmen, wird ein dualer Ausbildungsplan erstellt und ein Ausbildungsvertrag abgeschlossen. Neben der dualen Ausbildung gibt es noch sogenannte Ausbildungsschwerpunkte. In bestimmten Bereichen werden gemeinsam mit Betrieben Curricula entwickelt und Ausbildungsmaßnahmen durchgeführt. Beispiele dafür sind: Ausbildung zur Einrichtungsberaterin in der Möbelbranche; Ausbildung zum qualifizierten Pflegepersonal; Ausbildung zur qualifizierten Fachkraft im Autohandel; Ausbildung zur Informations- und Kommunikationstechnologiekauffrau und das Projekt zur Entwicklung von Teilzeitbeschäftigungs- und Ausbildungmöglichkeiten im Büro- und Sekretariatsbereich sowie in der Patisserie und kalten Küche.

2. Gemeinschaftsinitiative WOW

Mehrere Ausbildungen (Basislehrgang für Tourismus und Freizeitwirtschaft, Ausbildung für den Vertrieb, Kommunikation und Informationsmanagement im Büro) wurden und werden über europäische Kooperationen durchgeführt (WOW – winning opportunities for women). 1997 wurde nowa als vorbildliches Modell zur Qualifizierung von Frauen von der EU als „Best Practice Projekt" ausgezeichnet.

3. Mobiles InternetCafe für Frauen

In Graz gibt es einen Fixstandort und das Mobile InternetCafe bietet in den Gemeinden Informationsveranstaltungen, Einführungskurse und freien, kostenlosen Zugang zum Internet an.

Das Besondere an der Arbeit im Projekt nowa ist, daß Frauen unterstützt werden, die eine mittlere Qualifikation haben oder anstreben. Ausbildungen werden nur in Zusammenarbeit mit Betrieben entwickelt und durchgeführt. So ist eine spätere Beschäftigung weitgehend gesichert. Die Betriebe nehmen den Ausbildungsvertrag sehr ernst und schätzen das Engagement der Frauen. Im Zuge der intensiven Zusammenarbeit sind bereits neue Tätigkeitsbereiche geschaffen worden mit der Möglichkeit, Familie und Beruf auf besondere Weise miteinander zu verbinden. In der didaktischen Planung und methodischen Umsetzung der Kursmaßnahmen werden frauenspezifische Lehr- und Lernformen eingesetzt.

Weiter vergleichbare Ausbildungs- und Arbeitsmarktqualifizierungsmaßnahmen für Frauen sind AQUA in Wien, das ABZ-Meidling und regionale Frauenqualifizierungsinitiativen.

Frauenservice Graz

Seit 1984 gibt es die Frauenberatungsstelle in Graz, die mit Jahresbeginn 1998 in „Frauenservice Graz" umbenannt wurde. Träger ist der Verein „Frauenservice Graz. Beratung, Bildung, Projekte". Als autonomes Frauenprojekt ist „Frauenservice" von Subventionen abhängig. Die Finanzierung gleicht jedes Jahr einem Drahtseilakt, weil die Höhe der finanziellen Unterstützung durch die Stadt Graz, das Land Steiermark, den Arbeitsmarktservice, verschiedene Bundesstellen und aus Mitteln der EU jährlich neu verhandelt werden muß.

Der Frauenservice ist eine Anlaufstelle für Frauen. Hier erhalten Frauen Unterstützung in Krisensituationen und bei der Ausarbeitung von Bewältigungsstrategien. Das Besondere an der Arbeit des Frauenservice Graz ist, daß Beratung und Bildung miteinander verbunden werden.

Die Beratung umfaßt Beratung und Betreuung zu Fragen der Arbeit, Arbeitslosigkeit und der sozialen Existenssicherung, juristische Beratung, psychologische Beratung und medizinische Beratung. Ein Beratungsprojekt – „ZIB – Zurück in den Beruf" Beratung und Information für Wiedereinsteigerinnen – mußte nach nur 18monatiger Dauer wieder eingestellt werden. Die Finanzierung wurde nicht mehr gewährt.

Seit Bestehen des Frauenservice gibt es Bildungsangebote, die sich stark an den in den Beratungsgesprächen genannten Bedürfnissen orientieren. Daneben bietet der Frauenservice Organisationshilfe zur Gründung von Selbsthilfegruppen und motiviert, sich mit politischen Themen auseinanderzusetzen. Alle Angebote haben verstärkten Informationsaustausch zum Ziel. Nach dem Motto „Wissen ist Macht" eröffnen Informationen einen erweiterten Handlungsspielraum und ermöglichen somit bessere Bewältigungsstrategien. Feministische Bildungsarbeit geht grundsätzlich nicht davon aus, daß Frauen ein Defizit aufweisen. Es geht um ein Bewußtmachen eigener Wünsche und Fähigkeiten. Wissen soll für die Frau tatsächlich ihr Wissen werden. Sie bestimmt, warum sie und wozu sie Wissen erwerben und wie sie es einsetzen will. Das heißt, Frauen arbeiten selbst an ihrer Biographie und versuchen, in Gruppen Gemeinsames und Unterschiedliches herauszufinden, die Erfahrungen über das eigene Frausein auszutauschen, in einen gesellschaftlichen Zusammenhang zu stellen und mit Ergebnissen feministischer Forschung in Verbindung zu bringen. In Angeboten zur Steigerung des Selbstbewußtseins, Rhetorikübungen, Selbsterfahrungsgruppen und Seminaren mit Körperübungen wird gelernt, weibliche Selbstachtung zu stärken. Seit 1991 ist eine Mitarbeiterin für die Planung und Organisation der Bildungsarbeit hauptamtlich tätig. Die Kursleiterinnen arbeiten auf Honorarbasis und sind gut ausgebildete Fachfrauen. Im Laufe der Zeit wurde das Angebot deutlich ausgebaut und umfaßt nun Seminare, therapeutische Gruppen, Vortragsreihen, Informationsnachmittage, Workshops zu den Bereichen politische Bildung, beratungsnahe Bildung, berufliche Qualifizierung und Persönlichkeitsentwicklung. Die Bildungsangebote werden quartalsmäßig in den „Laufschritten", der Informationszeitschrift des Vereins angekündigt und gratis an über 3000 Interessentinnen verschickt.

Arbeitsmarktspezifische Projekte für Frauen werden im Rahmen der EU-Gemeinschaftsinitiativen („Employment NOW") durchgeführt. Im Frauenservice läuft zur

Zeit „Handel im Wandel" ein Projekt zur Integration von Berufsrückkehrerinnen in den Arbeitsmarkt.

Mit der Bildungsarbeit im Frauenservice Graz sind mehrere Initiativen in Österreich vergleichbar. Eine ist das „Frauengetriebe" in Bregenz/Vorarlberg. Es wurde 1988 als Initiative begonnen und wird seit 1991 als Informations- und Bildungszentrum geführt. „Noch 1988 gab es keinerlei Infrastruktur für Frauen in Vorarlberg, kein Frauenprojekt, keine Informationsstelle, keinen Frauenbuchladen. (...) Wir gehen davon aus, daß Frauen Bildungsangebote brauchen, die Frauen und damit den weiblichen Lebenszusammenhang berücksichtigen, sich an weiblicher Lebenspraxis orientieren und dadurch an den Erfahrungen der Frauen anknüpfen. Um ihre Lebenssituation bewältigen zu können, brauchen Frauen ein Bildungsverständnis, das ganzheitlich ist. D.h. Bildungsangebote müssen sich an den verschiedensten Facetten der Frauenleben orientieren und dementsprechend breit gefächert sein, sie müssen persönlichkeitsbildend wirken" (Programmheft 1997, S. 5).

Regionale Bildungsarbeit

Die Arbeit in ländlichen Regionen unterscheidet sich von den Projekten in Wien und anderen Städten. Die Situation von Frauen auf dem Lande, besonders in ländlich-peripheren Grenzgebieten, wird durch geringe Mobilität, geringes Arbeitsplatzangebot, Halbtagskindergärten und zu wenige Bildungsmöglichkeiten erschwert. Veränderung für Frauen finden in ländlichen Regionen oft in einer anderen Weise und nach anderen Strukturen statt als in der Stadt. Angebote für Frauen sind viel stärker in den Kontext traditioneller Institutionen (Volkshochschulen, Katholische Bildungswerke etc.) eingebettet und vom Engagement und der Initiative einzelner Frauen und Frauengruppen abhängig (Menne 1994).

Ausbildungslehrgänge

Die Aus- und Weiterbildung von Frauen für eine qualifizierte Bildungsarbeit mit Frauen erfolgt zum einen durch ein Hochschulstudium mit entsprechender frauenspezifischer Schwerpunktsetzung. Zum anderen gibt es spezielle Lehrgänge, die diesen Bedarf abzudecken versuchen. Die Bundesarbeitsgemeinschaft für Katholische Erwachsenenbildung führt zweijährige Lehrgänge für politische Frauenbildung durch. Ein neuer, ebenfalls zweijähriger Diplomlehrgang „Feministisches Grundstudium" wurde im Rahmen des EU Projekts „Sokrates" in Zusammenarbeit des Verbandes Wiener Volksbildung, Volkshochschule Ottakring und dem Bundesinsitut für Erwachsenenbildung entwickelt und begann 1998 als „wissenschaftliche, komplexe Weiterbildung für Frauen, die sich auf die modernsten Erkenntnisse der feministischen Erwachsenenpädagogik und Bildungsarbeit stützt" (Programmausschreibung). Der Lehrgang umfaßt eine breite Palette von Themen, die in verschiedene Module gegliedert sind: Geschichte der Frauenbewegung; Geschlechterperspektiven in soziokulturellen Feldern; Kommunikationsstrategie und Konfliktmanagement; Theorie und Praxis feministischer Rechtswissenschaft und europäische Entwicklungen; Didaktik und Methoden feministischer Bildung; Feministische Wissenschaftstheorie; Eurospeak und Neue Medien und Öffentlichkeitsarbeit. Die Teilnehmerinnen kommen aus unterschiedlichen Berufsfeldern.

Resümee

Die genannten Beispiele sind eine Auswahl unter vielen Aktivitäten, die von Frauen für Frauen konzipiert, organisiert und durchgeführt werden und zeigen, wie differenziert und professionell die Bildungsarbeit für Frauen geworden ist. Mit oft sehr geringen finanziellen Mitteln und viel frauenpolitischem Engagement werden frauenspezifische Angebote aufrechterhalten und neue konzipiert. Die gesellschaftliche Akzeptanz ist oft sehr gering, denn noch immer rütteln Bildung, Emanzipation und Solidarisierung von Frauen an den Grundfesten patriarchaler Strukturen. Während es früher Teilnehmerinnen waren, von denen Bildungsangebote ausgingen und die Bildungsinhalte nachgefragt haben (politische Frauenbildung), sind es heute Planerinnen und Trainerinnen, die dafür verantwortlich sind, welche Bildungsveranstaltungen angeboten und durchgeführt werden und an welchen Zielen sie sich ausrichten.

Vorrangiges Ziel vieler Teilnehmerinnen ist eine Verbesserung der eigenen Lebenssituation, weniger individuelle Befreiung oder das Erlangen von gemeinsamer Macht von Frauen. Am Beispiel des Frauenservice Graz wird die Frage deutlich, wie weit sich die Arbeit in Frauenprojekten weiterhin an den zentralen handlungsleitenden Begriffen der Neuen Frauenbewegung ausrichten kann/soll (Selbsterfahrung, Selbstbestimmung, Autonomie, Betroffenheit, Parteilichkeit) und/oder auf veränderte Anforderungen von außen reagieren muß. Anpassung an oder Widerstand gegen bestehende arbeitsmarkt- und gesellschaftspolitische Strukturen wird immer dann ein Thema, wenn es um die Finanzierung von Frauenprojektarbeit geht. Das heißt für die im Projekt arbeitenden Frauen immer auch einen Spagat zwischen den eigenen Zielen und Intentionen und den Anforderungen der subventionsgebenden Stellen machen zu müssen. Ich kenne kein Frauenprojekt, das finanziell „autonom" ist und demzufolge die inhaltliche Arbeit völlig selbstbestimmt ausrichten kann.

Ein weiterer wichtiger Punkt ist die Frage, welche Frauen sich welche Bildung leisten können. Feministische Bildungsangebote sind für viele Frauen ein Luxus. Das humanistische Prinzip der Emanzipation von Frauen stößt dort an die Grenzen, wo es um ökonomische Existenzsicherung geht. Hier zeigt sich, daß das Wissen um die geschlechtsspezifischen Zusammenhänge in der Gesellschaft zu keinen realen Machtveränderungen geführt hat. Feministische Bildung muß diesen Umstand mitberücksichtigen, wenn Emanzipation und Selbstbestimmung nicht ein Privileg für eine kleine Gruppe von Frauen sein soll.

Die Entwicklung der Situation der Frau in Österreich ist sehr widersprüchlich. Zum einen kandidierten bei der Bundespräsidentenwahl (!) 1998 erstmals zwei Kandidatinnen, was den Rückschluß zuläßt, daß die Präsenz von Frauen im öffentlichen Leben zunimmt. Zum anderen steigt der Frauenanteil der Erwerbslosen ständig, was wiederum die ökonomische Unabhängigkeit von Frauen verhindert.

Feministische Erwachsenenbildung versteht sich als Ort der Kritik und der radikalen Infragestellung des herrschenden Gesellschaftssystems und der damit verbundenen patriarchalen Lebens- und Denkformen. Bildungsarbeit sollte darauf abzielen, diese Strukturen zu verändern und dazu beitragen, im privaten wie im öffentlichen Leben Handlungsalternativen zu entwickeln, um als Frau selbstbewußt an allen Bereichen des gesellschaftlichen Lebens zu partizipieren. Diese Ziele in Verbindung gebracht mit den realen Lebensbedingungen von Frauen zeigen die Schwierigkeiten feministischer Erwachsenenbildung auf.

- Frauen haben unterschiedliche Zugangsbedingungen zu Bildung. Die Frage, welche Angebote von welchen Frauen genutzt werden und welche Frauen mit feministischer Bildungsarbeit angesprochen werden, ist in Österreich noch nicht systematisch untersucht worden.
- Es gibt keine zwingenden Festschreibungen für ein feministisches Bildungskonzept. Die Prozesse und Bewegungen, die Denkmodelle und Ziele sind es, die der Bildungsarbeit im einzelnen die Richtung geben. Sie müssen in Zukunft benannt und beschrieben werden. Für mich ist eine differenzierte Diskussion über Ziele und Umsetzungsformen feministischer Erwachsenenbildung notwendig und ausständig. Offen ist die Frage, von wem die Aktivitäten dazu ausgehen können und wer ein Interesse an dieser Diskussion hat.
- Angebote für Frauen, die sich an der jeweiligen Lebenssituation orientieren, zu den Themen Gesundheit, Qualifizierung, Erweiterung von Handlungskompetenzen und Bewältigungsstrategien und die es Frauen ermöglichen, an speziellen „Orten" gemeinsam mit Frauen zu lernen, sind auszubauen und von staatlicher Seite ausreichend zu finanzieren.
- Wenn Frauenprojekte und Graueninitiativen darauf angewiesen sind, durch Subventionen und Projektgelder ihre eigene Existenz zu sichern, ist es oft schwer, an Zielen und Inhalten feministischer Bildungsarbeit festzuhalten und nicht in die Gefahr zu kommen, Erfüllungsgehilfin zu sein, um Frauen wieder „anzupassen".
- Die Arbeit engagierter und frauenbewegter Frauen in den traditionellen Bildungsinstitutionen ist ein wichtiger Beitrag zur Weiterführung und zum Ausbau frauenspezifischer/feministischer Angebote.
- Viele Frauenprojekte und Fraueninitiativen sind finanziell nicht abgesichert. Daraus ergibt sich, daß die Bildungsarbeit langfristig starken Schwankungen unterworfen ist und eine kontinuierliche inhaltliche und methodische Weiterentwicklung erschwert wird.
- Frauenanliegen, feministische Bildungsangebote und Frauensolidarität müssen immer wieder positiv in der Öffentlichkeit genannt werden, um eine Breitenwirkung zu erzielen.

Diejenige, die sich für Frauenbildung/feministische Erwachsenenbildung einsetzen, können auf (Teil)Erfolge verweisen und stolz darauf sein. Gleichzeitig gilt es, die Ambivalenzen, Widersprüche und Grenzen zu erkennen und zu benennen. Bildungsarbeit steht immer in einem gesamtgesellschaftlichen, frauenpolitischen und pädagogischen Kontext.

Literatur

Arbeitskreis Feministische Erwachsenenbildung Graz u.a. (Hrsg): Frauenbildung bewegt? sich? noch? Dokumentation der Werkstattreihe Feministische Erwachsenenbildung in Österreich. Strobl (Eigenvervielfältigung) 1994

Arbeitskreis Feministische Erwachsenenbildung Graz u.a. (Hrsg): Methodik und Didaktik in der Frauenbildungsarbeit. Dokumentation. Strobl 1995

Bell, Anni u. a. (Hrsg): Furien in Uniform. Dokumentation der 3. Österreichischen Frauensommeruniversität Innsbruck 1986. Innsbruck 1997

Buder, Christina: Frauen in der Erwachsenenbildung. Ein Beitrag zur Geschichte der Frauenbildung von den Anfängen bis 1918 unter besonderer Berücksichtigung von Volksbildung und Frauenbewegung. Diplomarbeit. Wien 1993

Bundesministerin für Frauenangelegenheiten (Hrsg): Frauenbericht 1995. Bericht über die Situation der Frauen in Österreich. Wien 1995

Dokumentation der 4. Österreichischen Frauensommeruniversität Salzburg. Eigenverlag (o.J.)

Fischer-Kowalski, Marina; Seidel, Peter; u.a.: Von den Tugenden der Weiblichkeit – Mädchen und Frauen im österreichischen Bildungssystem, Wien 1986

Fleischer, Eva: Frauenantworten auf Frauenanfragen. Ergebnisse der Fragebogenerhebung während der Frauensommeruniversität. In: Bell, Anni u. a. (Hrsg): Furien in Uniform. Dokumentation der 3. Österreichischen Frauensommeruniversität Innsbruck 1986. Innsbruck 1997, S. 92-112

Frauen Forum Urania (Hrsg.): Zehn Jahre Frauen Forum Urania. Erlebnisse, Erfahrungen. Dokumentation. Wien 1987

Frauengetriebe: Veranstaltungen. September bis Dezember 1997

Gerber, Eva u.a. (Hrsg): Die Frauen Wiens. Ein Stadtbuch für Fanny, Frances und Francesca. Wien 1992

Good, David F. (Hrsg): Frauen in Österreich. Beiträge zur Situation im 19. und 20. Jahrhundert. Wien 1993

Graf, Andrea (Hrsg.): Zur Politik des Weiblichen. Frauen, Macht und Ohnmacht. Beiträge zur Innenwelt und Außenwelt. Wien 1990

Hagleitner, Silvia: Mit Lust an der Welt – in Sorge um sie. Feministisch-politische Bildungsarbeit nach Paolo Freire und Ruth C. Cohn. Mainz 1996

Hojnik, Sylvia: Frauenbildungsarbeit – Zwischen Vereinnahmung und Widerstand. In: Schratz, Michael; Lenz, Werner: Erwachsenenbildung in Österreich. Beiträge zu Theorie und Praxis. Baltmannsweiler 1995, S. 63 – 72

Menne, Brigitte: Wir Frauen auf dem Land. Ergebnisse regionaler Kultur- und Bildungsarbeit im Mühlviertel. Wien 1994

Mitter, Bettina; Orthofer, Ingeborg: Analyse der Bildungsarbeit im Verein Frauenberatung, -bildung, -forschung. Unveröffentlichter Forschungsbericht. Graz 1992

Pauli, Ruth: Emanzipation in Österreich. Der lange Marsch in die Sackgasse. Wien 1986

Rosenberger, Sieglinde: Frauenpolitik in Rot-Schwarz-Rot. Geschlechterverhältnisse als Gegenstand der Österreichischen Politik. Wien 1992

Schacherl, Ingrid; Tropper, Elisabeth: Über die (Un)Möglichkeiten von Frauen in der Wissenschaft am Beispiel der Frauenforschung. Diplomarbeit. Graz 1990

Simon, Gertrud: Hintertreppen zum Elfenbeinturm. Höhere Mädchenbildung in Österreich. Anfänge und Entwicklungen. Wien 1993

Steinwender, Pia: Frauenbildung und Volkshochschule. Eine Untersuchung aus feministischer Sicht. VÖV-Publikationen 10. Wien/Baden 1992

Verein FRAUENhetz (Hrsg.): Differenzen und Vermittlung. Feminismus, Bildung, Politik. Wien 1995

Verein zur Förderung von Frauenprojekten (Hrsg.): Autonomie in Bewegung. Wien 1991

Einführung

Von Gesundheitsbildung wird erst seit etwa 10 Jahren gesprochen. Zuvor waren in der organisierten Erwachsenenbildung nur vereinzelt Kursangebote oder Vortragsveranstaltungen anzutreffen, die über Möglichkeiten der Krankheitsverhütung belehrten. Gesundheitsaspekte wurden meist mit erzieherischer Absicht thematisiert, dafür übernahmen Experten aus medizinischen oder medizinnahen Berufsfeldern ohne ausgewiesene erwachsenenpädagogische Qualifikationen eine Funktion als Informationsvermittler.

Seit Mitte der 80er Jahre entwickelte sich Gesundheitsbildung als Ausdruck eines paradigmatischen Sichtwechsels: Möglichkeiten zur Förderung von Gesundheit traten an die Stelle von Appellen, die lediglich die Verhütung von Krankheit im Blick hatten und sich auf Risiken für Erkrankungen konzentrierten. Im Interesse der Gesundheitsförderung wurde auch das Verständnis von Bildung neu auf den Begriff gebracht. Organisiertes Lernen sollte es Erwachsenen ermöglichen, sich eigene Deutungen von Gesundheit reflexiv zu erschließen und gleichzeitig gesundheitsorientierte Aktivitäten selbst erproben und aneignen zu können. Mit der Gesundheitsbildung erweiterten sich Lernkonzepte, sie konzentrierten sich neben kognitiven Aspekten auf den Zusammenhang von körperlichen und seelischen Phänomenen.

Mit dem quantitativen Wachstum zu einem der größten Angebotsbereiche organisierter Bildung innerhalb weniger Jahre zeigte sich, daß die sprunghafte Ausweitung zu über 80% auf die Nachfrage von Frauen zurückzuführen ist. Dieses empirische Datum wurde und wird jedoch auf programmatischer oder bildungspolitischer Ebene weitgehend ignoriert. Es wird nicht als Anregung dafür verstanden, frauenspezifischen Bildungsinteressen forschend nachzugehen und ihnen zu bildungsöffentlicher Anerkennung zu verhelfen. Wird nach der Entwicklung der Gesundheitsbildung und nach ihrer Akzeptanz gefragt, erschließen sich mit den Antworten spezifische Einblicke in den Bildungsbereich insgesamt und seine leitenden Maximen. So ist zu prüfen, inwieweit organisierte Bildung verdeckt nach geschlechtsneutralisierenden Mustern inszeniert wird, die vorhandene Unterschiede zwischen den Geschlechtern und damit auch Unterschiede hinsichtlich ihrer Lerninteressen und Handlungspotentiale kontinuierlich einebnen.

Organisierte Bildung und Gesundheit

Im Bereich organisierter Erwachsenenbildung griff man gesundheitliche Phänomene vor zehn bis fünfzehn Jahren nur sehr peripher auf. Im einen oder anderen Vortrag kamen sie im direkten Bezug zur Krankheit und in dozierendem Gestus zur Sprache. Vereinzelt waren Kursangebote mit gesundheitserzieherischem Charakter anzutreffen. Sie spiegelten deutlich die Vorannahme wieder, daß Menschen im Regelfall gesundheitsschädlich agieren, daß sie also eines Besseren zu belehren sind. Zur Information über Erkrankungsrisiken bemühte man vorwiegend Experten der medizinischen Profession oder aus medizinnahen Berufsfeldern. Bildung verkürzte sich auf das Aussenden von Botschaften, die in traditioneller Manier über riskantes Verhalten aufklärten, ohne die Empfänger mit ihren Lerninteressen in den Blick zu nehmen. Krankheit verstand sich in diesem Transfermodell ausschließlich „als körperliche Dysfunktion im Sinne der naturwissenschaftlichen Medizin", man sah „das Entstehen von Krankheiten nicht im Zusammenhang mit persönlichen und sozialen Konflikten" bzw. „zugleich gebunden an die Lebens- und Arbeitsbedingungen, in denen der einzelne handelt" (Horn, Beier, Kraft-Krumm 1984, S. XII, XIV). Die Gesundheitserziehung jener Tage berief sich auf Gefahren und mahnte an Pflichten, sie unterschied sich auf diese Weise kaum von ringsum herrschenden Mentalitäten, die ein Bild vom Menschen als Bedrohung seiner selbst übermittelten. Was zur Krankheitsverhütung aufklärend angeboten wurde, stimmte alles in allem eher lustlos und stieß dementsprechend auf geringe Nachfrage. Einzelne Kursleiterinnen und Planerinnen, die aus der Frauenbewegung in die Institutionen kamen, kritisierten allerdings bereits damals energisch diese phantasielos überlieferten Erziehungsstandards.

Im Umfeld der Erwachsenenbildungseinrichtungen formierte sich derweil eine höchst lebhafte Gesundheitsszene, die in bundesweiten „Gesundheitstagen" ihre Diskussionszentren und inhaltlichen Kristallisationspunkte fand. Die Vorstellung von aktiver Gesundheitsförderung wurde zum Synonym für nachdrückliche politische Forderungen nach mehr Demokratie im Gesundheitswesen, nach Mitbestimmung und dem Recht auf eigene Verfügung über Gesundheitsbelange. An den Gesundheitsbegriff band sich Widerstand gegen fremde medizinwissenschaftliche Herrschaft und externe Definitionsmacht. „Gesundheit ist mehr" lautete z.B. – ganz im Sinne damaliger Neubestimmungen – das Motto einer großen Tagung, das freie und etablierte Gruppierungen, u.a. auch Professionelle aus der Erwachsenenbildung, zur sozialen Vernetzung aufrief. Den Paradigmenwechsel vom Krankheitsbezug zur Gesundheitsorientierung, von der Fremd- zur Selbstbestimmung leitete auf breiter Basis eine gesellschaftspolitisch ausgerichtete Gesundheitsbewegung ein, deren Geschichte noch nicht geschrieben ist und doch bereits vergessen zu werden droht. Entscheidenden Anteil an der Prägung eines anderen, erweiterten, sozial wie subjektiv unterstützenden Gesundheitsverständnisses hatte die Frauengesundheitsbewegung, die ihren Einfluß bis heute nicht verlor und aktuell wieder an Kraft und Handlungsfähigkeit gewinnt (Feministisches Frauengesundheitszentrum 1988). Ihre Vertreterinnen fanden in jenen Jahren häufig erst Resonanz und Wirkungsmöglichkeiten in etablierten Bildungseinrichtungen. Diese zeigten sich den neuen Ideen gegenüber teils aufgeschlossen, teils irritiert, maßen aber den leisen, persönlichkeits- und alltagsbezogenen Formen des Aufbegehrens gegen autoritäre kulturelle Muster letztendlich wenig Gewicht bei.

Wissenschaftlichen Befunden zur Gesundheit war Mitte der 80er Jahre für Ziele und Konzepte der Erwachsenenbildung wenig zu entnehmen. Hilfreich wurden einzelne Analysen, die die gewohnten Bahnen medizinwissenschaftlichen Denkens und Diagnostizierens kritisch nach dem zugrundeliegenden Menschenbild hinterfragten und darin die Ideologie des „teile und herrsche" als omnipotenten Ausdruck des Willens zur Kontrolle über menschliches Leben bloßlegten. Daneben existierte eine Fülle von Literatur zur sozialen Prävention, die aber – mit makrostruktureller Blickrichtung – die persönlichkeitsstärkenden, emanzipatorischen Chancen der Erwachsenenbildung außer acht ließ. Allenfalls nahm man den Bildungsbereich als strukturellen Faktor für den Entwurf einer präventiven Gesamtstrategie zur Kenntnis. Was das Selbst- und Aufgabenverständnis organisierter Erwachsenenbildung intensiv beeinflußte, war der Gesundheitsbegriff der Weltgesundheitsorganisation insbesondere in seiner sozialen Dimension (Kickbusch 1982). Noch heute läßt sich leicht erklären, was als zündender Funke von dieser Auffassung in den Bildungsbereich übersprang.

Es war zum einen die scheinbar so lapidare Feststellung, daß „Gesundheit mehr ist als die bloße Abwesenheit von Krankheit", die in ihrer Einfachheit fest zementierte kulturelle Übereinkünfte zerfließen ließ. Eine Alternative zu rein passivem Vorsichtsverhalten, das vor der Krankheit auf der Hut sein ließ, so aber letztlich ohnmächtig in die Hand medizinischen Expertentums auslieferte, trat ins Bewußtsein. Bessere Gesundheit und die Bedingungen dafür erschienen plötzlich eigeninitiativ beeinflußbar. Übertragen auf den Bildungsbereich bedeutete das: Für Gesundheit statt lediglich zur Krankheitsverhütung kann auch im Erwachsenenalter etwas gelernt werden. Zum anderen regten die körperlichen, seelischen und sozialen Bestimmungsmomente des WHO-Gesundheitsbegriffs die Imagination für eine bislang unerkannte Vielfalt von thematischen Ansatzpunkten und Lernwegen an. Die Hülle der alten Gesundheitserziehungsschablone wurde mit der neuen Vorstellung einer Gesundheitsförderung durch Bildung gleichsam explosionsartig gesprengt (vgl. Arbeitskreis Gesundheitsbildung des DIE und der VHS Landesverbände 1984). Gleichzeitig rückten Möglichkeiten autonomer Bestimmung über eigene Gesundheitsbelange stärker in den Blick.

Verdeckt blieb im Zuge dieser Entwicklung allerdings, wem sich dieser Erfolg der Gesundheitsbildung verdankt: den speziellen Lerninteressen von Frauen. Die überproportional hohe weibliche Belegungsquote in allen Bildungseinrichtungen verschaffte den speziellen Motiven von Frauen keineswegs besondere Aufmerksamkeit. Auch heute scheint es, als ressortiere die quantitativ so gewichtige Gesundheitsbildung innerhalb der Institutionen „in der Ecke des Privaten" und sei damit der fachöffentlichen Betrachtung nicht wert.

Gesundheit, Natur und die gesellschaftliche Rolle der Frau

Durch dieses Tabu in der Erwachsenenbildung ist bisher auch die Chance verschenkt worden, intensiver erforschen und erkennen zu können, was Frauen in solch hohem

Maße zur Förderung ihrer Gesundheit motiviert. Was bildungspolitisch eher diskreditiert wird, der Einbezug körperlicher und seelischer Elemente in das Bildungsarrangement, spricht nachweislich weibliche Interessen ganz besonders an. Für diese Bildungsbereitschaft bieten sich Erklärungsansätze an, die in die Geschichte zurückverweisen und die fremde Bestimmung über Körper und Seele von Frauen ans Licht bringt. Bei näherer Betrachtung werden Gesundheitsfragen geradezu zum Analyseschlüssel für Muster der Fabrikation eines Geschlechtsrollenkorsetts, das Frauen im Laufe der Jahrzehnte übergestreift wurde – mit dem sie sich aber auch selbst versehen haben. Die Gegenwehr der Frauengesundheitsbewegung erschließt heute im nachhinein, wie der Mechanismus von Fremd- und Selbstzuschreibung im Zusammenspiel funktionieren konnte.

Claudia Honegger (1991) z.B. vollzieht auf der Grundlage atemberaubenden Quellenmaterials präzise nach, wie im Zuge wissenschaftlicher Verberuflichung der Heilkunde zum medizinischen Expertentum im 19. Jahrhundert in außerordentlich simpler, biologistischer Manier aus der Anlage des Frauenkörpers ein weiblicher Geschlechtscharakter herauskonstruiert wurde. So macht sie uns historische Ordnungsleistungen zugänglich, die noch immer bitteren Nachgeschmack verursachen:

„Fassen wir mit einem Blick die körperlichen Unterschiede beider Geschlechter zusammen, so können wir sagen, daß im Manne der menschliche Körper ausgebildet ist mit vorwaltender Irritabilität, im weiblichen Körper mit vorwaltender Plasticität und Sensibilität. In jenem ist alles berechnet auf größere Wirkung nach außen, in diesem auf innere Bildung und Aufnahme äußerer Einflüsse. Diesem ganz übereinstimmend ist der geistige Unterschied. Im Manne überwiegt der Geist, im Weibe das Gemüth. Jener erfreut sich an der Erzeugung der Gedanken, dieses an der geistigen Empfängniß der Empfindungen ... Des Mannes Sinn ist schaffend, des Weibes Sinn erhaltend und bewahrend. Das Wissen und die Idee leiten des Mannes Willen, in dem Handeln des Weibes siegt das Gefühl über die Erkenntnis ...“ (K. E. v. Baer 1824).

Hand in Hand mit dieser Zementierung des Frauenbildes und analog zu den aufdiktierten Eigenschaften verlief die Zuweisung an den gesellschaftlichen Ort geschlechtsspezifischer Betätigung:

„So ist endlich der wahre Kreis weiblicher Wirksamkeit auf das häusliche Leben beschränkt, in welchem das Gemüth, liebende Sorge und Geduld herrschen“ (J. F. Fries 1820).

Historische Mythen von weiblicher Gesundheit, Körperlichkeit und Psyche wirken auch in die Gegenwart hinein. Nach wie vor sind Frauen und Mädchen in der ärztlichen Praxis mit dem diagnostischen Verdacht auf psychische Labilität, sogenannte „Frauensyndrome“ (Vogt 1985), und mit dementsprechenden Verschreibungsgewohnheiten konfrontiert. Tatsächlich lernen Mädchen bereits in ihrer Sozialisation typischerweise anders als Jungen auf ihre Gefühle, ihr körperliches und seelisches Befinden zu achten. Solche Lerneffekte, die als sozialisationsbedingte Stärken zu kennzeichnen wären, nämlich „als die größere Fähigkeit von Mädchen, körperliche Empfindungen wahrzunehmen, zu bewerten und verbal zu äußern“ (Kolip 1994, S. 7), werden weitgehend ungebrochen als Schwäche und Anfälligkeit für psychosomatische Beschwerden ausgelegt. Die hohe weibliche Belegungsquote in der Gesundheitsbildung könnte – etwas kühn und hypothetisch – so interpretiert werden, daß Frauen sich auf den Weg dahin gemacht haben, fremde und defizitäre Diktate über ihre Geschlechtsrolle aktiv in positive Selbstbilder zu verwandeln. Dabei streifen sie ihr Sozialisationsgepäck nicht gänzlich ab, sondern knüpfen in aufbauender Weise daran an.

Gesundheit und Geschlecht

Wie der geschichtliche Rekurs belegt, ist die Schematik der Konstruktion einer typischen Frauenrolle und des gesellschaftlichen Ortes für Frauen mit Blick auf körperliche und gesundheitliche Phänomene besonders handgreiflich zu entziffern. Schärfer umrissen wird er aber noch durch Kontrastierung mit einer männlichen Typik, wenn also die Geschlechterrollen im Unterschied zueinander decodiert werden. D.h. der Prozeß, in dessen Verlauf ein männlichkeitstypisches Maß als Allgemeingültiges gesetzt wird, das nicht zur Diskussion steht, wohingegen das Frauentypische als besonders, abweichend und fehlerhaft erscheint, ist zurückzuverfolgen und präsent zu halten. Ist dieses grundsätzliche Einordnungsmuster für beide Geschlechter einmal durchschaut, wird es künftig nicht mehr selbstverständlich und automatisch wirken können.

In der Gesundheitsbildung fällt es deshalb schwer, Schablonen einer Frauen- und Männergesundheit miteinander zu kontrastieren, weil Männer als Teilnehmer kaum präsent sind. Aber selbst den vereinzelten dialogbereiten Vertretern männlichen Geschlechts scheint buchstäblich der Boden unter den Füßen einzubrechen, wenn weibliche und männliche Rollenspezifika als kulturell konstruierte, andersartige, aber gleichrangige ausdrücklich zur Sprache kommen (Arbeitsgruppe Kultur und Lebenswelt Hrsg. 1995). Die übliche Hierarchie der Rollenmuster konnte offensichtlich desto reibungsloser und intensiver verinnerlicht werden, je weniger sie zur Debatte stand. Dieses Tabu führte dazu, daß sich eine männliche Definitionsmacht in Sachen Krankheit und Gesundheit selbst dort behaupten kann, wo Männer zum Thema praktisch nichts lernen wollen. Erste Anzeichen lassen den Schluß zu, daß dieser Verdrängungsakt nun auch von männlicher Seite erkannt wird: „Geschlechtsunterschiede im Gesundheits- und Krankheitszustand und in der Sterblichkeitsstatistik sind bislang erstaunlich wenig erforscht" (Hurrelmann 1996, S. 171), konstatiert jüngst einer der wenigen wissenschaftlichen Vertreter, die sich des Sachverhalts angenommen haben, und schreibt die Aufdeckung dieser Forschungslücke der Frauen- und Frauengesundheitsbewegung zu. Trotz mangelhafter Erkenntnislage tritt dennoch auch aus dieser männlichen Sicht der sozialisatorische Einfluß auf geschlechtstypische Rollenmuster klar zu Tage: Das soziale Geschlecht verlangt von Jungen und Männern, „Belastungen ohne Klagen hinzunehmen und Schmerzen zu ignorieren ... Körperliches Unbehagen bei jungen Männern wird meist sogenannten Wachstumsschüben zugeschrieben. Ihnen rät man, mehr Sport zu treiben, eventuell Morgengymnastik zu machen und viel Gemüse zu essen" (Hurrelmann a.a.O., S. 172).

Eine Bewegung, in der Männer lernen, Ängste auszusprechen, sich mit anderen Männern über Gefühle auszutauschen, ihren Körper ohne Leistungsdiktat wahrzunehmen und sich ihrer angeschlagenen und „ungesunden" Rolle bewußt zu werden, beginnt äußerst zaghaft als elementare Grundbildung in Sachen Gesundheit, Selbstbewußtsein und Geschlechtsrollenidentität:

„Viele Männer finden in der Öffentlichkeit den sicheren Raum, in dem sie nicht mit Privatheit, der Intimsphäre, dem Austausch von Gefühlen in Kontakt kommen müssen ... Die Frauenbewegung hat das zentrale Ziel gehabt, die Privatheit auch öffentlich zu machen. Die Männer sind eigentlich auf dem Weg, von der Öffentlichkeit, vom Herrschaftsanspruch, von Macht und entsprechenden Männerbildern, die alle phantastisch herumgeistern, zurückzukommen in einen persönlichen Identitätsprozeß ... Frauen haben darin eine jahrelange Tradition, Männer haben nur eine sehr kurze Tradition und die Schwierigkeit, einen Dialog darüber überhaupt zu führen" (Arbeitsgruppe Kultur und Lebenswelt Hrsg. a.a.O., S. 131).

Männer ahnen heute, daß ihr Körper, ihre Gesundheit ebenfalls, wenn auch in spezifisch anderer Weise als bei Frauen, instrumentalisiert ist. Ihr Körper erscheint völlig beherrschbar, sein Funktionieren wird vorausgesetzt und gilt als bloßes Mittel für das Ziel, im Sinne gesellschaftlicher Anerkennung produktiv zu werden. Zug um Zug entpuppt sich ein Gesundheitsbegriff, der Gesundheit lediglich als „Nichtkrankheit" versteht und vertritt, als zutiefst patriarchale Bestimmung, die nicht nur Frauen, sondern auch Männer schädigt (Lenz 1994).

Erst im Spiegel männlicher, hegemonialer Gesundheitsvorstellungen kristallisiert sich die Tragweite eines anderen Gesundheitsverständnisses und seiner Umsetzung im Bildungsbereich heraus. Die Mißachtung der Gesundheitsbildung hat nachvollziehbare Gründe. Sie ist nur auf den ersten, oberflächlichen Blick der Frauenbelegungsquote zuzuschreiben. Sehr viel weitergehender noch ist sie an die Tatsache zu binden, daß inhaltliche Neuorientierungen in diesem Bereich — mit der Gesundheit und ihrer Förderung als zentralem Bestimmungsmoment — in Kontrast zu geltenden männlichen Leitmaximen der Krankheitsorientierung gerieten. Sie traten damit nicht nur gegen die internalisierte Bewußtseinslage eines medizinischen Expertentums an, sondern die gesundheitsspezifischen Lernmotive eines Geschlechts äußerten sich in deutlich erkennbarem Gegensatz zu den gesundheitsabstinenten, körper- und gefühlsfeindlichen Vorbildern des anderen Geschlechts. Dieser Widerspruch zog und zieht sich ebenfalls durch die Bildungsinstitutionen und zwischen ihren professionellen VertreterInnen hindurch, dennoch bleibt er dem Bildungsalltag implizit, wird bis in die Gegenwart verdeckt und verschwiegen. Auch wenn die bezugswissenschaftliche Literatur für den Bildungsbereich zu geschlechtsdifferierenden Aspekten von Gesundheit bereits Bände spricht, scheint das Postulat der Geschlechtsneutralität in bildungspolitischen bzw. offiziellen Deklarationen eigenartig unangefochten von der Lernwirklichkeit der TeilnehmerInnen weiterzubestehen.

Gesundheit als Lernanlaß aus dem Alltag

Gesundheitsfragen verweisen im allgemeinen Verständnis auf die private Sphäre, den Alltag und damit auf den Wirkungskreis, der traditionell Frauen zugeschrieben wird, den sie angesichts der grundsätzlich ungebrochenen Arbeitsteilung auch weiterhin als

Verantwortungsbereich wahrnehmen. Organisierte Erwachsenenbildung kopiert in ihrer Programmatik die kulturell übliche Teilung der Lebens- und Arbeitszusammenhänge von Frauen und Männern in spezifischer, aber deutlicher Art und Weise. Allgemein und öffentlich relevante Angebotssegmente werden von alltagsnahen, privat und persönlich bedeutsamen nicht nur unterschieden, sondern in der heimlichen Rangordnung auch an oberste Stelle gesetzt.

Die verdeckte Abwertung des Alltäglichen hat bildungspraktische Folgen, die ebenfalls unerkannt bleiben. Subjektive Handlungsanforderungen und -möglichkeiten von AdressatInnen stellen kaum Orientierungspunkte für die Entwicklung von Lernkonzepten dar, ebenfalls werden die Lebenszusammenhänge von Teilnehmenden nicht systematisch in Lernprozesse einbezogen. So wird u.a. der rote Faden zwischen individuellen Gesundheits- und Lerninteressen, der sozialen Relevanz und dem politischen Gehalt von Gesundheitsaspekten durch Erwachsenenbildung selbst von vornherein zerschnitten. Potentiell werden Frauen auch als Bildungsteilnehmerinnen durch dieses Vorgehen einmal mehr in ihrer biographischen und sozialen Entwicklung nach dem Entweder-Oder-Muster beschnitten, das in die patriarchale Arbeitsteilung wie in Beton eingelassen ist. Tatsächlich sind aber Frauen diejenigen, die ein Bewußtsein von den Schädigungen und Entfremdungen haben, die das hochkomplexe Leben in unserer Kultur permanent erzeugt. Dazu haben sie in Anbetracht der Mehrfachbelastungen, die ihnen in Unterschied zum männlichen Geschlecht zugemutet werden, im übrigen auch allen Grund. Von Zerreißproben durch die Alltagsbewältigung wissen Frauen zu berichten, nicht Männer. Sie entwickeln dadurch erhebliche, gleichsam managermäßige Kompetenzen:

„Frauen sind Expertinnen des Alltags, ohne daß ihnen dies in irgendeiner Weise gesellschaftlich honoriert wird. Männer hingegen ... zeichnen sich geradezu durch ‚Alltagsvergessenheit‘ aus" (Jurczyk 1996, S. 53).

Gesundheitsaspekte werden häufig genug zum Brennpunkt der widerstreitenden alltäglichen Anforderungen und zum Prüfstein dafür, ob die Vereinbarkeit gelingt. Wenn Frauen beginnen, ihre eigene Gesundheit respektvoller zu behandeln, so sind sie gleichzeitig daran gewöhnt, auch die Gesundheit von Mitmenschen im engeren und weiteren Sinne nicht aus den Augen zu verlieren. Will eine Frau z.B. etwas für ihre gesunde Ernährung und die ihrer Nächsten tun, so stößt sie unweigerlich auf die zwiespältige Frage, ob das Gesundheitsverträgliche auch umweltverträglich ist, wofür und woraufhin sie sich entscheiden soll. Sie wird kaum das nach allen Seiten Passende als einfachste Alternative gut erreichbar vorfinden, sondern steht ständig von neuem vor Entscheidungszwängen, für deren Auflösung kein Vorbild oder Rezept existiert:

„All dies ist ebenso fremdbestimmend wie unerfreulich. Widersprüche werden weder erkannt noch benannt und verbleiben somit unsichtbar im Hintergrund. Gleichwohl bleiben die Ratschläge und Appelle dahingehend, es richtig zu machen im Sinne der Umwelt, im Sinne der Familienmitglieder, im Einklang mit der Erwerbsarbeit. Solcherart Anforderungen müssen zwangsläufig Überforderung bewirken. Und Frauen kommen vor lauter angestrengten Ausgleichsversuchen selber nicht zum Zuge" (von Winterfeld 1996, S. 67).

Gesundheitsaspekte werden demgegenüber durch organisierte Erwachsenenbildung aus den inhaltlichen Kontexten herausgelöst, in denen sie im Alltag bedeutsam sind. Sie stehen isoliert und nicht in wirklichkeitsangemessenem Zusammenhang mit der Frage nach Umweltschonung, mit Anforderungen durch die häusliche Wirtschaft, durch Konsum oder das Zeitmanagement. Dadurch bleibt verdeckt, daß das Alltägliche zum Lernfeld voller Passungsanforderungen, zu „harter Arbeit" (Jurczyk 1996) geworden ist, deren Bewältigung sich längst nicht mehr von selbst versteht. Bildungsangebote nach disziplinärer Einteilungslogik gehen an diesen Spannungsbögen in den Lebenskontexten von Frauen kontinuierlich vorbei, zumal sich alltägliches Lernen in anderen Bahnen und Rhythmen vollzieht, als eine fachliche Spezifik es vorsieht. Durch dieses didaktische Vorgehen bleiben auch die Fähigkeiten unberücksichtigt, die Frauen als Grenzgängerinnen zwischen Privatem und Öffentlichem längst ausgebildet haben. Soziale Verantwortung übernehmen zu können, Sorge für sich und andere zu tragen, diese „Tugenden", die die herrschende Kultur vorwiegend in feminine Leistungskataloge und in das häusliche Ambiente eingeschrieben hat, geraten zunehmend aus gesellschaftlicher Sicht zur Kompetenzanforderung für beide Geschlechter und hier beweisen Frauen ihren Qualitätsvorsprung. Vorsorgendes Denken wurde zur Quelle heutiger Gesundheitsbildung, die sich vom schulmedizinischen Paradigma gelöst hat. Sie ist aus einer Perspektive des „Caring" (Sevenhuijsen 1997) entstanden, was Frauen keineswegs angeboren ist, aber angesichts der Sozialisationsunterschiede ihrer Alltagssicht entspringt. Behutsame Förderung, Sensibilisierung für gesundheitsschädliche Einflüsse, die Stärkung von Subjekten und sozialen Zusammenhängen zugleich (Arbeitskreis Gesundheitsbild 1985) gehören zu ihren Prinzipien. Diese Vorsorglichkeit wird als Handlungsmuster, das in der Gesundheitsförderung für Frauen im Privaten Gestalt gewonnen hat, zum zwingenden Erfordernis bei politischen bzw. öffentlichen Angelegenheiten und damit zuerst einmal zum Lernanlaß für das andere, das männliche Geschlecht.

Kategorien der Fürsorglichkeit und Pfleglichkeit werden augenblicklich vorwiegend von Frauen als „weiche" Metapher für gesellschaftliche Veränderung ins politische Gespräch gebracht. Das Gesundheitsmotiv spielt dabei eine nicht zu unterschätzende Rolle. Solange Männer aber als Dialog- und Handlungspartner für den Transfer privater Potentiale in öffentliche Kontexte nicht herausgefordert werden, stehen diese feministischen Vorstöße erneut in Gefahr, in das Abseits des Alltäglichen, allgemein Irrelevanten abgedrängt zu werden. Erwachsenenbildung bietet heute einen der wenigen geschützten Räume für Zwischen-Öffentlichkeiten an, in denen die Verständigung der Geschlechter über bessere, gesündere Lebensbedingungen beginnen kann.

Literatur

Arbeitskreis Kultur und Lebenswelt (Hrsg.): Dialoge zwischen den Geschlechtern. Frankfurt a.M. 1995.
Arbeitskreis Gesundheitsbildung: Rahmenplan Gesundheitsbildung. Bonn 1985.

Baer, Karl Ernst von, 1824, zitiert nach Honegger, Claudia: Die Ordnung der Geschlechter. Die Wissenschaften vom Menschen und das Weib. Frankfurt a.M./New York 1991, S. 210.

Feministisches Frauengesundheitszentrum: 10 Jahre FFGZ-Frankfurt 1978-1988. Frankfurt a.M. 1995.

Fries, Jakob Friedirch, 1820, zitiert nach Honegger, Claudia, a.a.O., S. 191.

Honegger, Claudia: Die Ordnung der Geschlechter. Die Wissenschaften vom Menschen und das Weib. Frankfurt a.M./New York 1991.

Horn, Klaus; Beier, Christel; Kraft-Krumm, Doris: Gesundheitsverhalten und Krankheitsgewinn. Opladen 1984.

Hurrelmann, Klaus: Männergesundheit – Frauengesundheit. Warum fällt die Lebenserwartung von Männern immer stärker hinter die der Frauen zurück? In: Haase, Andreas; Jösting, Niels; Mücke, Kay; Vetter, Detlef (Hrsg.): Auf und Nieder. Aspekte männlicher Sexualität und Gesundheit. Tübingen 1996.

Jurczyk, Karin: Die Arbeit des Alltags. Unterschiedliche Anforderungen in der alltäglichen Lebensführung von Frauen und Männern. In: Stiftung Verbraucherinstitut/ Deutsches Institut für Erwachsenenbildung (Hrsg.): Focus Alltag. Neue Bildungsperspektiven für Frauen, Frankfurt a.M. 1996.

Kickbusch, Ilona: Vom Umgang mit der Utopie. Anmerkungen zum Gesundheitsbegriff der Weltgesundheitsorganisation. In: Venth, Angela (Hrsg.): Gesundheit und Krankheit als Bildungsproblem. Bad Heilbrunn 1987.

Kolip, Petra: Ein denkwürdiger Wandel zur gesundheitlichen Lage im Jugendalter. Zeitschrift für Sozialforschung, Heft 4. Hannover 1994, S. 39-46.

Lenz, Hans-Joachim (Hrsg.): Auf der Suche nach den Männern: Bildungsarbeit mit Männern. Frankfurt a.M. 1994.

Sevenhuijsen, Selma: Feministische Überlegungen zum Thema Care und Staatsbürgerschaft. In: Braun, Helga; Jung, Dörte (Hrsg.): Globale Gerechtigkeit. Zur feministischen Debatte zur Krise des Sozialstaats. Hamburg 1997.

Vogt, Irmgard: Für alle Leiden gibt es eine Pille. Opladen 1985.

Winterfeld, Uta von: Konsum als Alltagsfalle. Das Handeln von Frauen zwischen Widerspruch und Einklang. In: Stiftung Verbraucherinstitut/Deutsches Institut für Erwachsenenbildung (Hrsg.): Focus Alltag, a.a.O. 1996.

Nieves Alvarez, Michaela Rißmann

Frauenbildungsarbeit in der Gewerkschaft Erziehung und Wissenschaft

Zusammenfassung

Für Arbeitnehmerinnen und Unternehmensverbände ist ein hoher Qualifikationsgrad der ersteren eine unabdingbare Voraussetzung für die erfolgreiche Entwicklung der eigenen Betriebe und der ganzen Wirtschaft. Auf die Frage, warum die Gewerkschaften diesen Ansatz teilen, lassen sich eine Reihe von Argumenten aufführen, die letzlich einen Modellversuch der Fortbildung für Frauen im pädagogischen Bereich hervorgerufen hat. Das grundlegende Problem der Verbindung von Bildung, Lernen und Arbeiten ist für die Zukunft des Bildungssystems von zentraler Bedeutung und erfordert das Mitwirken der Gewerkschaften in der Frauendiskussion.

1. Einleitung

Bei der Gewerkschaft Erziehung und Wissenschaft (GEW) besteht das Grunddilemma noch immer. Trotz der zunehmenden Chancengleichheit von Männern und Frauen ist eine Überwindung der Polarisierung der Geschlechter nicht erfolgt. Der Mitgliederstand per 31.12.1995 zeigt, daß trotz der quantitativ stärkeren Präsenz weiblicher Kolleginnen (68%) Ungleichheit bei den ca. 300.000 Mitgliedern aus allen Bereichen des Bildungswesens sowohl in der Verteilung nach schulartspezifischen Fachgruppen als auch in der Besetzung von Funktionen besteht. Vor diesem Hintergrund stellt sich die Frage nach der Bedeutung, die der gewerkschaftlichen Bildungsarbeit bei der Überwindung dieses Dilemmas zukommt. Hat die GEW trotz zahlloser Diskussionen und Modellversuche, die zur Statusverbesserung von Frauen im Beruf und als Funktionärin beitragen sollten, versagt?

Sicherlich spielen dabei tieferliegende Ansätze, die die Unterschiede zwischen den Geschlechtern im Hinblick auf die historischen, sozialen und kulturellen Entstehungszusammenhänge begründen, eine Rolle. Für die Thematisierung der Bedeutung gewerkschaftlicher Bildungsarbeit heißt dies zunächst, herauszufinden, wie begründet wird, was Frauen und Männer tun oder nicht tun wollen. Hierdurch wird deutlich, daß nicht zuletzt externe Faktoren wie soziale Anerkennung und persönliche Einsatzbereitschaft den Erfolg mitprägen. Diese Tatsache rechtfertigt jedoch nicht die bestehenden Männerrituale, die für die Verstärkung oder Überwindung der Diskriminierung von Frauen verantwortlich sind.

Zahlreiche Vorstellungen erweisen sich auch bei der GEW als permanente Mythen, die jedoch nach wie vor bildungspolitische Entscheidungen mitbestimmen. Etwa: Frauen sind nur Zweitverdienerinnen und können flexibler auf Teilzeitbeschäftigung eingehen, weil sie nicht die Verantwortung für den Unterhalt der Familie tragen; Frauen sind weniger qualifiziert als Männer und bleiben deswegen in den unteren Einkommenskategorien, weil sie die Aufstiegschancen nicht wahrnehmen können; oder, beschönigend formuliert, Frauen haben in zwei unterschiedlichen Lebensbereichen (Familie und Beruf) Kompetenzen, Wissen und Orientierungen erworben und diese doppelte Arbeitsleistung ist daher größer und anders als die biographisch normale Arbeitssituation der Männer.

In der Tat weist die Frauenarbeitsforschung in der Arbeitssituation von Frauen nicht nur auf spezifische strukturelle Defizite und hierarchische Beschränkungen hin. Ein Blick auf Baden-Württemberg offenbart deutliche geschlechtsspezifische Ungleichgewichte:

„der Anteil von Frauen in Höhe von 86,4% bei den teilbeschäftigten Lehrerinnen und Lehrern und in Höhe von 82,2% bei den Beurlaubungen ist ein Indiz dafür, daß sie nach wie vor die Hauptlast der Familienarbeit tragen" (Eisele-Becker/Knapper 1994, S. 26).

Deutlicher wird dies, wenn bedacht wird, daß mit zunehmender Besoldungsgruppe der weibliche Anteil rapide sinkt:

„In der Besoldungsgruppe A 12 (plus Zulage) bis A 14 beträgt der Frauenanteil nur noch 23%, wobei sich in A 14 lediglich 7,7% Frauen befinden... Nur 4% sind in der Gruppe A 16" (Pfeiffer-Silberberger 1994, S. 50f.).

Zwar wird das Konzept des „weiblichen Arbeitsvermögens" positiv herausgestellt, jedoch wird es systematisch deklassiert, wenn sich die traditionell als weiblich charakterisierten Fähigkeiten, wie Geschicklichkeit, soziale Sensibilität und Kreativität nicht auszahlen (Gottschall 1991). Weitere Stärken wie ihre ausgeprägte Kooperationsbereitschaft, ihre konstruktive Konfliktbewältigung und die Bereitschaft, Entscheidungen auf Konsensbasis zu treffen, werden beim vielseitigen Arbeitsvermögen von Frauen in ihrer doppelten Rolle besonders geschätzt, schlagen sich aber nicht automatisch in besseren Aufstiegsmöglichkeiten nieder.

Warum nun Fortbildungsseminare für Frauen? Weil eben diese zunächst positiv formulierten Eigenschaften und Fähigkeiten von Frauen unter Einbeziehung der tatsächlichen gesellschaftlichen Machtverhältnisse eine Veränderung der Wertungen im negativen Sinn erfahren: Frauen haben eine hohe Anpassungsbereitschaft, gehen Konfliktsituationen aus dem Weg, sie ziehen sich zurück, sie richten sich nach hierarchischen Loyalitätsbindungen... Dennoch bleibt die Frage bestehen: Haben die Lehrerinnen und Kolleginnen Frauenseminare nötig, wenn sowieso die gesellschaftliche und gewerkschaftliche Realität einseitig geprägt ist?

2. Gewerkschaftliche Bildungsarbeit in der Gewerkschaft Erziehung und Wissenschaft (GEW)

2.1 Allgemeines zur gewerkschaftlichen Bildungsarbeit

Die Meinung, was unter gewerkschaftlicher Bildungsarbeit verstanden wird, ist innerhalb der Gewerkschaft Erziehung und Wissenschaft nicht einheitlich. Der föderale Aufbau der Gewerkschaft, bedingt auch durch die spezifischen Besonderheiten im Bildungswesen der einzelnen Bundesländer, bewirkt unterschiedliche Herangehensweisen und Definitionen der jeweiligen Landesverbände. Die Bandbreite der allgemein vertretenen Auffassungen reicht hier von: Gewerkschaftliche Bildungsarbeit ist die Vermittlung von gewerkschaftlich relevanten Positionen und Informationen an Mitglieder und Funktionäre (Formen dabei können Versammlungen, Seminare und Konferenzen sein) bis hin zu der Meinung, daß jede fachliche Qualifizierung z.B. von Lehrerinnen und Lehrern gewerkschaftliche Bildungsarbeit ist, weil sie von der Gewerkschaft durchgeführt bzw. veranstaltet wird.

Zech (1995, S. 161f.) hingegen stellt fest, daß gewerkschaftliche Bildung die Einheit von politischer Bildung, pädagogischer Fortbildung und von Persönlichkeitsbildung ist und auf die Erweiterung der politischen, pädagogischen und sozialen Handlungsfähigkeit der Subjekte zielt. Auf der politschen Dimension soll sie gesellschaftspolitische und soziokulturelle Orientierungen vermitteln, auf der pädagogischen Dimension methodisch-didaktische Qualifizierung betreiben und auf der sozialen Dimension individuelle Emanzipation und sozial-kommunikative Kompetenz fördern. Wird dies erreicht, dann hat die Bildungsarbeit einen doppelten Nutzen: Die Gewerkschaftsmitglieder profitieren für ihre berufliche Tätigkeit und für das gewerkschaftspolitische Engagement, und die Organisation kann über diese doppelte Qualifizierung sowohl ihre bildungspolitische Kompetenz verbessern als auch ihre Kampfkraft und ihre Durchsetzungsfähigkeit stärken. Innerorganisatorisch hat demnach die gewerkschaftliche Bildungsarbeit in erster Linie eine Vermittlungsfunktion auf den verschiedensten Ebenen zu erfüllen, z.B. zwischen Mitgliedern und Funktionsträgern, zwischen Männern und Frauen sowie zwischen den verschiedenen Mitgliedergruppen. Schmidt beschreibt die Ziele gewerkschaftlicher Bildungsarbeit folgendermaßen:

„In der und durch die gewerkschaftliche Bildungsarbeit sollen KollegInnen befähigt und motiviert werden, Kommunikation vor Ort sensibel und verantwortungsvoll, aber auch kompetent und konsequent zu initiieren, zu moderieren und stilbildend zu etablieren" (1995, S. 180).

2.2. Entstehung des Projektes Gewerkschaftliche Bildungsarbeit

Die Tradition der gewerkschaftlichen Bildungsarbeit in der GEW ist im Gegensatz zu anderen Gewerkschaften noch eine recht junge. Nachdem es einzelne Bemühungen beim Aufbau einer systematischen Bildungsarbeit gegeben hatte, arbeitete ab 1990 ein Pilotprojekt mit sieben hauptamtlichen Angestellten in drei (west)deutschen Landesverbänden, das Seminare durchführte und Konzepte dafür entwickelte. Das Pilotprojekt trug den Titel: „Wir machen die GEW stark – wir werden 200 000!" (Das Ziel, 200 000 Mitglieder zu erreichen, wurde dann aufgrund der deutschen Einheit schnell erreicht.) Diese ersten Jahre waren geprägt vom Erleben einer Krise in der Gewerkschaft und einer Aufbruchsstimmung nach der Wiedervereinigung. Für das Projekt wurden folgende Aufgabenfelder bestimmt:

- Unterstützung der Arbeit „vor Ort" bei Vertrauensleute-, Werbe- und Seniorenarbeit,
- Leisten eines Beitrags zur Gesamtarbeit der GEW durch Förderung des Funktionärsnachwuchses und Qualifizierung von Funktionären,
- Hilfe bei der Umsetzung von organisationspolitischen Zielsetzungen, nämlich Gewinnen neuer Mitglieder, Verringerung des Austrittes von Mitgliedern, Gewinnen von mehr Kolleginnen und Kollegen, die aktiv mitarbeiten (Beschreibung des Projektes ..., S. 11).

Als ein weiteres Arbeitsfeld wurde definiert, frauenspezifische Bildungsarbeitsangebote von Frauen für Frauen und mit Frauen durchzuführen (ebd., S. 6).

Im Anschluß an diese Pilotphase wurde eine Ausdehnung der Projektarbeit auf das gesamte Bundesgebiet beschlossen. Mit nunmehr zehn hauptamtlich Beschäftigten sollte eine flächendeckende gewerkschaftliche Bildungsarbeit aufgebaut werden. Der Auftrag für das Projekt wurde nun etwas präziser gefaßt. Demnach hat das Projekt Gewerkschaftliche Bildungsarbeit „im Kern die Aufgabe, in den verschiedenen Mitgliederbereichen der GEW Vertrauensleutebildungsarbeit aufzubauen". Außerdem gehört zu den Aufgaben der Projektmitglieder

„die Weiterentwicklung von Schulungsangeboten für alle, die ehrenamtlich für die GEW tätig sind, ... aber auch die Durchführung von Seminaren für besondere Mitgliedergruppen der GEW: neue, junge, alte und ältere Mitglieder, sowie Mitglieder in besonderen beruflichen Funktionen" (Beschluß des Gewerkschaftstages 1993, zit. nach Bericht für den Hauptausschuß 1995, S. 3).

Gemeint ist bei dieser sehr breit angelegten Bildungsarbeit auch die Durchführung von speziellen Frauenseminaren.

Das Projekt Gewerkschaftliche Bildungsarbeit besteht aus zehn hauptamtlichen MitarbeiterInnen (2 Männer und 8 Frauen), die in vier Regionalteams (Nord, Süd, Ost, West) und einer Leitung tätig sind. Die Arbeit des Projektes wird also regional bezogen durchgeführt.

Ausgangspunkt in der bildungspolitischen Diskussion bleibt immer noch die Erkenntnis, daß politische und staatliche Institutionen Frauen fremd sind, weil ihre Teilhabe in Zeiten derer Entstehung ausgeschlossen war (Naumann 1995). Den Zugang zu diesen Institutionen und das Sich-zurecht-Finden sind nur einige der Schwierigkeiten, die Frauen aus dieser Fremdheit als Defizite mitbringen. Deswegen war von Anfang an die Einbindung von Qualifizierungsangeboten, die den besonderen Belastungen von Frauen Rechnung tragen und ihre Diskriminierungserfahrungen berücksichtigen, in vielen Seminaren mit dem Projekt Gewerkschaftliche Bildungsarbeit im Zeitraum

1994-97 zustande gekommen. Die folgende Darstellung dieser Erfahrungen in zwei unterschiedlichen Regionen ist ein Beispiel dafür, daß von einer einheitlichen Frauenbildungsarbeit in der GEW nicht gesprochen werden kann.

3. Grundlage der Verhandlungs- und Rhetorikseminare der GEW in der Südregion

Ein besonderes Spezifikum in der Südregion (Bayern und Baden-Württemberg), das auf integrierte Ansätze angewiesen ist, stellt die Bestimmung der Themen gewerkschaftlicher Bildungsarbeit durch die Teilnehmerinnen selbst dar, wodurch die Erfolgsaussichten verbessert und das Selbstbewußtsein der Teilnehmerinnen gestärkt wird. Fachtagungen und insbesondere das In-Kraft-Treten des neuen Frauenförderungsgesetzes in Baden-Württemberg 1996 führten zu einer Reihe von Vereinbarungen auf Kreis- und Fachgruppenebene, die eine langfristige Kooperation mit dem Projekt ermöglicht haben und deren Zielsetzung sich hauptsächlich auf die Verbesserung der Kommunikationsfähigkeit (insbesondere Verhandlungsführung und Rhetorik) der Frauen konzentriert. Inhaltlich und methodisch werden anhand frauenspezifischer Fachliteratur Aspekte und Themen behandelt, die im Einklang mit der bildungspolitischen Aktualität die spezifischen Forderungen der Frauen in den Vordergrund rücken und strategisch plazieren.

Beispiele für schwierige oder nicht abgeschlossene Verhandlungen sind bei Frauen hinreichend bekannt. Das Verhandeln setzt respektvolle Umgangsformen im Miteinander voraus, wenn wir davon ausgehen, daß Verhandlung

„eine Grundform (ist), Gewünschtes von anderen Leuten zu bekommen. Es ist wechselseitige Kommunikation mit dem Ziel, eine Übereinkunft zu erreichen, wenn man mit der anderen Seite sowohl gemeinsame als auch gegensätzliche Interessen hat" (Fisher u.a. 1993, S. 15).

Im Kontext der Verhandlungsführung stellen sich zunächst für die Seminarteilnehmerinnen wichtige Fragen: Stehen beide auf der gleichen hierarchischen Stufe oder wird eine Seite aufgrund ihrer Stellung Druck auf die andere ausüben? Wie kann Dominanz abgebaut werden? Steht genug Zeit zur Verfügung, sich der neuen Verhandlungssituation anzupassen? Welche Strategien können eingesetzt werden, damit die Ergebnisse langfristig abgesichert sind? Wie wird fair verhandelt? Solche Fragen sind nicht einfach zu beantworten, weil in Verhandlungssituationen viele problematische Erlebnisse als Bedrohung empfunden werden.

Hier geht es vielmehr darum, die Kommunikationsfähigkeit von Frauen zu begreifen, die bei Verhandlungen den Wirkungszusammenhang für das Einander-Verstehen darstellt. Der Grundgedanke der Harvard-Experten – „ohne Kommunikation ist Verhandeln unmöglich" (Fisher u.a. 1993, S. 53) – hat Bestand, wohl wissend, daß Frauen als Verhandlungspartner nicht nur ihre jeweiligen Interessen vertreten, sondern auch unterschiedliche beziehungskommunikative Prozesse in Gang setzen, die nicht lineal-kausal, sondern zirkulär-vernetzt sind und keine Reduktion auf nur eine Sichtweise erlauben.

Birkenbihls „psycho-logische" Mechanismen der Verhandlung (Birkenbihl 1995, S. 61ff.) in Anlehnung an die menschliche Kommunikation von Watzlawick bieten eine Erklärung dafür, wie Probleme zwischen Menschen als Interaktionsprobleme zu verstehen sind. Während die Inhaltsebene einer Verhandlung mit Worten, Informationen, Daten und Fakten kommuniziert wird, bleibt die Beziehungsebene zwischen Verhandlungspartnern meist völlig unbeachtet.

„Wenn wir mit jemanden sprechen, senden wir ständig eine Fülle von Signalen, die uns helfen, die Beziehung zu bestimmen: Signale der Anerkennung, der Ablehnung, des analytischen-sachlichen Denkens, so daß wir die Art und Weise, wie wir etwas sagen, benützen, um unsere Gefühle dem anderen gegenüber mit auszudrücken" (ebd., S. 63).

Ist die Beziehung positiv, dann kann man ein Maximum der Inhaltsebene wahrnehmen. Ist sie dagegen negativ oder steht sie im „Nebel", dann entstehen in der Verhandlung Blockaden, weil nur Teile der Information auf der Inhaltsebene aufgenommen werden.

„Je stärker die Blockade, desto „dichter" wird der Nebel, in dem der andere steht. Desto weniger ist man in der Lage, zuzuhören und mitzudenken oder „vernünftig" zu sein" (ebd., S. 63).

Das Betrachten des Unausgesprochenen oder der „Gefühlsunterwasserwelt" (Reich 1996, S. 35), gebildet durch Störungen, Konflikte oder Hierarchieverhältnisse, bewirkt ein Wechselspiel der Beziehungen und determiniert undurchschaute Einigkeiten bzw. Uneinigkeiten von Inhalts- und Beziehungsebenen.

Für die erfolgreich vollzogene Kommunikation in der Verhandlungsführung hat Schulz von Thun eine weitere Differenzierung bezüglich der Beobachtung von Inhalts- und Beziehungsebene beigesteuert. Ausgehend von der klassischen bidirektionalen Sender-Empfänger-Ausrichtung hin zum „Miteinander-Reden" verläuft die Kommunikation nicht nur kreisförmig und interaktionsbezogen anhand des Zusammenhangs der wechselseitigen Beziehungen, sondern beinhaltet zudem vier Aspekte, die für Sender/in und Empfänger/in von Bedeutung sind (vgl. Schulz von Thun 1994, S. 13ff.):

1. Sachaspekt oder worüber ich informiere;
2. Beziehungsaspekt oder was ich von Dir halte und wie wir zueinander stehen;
3. Selbstoffenbarungsaspekt oder was ich von mir selbst kundgebe;
4. Appellaspekt oder wozu ich Dich veranlassen möchte.

Die Komplexität, die dann entsteht, wenn Menschen miteinander reden und verhandeln, erklärt sich dadurch, daß die Botschaften oder Mitteilungen nicht nur auf vier verschiedenen Kanälen gesendet werden, sondern auch von vier verschiedenen „Ohren" empfangen werden. Mit großer Wahrscheinlichkeit stimmt das Gesagte der Senderin mit dem Gehörten des Empfängers nicht überein. Weil Kommunikation vielseitig verläuft, haben Mißverständnisse in der Verhandlung den Status des Normalfalls und bedingen die Notwendigkeit der Metakommunikation. „Die Fähigkeit zur Metakommunikation ist ... eine conditio sine qua non aller erfolgreichen Kommunikation" (Watzlawick zit. in Schulz von Thun 1994, S. 92). Konkret erfolgt sie durch eine bewußte Rückmeldung, die „als Verschmelzungsprodukt aus Wahrnehmung, Interpretation und eigenem Gefühl" (Schulz von Thun 1994, S. 74ff.) die Mitteilung beinhaltet, welche bewußten oder unbewußten Aspekte des Verhaltens, welche Wortbildungen oder Körpersprachsignale beim Empfänger angekommen sind.

Die Verhandlungs- und Rhetorikseminare haben auch eine ethische Dimension, weil die Zielgruppen Mitmenschen sind, die zu Kooperation und Zusammenarbeit verpflichtet sind. Wenn Mißverständnisse bei Verhandlungen ein Normalfall sind und zu Konfrontationen führen, gewinnen konstruktivistische Ansätze für Toleranz und Verantwortung an Bedeutung:

„Toleranz gegenüber Andersdenkenden aufgrund der Einsicht in die Begrenztheit und Subjektivität des eigenen Erkennens. Verantwortung für uns selbst und andere aufgrund der Erkenntnis, daß wir nicht determiniert sind, sondern selbständig denken und entscheiden können" (Arnold/ Siebert 1995, S. 119).

3.1 Frauenbildungsarbeit der GEW in der Südregion

Für die gewerkschaftliche Bildungsarbeit sind erfolgreiche Frauenbildungkonzeptionen durch ihren aufklärerischen, emanzipatorischen Anspruch zu erreichen. Im Unterschied zum allgemeinen Training sind sie auf reflexives Lernen der Erwachsenenbildung ausgerichtet. Ziel der Frauenbildungsarbeit der GEW ist es, durch den Einsatz verschiedener pädagogischer Aspekte der Kommunikation und Metakommunikation die Teilnehmerinnen mit unterschiedlichen Verhandlungssituationen zu konfrontieren und dadurch ihre Verhandlungsfähigkeit zu erhöhen. Zielgruppen sind Frauen in pädagogischen Berufen im allgemeinen und auch Frauen mit einer gewerkschaftspolitischen Funktion als Personalrätinnen, Frauenvertreterinnen, Frauenbeauftragte oder ehrenamtliche Funktionärinnen.

Im Mittelpunkt des Ansatzes des Harvard-Verhandlungtrainings (Fisher u.a. 1993) steht das Kommunikationsmodell von Schulz von Thun. Die Analyse der erlebten persönlichen und beruflichen Erfahrungen bilden den Ausgangspunkt des Seminars. Die geäußerten Erwartungen zielen beispielsweise auf

- Abbau von Ängsten und Hemmungen
- Anregungen für ein sicheres Auftreten
- Mäßigung für „meine spitze Zunge" oder das richtige Wort zur rechten Zeit finden
- bessere, sprachliche Bewältigung von unangenehmen Situationen
- was tun, um nicht mundtot gemacht zu werden
- „Im Umgang mit einem direkten Vorgesetzen möchte ich mich nicht mehr überfahren lassen"
- Emotionale Gesprächssituation durch bewußtes Atmen kontrollieren können
- Stellungnahmen mit Nachdruck und Strategien vertreten

Körperliches Bewußtsein in der Haltung und in der Stimme und Atmungsübungen am Anfang dienen zu mehr (Selbst-)Vertrauen in der Seminargruppe und sind eine wichtige Voraussetzung für die praktischen Rhetoriktübungen vor der Videokamera. Auch die Aktualisierung bzw. Bewußtmachung wichtiger Erfahrungen bei Verhandlungen und Gesprächssituationen im Alltag durch Rollenspiele bietet der Gruppe die nötige Unterstützung für die Entwicklung angemessener Perspektiven für die zukünftige Beherrschung von privaten und beruflichen Situationen.

Mit der Schaffung einer Distanz zur alltäglichen Umwelt und mit der Auswahl angenehmerer Umgebungen werden in den dreitägigen Seminaren ein höheres Reflexionsniveau und eine bessere Selbststeuerungskompetenz erreicht. In diesem Kontext wird behandelt, welche Auswirkungen die sich kontinuierlich verändernden Rahmenbedingungen haben, um über weitere Möglichkeiten in der politischen Aktivität zu reflektieren.

Und was sagen die Teilnehmerinnen dazu? In der Seminarauswertung wird deutlich, welchen Stellenwert solche Seminare haben: Nicht nur die (manchmal erstmalige) Betrachtung des eigenen Verhaltens auf Video findet durchaus positive Akzeptanz („in der Diskrepanz zwischen Ich und eigener Wahrnehmung"), sondern auch die Tatsache, daß die Erfahrungen in einer auschließlich aus Frauen zusammengesetzten Gruppe eingeübt werden („Weg von der Männerfestung"). Deshalb fordern sie, daß ihre Themenwahl und Interessen in der Bildungsarbeit eigenständig zu einem integrativen Bestandteil gewerkschaftlicher Bildungspolitik werden. „Weil Professionalität weiblich ist", lautet ihre selbstbestimmte Forderung „Nur unter Frauen!".

4. Frauenbildungsarbeit der GEW in den neuen Bundesländern

Allgemein scheint klar zu sein, daß besonders die Frauen die Verliererinnen der deutschen Einheit sind; dieser Eindruck hat sich auch im 7. Jahr deutschen Zusammenwachsens nicht verändert. Wir meinen, eine Pauschalierung ist hier nicht angebracht, aber für viele Frauen hat der Zusammenbruch der DDR tiefgreifende Spuren in ihren Lebensläufen hinterlassen. 1989 waren fast 92% aller Frauen in der DDR berufstätig, und sie waren vom Ausbildungsstand den Männern ebenbürtig. In der DDR gab es keine Diskussionen darüber, was unter Gleichberechtigung zu verstehen sei, denn die Gleichberechtigung galt als verwirklicht und wurde den gesamtgesellschaftlichen Zielen untergeordnet. Jedoch wurde die Gleichberechtigung mit männlichen Maßstäben gemessen. Wenn es den Frauen gelang, im Beruf „ihren Mann zu stehen" und die familiären Pflichten zu bewältigen, zählten sie als emanzipiert (Schwarz 1997, S. 12).

Der Staat richtete in der DDR breite Anstrengungen darauf, daß es den Frauen besser gelingen konnte, Familie und Beruf unter einen Hut zu bringen, z.B. durch den Ausbau des Systems der Kinderbetreuung in den 70er Jahren, Einführung des bezahlten Babyjahres, welches zwar auch von den Männern in Anspruch genommen werden konnte, was aber kaum passierte, usw. Eine gleichwertige Beteiligung der Männer an den familiären Aufgaben stand weniger zur Debatte.

Das positive Gefühl, das die Frauen über ihren eigenen Wert hatten, weil sie materiell unabhängig und beruflich qualifiziert waren, schwang für viele Frauen mit der Wende in große (Existenz-)Ängste um. Auch heute noch trauern viele Frauen den staatlichen Unterstützungsmaßnahmen, die bekanntlich jetzt weniger weitreichend sind, nach. Dieses Gefühl ist in vielen Fällen noch nicht einer fordernden Haltung gewichen, die Männer stärker an den familiären Aufgaben zu beteiligen, damit sie sich beruflich verwirklichen können, zumal sie angesichts der Arbeitsmarktlage und der hohen Frauenarbeitslosigkeit, besonders im Osten, auch wenig Chancen dazu haben. Nickel (1995, S. 29) stellt fest, daß Gleichberechtigung inzwischen ein Thema für Ost-Frauen ist und daß die „Geschlechtsblindheit" einer Sensibilisierung gewichen ist, die sich aber (noch) nicht kämpferisch äußert. Ein neues Selbstbewußtsein entwickelt sich bei den Frauen, das sie aus der Erfahrung der Bewältigung des Umbruchs ziehen. Demgegenüber stellt Ritter (1996, S. 566) nach Befragung von GEW-Funktionärinnen fest:

„Zielt die Frage auf die geschlechterspezifischen Aspekte des Lebensalltags, durchzieht ein Schweigen den Diskurs. Mit Schweigen umhüllt Sprachlosigkeit dieses Thema, womit es ohne Worte sowohl umgangen ist als auch in seiner Bedeutung bestätigt wird. Sprachlosigkeit verweist aber auch auf ein Tabu, d.h. auf eine noch aus der DDR stammende Nicht-Thematisierung, die in dem Diskurs von Frauen nicht reflexiv gebrochen werden kann."

In unserer Bildungsarbeit sind uns beide oben genannten Positionen (Nicht-Thematisierung und neues Selbstbewußtsein) begegnet, wobei ersteres in unserer Wahrnehmung weit häufiger anzutreffen ist, was weitreichende Folgen für die Frauenbildungsarbeit in der GEW der Neuen Bundesländer hat.

4.1 Zur Situation der pädagogischen Berufe in den östlichen Bundesländern

Die pädagogischen Berufe, besonders die im vorschulischen und schulischen Bereich[1], sind in den neuen Bundesländern traditionell Frauenberufe. Lediglich ab der Sekundarstufe II ist im Bildungswesen ein größerer Anteil an Männern zu verzeichnen, aber immerhin noch weniger als in den alten Bundesländern.

Im Verlauf der letzten Jahre haben sich in den pädagogischen Berufen große Veränderungen vollzogen. Am deutlichsten hat sich bisher der Bereich der vorschulischen Kinderbetreuung verändert. Das flächendeckende Netz ist brüchig, aber auch vielfältiger geworden. Der Staat fungiert nicht mehr als Arbeitgeber, sondern freie Träger und Kommunen. Besonders im Bereich der kommunalen Kindereinrichtungen sind Schließungen an der Tagesordnung, die Vollzeitbeschäftigung hat sich weitestgehend zu einer Teilzeittätigkeit gewandelt. Erzieherinnen haben uns gegenüber geäußert, daß die Teilzeitbeschäftigung den Charakter ihrer Arbeit stark verändert hat. Während sie sich früher eher als Entwicklungsbegleiterinnen der Kinder verstanden haben, sehen sie die Kinder jetzt nur noch wenige Stunden am Tag und haben damit weniger Möglichkeiten, sich systematisch mit den Kindern zu beschäftigen und ihre Entwicklung zu fördern. Die bereits erfolgten Entlassungen mit der angewandten Sozialauswahl

---

1 Im folgenden wollen wir uns auf diese beiden Bereiche beschränken, da sie auch innerhalb der GEW die größte Mitgliedergruppe bilden (insgesamt ca. 82%).

haben zu einem höheren Durchschnittsalter der Angestellten in den Kindereinrichtungen geführt. Nennenswerte Neueinstellungen von jungen Leuten gab es im gesamten Bildungsbereich nicht. Ein großer Teil der ErzieherInnen ist bereits arbeitslos geworden oder von Arbeitslosigkeit bedroht. Dies resultiert auch daher, weil – besonders die kommunalen Einrichtungen – in ihrer Entwicklung keine Stetigkeit aufzuweisen haben, ständig werden ErzieherInnen versetzt, Einrichtungen umstrukturiert, geschlossen, mit anderen zusammengelegt, für Schulkinder geöffnet. Diese Schließungen sowie der Anstieg der Kosten für die Kinderbetreuung, verbunden mit einer allgemein hohen Frauenarbeitslosigkeit und dem drastischen Rückgang der Geburtenzahlen nach der Wende, hat zu einem geringeren Betreuungsgrad der Kinder im Vorschulalter in Kindereinrichtungen geführt.

Im Bereich der schulischen Bildung und Kinderbetreuung kommt der dramatische Rückgang an Kinderzahlen jetzt massiv zum Tragen. Tausenden Lehrerinnen und Lehrern sowie Horterzieherinnen und Horterziehern droht die Entlassung, andere werden mit weniger Gehalt und damit zukünftig sinkenden Rentenansprüchen aufgrund von Teilzeitarbeit zufrieden sein müssen. Mit ihrer Qualifikation sind sie auf dem Arbeitsmarkt weitgehend chancenlos, da es z.B. keinen gemeinsamen Lehrer-Innenarbeitsmarkt aufgrund fehlender Anerkennung der Ausbildungen gibt und die Mobilität von Horterzieherinnen mit Kindern beschränkt ist. Mittelkürzungen der Bundesanstalt für Arbeit werden wohl auch dazu führen, daß eine Umqualifizierung kaum möglich ist. Diese Situation wirkt sich für die Beschäftigten in Schule und Hort sehr bedrohlich aus, besonders die Frauen unter ihnen entwickeln jetzt große Existenz- und Zukunftsängste, die Entsolidarisierung schreitet voran.

Eigentlich müßte dies zur Folge haben, daß das Interesse an Fort- und Weiterbildungen auch innerhalb der Gewerkschaft wächst, weil sich die Beschäftigten profilieren wollen, um so die Chancen, den Arbeitsplatz zu behalten, zu erhöhen. Unserer Ansicht nach bietet sich gerade bei Kindereinrichtungen eher die Chance, daß sie erhalten bleiben, wenn sie ein eigenes Profil entwickelt haben. Da aber in der Wahrnehmung der pädagogisch Tätigen bei einem beabsichtigten Stellenabbau dies keine Rolle zu spielen scheint, tritt genau das Gegenteil ein. Während noch kurz nach der Wende ein großer Ansturm auf Fortbildungsveranstaltungen aller Art auch innerhalb der GEW zu verzeichnen war, ist jetzt die Nachfrage eher verhalten. Viele Frauen, die an Fortbildungen teilnehmen, beklagen immer wieder, daß es jetzt an ihren Schulen oder in den Kindergärten zu einem Stillstand in der fachlichen Entwicklung gekommen sei, daß alles festgefahren sei und Neuerungen in die Arbeit kaum Eingang finden. Irgendwie scheinen viele wie gelähmt zu sein und abzuwarten, was passiert.

4.2 Ansätze für frauenspezifische Angebote der GEW in den östlichen Landesverbänden

Die gewerkschaftliche Frauenarbeit allgemein spielt innerhalb der GEW der östlichen Länder so gut wie keine Rolle. Es gibt zwar einige wenige Frauen aus den neuen Bundesländern, die auf Bundesfachebene in diesem Bereich aktiv sind, aber sonst ist von einer eigenständigen Frauenarbeit wenig zu spüren. Von einer entwickelten Frauenbildungsarbeit kann in den neuen Bundesländern nicht gesprochen werden. Es gab Ende 1995 eine Schulung der Frauen- und Gleichstellungsbeauftragten aus Personalräten dieser Länder, dabei wurden Handlungsmöglichkeiten des Personalrates bei der Frauenförderung im öffentlichen Dienst erörtert. Auch bei bundesweiten Schulungen und Konferenzen speziell zu Frauenthematiken ist nur eine geringe Beteiligung von Frauen aus den neuen Bundesländern zu verzeichnen.

Angebote für spezielle Frauenseminare, z.B. Rhetorik für Frauen, wurden in den östlichen Landesverbänden vom Projekt Gewerkschaftliche Bildungsarbeit nicht abgefordert. Allgemein ausgeschriebene Seminare für GEW-Mitglieder werden aber hier fast ausschließlich von Frauen besucht. Frauen scheinen sich also eher einen Bildungsbedarf einzugestehen. De facto ist die Bildungsarbeit in der ostdeutschen GEW zum großen Teil Frauenbildungsarbeit, obwohl sie so nicht thematisiert wird. Bei sogenannten Vorstandstrainings in den Kreisen sind der Männer- und Frauenanteil etwa gleich. D.h., die Kreisvorstände rekrutieren sich etwa zu gleichen Teilen aus Männern und Frauen, wobei Männer öfter die Führungsfunktionen innehaben, obwohl der Frauenanteil in der ostdeutschen GEW über 80% beträgt. Der Anteil an aktiv in Funktionen tätigen Frauen ist zwar im Verhältnis zum Mitgliederanteil geringer, aber immer noch größer als in den alten Bundesländern. Der von Hoecker (1996, S. 32) konstatierte „Gleichstellungsvorsprung" für die Mitarbeit in Parteien und Parlamenten ist auch innerhalb der GEW zu beobachten.

Nicht wenige ostdeutsche Frauen lehnen reine Frauenseminare ab mit der Bemerkung, „wir sind doch gleichberechtigt und wollen gemeinsam mit den Männern arbeiten und uns fortbilden". Männer hingegen ziehen nach unserer Beobachtung Bestrebungen nach Frauenbildungsarbeit nicht selten ins Lächerliche.

Nach wie vor ist es so, daß die Frauen, denen wir in unseren Seminaren begegnet sind, die Berücksichtigung ihrer Geschlechterrolle ablehnen. Das äußert sich z.B. nach wie vor in den Vorstellungsrunden am Beginn der meisten Seminare, daß sie sich als Lehrer und Erzieher bezeichnen, also keine weibliche Sprachform benutzen. Frauen, die noch aktiv im pädagogischen Berufsleben stehen, äußern, daß sie gleichberechtigt seien. Sie meinen, daß sie ein hinreichendes Selbstbewußtsein besitzen und nicht durch die (wenigen) Männer benachteiligt werden, ihnen gestehen sie auch gern die Übernahme von Leitungsfunktionen zu. Die Auffassung, gleichberechtigt zu sein, kommt erst ins Wanken, wenn sie sich auf dem Arbeitsmarkt nach einer neuen Tätigkeit umsehen müssen und erkennen, daß sie weniger Chancen haben. Dann aber ziehen sie sich häufig in ihre Privatsphäre zurück und sind nicht (mehr) in der GEW aktiv, so daß diese Problematik innerhalb der ostdeutschen GEW kaum zum Tragen kommt.

5. Probleme und Perspektiven der GEW-Frauenbildungsarbeit

Angesichts der dargestellten unterschiedlichen Erfahrungen des Projektes Gewerkschaftliche Bildungsarbeit in bezug auf die Frauenbildungsarbeit ist festzustellen, daß unterschiedliche Arbeits- und Lebenszusammenhänge zum Teil uneinheitliche Interessen innerhalb einer Organisation hervorrufen. Obwohl die GEW-Frauen die Beachtung von Fraueninteressen in der Organisation erreicht und institutionell durchgesetzt haben, konnten diese sich bisher nicht systematisch in der Frauenbildungsarbeit durchsetzen.

Ein ganzheitliches Verständnis gewerkschaftlicher Frauenbildungsarbeit ist nur zu erreichen, wenn die Frauen die Chance bekommen, ihre Erfahrungen in gewerkschaftliche Zusammenhänge einzubringen und gewerkschaftliche Macht zur Durchsetzung ihrer Interessen zu nutzen. Diese kommunikativ-zweckrationale Handlung kann sich besser etablieren, wenn speziell die GEW und die gewerkschaftlichen Organisationen im allgemeinen instrumentelle, strategische und zweckrationale Entscheidungsstrukturen bieten, die den Frauen ermöglichen, politisch aktiv mitzuwirken.

Vielen (besonders männlichen) Aussagen nach ist Frauenpolitik eine Querschnittaufgabe und kein spezielles Politikfeld; außerdem seien die verschiedenen Ansätze der Geschlechtsdifferenzierung zwischen „Weiblichkeit" und „Männlichkeit" längst überholt und müßten deshalb inhaltlich und konzeptionell neu bestimmt werden. Dieser Argumentationsprozeß geht mit einer Macht- und Bedeutungsverschiebung der Geschlechterdifferenz einher. Dabei reicht die formale Gleichbehandlung nicht aus, um Chancengleichheit zwischen den Geschlechtern zu erreichen. In der feministischen Theorie der Postmoderne und in der politischen Praxis wird neuerdings postuliert, daß die Anerkennung von Differenz nicht mehr auf dem Unterdrückungsansatz von Frauen basiert, sondern eben auf der Geschlechtsdifferenz:

„Frauen können herrschende Definitionen von Weiblichkeit unter Bezugnahme auf ihre eigene Erfahrungen verändern, indem sie sich untereinander in Beziehung setzen, eigene Bilder, Symbole und Wörter für ihre Selbst-Bestimmung von eigener Subjektivität entwickeln und ihrer Subjektivität symbolische Signifikanz verleihen" (Kahlert 1995).

Mit anderen Worten, Frauen können selbst als Protagonisten ihre eigene soziale und politische Wirklichkeit entscheidend mitgestalten, indem sie sich der bestehenden Ordnung entziehen und ihre eigenen strategischen Ziele neu definieren und weiterentwickeln. Daß dies einer symbolischen Trennung bedarf, bedeutet keinen Widerspruch zur Gleichheitspolitik der Frauenbewegung. Im Gegenteil: Die Ansprüche auf Differenz und Gleichheit sind zwei reziprok komplementäre und produktive Strategien, die sich in den Frauenseminaren gegenseitig ergänzen, gerade weil sie dazu beitragen, aus einer kritischen und distanzierten Begegnung das weibliche, politisch-gewerkschaftliche Potential auszuarbeiten.

Literatur

Arnold, Rolf; Siebert, Horst: Konstruktivistische Erwachsenenbildung. Von der Deutung zur Konstruktion von Wirklichkeit. Baltmannsweiler 1995

Gewerkschaft Erziehung und Wissenschaft/Hauptvorstand, Projekt Gewerkschaftliche Bildungsarbeit (Hrsg.): Bericht an den Hauptausschuß 16./17. Juni 1995. Frankfurt 1995

Gewerkschaft Erziehung und Wissenschaft (Hrsg): Beschreibung des Projekts „Wir machen unsere GEW stark" „Wir werden 200 000" – In: Projekt Bildungsarbeit. Frankfurt 1990

Birkenbihl, Vera: Psychologisch richtig verhandeln: professionelle Verhandlungstechniken mit Experimenten und Übungen. München 1995

Eisele-Becker, M.; Knapper, R.: Frauenförderung, Personalratsarbeit – Frauenbeauftragte. In: Gleiche Rechte haben wir, gleiche Chancen wollen wir. Dokumentation für die Fachtagung der GEW Baden-Württemberg, Stuttgart 1994, S. 25-35

Fisher, Roger; Ury, William; Patton, Bruce: Das Harvard-Konzept: sachgerecht verhandeln – erfolgreich verhandeln. Frankfurt/New York 1993

Gottschall, Karin: Schlüsselqualifikation statt Schlüssel zur Macht? Anmerkungen zum Verständnis von Bildung und Geschlechterverhältnis in der neueren Qualifikationsdebatte. Zeitschrift für Frauenforschung, 1991, Heft 1+2, S. 4ff.

Naumann, Birgit: Frauen entdecken ihre bildungspolitische Kraft. In: GEW (Hrsg.): Durchbruch zu einer feministischen Bildung. Bielefeld 1995, S. 44-56

Hoecker, Beate: Politische Partizipation von Frauen im vereinigten Deutschland. Aus Politik und Zeitgeschichte. Beilage zur Wochenzeitung Das Parlament. B 21 – 22/1996 vom 17. Mai 1996. Bundeszentrale für politische Bildung (Hrsg.). Bonn. S. 23-33

Kahlert, Heike: Demokratisierung des Gesellschafts- und Geschlechtervertrags. Noch einmal: Differenz und Gleichheit. Zeitschrift für Frauenforschung, 1995, Heft 4, S. 8

Nickel, M: Frauen im Umbruch der Gesellschaft. Aus Politik und Zeitgeschichte. Beilage zur Wochenzeitung Das Parlament. B 36 – 37/1995 vom 1. September 1995. Herausgegeben von der Bundeszentrale für politische Bildung. S. 23-33

Pfeiffer-Silberberger, Petra: Spiegelbild der gesellschaftlichen Verhältnisse – Der Mann ist voll erwerbstätig, die Frau ist teilzeitbeschäftigte. In: Gleiche Rechte haben wir, gleiche Chancen wollen wir. Dokumentation für die Fachtagung der GEW Baden-Württemberg, Stuttgart 1994, S. 50-52

Reich, Kersten: Systemisch-konstruktivistische Pädagogik. Neuwied 1996

Ritter, I.: Von der Schwierigkeit, Brüche des Umbruchs zu kitten. Frauen in den östlichen Bundesländern auf der Suche nach gesellschaftlicher Orientierung. GMH 9/1996. S. 561-568

Schmidt, Rüdiger: Ziele Gewerkschaftlicher Bildungsarbeit in der GEW. – In: Probleme gewerkschaftlicher Politik. Band 4. Demokratie, Kommunikation, Solidarität. Hrsg. von Rainer Zech. Hannover: Expressum, 1995. S. 170-190

Schulz von Thun, Friedemann: Miteinander reden. Reinbek bei Hamburg 1994

Schwarz, G.: Kein Mut für Träume. Erziehung und Wissenschaft. Zeitschrift der Bildungsgewerkschaft GEW. 47. Jahrgang; Heft 2/1997. S. 12-14

Zech, Rainier: Bildung in der Gewerkschaft ist Vermittlungsarbeit! – In: Probleme gewerkschaftlicher Politik. Band 4. Demokratie, Kommunikation, Solidarität. Hrsg. von Rainer Zech. – Hannover: Expressum, 1995. S. 152-169

Autorinnenverzeichnis

Dr. Nieves Alvarez, geb. 1959, M.A., wiss. Mitarbeiterin der Forschungsstelle für Vergleichende Erziehungswissenschaft der Universität Heidelberg; 1994 bis 1997 pädagogische Mitarbeiterin im Projekt Gewerkschaftliche Bildungsarbeit beim Hauptvorstand der GEW (Gewerkschaft Erziehung und Wissenschaft); seit 1997 Fachplanerin in der GTZ (Gesellschaft für Technische Zusammenarbeit). Arbeitsschwerpunkte: Vergleichende Erziehungswissenschaft, Organisationsentwicklung, Erwachsenenbildung, Bildungsplanung, internationale Berufsbildung.

Verena Bruchhagen, geb. 1954, Dipl.-Päd., seit 1983 wiss. Mitarbeiterin im Weiterbildenden Studium FRAUENSTUDIEN an der Universität Dortmund, seit 1997 geschäftsführende Leiterin. Schwerpunkte in Forschung und Lehre: Konzepte der Frauenbildung/Feministischen Bildung im historischen Vergleich, Methoden und Strategien emanzipatorischer Praxis von Frauen, Kommunikation, Konflikt und Geschlecht, Tätigkeit als Trainerin, Beraterin, Supervisorin.

Gerhild Brüning, geb. 1942, Dipl.-Soz., Supervisorin, berufliche Tätigkeiten: Marktforschung, Personalauswahl für Projekte in Entwicklungsländern; Dozentin an einer Krankenpflegeschule, Kursleiterin in der Erwachsenenbildung (Bereiche: Frauen, Deutsch als Fremdsprache, interkulturelle Bildung, Kommunikation); seit 1990 wiss. Mitarbeiterin am Deutschen Institut für Erwachsenenbildung in Projekten der beruflichen Weiterbildung.

Dr. Karin Derichs-Kunstmann, geb. 1946, Bankkauffrau, Studium in Göttingen, M.A.; Erziehungs- und Sozialwissenschaftlerin, Forschung im Bereich Erwachsenenbildung und Frauenforschung; seit 1983 wiss. Mitabeiterin beim Forschungsinstitut für Arbeiterbildung e.V., Recklinghausen, Institut an der Ruhr-Universität Bochum, dort Aufbau und seit 1990 Leitung des Bereichs „Frauenbildung/Geschlechterverhältnis in der Bildungsarbeit". Arbeitsschwerpunkte: Frauenbildungsarbeit, Geschlechterverhältnis, Frauenerwerbstätigkeit.

Dr. Maike Eggemann, geb. 1946, Dipl.-Päd., freiberufliche Tätigkeit als Dozentin in der Erwachsenenbildung, insbesondere Frauenbildung; 1997/98 Projektleiterin der Informations- und Bildungskampagne in den Volkshochschulen von NRW zum Thema Organspende; seit 1997 Lehrbeauftrage an der Universität-Gesamthochschule in Siegen, Forschungsschwerpunkt: Geschichte der Frauenbildung.

Dr. Angela Franz-Balsen, geb. 1953, Studium der Biologie und Anglistik, seit 1984 tätig im Bereich Umweltbildung/Umweltkommunikation; Lehraufträge Umweltbildung; seit 1993 bundesweite Koordinationstätigkeit für die Erwachsenenumweltbildung; seit 1995 wiss. Mitarbeiterin am Deutschen Institut für Erwachsenenbildung, Projekt Clearingstelle Umweltbildung. Arbeitsschwerpunkte: Professionalität in der Umweltkommunikation; Umwelt und Gender.

Prof. Dr. Veronika Fischer, geb. 1951, Studium der Romanistik und Erziehungswissenschaft, Aufbaustudium im Fach Wirtschaftswissenschaft, Mitarbeit in Forschungsprojekten des Instituts für Deutsche Sprache und der DFG; von 1978-1996 Fachbereichsleiterin an Volkshochschulen in NRW für die Bereiche Fremdsprachen und Weiterbildung für AusländerInnen und Interkulturelle Bildung; Ausbildung in personenzentrierter Gesprächsführung; seit 1996 Professorin für Erziehungswissenschaft an der Fachhochschule Düsseldorf.

Dr. Martina Freund, geb. 1959, Dipl.-Päd., Studium der Erziehungswissenschaften an der Universität Bielefeld von 1982-1989, wiss. Mitarbeiterin beim Weiterbildenden Studium Frauenstudien an der Universität Bielefeld von 1990 – 1997, Dissertation 1996 mit dem Thema „Weiterbildung als Katalysator von Individualisierungsprozessen", seit 1996 hauptamtlich pädagogische Mitarbeiterin beim Sozialpädagogischen Bildungswerk, Bielefeld.

PD Dr. Marianne Friese, geb. 1953, z.Zt. Vertretungsprofessur für Berufs- und Wirtschaftspädagogik im Studiengang: Lehramt an Berufsbildenden Schulen: Berufliche Fachrichtungen Wirtschaftswissenschaften und Sozialpädagogik an der Universität Lüneburg. Sprecherin der Gründungskommission „Zentrum für Feministische Studien" (derzeitig Vorstandsmitglied) der Universität Bremen und Privatdozentin im Fachbereich Erziehungswissenschaften. Arbeitsschwerpunkte: Bildung, Arbeit und soziale Ungleichheit, Feministische Studien, berufliche Aus- und Weiterbildung, Berufs- und Wirtschaftspädagogik.

Prof. Dr. Wiltrud Gieseke, geb. 1947, Dipl.-Päd., Studium in Oldenburg, Berlin, Münster. 1973 bis 1980 wiss. Mitarbeiterin an der Päd. Arbeitsstelle des DVV – Deutsches Institut für Erwachsenenbildung Frankfurt/Main, Promotion 1980 Münster. 1980 bis 1989 akademische Rätin an der Universität Oldenburg, Habilitation 1987, 1989 Vertretungsprofessur für Politische Weiterbildung/Frauenbildung in Bremen. Seit 1992 Professur für Erwachsenenpädagogik an der Humboldt-Universität. Forschungsschwerpunkte: Professionsforschung, qualitative Lehr- und Lernforschung, Begleitforschungskonzepte, Frauenbildung.

Prof. Dr. Sabine Hering, geb. 1947, Studium der Soziologie, Linguistik, Literaturwissenschaft. 1973 Promotion über die Strafvollzugsreform, 1989 Habilitation über die deutsche Frauenbewegung im ersten Weltkrieg. Gründerin des Archivs der deutschen Frauenbewegung. Seit 1993 an der Universität Siegen. Forschungsschwerpunkte: Geschichte der Sozialarbeit, Sozialpädagogik und Frauenbewegung, geschlechtsspezifische Sozialisation, politische Erwachsenenbildung.

Sylvia Hojnik, geb. 1964, Mag. Phil., Studium der Pädagogik in Graz; Zusatzausbildung zur Berufs- und Sozialpädagogin. Wissenschaftliche Mitarbeiterin und Lektorin am Institut für Erziehungswissenschaften der Karl-Franzens-Universität Graz. Arbeits- und Forschungsbereiche: Lehr- und Lernformen in der Erwachsenenbildung, Frauen in der Erwachsenenbildung, Evaluation und Qualitätssicherung in der Weiterbildung; Lehrbeauftragte an der Akademie für Sozialarbeit des Landes Steiermark; Konzeption und Durchführung von Weiterbildungsveranstaltungen.

Dr. Heike Kahlert, geb. 1962, Dipl.-Soz., Lehraufträge an Universitäten und Fachhochschulen in Hamburg, Bielefeld und Dortmund; diverse Projekte vor allem zur Bildungs- und Wissenschaftsforschung, zuletzt am Interdisziplinären Zentrum für Frauen- und Geschlechterstudien (IZFG) der Ernst-Moritz-Arndt-Universität Greifswald; z.Zt. Habilitandin an der Hochschule für Wirtschaft und Politik (HWP) Hamburg mit einer modernisierungstheoretischen Studie zum Verhältnis von Wissen, Macht und Geschlecht.

Dr. Michaela Rißmann, geb. 1964, Diplomlehrerin für Deutsche Sprache/Literatur und Russisch, 1994 bis 1997 pädagogische Mitarbeiterin im Projekt Gewerkschaftliche Bildungsarbeit beim Hauptvorstand der GEW (Gewerkschaft Erziehung und Wissenschaft); seit 1997 Referentin für gewerkschaftliche Bildungsarbeit der GEW-Thüringen. Arbeitsschwerpunkte: Begabtenforschung, Organisationsentwicklung, Erwachsenenbildung, Teamentwicklung, Kommunikation.

Ingeborg Schüßler, geb. 1967, Dipl.-Päd., 1988-93 Studium der Erziehungswissenschaften und des Lehramts an Grundschulen in Frankfurt, 1994 Mitarbeit an der GEW-Studie „Humanisierung des Arbeitsplatzes Schule" (zus. mit Prof. Dr. Ingrid Lisop); seit 1994 wiss. Mitarbeiterin im Fachgebiet Pädagogik der Universität Kaiserslautern. Arbeitsschwerpunkte: LehrerInnenbildung, Erwachsenenbildung und Frauenbildung (Koedukation), Tätigkeit in der Aus- und Weiterbildung von LehrerInnen, ErwachsenenbildnerInnen und AusbilderInnen.

Prof. Dr. Elisabeth de Sotelo, geb. 1942, Grundschullehrerin, Dipl.-Psychologin, 1975 Diss. in Soziologie: „Geschlechterdifferenzierung und Gesellschaft". Assistenzprofessorin und Privatdozentin an der Freien Universität Berlin. Projekte mit den Schwerpunkten Bildung und Beratung türkischer Frauen; Feministische Therapie; Initiierung und Aufbau von dezentralen Frauenzentren; Weiterbildung von Erwachsenenbildnerinnen. Seit 1992 Professur für Frauenforschung und Weiterbildung an der Universität Koblenz-Landau. Leiterin der Koblenzer Frauenstudien.

Dr. Gisela Steenbuck, geb. 1957, Dipl. Päd., seit 1983 wiss. Mitarbeiterin im Weiterbildenden Studium FRAUENSTUDIEN an der Universität Dortmund. Praxiserfahrungen in Projekten emanzipatorischer Frauenarbeit, in der feministischen Bildung, psychologischen Beratung und Supervision.

Angela Venth, geb. 1946, M.A., Studium der Neueren Literaturwissenschaften, Politische Wissenschaften und Soziologie in Frankfurt am Main. Nach beruflichen Tätigkeiten in Verlagen seit vielen Jahren mit wechselnden inhaltlichen Schwerpunkten beim Deutschen Institut für Erwachsenenbildung (DIE) in Frankfurt am Main. Gegenwärtig Koordinatorin der Abteilung „Planung und Entwicklung" und verantwortlich für Gesundheitsbildung. Aktuelles Ziel: Verankerung geschlechtssensibler Perspektiven in der Erwachsenenbildung.

Elke Kleinau / Christine Mayer (Hrsg.)

Erziehung und Bildung des weiblichen Geschlechts

Eine kommentierte Quellen-
sammlung zur Bildungs-
und Berufsbildungsgeschichte
von Mädchen und Frauen.
(Einführung in die
pädagogische Frauenforschung,
Bde. 1/1 und 1/2)
Mit Kommentaren von Anne
Conrad, Heide v. Felden,
Marianne Friese, Edith Glaser,
Inge Hansen-Schaberg, Johanna
Hopfner, Anne-Marie Käppeli,
Dorle Klika, Elke Kleinau,
Irmgard Klönne, Margret Kraul,
Heidemarie Kühn, Ute Lange,
Ingrid Lohmann, Christine
Mayer, Beatrix Niemeyer,
Martina Nieswandt, Katharine
Ruf, Elke Spitzer, Sabine Toppe,
Ulrike Weckel und Ulrike Witt.

Band 1: 1996. 232 S. Br
DM 29,80 / öS 218,– / sFr 27,50
(3 89271 637 4)

Band 2: 1996. 240 S. Br
DM 29,80 / öS 218,– / sFr 27,50
(3 89271 638 2)
Gesamtwerk (Bände 1 und 2):
DM 56,– / öS 409,– / sFr 51,–
(3 89271 639 0)

Mit Texten, die allesamt aus der
Feder von Frauen stammen, werden die unterschiedlichen Ausprägungen der Mädchen- und
Frauenbildung in einem zeitlich
weitgespannten Bogen dokumentiert und diskutiert. Die ausge-
suchten Quellen reichen von der
Renaissance bis in die unmittel-
bare Gegenwart hinein. Dem Charakter der Bände als Studienbuch
wird dadurch nachgekommen,
daß den einzelnen Textauszügen
einleitende Kommentare vorange-
stellt und Quellen- und Literatur-
hinweise nachgestellt sind, die
eine vertiefende und erweiternde
Bearbeitung des Themenbereichs
ermöglichen. Die in der Quellen-
edition erfaßten Texte vermitteln
vielfältige Einblicke in die Bil-
dungs- und Berufsbildungsgeschichte von Mädchen und
Frauen.

DEUTSCHER STUDIEN VERLAG

Postfach 100154
69441 Weinheim

Preisänderungen vorbehalten / D0784

Luise Winterhager-Schmid (Hrsg.)

Konstruktionen des Weiblichen

Ein Reader.
(Einführung in die päd-
agogische Frauenforschung,
Bd. 2)
1998. VI, 219 S. Br
DM 32,– / öS 234,– / sFr 29,50
(3 89271 731 1)

Der Reader bietet eine profunde Einführung in historische und systematische Fa-
gen des psychoanalytischen
Diskurses über eine Theorie
der Weiblichkeit. An Original-
texten von den Anfängen
Freuds über innerpsychoana-
lytische Kontroversen seiner
SchülerInnen bis zur gegenwärtigen kritischen Positions-
bestimmung feministisch ori-
entierter Psychoanalytikerin-
nen und Erziehungswissen-
schaftlerinnen werden Grund-
linien einer pädagogisch relevanten Geschlechteranthropo-
logie erhellt. Jeder Abschnitt
wird durch eine ausführliche
und informative Einführung
der Herausgeberin eingeleitet. Damit wird die Orientierung in diesem komplexen
Diskurs erleichtert. Aspekte
weiblicher Identitätsentwick-
lung lassen sich zu einem Ge-
samtbild ordnen.

»Wir freuen uns, mit diesem
Band, der nicht nur durch
die vorzügliche Auswahl,
sondern auch durch die sehr
kenntnisreichen einführen-
den Texte von Luise Winterhager-Schmid besticht, eine
profunde Einführung in die
psychoanalytische Frauen-
und Geschlechterforschung
vorlegen zu können.«
(Aus dem Vorwort)

DEUTSCHER STUDIEN VERLAG

Postfach 100154
69441 Weinheim

Preisänderungen vorbehalten / D0808